Le Routard

République dominicaine, Saint-Domingue

Directeur de collection et auteur
Philippe GLOAGUEN

Cofondateurs
Philippe GLOAGUEN
et Michel DUVAL

Rédacteurs en chef adjoints
Amanda KERAVEL
et Benoît LUCCHINI

Directrice de la coordination
Florence CHARMETANT

Directrice administrative
Bénédicte GLOAGUEN

Directeur du développement
Gavin's CLEMENTE-RUÏZ

Direction éditoriale
Catherine JULHE

Rédaction
Isabelle AL SUBAIHI
Mathilde de BOISGROLLIER
Thierry BROUARD
Marie BURIN des ROZIERS
Véronique de CHARDON
Fiona DEBRABANDER
Anne-Caroline DUMAS
Géraldine LEMAUF-BEAUVOIS
Olivier PAGE
Alain PALLIER
Anne POINSOT
André PONCELET

Conseiller à la rédaction
Pierre JOSSE

Administration
Carole BORDES
Éléonore FRIESS

2016/17

hachette

Remarque importante aux hôteliers et restaurateurs

Les enquêteurs du *Routard* travaillent dans le plus strict anonymat. Aucune réduction, aucun avantage quelconque, aucune rétribution n'est jamais demandé en contrepartie. Face aux aigrefins, la loi autorise les hôteliers et restaurateurs à porter plainte.

Avis aux lecteurs

Le Routard, ce n'est pas comme le bon vin, il vieillit mal. On ne veut pas pousser à la consommation, mais évitez de partir avec une édition ancienne. Les modifications sont souvent importantes.
Les réductions accordées à nos lecteurs ne sont jamais demandées par nos rédacteurs afin de préserver leur indépendance. Les hôteliers et restaurateurs sont sollicités par une société de mailing, totalement indépendante de la rédaction, qui reste donc libre de ses choix. De même pour les autocollants et plaques émaillées.

Pictogrammes du *Routard*

Établissements

- Hôtel, auberge, chambres d'hôtes
- Camping
- Restaurant
- Boulangerie, sandwicherie
- Glacier
- Café, salon de thé
- Café, bar
- Bar musical
- Club, boîte de nuit
- Salle de spectacle
- Office de tourisme
- Poste
- Boutique, magasin, marché
- Accès Internet
- Hôpital, urgences

Sites

- Plage
- Site de plongée
- Piste cyclable, parcours à vélo

Transports

- Aéroport
- Gare ferroviaire
- Gare routière, arrêt de bus
- Station de métro
- Station de tramway
- Parking
- Taxi
- Taxi collectif
- Bateau
- Bateau fluvial

Attraits et équipements

- Présente un intérêt touristique
- Recommandé pour les enfants
- Adapté aux personnes handicapées
- Ordinateur à disposition
- Connexion wifi
- Inscrit au Patrimoine mondial de l'Unesco

Le *Routard* est imprimé sur un papier issu de forêts gérées.

Tout au long de ce guide, découvrez toutes les photos de la destination sur ● *routard.com* ● Attention au coût de connexion à l'étranger, assurez-vous d'être en wifi !

I.S.B.N. 978-2-01-396041-0

TABLE DES MATIÈRES

COMMENT Y ALLER ?

RÉPUBLIQUE DOMINICAINE UTILE

HOMMES, CULTURE, ENVIRONNEMENT

SANTO DOMINGO ET SES ENVIRONS

À L'EST DE SANTO DOMINGO

LA CÔTE DES COCOTIERS

DE PLAYA BÁVARO À SABANA DE LA MAR

À L'OUEST DE SANTO DOMINGO

LA RÉGION DE LAGO ENRIQUILLO

LA ROUTE DE SANTA CRUZ DE BARAHONA À PEDERNALES

LE CENTRE DU PAYS

LE CIBAO

LA CÔTE NORD

LA PÉNINSULE DE SAMANÁ

IMPORTANT : DERNIÈRE MINUTE

Sauf rare exception, le *Routard* bénéficie d'une parution annuelle à date fixe. Entre deux dates, des événements fortuits (formalités, taux de change, catastrophes naturelles, conditions d'accès aux sites, fermetures inopinées, etc.) peuvent intervenir et modifier vos projets de voyage. Pour éviter les déconvenues, nous vous recommandons de consulter la rubrique « Guide » par pays de notre site • ***routard.com*** • et plus particulièrement les dernières ***Actus voyageurs.***

Remerciements

Nous tenons à remercier tout particulièrement Loup-Maëlle Besançon, Thierry Bessou, Gérard Bouchu, François Chauvin, Grégory Dalex, Fabrice Doumergue, Cédric Fischer, Carole Fouque, Michelle Georget, David Giason, Claude Hervé-Bazin, Emmanuel Juste, Dimitri Lefèvre, Fabrice de Lestang, Romain Meynier, Éric Milet, Pierre Mitrano, Jean-Sébastien Petitdemange et Thomas Rivallain pour leur collaboration régulière.

Perrine Attout
Emmanuelle Bauquis
Jean-Jacques Bordier-Chêne
Michèle Boucher
Sophie Cachard
Caroline Cauwe
Lucie Colombo
Agnès Debiage
Jérôme Denoix
Tovi et Ahmet Diler
Clélie Dudon
Sophie Duval
Perrine Eymauzy
Alain Fisch
Cécile Gastaldo
Bérénice Glanger
Adrien et Clément Gloaguen
Bernard Hilaire
Sébastien Jauffret
Jacques Lemoine
Jacques Muller
Caroline Ollion
Justine Oury
Martine Partrat
Odile Paugam et Didier Jehanno
Émilie Pujol
Prakit Saiporn
Jean-Luc et Antigone Schilling
Alice Sionneau
Caroline Vallano
Camille Zecchinati

Direction : Nathalie Bloch-Pujo
Contrôle de gestion : Jérôme Boulingre et Alexis Bonnefond
Secrétariat : Catherine Maîtrepierre
Direction éditoriale : Catherine Julhe
Édition : Matthieu Devaux, Géraldine Péron, Olga Krokhina, Gia-Quy Tran, Julie Dupré, Victor Beauchef, Jeanne Cochin, Emmanuelle Michon, Flora Sallot, Sandra Svadin et Quentin Tenneson
Préparation-lecture : Véronique Rauzy
Cartographie : Frédéric Clémençon et Aurélie Huot
Fabrication : Nathalie Lautout et Audrey Detournay
Relations presse France : COM'PROD, Fred Papet. ☎ 01-70-69-04-69. • *info@comprod.fr* •
Direction marketing : Adrien de Bizemont, Lydie Firmin et Laure Illand
Contacts partenariats : André Magniez (EMD). • *andremagniez@gmail.com* •
Édition des partenariats : Élise Ernest
Informatique éditoriale : Lionel Barth
Couverture : Clément Gloaguen et Seenk
Maquette intérieure : le-bureau-des-affaires-graphiques.com, Thibault Reumaux et npeg.fr
Relations presse : Martine Levens (Belgique) et Maureen Browne (Suisse)
Régie publicitaire : Florence Brunel-Jars. • *fbrunel@hachette-livre.fr* •

??? LES QUESTIONS QU'ON SE POSE LE PLUS SOUVENT

Quels sont les papiers nécessaires ?
Passeport en cours de validité. Pas de visa pour un séjour de moins de 3 mois, mais achat obligatoire d'une carte de tourisme directement sur place, à l'arrivée à l'aéroport.

Quel est le décalage horaire ?
6h en été, 5h en hiver. Quand il est 12h en France, il est 6h (ou 7h) du matin en République dominicaine.

Quelle est la meilleure saison pour partir ?
Le climat tropical, tempéré par les alizés, est chaud toute l'année, entre 25 et 30 °C le jour, autour de 20 °C la nuit. La saison des pluies se situe en mai-juin et octobre-novembre. La période idéale s'étend entre décembre et avril (c'est d'ailleurs la haute saison). Les baleines sont présentes dans la baie de Samaná entre mi-janvier et fin mars.

Que peut-on y voir/y faire ?
Quelques morceaux de villes coloniales. Mais le vrai plus, ce sont les plages, bien sûr, et plus largement la nature. Quelques beaux parcs nationaux couvrent le pays. Deux musts : la baie de Samaná, avec l'observation des baleines en saison, et le parc des Haïtises.

Le pays est-il dangereux ?
Aucun danger particulier pour le touriste de passage. Se méfier, comme partout, des pickpockets dans les sites touristiques. En outre, vous serez sans doute étonné, au début, de voir autant de gens armés. C'est dans la culture du pays... Mais les Dominicains sont très accueillants et d'un contact facile.

Peut-on facilement voyager avec des enfants ?
Oui ! La population est particulièrement bienveillante avec les enfants, et le pays est sain et sans danger. Prendre toutefois quelques précautions d'usage côté santé, en particulier les protéger des... moustiques ! Dans les *resorts*, certaines formules tout compris leur sont particulièrement adaptées. Et puis de nombreux hôtels disposent de chambres familiales.

Comment circuler sur place ?
Location de voiture tout à fait envisageable (petit 4x4 recommandé dans certaines régions), mais conduite de nuit fortement déconseillée (nids de poule, véhicules sans lumières...). Compagnies de bus très fiables et pas chères pour les longues distances. Petite moto conseillée (avec casque) dans la région de Samaná, à condition d'être habitué à la conduite.

Le pays est-il cher ?
Relativement, dès qu'on désire un certain niveau de confort. On peut voyager en routard pour pas cher (environ 30 € par jour et par personne), mais un peu à la dure. Et si vous désirez bien manger, les prix grimpent vite.

Peut-on pratiquer la plongée ?
Oui, sachant toutefois que les fonds marins sont beaucoup moins riches que ceux d'autres îles des Caraïbes.

Et les autres sports nautiques ?
Nombreux spots de planche à voile et de kitesurf, notamment sur la côte nord. Plein de clubs de qualité pour prendre des cours, souvent tenus par des Français.

LES COUPS DE CŒUR DU ROUTARD

À SANTO DOMINGO...

- Passer une nuit dans l'un des **hôtels au style colonial** de la vieille ville......... p. 86
- Prendre un verre **en terrasse autour du parque Colón,** face à la cathédrale, ou près de l'**alcazar de Colón**...... p. 96, 101
- Flâner à l'heure du crépuscule dans la **rue des Dames,** sur les traces des religieuses de la Nouvelle Espagne.... p. 97
- Se mêler à la foule sur le ***malecón,* lors du carnaval et des grandes fêtes** nationales.. p. 107
- Pour les amateurs d'architecture colossale à la mode stalinienne, visiter le **mausolée de Christophe Colomb,** dans les environs de Santo Domingo... p. 109

... ET DANS LE RESTE DU PAYS

- Explorer le **parc national del Este,** entre Bayahibe et Boca de Yuma, l'une des plus riches réserves du pays. Il abrite de nombreuses espèces endémiques et des plages sauvages.......................... p. 128
- Se prélasser sur la **plage de Punta Cana,** sans rien faire si ce n'est observer l'ombre des cocotiers sur le sable blanc.... p. 136
- Traverser les magnifiques **paysages vallonnés entre El Seibo et Miches,** et soudain, au débouché d'un col, découvrir la mer à l'horizon......................... p. 146
- Suivre la **route côtière entre Santa Cruz de Barahona et Paraíso** en fin d'après-midi : panoramas et lumière exceptionnels .... p. 158
- Découvrir les oiseaux, tortues ou iguanes des Caraïbes au **parc national Jaragua,** dans l'extrême sud-ouest du pays. Pas facile d'accès, mais la bien nommée **playa Larga** est une vraie récompense !... p. 163
- Séjourner à **Jarabacoa,** prisée des Dominicains pour son climat rafraîchissant et ses activités sportives, et s'offrir une descente en rafting sur le **Yaque del Norte**.................................... p. 170, 176
- Tenter un trek jusqu'au plus haut sommet du pays, le **Pico Duarte.** Par beau temps, vue admirable sur l'océan Atlantique au nord et sur la mer des Caraïbes au sud.. p. 175
- Faire étape à **Santiago** pour visiter une fabrique de cigares et le passionnant Centro Léon .... p. 179
- À l'extrémité nord-ouest du pays, partir explorer le **parc national Monte Cristi** et rejoindre en bateau **Isla Cabrita.** Moment extra, un peu hors du temps........ p. 192
- Goûter au rythme indolent du petit port de pêche de **Punta Rucia,** qui s'étire dans une superbe baie. Au passage, rallier la belle **playa La Ensenada,** 2 km plus loin.................... p. 193, 195
- Marcher dans les pas de Christophe Colomb aux **ruinas de La Isabela**... p. 195
- Monter en téléphérique pour admirer le panorama au sommet du mont Isabel de Torres, à **Puerto Plata,** après une balade sur le *malecón* et dans le centre historique.................................... p. 197
- Prendre un cours de **kitesurf à Cabarete,** un des meilleurs spots pour s'initier à cet incroyable sport. En saison, vent fort et spectacle assurés ! .... p. 213
- Explorer la **péninsule de Samaná,** ses kilomètres de plages de sable fin (notamment la sauvage **playa Rincón**), faire une balade à cheval jusqu'à la **cascade d'El Limón** et s'offrir une excursion à la journée dans le **parc national des Haïtises**.......... p. 223, 240, 242
- De mi-janvier à fin mars, assister au fabuleux spectacle des **baleines à bosse** venues batifoler ou mettre bas dans les eaux chaudes de la **baie de Samaná**....... p. 247

COMMENT Y ALLER ?

EN AVION

Les compagnies régulières

▲ **AIR FRANCE**
Rens et résas : ☎ 36-54 (0,34 €/mn – tlj 6h30-22h), sur • airfrance.fr •, dans les agences Air France et dans ttes les agences de voyages. Fermées dim.
– Saint-Domingue : av. Maximo Gómez, nº 15, plaza El Faro 1. ☎ 809-686-8432.
➢ Air France dessert Punta Cana avec 5 vols directs/sem au départ de Paris-Charles-de-Gaulle, terminal 2C, et Santo Domingo avec 4 vols/sem.
Air France propose toute l'année une gamme de tarifs accessibles à tous. Pour les moins de 25 ans, Air France offre des tarifs spécifiques, ainsi qu'une carte de fidélité *(Flying Blue Jeune)* gratuite et valable sur l'ensemble des compagnies membres de *Skyteam.* Cette carte permet de cumuler des *miles.*
Sur Internet, possibilité de consulter les meilleurs tarifs du moment directement sur la page « Meilleures offres et promotions ».

▲ **AIR EUROPA**
– Paris : 58A, rue du Dessous-des-Berges, 75013. ☎ 01-42-65-08-00. • air-europa.com • Ⓜ Saint-Philippe-du-Roule. Lun-ven 9h-18h.
➢ Assure 4 vols/sem entre Paris (Orly) et Punta Cana, 1 vol/j. en sem et 2 vols/j. le dim vers Saint-Domingue via Madrid.

▲ **XL AIRWAYS**
Résas : ☎ 0892-692-123 (0,34 €/mn), sur • xl.com • ou en agences de voyages.
➢ XL Airways relie Paris-Charles-de-Gaulle à Punta Cana jusqu'à 5 fois/sem l'hiver (départs également de Bordeaux, Lyon, Marseille, Nantes et Toulouse) et jusqu'à 3 fois/sem l'été.

▲ Autres liaisons assurées par des compagnies régulières, avec escale à Madrid ou aux Antilles, comme ***Corsair, Iberia,*** etc.

LES ORGANISMES DE VOYAGES

– Ne pas croire que les vols à tarif réduit sont tous au même prix pour une même destination à une même époque : loin de là. On a déjà vu, dans un même avion partagé par deux organismes, des passagers qui avaient payé 40 % plus cher que les autres. De plus, une agence bon marché ne l'est pas forcément toute l'année (elle peut n'être compétitive qu'à certaines dates bien précises). Donc, contactez tous les organismes et jugez vous-même.
– Les organismes cités sont classés par ordre alphabétique, pour éviter les jalousies et les grincements de dents.

EN FRANCE

▲ **MARMARA**
Rens et résas : ☎ 0899-650-580 (1,35 €/appel + 0,34 €/mn), sur • marmara.com • et dans les agences de voyages, agences Marmara et Nouvelles Frontières.
Formules claires, départs de toute la France, offres incontournables et budget maîtrisé : tous les ingrédients pour des vacances réussies. Une collection de Clubs Marmara idéalement situés les pieds dans l'eau avec une

animation 100 % francophone et des activités sans cesse renouvelées, en formule tout compris. Marmara c'est aussi une gamme de produits exclusifs et internationaux pour vivre de nouvelles expériences de vacances : les *SplashWorld,* des hôtels avec parc aquatique intégré, les *SuneoClub,* pour des vacances pleines de couleurs, les *Club Magic Life,* des séjours pas comme les autres et la collection *Couples,* des hôtels à vivre à deux. Également des circuits et des croisières pour faire le plein de découvertes.

▲ **NOUVELLES FRONTIÈRES**
Rens et résas : ☎ 0825-000-747 (0,15 €/mn), sur • nouvelles-frontieres.fr •, dans les agences de voyages, et agences Nouvelles Frontières et Marmara.
Depuis plus de 45 ans, Nouvelles Frontières fait découvrir le monde au plus grand nombre au travers de séjours aussi merveilleux qu'insoupçonnés, à la découverte de nouveaux paysages et de nouveaux visages ainsi que de rencontres riches en émotions. Selon votre budget ou vos désirs, plus de 100 destinations à choisir parmi 240 circuits ou bien en séjours et voyages à la carte à personnaliser selon vos envies. Rendez-vous sur le Web ou en agence où les conseillers Nouvelles Frontières seront à votre écoute pour mettre le voyage d'exception à votre portée et composer votre voyage selon vos souhaits.

▲ **ROOTS TRAVEL**
– Paris : 17, rue de l'Arsenal, 75004. ☎ 01-42-74-07-07. • rootstravel.com • Ⓜ Bastille. Lun-ven 10h-13h, 14h-19h (lun 18h) ; sam 11h-13h, 14h-19h.
Roots Travel, spécialiste des voyages individuels en République dominicaine, propose des circuits originaux avec hébergement en hôtel de charme, villa et bungalow. De Saint-Domingue à la péninsule de Samaná en passant par les villages de Barahona, Jarabacoa ou encore Río San Juan. Roots Travel est aussi spécialisé sur Cuba, Madagascar, New York, le Maroc et l'Islande.

▲ **VOYAGEURS DANS LES ÎLES**
Rens et résas : ☎ 01-42-86-16-39. • voyageursdumonde.fr •
– Paris : La Cité des Voyageurs, 55, rue Sainte-Anne, 75002. ☎ 01-42-86-16-00. Ⓜ Opéra ou Pyramides. Lun-sam 9h30-19h. Avec une librairie spécialisée sur les voyages.
– Également des agences à Bordeaux, Grenoble, Lille, Lyon, Marseille, Montpellier, Nantes, Nice, Rennes, Rouen, Strasbourg et Toulouse.
Parce que chaque voyageur est différent, que chacun a ses rêves et ses idées pour les réaliser, Voyageurs du Monde conçoit, depuis plus de 30 ans, des projets sur mesure adaptés à chaque voyageur. Les séjours proposés sur 120 destinations sont élaborés par 180 conseillers voyageurs. Spécialistes par pays et même par régions, ils vous aideront à personnaliser les voyages présentés à travers une trentaine de brochures d'un nouveau type et sur le site internet où vous pourrez également découvrir les hébergements exclusifs et consulter votre espace personnalisé. Au cours de votre séjour, vous bénéficiez des services personnalisés Voyageurs du Monde, dont la possibilité de modifier à tout moment votre voyage, l'assistance d'un concierge local, la mise en place de rencontres et de visites privées et l'accès à votre carnet de voyage via une application iPhone et Androïd.
Voyageurs du Monde est membre de l'association ATR (Agir pour un Tourisme Responsable) et a obtenu sa certification Tourisme Responsable AFAQ AFNOR.

Comment aller à Roissy et à Orly ?

Conservez dans votre bagage cabine vos médicaments, vos divers chargeurs et appareils ainsi que vos objets de valeur (clés et bijoux). Et, on ne sait jamais, ajoutez-y de quoi vous changer si vos bagages n'arrivaient pas à bon port avec vous.

Bon à savoir :
– le ***pass Navigo*** est valable pour Roissy-Rail (RER B, zones 1-5) et Orly-Rail (RER C, zones 1-4). Les

week-ends et j. fériés, le *pass Navigo* est dézoné, ce qui permet à ceux qui n'ont que les zones 1 à 3 d'aller tout de même jusqu'aux aéroports sans frais supplémentaires ;
– le ***billet Orly-Rail*** permet d'accéder sans supplément aux réseaux métro et RER.

À Roissy-Charles-de-Gaulle 1, 2 et 3

Attention : si vous partez de Roissy, pensez à vérifier de quelle aérogare votre avion décolle, car la durée du trajet peut considérablement varier en fonction de cette donnée.

En transports collectifs

Les cars Air France : ☎ *0892-350-820 (0,34 €/mn).* • *lescarsairfrance.com* • *Paiement par CB possible à bord.*
Le site internet diffuse les informations essentielles sur le réseau (lignes, horaires, tarifs...) permettant de connaître en temps réel le trafic afin de mieux planifier son départ. Il permet d'acheter à un tarif spécial et d'imprimer les billets électroniques pour accéder aux bus.
➢ *Paris-Roissy :* départ pl. de l'Étoile (1, av. Carnot), avec un arrêt pl. de la Porte-Maillot (bd Gouvion-Saint-Cyr). Départs ttes les 30 mn, 5h45-23h. Durée du trajet : env 1h. Tarifs : 17 € l'aller simple, 29 € l'A/R ; réduc enfants 2-11 ans.
Autres départs depuis la gare Montparnasse (arrêt rue du Commandant-Mouchotte, face à l'hôtel *Pullman*), ttes les 30 mn, 6h-22h, avec un arrêt gare de Lyon (20 bis, bd Diderot). Tarifs : 17 € l'aller simple, 28,50 € l'A/R ; réduc enfants 2-11 ans.
➢ *Roissy-Paris :* les cars *Air France* desservent la pl. de la Porte-Maillot, avec un arrêt bd Gouvion-Saint-Cyr, et se rendent ensuite au terminus de l'av. Carnot. Départs ttes les 30 mn, 5h45-23h, des terminaux 2A et 2C (porte C2), 2E et 2F (niveau « Arrivées », porte E8 ou F9), 2B et 2D (porte B1), et du terminal 1 (porte 32, niveau « Arrivées »).
À destination de la gare de Lyon et de la gare Montparnasse, départs ttes les 30 mn, 6h-22h, des mêmes terminaux. Durée du trajet : env 1h15.

Roissybus : ☎ *32-46 (0,34 €/mn).* • *ratp.fr* • Départs de la pl. de l'Opéra (angle rues Scribe et Auber) ttes les 15 mn (20 mn à partir de 20h, 30 mn à partir de 22h), 5h15-0h30. Durée du trajet : 1h. De Roissy, départs 6h-0h30 des terminaux 1, 2A, 2B, 2C, 2D et 2F, et à la sortie du hall d'arrivée du terminal 3. Tarif : 10,50 €.

Bus RATP n° 351 : de la pl. de la Nation, 5h35-20h20. Solution la moins chère mais la plus lente. Compter 3 tickets ou 5,70 € et 1h40 de trajet. Ou ***bus n° 350,*** de la gare de l'Est (1h15 de trajet). Arrivée Roissypôle-gare RER.

RER ligne B + navette : ☎ *32-46 (0,34 €/mn).* Départs ttes les 15 mn, 4h53-0h20 depuis la gare du Nord et à partir de 5h26 depuis Châtelet. À Roissy-Charles-de-Gaulle, descendre à la station (il y en a 2) qui dessert le bon terminal. De là, prendre la navette adéquate. Compter 50 mn de la gare du Nord à l'aéroport (navette comprise), mais mieux vaut prendre de la marge. Tarif : 10,90 €. *Pass Navigo* valable sans frais supplémentaires pour les aéroports.

– Si vous venez du Nord, de l'Ouest ou du Sud de la France en train, vous pouvez rejoindre les aéroports de Roissy sans passer par Paris, la gare SNCF Paris-Charles-de-Gaulle étant reliée aux réseaux TGV.

En taxi

Pensez aussi aux nouveaux services de transport qui se développent dans la capitale, et qui pourraient être adaptés à vos besoins :
– ***WeCab :*** ☎ *01-41-27-66-77.* • *wecab.com* • *Remise de 10 % pour nos lecteurs avec le code « routard2015 » au paiement.* Une formule de taxi partagé (avoir un peu de souplesse horaire donc, max 2 arrêts), fonctionnant entre les aéroports parisiens et Paris, ainsi qu'une quarantaine de villes en Île-de-France, tarifs forfaitaires (paiement à l'avance en ligne).
– ***Marcel :*** ☎ *0892-230-300.* • *marcel.cab* • *Appli Marcel Chauffeur sur iPhone et Android. 15 % de réduc*

pour toute résa effectuée plus de 48h à l'avance. Remise supplémentaire de 10 % pour nos lecteurs avec le code promo « routard ». Service sur Paris et Île-de-France, tarifs fixes avantageux et connus à la réservation. Aucuns frais en sus pour les bagages, passagers supplémentaires ou l'approche. Réservation gratuite par Internet ou via l'application, payante par téléphone.

En voiture

Chaque terminal a son propre parking. Compter 36 € par tranche de 24h. Également des parkings longue durée (PR et PX), plus éloignés des terminaux, qui proposent des tarifs plus avantageux (forfait 24h 26 €, forfait 7 j. 158 €). Possibilité de réserver sa place de parking via le site • *aeroportsdeparis.fr* • Stationnement au parking Vacances (longue durée) dans le P3 Résa (terminaux 1 et 3) situé à 2 mn du terminal 3 à pied, ou dans le PAB (terminal 2). Formules de stationnement 1-30 j. (115-230 €) pour le P3 Résa. Forfait w-e 4 j. au PAB : 49 €. Réservation sur Internet uniquement. Les P1, PAB et PEF accueillent les deux-roues : 15 € pour 24h.

– À proximité, ***Econopark*** : possibilité de laisser sa voiture à Aulnay-sous-Bois *(1, bd André Citroen ; à env 10 mn de Roissy).* De 1 à 28 j., compter 30-166 €. Trajet A/R vers Roissy en minibus (sans supplément). Réservation et paiement en ligne : • *econopark.fr* • ou : ☎ *01-60-14-80-00.*

Comment se déplacer entre Roissy-Charles-de-Gaulle 1, 2 et 3 ?

Les rames du CDG-VAL font le lien entre les 3 terminaux en 8 mn. Fonctionne tlj, 24h/24. Gratuit. Accessible aux personnes à mobilité réduite. Départs ttes les 4 mn, et ttes les 20 mn minuit-4h. Desserte gratuite vers certains hôtels, parkings, gares RER et gares TGV. *Infos au ☎ 39-50.*

À Orly-Sud et Orly-Ouest

En transports collectifs

Les cars Air France : ☎ *0892-350-820 (0,34 €/mn).* • *lescarsairfrance.com* • *Tarifs : 12,50 € l'aller simple, 21 € l'A/R ; réduc 2-11 ans. Paiement par CB possible dans le bus.*

➢ *Paris-Orly :* départs de l'Étoile, 1, av. Carnot, ttes les 30 mn, 5h-22h40. Arrêts au terminal des Invalides, rue Esnault-Pelterie (Ⓜ Invalides), gare Montparnasse (rue du Commandant-Mouchotte, face à l'hôtel *Pullman* ; Ⓜ Montparnasse-Bienvenüe, sortie « Gare SNCF ») et porte d'Orléans (arrêt facultatif uniquement dans le sens Orly-Paris). Compter env 1h.

➢ *Orly-Paris :* départs ttes les 20 mn, 6h30-23h40, d'Orly-Sud, porte L, et d'Orly-Ouest, porte D, niveau « Arrivées ».

RER C + navette : ☎ *01-60-11-46-20.* • *transdev-idf.com* • Prendre le RER C jusqu'à Pont-de-Rungis (un RER ttes les 15-30 mn). Compter 25 mn depuis la gare d'Austerlitz. Ensuite, navette pdt 15-20 mn pour Orly-Sud et Orly-Ouest. Compter 6,60 €. Très recommandé les jours où l'on piétine sur l'autoroute du Sud (w-e et jours de grands départs) : on ne sera jamais en retard. Pour le retour, départs de la navette ttes les 15 mn depuis la porte G à Orly-Ouest (5h40-23h14) et la porte F à Orly-Sud (4h45-0h55).

Orlybus : • *ratp.fr* •
Compter 20-30 mn pour rejoindre Orly (Ouest ou Sud) et 7,50 € l'aller simple.

➢ *Paris-Orly :* départs ttes les 15-20 mn de la pl. Denfert-Rochereau. Orlybus fonctionne tlj 5h35-23h, jusqu'à minuit ven, sam et veilles de fêtes.

➢ *Orly-Paris :* départs d'Orly-Sud, porte H, quai 3, ou d'Orly-Ouest, porte J, niveau « Arrivées ». Fonctionne tlj 6h-23h20, jusqu'à 0h20 ven, sam et veilles de fêtes.

Orlyval : ☎ *32-46 (0,34 €/mn).* • *ratp.fr* • Compter 11,65 € l'aller simple entre Orly et Paris. La jonction se fait à Antony (ligne B du RER) sans aucune attente. Permet d'aller d'Orly à Châtelet et vice versa en 40 mn env, sans se soucier de la densité de la circulation automobile.

➢ *Paris-Orly :* départs pour Orly-Sud et Ouest ttes les 6-8 mn, 6h-23h.

➢ *Orly-Paris :* départs d'Orly-Sud, porte K, zone livraison des bagages, ou d'Orly-Ouest, porte A, niveau 1.

En taxi

Pensez aussi aux nouveaux services de transport de personnes qui se développent dans la capitale et pourraient être adaptés à vos besoins (voir plus haut les solutions en taxi proposées pour se rendre à Roissy).

En voiture

– ***Parkings aéroports :*** à proximité d'Orly-Ouest, parkings P0 et P2. À proximité d'Orly-Sud, P1, P2 et P3 (à 50 m du terminal, accessible par tapis roulant). Compter 28,50 € pour 24h de stationnement. Les parkings P0 et P2 (Orly-Ouest) ainsi que P6 (Orly-Sud), à proximité immédiate des terminaux, proposent des forfaits intéressants, dont le « Week-end ». Forfaits disponibles aussi pour les P4 et P5 (éloignés) : 24-27 € pour 24h. Il existe des forfaits « Vacances » intéressants à partir de 6 j. et jusqu'à 45 j. (100-300 €) aux P2 et P6.
Les P4, P7 (en extérieur) et P5 (couvert) sont des parkings longue durée, plus excentrés, reliés en 10 mn par navettes gratuites aux terminaux. *Rens : ☎ 01-49-75-56-50.* Comme à Roissy, possibilité de réserver en ligne sa place de parking (P0 et P7) sur *• aeroportsdeparis.fr •* Les frais de résa (en sus du parking) sont de 8 € pour 1 j., de 12 € pour 2-3 j. et de 20 € pour 4-10 j. de stationnement pour le P0. Les parkings P0-P2 à Orly-Ouest et P1-P3 à Orly-Sud accueillent les deux-roues : 6,20 € pour 24h.
– À proximité, ***Econopark*** : possibilité de laisser sa voiture à Chevilly-Larue *(366, av. de Stalingrad ; à env 10 mn d'Orly ; proche A 6 et A 10).* De 1 à 28 j., compter 30-166 €. Trajet A/R vers Orly en minibus (sans supplément). Option parking couvert possible 1 € supp/j. Réservation et paiement en ligne *• econopark.fr •* ou ☎ 01-60-14-80-00.

Lialsons entre Orly et Roissy-Charles-de-Gaulle

Les cars Air France : *☎ 0892-350-820 (0,34 €/mn). • lescarsairfrance.com •* Départs de Roissy-Charles-de-Gaulle depuis les terminaux 1 (porte 32), 2A et 2C (porte C2), 2B et 2D (porte B1), 2E et 2F (porte E8 ou F9) vers Orly 5h55-22h30. Départs d'Orly-Sud (porte D) et d'Orly-Ouest (porte L) vers Roissy-Charles-de-Gaulle 6h30 (7h le w-e)-22h30. Ttes les 30-45 mn (dans les 2 sens). Durée du trajet : env 1h30. Tarif : 21 €, 35,50 € A/R ; réduc.

RER B + Orlyval : *☎ 32-46 (0,34 €/mn).* Depuis Roissy, navette puis RER B jusqu'à Antony et enfin Orlyval entre Antony et Orly, 6h-22h15. Tarif : 19,50 €.

EN BELGIQUE

▲ AIRSTOP

Pour ttes les adresses Airstop, un seul n° de tél : ☎ 070-233-188. • airstop.be • Lun-ven 9h-18h30, sam 10h-17h.
– Bruxelles : bd E.-Jacquemain, 76, 1000.
– Anvers : Jezusstraat, 16, 2000.
– Bruges : Dweersstraat, 2, 8000.
– Gand : Maria Hendrikaplein, 65, 9000.
– Louvain : Mgr. Ladeuzeplein, 33, 3000.
Airstop offre une large gamme de prestations, du vol sec au séjour tout compris à travers le monde.

▲ CONNECTIONS

Rens et résas : ☎ 070-233-313 (lun-ven 9h-19h, sam 10h-17h). • connections.be •
Fort d'une expérience de plus de 20 ans dans le domaine du voyage, Connections dispose d'un réseau de 30 *travel shops* dont un à Brussels Airport. Connections propose des vols dans le monde entier à des tarifs avantageux et des voyages destinés à des voyageurs désireux de découvrir la planète de façon autonome. Connections propose une gamme complète de produits : vols, hébergements, location de voitures, autotours, vacances sportives, excursions...

▲ NOUVELLES FRONTIÈRES

• nouvelles-frontieres.be •
– Nombreuses agences dans le pays, notamment à Bruxelles, Charleroi, Liège, Mons, Namur, Waterloo, Wavre, et au Luxembourg.

PARCOUREZ
LA LOIRE
à Vélo
avec le Routard
La Loire
à Vélo
Le Routard
14€
hachette
routard.com
UN GUIDE ILLUSTRÉ
TOUT EN COULEURS
800 km
de voies cyclables
8
itinéraires
41
étapes
ET TOUS LES BONS PLANS DU ROUTARD

Voir le texte dans la partie « En France ».

▲ SERVICE VOYAGES ULB

• servicevoyages.be • 25 agences dont 12 à Bruxelles.
- Bruxelles : campus ULB, av. Paul-Héger, 22, CP 166, 1000. ☎ 02-650-40-20.
- Bruxelles : pl. Saint-Lambert, 1200. ☎ 02-742-28-80.
- Bruxelles : chaussée d'Alsemberg, 815, 1180. ☎ 02-332-29-60.
Service Voyages ULB, c'est le voyage à l'université. Billets d'avion sur vols charters et sur compagnies régulières à des prix compétitifs.

▲ VOYAGEURS DU MONDE

- Bruxelles : chaussée de Charleroi, 23, 1060. ☎ 02-543-95-50. • voyageurs dumonde.com •
Le spécialiste du voyage en individuel sur mesure. Voir le texte « Voyageurs dans les Îles » dans la partie « En France ».

EN SUISSE

▲ STA TRAVEL

☎ 058-450-49-49. • statravel.ch •
- Fribourg : rue de Lausanne, 24, 1701. ☎ 058-450-49-80.
- Genève : rue de Rive, 10, 1204. ☎ 058-450-48-00.
- Genève : rue Vignier, 3, 1205. ☎ 058-450-48-30.
- Lausanne : bd de Grancy, 20, 1006. ☎ 058-450-48-50.
- Lausanne : à l'université Anthropole, 1015. ☎ 058-450-49-20.
Agences spécialisées notamment dans les voyages pour jeunes et étudiants. 150 bureaux STA et plus de 700 agents du même groupe répartis dans le monde entier sont là pour donner un coup de main *(Travel Help).*
STA propose des tarifs avantageux : vols secs *(Blue Ticket),* hôtels, écoles de langues, *Work & Travel,* circuits d'aventure, voitures de location, etc. Délivre la carte internationale d'étudiant et la *carte Jeune.*

▲ TUI - NOUVELLES FRONTIÈRES

- Genève : 25, rue Chantepoulet, 1201. ☎ 022-716-15-70.
- Lausanne : 19, bd de Grancy, 1006. ☎ 021-616-88-91.
Voir le texte dans la partie « En France ».

AU QUÉBEC

▲ CLUB AVENTURE VOYAGES

- Montréal : 759, av. Mont-Royal, H2J 1W8. ☎ (514) 527-0999. • club aventure.qc.ca •
Club Aventure développe une façon de voyager qui lui est propre : petits groupes, contact avec les populations visitées, utilisation des ressources humaines locales, visite des grands monuments mais aussi et surtout ouverture de routes parallèles. Ces circuits ont reçu la griffe du temps et de l'expérience ; ils sont devenus les « circuits griffés » du Club Aventure.

▲ EXOTIK TOURS

Infos sur • exotiktours.com • ou auprès de votre agence de voyages.
Exotik Tours offre une importante programmation en été comme en hiver sur la Méditerranée et l'Europe. L'hiver, des séjours sont proposés dans le Bassin méditerranéen et en Asie (Thaïlande et Bali). Durant cette saison, on peut également opter pour des combinés plage + circuit. Dans la rubrique « Grands voyages », le voyagiste suggère des périples en petits groupes ou en individuel. Au choix : l'Amérique du sud, le Pacifique sud, l'Afrique (Afrique du sud, Kenya, Tanzanie), l'Inde et le Népal.

▲ EXPÉDITIONS MONDE

- Montréal : 1176, rue Bishop, H3G 2E3. ☎ 1-866-606-1721 • expe ditionsmonde.com •
Expéditions Monde est à l'avant-garde du voyage d'aventure, de découverte, de trekking, de vélo, et d'alpinisme sur tous les continents. Les voyages en petits groupes facilitent les déplacements dans les régions les plus reculées et favorisent l'interaction avec les peuples locaux pour vivre une expérience authentique. Expéditions Monde offre aussi la possibilité de voyager en Europe à pied, ou à vélo en liberté.

▲ EXPLORATEUR VOYAGES

Infos : ☎ (514) 847-1177. • explorateur.qc.ca •

Cette agence de voyages montréalaise propose une intéressante production maison, axée sur les voyages d'aventures en petits groupes (5 à 13 personnes) ou en individuels. Ses itinéraires originaux, en Amérique Latine, en Asie, en Afrique et au Moyen-Orient, se veulent respectueux des peuples et des écosystèmes guidés par un accompagnateur de l'agence. Intéressant pour se familiariser avec ces différents circuits : les soirées Explorateur (gratuites), avec présentation audiovisuelle.

▲ KARAVANIERS

– Montréal : 4035, rue Saint-Ambroise, local 220N, H4C 2E1. ☎ (514) 281-0799. • karavaniers.com • detournature.com • Lun-ven 9h-18h, sam 10h-15h.

L'agence québecoise Karavaniers a pour but de rendre accessible des expéditions aux quatre coins de la planète. Toujours soucieuse de respecter les populations locales et l'environnement, Karavaniers favorise la découverte d'une quarantaine de destinations à pied, et en kayak de mer, en petits groupes accompagnés d'un guide francophone et d'un guide local, avec hébergement en auberge ou sous la tente. De son coté, Détour Nature propose de nombreuses destinations au Québec et en Amérique du Nord, des excursions d'une journée ainsi que des voyages à pied, à vélo, en kayak mais aussi en raquette et ski de fond. Le transport est fourni au départ de Montréal.

▲ TOURS CHANTECLERC

• tourschanteclerc.com •

Tours Chanteclerc est un tour-opérateur qui publie différentes brochures de voyages : Europe, Amérique du Nord, Amérique du sud, Asie et Pacifique sud, Afrique et le bassin Méditerranéen en circuits ou en séjours. Il s'adresse aux voyageurs indépendants qui réservent un billet d'avion, un hébergement (dans toute l'Europe), des excursions ou une location de voiture. Également spécialiste de Paris, le TO offre une vaste sélection d'hôtels et d'appartements dans la Ville lumière.

UNITAID

UNITAID a été créé pour lutter contre le VIH/sida, le paludisme et la tuberculose, les trois principales maladies meurtrières dans les pays en développement. UNITAID intervient dans 94 pays en facilitant l'accès aux médicaments et aux diagnostics, en en baissant les prix, dans les pays en développement. Le financement d'UNITAID provient principalement d'une contribution de solidarité sur les billets d'avion mise en place par six pays membres dont la France. Les financements d'UNITAID ont permis à près d'un million de personnes atteintes du VIH/sida de bénéficier d'un traitement et de délivrer plus de 19 millions de traitements contre le paludisme. Moins de 5 % des fonds sont utilisés pour le fonctionnement du programme, 95 % sont utilisés directement pour les médicaments et les tests. Pour en savoir plus : *• unitaid.eu •*

RÉPUBLIQUE DOMINICAINE UTILE

▸ Pour la carte générale de la République dominicaine, se reporter au cahier couleur.

ABC DE LA RÉPUBLIQUE DOMINICAINE

▸ *Superficie :* 48 670 km², 2ᵉ pays des Caraïbes (île entière avec Haïti : 77 914 km²).
▸ *Point culminant :* le Pico Duarte (3 098 m), sommet des Caraïbes.
▸ *Population :* 10,3 millions d'hab. (dont environ 70 % de population urbaine).
▸ *Densité :* environ 207 hab./km².
▸ *Capitale :* Santo Domingo de Guzmán (environ 3,3 millions d'hab.).
▸ *Villes principales :* Santiago de los Caballeros, La Romana, San Cristobal, San Pedro de Macoris, Puerto Plata, Higüey.
▸ *Langue officielle :* espagnol.
▸ *Monnaie :* peso dominicain (RD$).
▸ *Régime politique :* démocratie présidentielle. Congrès composé du Sénat et de la Chambre des députés.
▸ *Chef de l'État :* Danilo Medina (Parti de libération dominicaine) depuis 2012.
▸ *PIB par habitant :* environ 9 500 US$.
▸ *Moyenne d'âge :* 27 ans.
▸ *Espérance de vie :* 77 ans.
▸ *Taux d'alphabétisation :* 90 %.
▸ *Religion :* catholique à 95 %.

« C'est une terre à désirer et, une fois vue, à ne jamais quitter. »

Christophe Colomb, lettre à Louis de Santangel, 1493.

La République dominicaine (plus communément appelée du nom de sa capitale, Saint-Domingue) partage avec Haïti la mythique île d'Hispaniola, découverte par Christophe Colomb. Pays d'Amérique où furent construits la première cathédrale, le premier hôpital, la première université... Saint-Domingue est devenue la première destination touristique

des Caraïbes, devant Cuba. Pourtant, les souvenirs de la conquête et de la colonisation y sont paradoxalement moins nombreux : partis chercher de l'or, les Espagnols abandonnèrent vite l'île pour aller conquérir le Mexique et le Pérou.

On ne vient donc pas vraiment à Saint-Domingue pour ses trésors architecturaux (rares en dehors de la capitale), mais pour ses trésors naturels, à commencer par ses centaines de kilomètres de plages de sable blanc, bordées de cocotiers. Ajoutez à cela beaucoup de soleil, quelques villages de pêcheurs, un air de *merengue,* beaucoup de verres de rhum... et vous aurez tous les ingrédients pour des vacances de rêve ! Cela dit, ce n'est pas ce cocktail tropical typiquement caribéen qui fait la vraie richesse de Saint-Domingue.

Ce qui vous séduira davantage, pour peu que vous ayez la curiosité de quitter les confortables *resorts* côtiers pour vous aventurer dans l'île, c'est cette subtile atmosphère exotique, faite de petites tranches de vie, de sourires éclatants, de regards chaleureux, d'images multicolores, d'une gentillesse de chaque instant, d'une grande sensualité et d'une petite musique locale (la *bachata*) qui vous imprègnent doucement, au point d'entraîner les plus inhibés d'entre vous sur les pistes de danse...

Vous nous avez compris : il serait dommage de se contenter d'écumer les cocoteraies et les lagons ! Prenez le temps de parcourir le pays profond. Dans les campagnes vierges de tourisme, les petits ports de pêche et les villages presque inaccessibles, mais aussi et surtout dans les montagnes de l'intérieur, propices aux sports aventureux et aux balades à la découverte des merveilles naturelles, avec en récompense le Pico Duarte...

AVANT LE DÉPART

Adresses utiles

En France

Office de tourisme de la République dominicaine : *22, rue du 4-Septembre, 75002 Paris. ☎ 01-43-12-91-91. • godominicanrepublic.com • Ⓜ Quatre-Septembre ou Opéra. Lun-ven 10h-17h (16h30 ven).*

Ambassade de la République dominicaine : *45, rue de Courcelles, 75008 Paris. ☎ 01-53-53-95-95. • embajadadominicana.fr • Ⓜ Courcelles ou Saint-Philippe-du-Roule. Lun-ven (sf j. fériés dominicains) 9h-17h.*

Consulat de la République dominicaine : *24, rue Vernier, 75017 Paris. ☎ 01-55-37-10-36. • secretariat@consuldompar.fr • embajadadominicana.fr • Ⓜ Porte-de-Champerret. Lun-ven sf mer ap-m 10h-13h, 14h-16h.* Également un consulat général à **Marseille** : *146, rue de Paradis, 13006. ☎ 04-91-57-01-00. • consudom.mar@orange.fr •*

En Belgique

Office de tourisme de la République dominicaine : *av. Lloyd George, 10, Bruxelles 1000. ☎ 02-646-13-00. • visitdomrep.com • Lun-ven 10h-18h.*

Consulat de la République dominicaine : *av. Bel-Air, 12, Uccle 1180 (Bruxelles). ☎ 02-346-49-35.*

En Suisse

Consulat de la République dominicaine : *Weltpoststrasse, 4, Berne 3015. ☎ 031-351-25-62. • consulado.rd.berna@gmail.com •*

Au Canada

Office de tourisme de la République dominicaine : *2055, Peel St, suite 550, Montréal (Québec) H3A-1V4. ☎ (514) 499-1918 ou 1-800-563-1611. • montreal@godominicanrepublic.com •*

Formalités d'entrée et de sortie du pays

Pensez à scanner passeport, visa, carte bancaire, billet d'avion et vouchers d'hôtel. Ensuite, adressez-les vous par e-mail, en pièces jointes. En cas de perte ou vol, rien de plus facile pour les récupérer dans un cybercafé. Les démarches administratives seront bien plus rapides.

- Pour les Français, les Belges et les Suisses, ***passeport en cours de validité*** obligatoire.
- Il n'y a pas de visa à se procurer mais une ***carte de tourisme*** *(tarjeta de turismo).* On l'achète dès l'***entrée sur le territoire,*** avant la douane et la livraison des bagages, en arrivant dans le hall, sur la droite. Coût : 10 US$ (prévoyez donc des espèces). On peut aussi payer cette carte de tourisme en pesos dominicains ou en euros (mais dans ce dernier cas, on vous demande la même somme qu'en dollars, à savoir 10 €...). À noter, ***cette taxe est parfois incluse dans le billet d'avion*** (renseignez-vous, ça dépend des compagnies). Enfin, possibilité de l'acheter avant de partir (mais on ne voit pas bien l'intérêt), en se rendant directement auprès du consulat de la République dominicaine, pour environ 15 € (émission immédiate). Cette carte de tourisme est valable 1 mois. Au-delà de 1 mois de séjour, on paie une taxe calculée en fonction du temps supplémentaire passé sur place.
- Outre le passeport obligatoire et la carte de tourisme, les Canadiens doivent avoir aussi un billet d'avion retour.
- À la ***sortie du territoire*** (à l'aéroport), il faut payer une taxe de départ de 20 US$ (50 US$ au-delà d'un mois). Évitez de payer en euros, car vous y perdrez aussi au change. Mais là encore, cette taxe est parfois incluse directement dans votre billet d'avion (selon la compagnie).
- Attention, à la ***douane française,*** vous ne pouvez rapporter que 50 cigares pour votre consommation personnelle, 200 cigarillos et 1 l de rhum (2 l pour les alcools inférieurs à 22°).

Vaccinations

Aucune vaccination n'est exigée pour entrer en République dominicaine depuis l'Europe et l'Amérique du Nord (pas de fièvre jaune). Nous conseillons cependant de procéder à un rappel DTPCoq (Repevax®) et d'être immunisé contre l'hépatite A. Les perfectionnistes et ceux qui souhaitent séjourner à l'intérieur du pays pourront également se faire vacciner contre la typhoïde.
Pour les centres de vaccination partout en France, consulter le site internet • *astrium.com/centres-de-vaccinations-internationales.html* •

Assurances voyage

■ ***Routard Assurance*** *(c/o AVI International)* **:** *40-44, rue Washington, 75008 Paris.* ☎ *01-44-63-51-00.* • *avi-international.com* • Ⓜ *George-V.* Depuis 20 ans, *Routard Assurance,* en collaboration avec *AVI International,* spécialiste de l'assurance voyage, propose aux voyageurs un contrat d'assurance complet à la semaine qui inclut le rapatriement, l'hospitalisation, les frais médicaux, le retour anticipé et les bagages. Ce contrat se décline en différentes formules : *individuel, senior, famille, light* et *annulation*. Pour les séjours longs (de 2 mois à 1 an), consultez le site. L'inscription se fait en ligne et vous recevrez dès la souscription tous vos documents d'assurance par email.

■ ***AVA :*** *25, rue de Maubeuge, 75009 Paris.* ☎ *01-53-20-44-20.* • *ava.fr* •

Ⓜ *Cadet.* Un autre courtier fiable pour ceux qui souhaitent s'assurer en cas de décès-invalidité-accident lors d'un voyage à l'étranger, mais surtout pour bénéficier d'une assistance rapatriement, perte de bagages et annulation. Attention, franchises pour leurs contrats d'assurance voyage.

■ ***Pixel Assur :*** *18, rue des Plantes, BP 35, 78601 Maisons-Laffitte.* ☎ *01-39-62-28-63.* • *pixel-assur.com* • *RER A : Maisons-Laffitte.* Assurance de matériel photo et vidéo tous risques (casse, vol, immersion) dans le monde entier. Devis en ligne basé sur le prix d'achat de votre matériel. Avantage : garantie à l'année.

ARGENT, BANQUES, CHANGE

– La ***monnaie locale*** est le *peso dominicain* (RD$), mais le dollar américain est accepté à peu près partout, et surtout dans les hôtels de catégorie supérieure. En moyenne, 1 US$ = environ 40 RD$. Ce taux est très variable, en raison de l'instabilité économique et politique du pays. Il est cependant intéressant d'arriver avec quelques dollars américains pour payer la carte de tourisme et d'autres frais éventuels.

L'euro, au moment de la réédition de ce guide, valait en moyenne entre 53 et 55 RD$. Là encore, le taux est assez fluctuant.

Pour l'ensemble du guide, nous avons appliqué le taux de change de 1 € = 54 RD$.

L'euro est accepté dans toutes les banques et dans tous les bureaux de change. Les billets en circulation sont de 2 000, 1 000, 500, 100, 50, 20, 10 et 5 pesos. Il existe également des pièces de 1 et 5 pesos. Payez au maximum en pesos, car l'utilisation du « billet vert » a tendance à faire augmenter les prix. Certains hôtels, tenus par des Européens, ont une fâcheuse tendance à n'afficher leurs prix qu'en dollars ou en euros, mais ils n'ont pas le droit de refuser une transaction en monnaie locale. Ils appliquent alors un taux de change pas toujours très favorable (à vous de vérifier).

– Les plus prudents peuvent se munir de ***chèques de voyage*** en dollars ou en euros, comme les *travellers American Express.* Cela ne nous a toutefois pas semblé très utile.

– ***Change :*** le taux le moins intéressant est celui qui est pratiqué à l'intérieur des aéroports, ainsi que dans les grands hôtels. Le meilleur taux est appliqué dans les bureaux de change et les banques. Nous ne saurions trop insister sur les risques du change dans la rue, d'ailleurs interdit, à Saint-Domingue. Ne vous laissez pas appâter par un taux mirifique, vous êtes assuré à 99 % de vous faire avoir...

Cartes de paiement

Il est **très vivement conseillé d'avertir votre banque avant votre départ** (pays visité et dates). En effet, votre carte peut être bloquée dès le premier retrait pour suspicion de fraude... C'est de plus en plus fréquent. Ainsi, cela vous évitera de vous retrouver rapidement dans l'embarras !
N'oubliez pas aussi de VÉRIFIER LA DATE D'EXPIRATION DE VOTRE CARTE BANCAIRE.

Les principales cartes de paiement sont acceptées dans le pays (*MasterCard, Visa* et *American Express*), dans de nombreux établissements touristiques, et leur usage n'entraîne pas de frais bancaires supplémentaires de votre côté ; en revanche, de nombreux commerçants taxent de 2 à 5 % supplémentaires pour

leurs frais. On trouve également dans l'ensemble du pays des ***distributeurs automatiques*** de billets. Et n'oubliez pas que « banque » se dit *banco* en espagnol (les *bancas* sont des kiosques pour jouer et parier !).
Il est à noter que la plupart des distributeurs ont un ***plafond de retrait,*** généralement fixé à 4 000 RD$. Préférer ceux du *Banco Popular,* dont la limite de retrait est fixée à 10 000 RD$.
Quelle que soit la carte que vous possédez, chaque banque gère elle-même le ***processus d'opposition*** et le numéro de téléphone correspondant. Avant de partir, notez donc bien le numéro propre à votre banque (il figure souvent au dos des tickets de retrait, sur votre contrat ou à côté des distributeurs de billets), ainsi que le numéro à 16 chiffres de votre carte. Bien entendu, conservez ces informations en lieu sûr et séparément de votre carte. Par ailleurs, sachez que l'assistance médicale se limite aux 90 premiers jours du voyage, et l'assistance véhicule aux cartes haut de gamme (renseignez-vous auprès de votre banque).

– **Carte Visa :** *numéro d'urgence (Europ Assistance), ☎ +00-33 (0)1-41-85-85-85 (24h/24).* • *visa.fr* •
– **Carte MasterCard :** *numéro d'urgence, ☎ +00-33 (0)1-45-16-65-65.* • *mastercardfrance.com* •
– **Carte American Express :** *☎ +00-33 (0)1-47-77-72-00.* • *americanexpress.fr* •
– Pour toutes les cartes émises par **La Banque postale,** *composez le ☎ +00-33 (0)5-55-42-51-96.* • *labanquepostale.fr* •

– ***Petite mesure de précaution :*** si vous retirez de l'argent dans un distributeur, utilisez de préférence les distributeurs attenants à une agence bancaire. En cas de pépin avec votre carte (carte avalée, erreurs de numéro...), vous aurez un interlocuteur dans l'agence, pendant les heures ouvrables.

Western Union Money Transfer

En cas de besoin urgent d'argent liquide (perte ou vol de billets, de chèques de voyage, de carte de paiement), vous pouvez être dépanné en quelques minutes grâce au système *Western Union Money Transfer.* Pour cela, demandez à quelqu'un de vous déposer de l'argent en euros dans l'un des bureaux *Western Union* ; les correspondants en France de *Western Union* sont *La Banque postale (fermée sam ap-m, n'oubliez pas ! ☎ 0825-00-98-98)* et la *Société financière de paiements (SFDP ; ☎ 0825-825-842).* L'argent vous est transféré en moins d'un quart d'heure. La commission, assez élevée, est payée par l'expéditeur. Possibilité d'effectuer un transfert en ligne 24h/24 par carte de paiement (*Visa* ou *MasterCard* émises en France). • *westernunion.com* •
En République dominicaine, le réseau est très bien implanté. Le taux est en général correct, et les horaires assez larges. Se présenter dans une agence *Western Union* muni d'une pièce d'identité.

ACHATS

C'est au mercado Modelo de Santo Domingo que vous trouverez la plus grande concentration du pays d'objets de fabrication locale : des ***tableaux naïfs*** (souvent peints par des Haïtiens), des petits objets plus ringards que créoles, plus chinois que dominicains et, bien entendu, toutes les marques de ***rhum*** et de ***cigares.*** Mais pour les achats de cigares, ce n'est pas le bon endroit.
Une mention particulière pour les ***poupées Limé,*** créées par la sculptrice Liliana Mera en 1981, avec leur visage sans traits, ni yeux, ni bouche, ni couleur, comme pour illustrer les multiples origines du peuple dominicain.
– ***CD de merengue et de bachata :*** bien que tentants et bon marché, les CD des vendeurs ambulants sont souvent des copies de qualité médiocre.

– ***Ambre :*** surtout utilisé pour la fabrication de bijoux dont le coût est relativement modeste. Mais bien sûr, tout dépend de l'importance de la pièce. Une pierre d'ambre en provenance de République dominicaine a été vendue au prix de 86 000 € chez *Christie's* à Londres. Il est vrai qu'elle contenait, prisonnier dans la résine depuis des millénaires, un lézard préhistorique (revoir Jurassic Park !).
– ***Larimar :*** c'est une pierre semi-précieuse dans les tons bleus, gris et verts. On ne la trouve qu'en République dominicaine, dans un bassin très petit (région de Barahona), donc c'est une gemme unique. Les Dominicains en ont fait un « trésor national », leur pierre philosophale ! On l'utilise pour réaliser de jolis bijoux qui peuvent être de beaux cadeaux-souvenirs. Pour approfondir le sujet, ne pas manquer la visite du museo de Larimar à Santo Domingo.
– ***Cigares :*** vous pouvez en rapporter 50 par personne. La différence de prix est intéressante, surtout si vous les achetez à Santiago, directement chez les fabricants. Les prix sont alors fixes. Attention aux cigares proposés par les vendeurs ambulants, ils sont presque toujours faux (ou vrai, mais très mal faits). N'espérez pas non plus faire une bonne affaire en *duty free,* à l'aéroport, les cigares y sont vendus bien plus cher que dans le pays et de piètre qualité. Voir aussi plus loin la rubrique « Cigares » dans « Hommes, culture, environnement ».
– ***Café :*** excellent, parfois bio et pas cher du tout.

BUDGET

– La règle la plus avantageuse est de payer en monnaie nationale les petites et moyennes dépenses, et les grosses en euros ou dollars.
– **Attention : les prix transcrits en euros dans le guide correspondent au taux moyen de 1 € = 54 RD$.** Ce taux varie cependant très régulièrement, soit à la hausse, soit à la baisse. Pensez-y !

Hébergement

En République dominicaine, les hôtels ne sont pas vraiment économiques pour peu qu'on souhaite un minimum de confort. Un peu partout, à la ville, à la campagne, sur les côtes et dans les montagnes, il existe des hébergements bon marché mais ils sont souvent modestes et sommaires. On peut néanmoins s'en contenter. Le pays manque en fait d'hôtels de catégorie intermédiaire. D'une manière générale, les prix annoncés dans les hôtels incluent les taxes et les services (qui peuvent aller jusqu'à 26 % !).
– Le système le plus répandu est le ***« tout compris (todo incluido) »,*** pratiqué dans de nombreux hôtels et *resorts,* notamment sur la côte sud. Ce n'est pas ce qui manque, et certains sont installés dans des sites magnifiques, sur de jolies côtes. Pour un budget raisonnable, vous passerez 8 ou 15 jours dans de beaux sites tropicaux où la plage, le soleil et les boissons sont généralement servis à volonté. Si vous êtes en famille, cela peut être un bon choix.
– En revanche, si vous avez envie de sortir de la traditionnelle formule hôtel-plage, n'hésitez pas : lancez-vous à la découverte de ce beau pays, vous ne le regretterez pas. Mais le budget sera quand même souvent supérieur, surtout si vous fréquentez les établissements tenus par des « expatriés » (non-Dominicains). Autant le savoir.
– Une solution intermédiaire est de plus en plus utilisée par les « routards » : on réserve un séjour tout compris de 1 semaine dans un *resort,* et au bout de quelques jours, on part à l'aventure en voiture, à moto ou en transport en commun. On dort à droite à gauche, on explore les villages comme de vrais voyageurs et on revient au grand hôtel quand on a envie de faire une pause. Le forfait à la semaine en tout compris ne revenant pas beaucoup plus cher que le vol sec, c'est une formule hybride, mais vraiment intéressante pour ceux qui souhaitent allier la facilité avec un brin d'aventure.

– La plupart des grands hôtels ont des sites web. Consultez-les avant de partir pour connaître l'actualité des prix pratiqués et les offres spéciales. Il y a souvent des ***offres exclusives en réservant par Internet.***
– ***Petit détail de vocabulaire :*** le plus souvent, la chambre double *(doble)* est une chambre à deux lits pouvant accueillir jusqu'à quatre personnes, la simple *(sencilla)* est à un lit mais pour deux personnes. Demandez donc plutôt une chambre pour une personne *(para una persona)* ou pour deux personnes *(para dos personas)*.
– Quand les ***tarifs*** sont exprimés ***en dollars,*** notamment dans les *resorts* de la côte des Cocotiers, nous n'avons pas jugé nécessaire de mentionner l'équivalent en euros, le taux demeurant très variable là encore. Enfin, sur la péninsule de Samaná, les tarifs de certains hôtels sont parfois exprimés ***en euros,*** car ils sont souvent gérés par des Français.
Voici notre échelle de prix pour la rubrique « Où dormir ? », sur la base d'une chambre pour deux personnes.
– ***Bon marché :*** moins de 1 000 à 1 500 RD$ (env 18,50-28 €).
– ***Prix moyens :*** de 1 500 à 2 500 RD$ (env 28-46 €).
– ***Chic :*** de 2 500 à 4 000 RD$ (env 46-74 €).
– ***Plus chic :*** de 4 000 à 6 000 RD$ (env 74-111 €).
– ***Très chic :*** plus de 6 000 RD$ (env 111 €).
Si vous voyagez hors saison (en dehors des périodes de Noël, Pâques et juillet-août), vous pourrez obtenir des réductions pouvant aller jusqu'à 30 ou 40 %... Et n'oubliez pas les promos sur Internet, assez fréquentes et toujours intéressantes.

Repas

On peut manger à moindres frais en République dominicaine, mais on finira peut-être par se lasser de la nourriture classique et populaire, qui, bien que bonne, tourne rapidement en rond. Dès qu'on sort de ce cadre, ça devient assez cher, notamment dans les restaurants touristiques en bord de mer.
Attention également aux ***taxes et services*** : pour les établissements très modestes, les taxes sont généralement incluses, mais dès qu'un resto ressemble un tant soit peu à un resto, ***deux taxes de 18 %*** (ITBIS, sorte de TVA) et ***10 %*** (service) s'appliquent et viennent largement grever l'addition. Il est d'ailleurs bon de préciser que le personnel voit rarement la couleur de ces 10 % ! Certains établissements appliquent seulement une des taxes, d'autres les deux... Car les contrôles sont de plus en plus fréquents. Au début, on croit à une arnaque du restaurateur. Que nenni ! C'est la loi, tout simplement. Alors quand vous vous attablez et choisissez un plat, faites le calcul, car l'addition grimpe très vite.
Voici notre échelle de prix pour la rubrique « Où manger ? ».
– ***Bon marché :*** moins de 400 RD$ (env 7,50 €).
– ***Prix moyens :*** de 400 à 800 RD$ (env 7,50-15 €).
– ***Chic :*** de 800 à 1 300 RD$ (env 15-24 €).
– ***Plus chic :*** plus de 1 300 RD$ (env 24 €).

CLIMAT

La saison propice au voyage va de décembre à fin avril. La plupart des ouragans surviennent entre septembre et novembre.
Située entre l'équateur et le tropique du Cancer, l'île bénéficie d'un climat tropical tempéré par les alizés. Il fait assez chaud en été (dans l'hémisphère nord, les variations sont à peu près semblables à celles de l'Europe, 15 à 20 °C en plus, bien sûr...) et frais la nuit en hiver, surtout dans les montagnes.

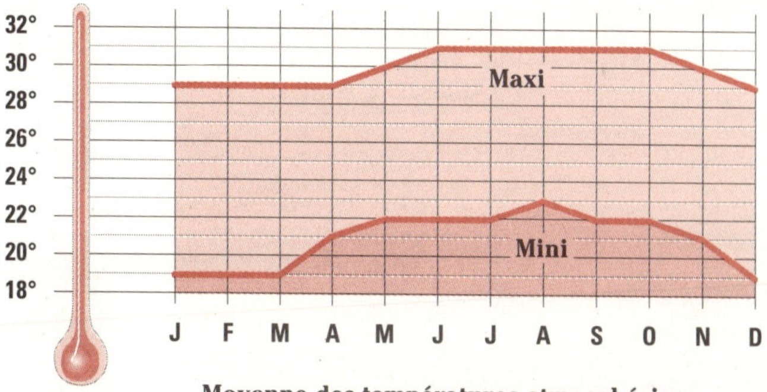

Moyenne des températures atmosphériques

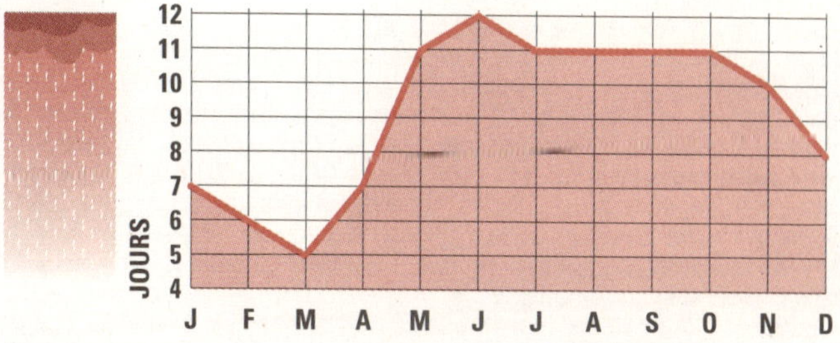

Nombre de jours de pluie

RÉP. DOMINICAINE (Santo Domingo)

La température moyenne est de 30 °C le jour et 20 °C la nuit, la température de l'eau oscillant entre 26 et 28 °C.

On compte une saison des pluies en mai-juin et une autre en octobre-novembre, mais cela varie souvent d'une année à l'autre. Des régions de plaines comme celles de Punta Cana ou Montecristi sont beaucoup plus sèches que la péninsule de Samaná, au nord du pays. Pour ceux qui n'aiment pas du tout la pluie, même tropicale, le mois le plus sec est mars.

On parle souvent des ***ouragans*** qui dévastent les Caraïbes. Il est vrai que, formés au large des côtes africaines, ils se promènent dangereusement le long des îles en semant la terreur. Ne dramatisons pas cependant, car les ouragans, aussi violents soient-ils, ne sont dangereux que pour ceux qui habitent au bord des côtes et des cours d'eau. La violence des vents n'a jamais été la cause des catastrophes qu'a connues la République dominicaine : ce sont toujours les inondations, les crues et les coulées de boue qui ont causé des dégâts. Abrités dans des habitations en dur, les touristes ne courent généralement aucun risque sinon celui d'être bloqués quelques jours en attendant que les aéroports soient praticables... De plus, il faut savoir que les ouragans sont suivis par les services météo américains avec une précision remarquable.

Vêtements de base

À Saint-Domingue, nul besoin d'emporter une garde-robe importante. On se contentera de vêtements d'été : pantalons légers, jupes, shorts, tee-shirts... et on n'oubliera pas son maillot de bain ! Un chapeau et des lunettes de soleil sont indispensables, de même que de bonnes chaussures pour visiter les parcs, ou des chaussures de randonnée pour arpenter le centre montagneux. Un imperméable léger n'est pas inutile durant la saison des pluies. Enfin, ne pas oublier quelques vêtements chauds pour les nuits fraîches et les régions de montagne... mais aussi les restaurants et bus climatisés !

DANGERS ET ENQUIQUINEMENTS

– ***En cas de problème, contacter sur place la police touristique (Politur) :*** ☎ *809-686-8639.*
– ***Sécurité :*** la République dominicaine est encore un pays sûr. Parallèlement au développement du tourisme, la délinquance existe, bien sûr, mais moins que dans les grandes villes européennes. Quelques cas d'agressions de touristes sont régulièrement signalés (du genre vols à l'arraché dans les taxis ou les chambres d'hôtel), mais ils restent exceptionnels. On peut circuler dans le pays sans risque particulier. ***Prudence surtout le soir,*** dans certains quartiers de la capitale (hors zone coloniale) et des grandes villes, ou dans les sites très touristiques, mais pas de parano inutile. Les gens ici sont en général doux, adorables et très serviables. En voiture, éviter si possible de circuler la nuit (nids de poules, vélos ou camions sans phares, animaux errants...).
– Au début, vous serez sûrement étonné de voir dans les rues autant de ***gens armés,*** militaires, policiers, gardiens de banques, voire particuliers. C'est dans la culture du pays ! Il est amusant de voir des personnes souvent âgées protéger l'entrée des banques avec une vieille pétoire. Heureusement, ces armes servent surtout à impressionner, mais elles sont aussi révélatrices du nombre croissant d'armes illégales qui circulent aujourd'hui dans le pays...
– ***La fermeture de tous les lieux publics se fait à minuit,*** du dimanche au jeudi, à 2h du matin les vendredi et samedi. Seuls les casinos peuvent ouvrir plus tard, mais sans servir d'alcool. Bien entendu, les patrons d'établissements nocturnes ne sont pas d'accord et font le forcing pour récupérer une heure ou deux...
– Attention aux ***petits arnaqueurs,*** tout sourire, qui se proposent de vous aider dès l'aéroport... ou à ceux qui proposent de changer de l'argent à la sauvette. Refuser gentiment, mais fermement.
– ***À la campagne,*** on cherchera souvent à vous donner un coup de main, à vous guider, à vous accompagner. Cette démarche est sympathique, mais parfois votre interlocuteur attendra un paiement en retour. Tâchez d'éviter toute ambiguïté.
– Attention également : lors de l'utilisation de votre ***carte de paiement,*** des cas de fraude ont été signalés (éviter les paiements systématiques par carte bancaire dans les magasins). Mais là encore, pas de paranoïa inutile, ça reste assez rare.
– N'emportez avec vous ***qu'une photocopie de votre passeport*** (cela suffit lors d'un contrôle), laissez l'original à l'hôtel, soit dans le coffre de votre chambre si elle en est équipée, soit bien planqué dans votre valise/sac.
– Évidemment, les stations touristiques attirent les ***petits voleurs,*** et il est prudent de conserver ses biens dans le coffre de l'hôtel plutôt que sur la table de nuit quand on va à la plage. Bref, il suffit d'appliquer les attitudes de base du voyageur averti pour éviter les problèmes.

DÉCALAGE HORAIRE

Il y a 6h de moins par rapport à la France en été et 5h en hiver.

DROGUE

« La possession, la consommation ou le commerce de drogue sont sévèrement punis », comme le stipule le texte affiché dans de nombreux établissements.
On est loin de la tradition des Indiens taïnos, grands consommateurs de substances plus ou moins hallucinogènes qu'ils aspiraient au moyen d'inhalateurs en os de lamantin (mammifère marin) ! Actuellement, les Dominicains fument assez peu d'herbe, même les jeunes, plutôt attirés par la bière et le rhum, compléments habituels du *merengue.* On est loin des rastas des îles voisines. Cependant, il y a une petite consommation locale de marijuana et de champignons... qui ne sont pas de Paris ! À noter que l'intrusion dans l'île d'autres substances est malheureusement due à des crapules sans scrupule, originaires d'Amérique du Sud. Il est évident que l'île, surtout la partie haïtienne, est une plaque tournante des produits colombiens (pas le café...). D'ailleurs, la police a un département spécialisé copié sur le modèle de la DEA *(Drug Enforcement Agency)* américaine et probablement financé par les États-Unis : cela crée des liens entre les deux services... Nous ne sommes pas là pour faire la morale, mais attention : comme les policiers arrêtent rarement les professionnels, ils se défoulent avec le menu fretin de passage. Et un minimum de 6 mois de prison est requis pour la consommation personnelle... La lutte contre le trafic de drogue est, avec la lutte contre la pauvreté, un des thèmes majeurs du programme du candidat Danilo Medina, élu président de la République dominicaine le 23 mai 2012. Le pays est devenu une plaque tournante de la drogue (cocaïne) en provenance notamment de Colombie, et à destination des États-Unis et de l'Europe. Les cartels commencent à bien s'implanter, et le combat du nouveau gouvernement s'annonce ardu !

ÉLECTRICITÉ

- ***Le courant est en 110 volts*** comme aux États-Unis, mais la ressemblance s'arrête là. Ici, on a du courant alternatif, une fois ça marche, une fois ça ne marche pas... même si la situation s'est largement améliorée ces dernières années.
- ***Adaptateur :*** de moins en moins nécessaire sur le terrain, parce que les chargeurs d'ordinateurs et de téléphones portables transforment automatiquement le courant de 110 en 220 volts. Il suffit de les brancher, et ça marche ! Dans le doute, munissez-vous d'un ***adaptateur international*** (ou universel), très pratique car valable ensuite dans de nombreux pays. Une ***prise multiple*** peut s'avérer utile pour brancher plusieurs appareils à la fois.
- ***Prises de courant :*** attention là aussi, elles sont différentes. Elles sont avec trois trous disposés en triangle. Chaque trou de forme rectangulaire est très étroit. Dans ce cas, il est bon d'avoir un adaptateur pour les prises.
- ***Coupures de courant :*** le phénomène des *apagones* (coupures de courant) est bien caractéristique d'un pays comme la République dominicaine, qui possède le record mondial de générateurs privés par habitant. La privatisation de l'électricité (depuis 1999) n'a pas résolu le problème des coupures de courant, encore fréquentes. Si vous voyagez dans des hôtels de standard moyen et de luxe, quand il y a des coupures, de gros générateurs prennent automatiquement le relais. En revanche, dans les campagnes, certains villages n'ont de courant que 12 ou 14h par jour.

FÊTES ET JOURS FÉRIÉS

Bien entendu, les établissements publics sont en général fermés le samedi après-midi et le dimanche.

Les principaux jours fériés

- ***1er janvier :*** Jour de l'an.
- ***6 janvier :*** Épiphanie.
- ***21 janvier :*** jour de la Virgen de Altagracia, mère spirituelle du peuple dominicain. Célébrations dans tout le pays la veille et le jour même. Ferveur religieuse dans les églises, danses, chants et grande procession à Higüey, où se trouve la basilique de la Altagracia.
- ***27 février :*** jour de l'Indépendance. Fête nationale.
- ***Vendredi saint :*** date variable, c'est le vendredi précédant le dimanche de Pâques. En 2016, le 25 mars.
- ***1er lundi de mai :*** fête du Travail.
- ***16 août :*** jour de la Restauration.
- ***24 septembre :*** jour de la Virgen de las Mercedes. Célébré par un pèlerinage à Santo Cerro, dans les environs de La Vega.
- ***6 novembre :*** jour de la Constitution.
- ***25 décembre :*** Noël.

Les fêtes

- ***Carnaval :*** fin février (voir la rubrique « Carnaval » dans « Hommes, culture, environnement »).
- ***Semaine sainte (Pâques) :*** c'est la paralysie totale dans le pays, surtout à partir du jeudi. Les Dominicains fuient les villes pour s'installer sur les plages avec femmes et enfants, transistors, glacières, tentes, etc. C'est la fête sur tout le littoral, notamment à Boca Chica, Las Terrenas ou Sosua... Très bruyant, on s'en doute, mais ça peut aussi être l'occasion de moments et de rencontres inoubliables.
- ***Festival de bachata à Sosua :*** début juillet.
- ***Festival de merengue à Saint-Domingue :*** fin juillet.
- ***12 octobre :*** jour de Christophe Colomb. Des fleurs sont déposées sur sa tombe et au mausolée Faro a Colón, dans les environs de Santo Domingo.
- ***Festival de merengue à Puerto Plata :*** fin octobre. Fêtes, danses, expos d'art pendant 5 jours.
- ***Festival de jazz sur la côte nord*** (Cabarete, Sosua...) : pendant 4 jours autour du 1er novembre. Concerts gratuits en plein air, sur la plage.
- ***Les fêtes patronales :*** c'est un peu l'ambiance de la Semaine sainte à l'échelle d'un village. Chaque localité fête son saint, et c'est l'occasion, sur la place principale, d'une semaine de foire, musique, danses et... beuveries, surtout lorsque la fête atteint son apothéose le samedi soir. Ambiance très chaude assurée.

HÉBERGEMENT

Le réseau hôtelier dominicain souffre d'un manque de chambres dans la catégorie « Prix moyens ». Cela n'arrange pas forcément les affaires des routards. Mais en cherchant bien, on finit quand même par trouver des solutions...

- ***Camping :*** inexistant dans le pays, sauf pendant la Semaine sainte, quand les citadins viennent s'installer sur les plages.

– ***Logement chez l'habitant :*** on ne trouve pas l'équivalent des chambres d'hôtes ou des *B & B (Bed & Breakfast)* comme en Europe. Le logement chez l'habitant, comme on l'entend et comme on le connaît, en est encore à ses balbutiements.
– ***Hôtels :*** on trouve donc les deux extrêmes, du très rudimentaire au grand luxe, mais l'offre est réduite dans la catégorie intermédiaire. Avec l'évolution du tourisme et de la demande, des hôtels de charme, au style colonial ou caraïbe, apparaissent, notamment dans la vieille ville de Santo Domingo ou dans certains villages du littoral. Malheureusement, seuls les hôtels miteux sont vraiment bon marché. Puis on passe directement à des établissements de catégorie moyenne. En outre, le réseau hôtelier est rarement saturé, sauf à Santo Domingo en période de carnaval et pendant le festival de *merengue,* fin juillet.
– ***Cabañas :*** peu connus des touristes, ces motels à l'américaine servent essentiellement à des « siestes coquines » pour les couples en mal de discrétion. Mais à part ça, ce n'est pas cher, souvent propre, et on y bénéficie de sanitaires corrects, d'une TV câblée (attention, les films ne sont pas toujours pour les enfants...) et d'un garage. Pratique si l'on a une voiture de location ou une moto. En plus, c'est rarement complet et on paie d'avance. Le prix est proportionnel au temps d'occupation. On les trouve à proximité des grandes villes et on les repère à leurs noms (et néons) évocateurs : Éros, Aphrodite, Vénus...
– ***Location de villas :*** souvent une bonne solution pour une famille ou une bande d'amis. Louer une villa en bord de mer ou avec piscine pour une semaine ou deux revient finalement moins cher que l'hôtel, et il est facile de trouver sur place quelqu'un qui vous fera le ménage, la lessive et les repas.
– ***Apart-hotels, condominiums ou villas :*** ce sont des chambres d'hôtel avec une cuisinette pour la formule la plus économique, mais cela peut aussi être un grand appartement et même une spacieuse villa. Si vous êtes en famille ou en bande, cette formule peut se révéler plus avantageuse que l'hôtellerie classique. Une solution en plein développement, notamment dans la région de Las Terrenas.
– ***Resorts*** *(hôtels-clubs)* **:** ces établissements, vendus sur catalogue ou sur Internet par les agences de voyages, prolifèrent dans certains secteurs de la côte : autour de Bayahibe, dans la région de Punta Cana et de Playa Bávaro à l'est de l'île (la plus grande zone hôtelière du pays), dans les secteurs de Puerto Plata, Sosua et Cabarete (sur la côte nord). Construits à l'écart des agglomérations, dans des cadres souvent paradisiaques, ils ne reflètent pas du tout l'image du pays, car ils sont complètement détachés socialement de toute vie locale. Les seuls Dominicains que vous verrez alors sont les serveurs et les femmes de ménage. En revanche, ils offrent l'avantage de vous faire réaliser de substantielles économies si vous achetez un forfait vol-transfert-hébergement-restauration, etc. Pour plus de précisions, se reporter à la rubrique « Les *resorts. Resorts,* mode d'emploi » au début du chapitre consacré à la côte des Cocotiers.

LANGUE

La langue officielle est l'espagnol et, à part l'accent et quelques expressions typiquement locales, c'est à peu près le même qu'en Espagne. Dans les grandes villes, on parle un peu l'anglais, voire l'italien ou l'allemand (les Allemands sont nombreux dans le pays). Le français est très étudié (l'Alliance française a plusieurs établissements dans le pays) et prédomine même dans certains coins comme Las Terrenas, surtout dans le secteur touristique. Il faut rappeler que beaucoup d'Haïtiens (donc francophones) vivent en République dominicaine.
Pour vous aider à communiquer en espagnol, voici un petit lexique de base. Pensez aussi à notre ***Guide de conversation du routard*** **en espagnol.**

Vocabulaire « hispano-dominicain » de base

oui/non	*sí/no*
bien sûr que si	*claro que sí*
bonjour/bonsoir	*buenos días/buenas noches*
salut	*hola*
bonne nuit	*buenas noches*
au revoir, à bientôt	*adiós, nos vemos*
excusez-moi	*disculpe*
avec grand plaisir	*con mucho gusto*
s'il vous plaît	*por favor*
merci	*gracias*
ouvert/fermé	*abierto/cerrado*
j'ai faim/soif	*tengo hambre/sed*
que désirez-vous prendre/boire/manger ?	*¿ que quiere tomar/beber/comer ?*
où sont les toilettes ?	*¿ dónde están los baños ?*
viens ici/où vas-tu ?	*ven aquí/¿ a dónde vas ?*
combien/quand/comment ?	*¿ cuanto/cuando/cómo ?*
cela me plaît	*eso me gusta*
je t'aime	*te quiero* (plus sérieux : *te amo*)
maintenant/demain matin	*ahora/mañana por la mañana*
tout de suite/plus tard	*ahora mismo/ahorita*
un transport gratuit s'il vous plaît	*una bola por favor*
un peu/beaucoup	*un poco/mucho*
un tout petit peu cher	*un chin chin caro*
beaucoup trop cher	*demasiado caro*
devant/en avant !	*delante/¡ adelante !*
allons à la plage	*vamos a la playa*
argent/l'addition	*dinero/la cuenta*
encaisser/payer	*cobrar/pagar*
carte de paiement	*tarjeta de crédito*
en bas/en haut	*abajo/arriba*
à côté de/près de	*al lado de/cerca de*
davantage	*más*
que se passe-t-il ?	*¿ qué pasa ?*
aidez-moi, s'il vous plaît	*ayúdeme, por favor*
danser	*bailar*
soûl	*borracho*

Jours, mois, heures

jour	*día*	matin	*mañana*
semaine	*semana*	midi	*medio día*
lundi	*lunes*	après-midi	*tarde*
mardi	*martes*	soir	*noche*
mercredi	*miércoles*	minuit	*media noche*
jeudi	*jueves*	heure	*hora*
vendredi	*viernes*	quart	*cuarto*

samedi	*sábado*	demi	*medio*
dimanche	*domingo*	minute	*minuto*

Chiffres

un, une	*un, una*	quatorze	*catorce*
deux	*dos*	quinze	*quince*
trois	*tres*	seize	*diez y seis*
quatre	*cuatro*	dix-sept	*diez y siete*
cinq	*cinco*	dix-huit	*diez y ocho*
six	*seis*	dix-neuf	*diez y nueve*
sept	*siete*	vingt	*veinte*
huit	*ocho*	cinquante	*cincuenta*
neuf	*nueve*	cent	*cien(to)*
dix	*diez*	deux cents	*doscientos*
onze	*once*	cinq cents	*quinientos*
douze	*doce*	mille	*mil*
treize	*trece*		

Quelques faux amis

- *Banco :* « banque », alors que *banca* est un « centre de paris » (jeu de loto, PMU).
- *Guapo :* signifie « joli » (en castillan), mais aussi « furieux, fâché » en dominicain.
- *Tarea :* « tâche » (travail), mais aussi « surface de terrain de 629 m^2 ». C'était, en fait, la surface de terrain qu'un employé pouvait nettoyer en une journée.
- *Mañana :* de nombreux dictionnaires d'espagnol traduisent *mañana* par « demain ». En fait, si cela est vrai en Castille, à Saint-Domingue cela veut surtout dire que ce n'est pas aujourd'hui... distinguo subtil que l'on apprend souvent à ses dépens ! Lorsqu'un autochtone vous promet quelque chose pour *mañana,* vous êtes au moins sûr d'une chose : ce n'est pas pour aujourd'hui.

LIVRES DE ROUTE

Littérature dominicaine

La littérature dominicaine étant peu ou pas traduite, elle peine à être connue en dehors du monde hispanophone. C'est dommage, parce qu'elle constitue un extraordinaire témoignage historique pour saisir la construction de l'identité dominicaine. Elle est d'ailleurs quasi inexistante avant l'indépendance du pays, les auteurs étant surtout dans la lignée du modèle colonial. Entre 1850 et 1930, la production littéraire est marquée par son lyrisme patriotique, avec les essais politiques de ***Pedro Henríquez Ureña*** ou d'***Emilio Prud'homme*** (à qui l'on doit l'hymne national), mais également beaucoup de poésie, dont les précurseurs sont ***José Joaquín Pérez*** et ***Salomé Ureña de Henríquez.*** Dans cette lignée, à partir de 1940, les poètes engagés contre l'occupation américaine et la dictature de Trujillo vont publier des essais poétiques emblématiques développant cette esthétique d'un langage purement dominicain, qui fait écho au mouvement de conscience « negra » qui se développe à Cuba et Porto Rico. Côté littérature, une œuvre majeure connaît un grand succès à sa publication dès 1879 : *Enriquillo* de ***Manuel de Jesús Galván.*** Ce roman réaliste qui met en évidence le milieu du travail des paysans pauvres relate notamment la lutte contre la conquête espagnole. Littérature post-coloniale, puis post-dictatoriale, la production dominicaine met du temps à se distancier plus ou moins de l'histoire, et ce n'est qu'à partir de 1990 qu'elle parvient à se « renouveler », avec les œuvres de ***Marcio Veloz***

Maggiolo où se croisent Indiens taïnos, Noirs, Espagnols, Arabes et Chinois. Parallèlement, les écrivains dominicains résidant aux États-Unis, comme ***Julia Alvarez*** ou ***Junot Díaz,*** participent à la diffusion de cette nouvelle littérature. Quant à la poésie dominicaine, elle reste majeure en Amérique latine avec des poètes contemporains tel que ***René del Risco Bermúdez.***

Quelques références

Depuis Las Casas, les livres consacrés à la République dominicaine sont toujours assez rares, on trouve surtout en librairie des ouvrages sur Haïti et une riche littérature haïtienne. Certains d'entre eux pourront néanmoins vous éclairer, l'histoire de ces deux pays étant bien souvent commune.

– ***La Brève et Merveilleuse Vie d'Oscar Wao,*** de Junot Díaz. Éd. 10/18, 2010. Ce premier roman foisonnant a reçu le National Book Award et le prix Pulitzer en 2008. Coup de cœur littéraire pour cet auteur dominicain au style imagé, salué pour l'inventivité de sa langue, mêlant tout à la fois l'anglais et l'espagnol, l'argot des rues et le langage propre aux adolescents. On suit l'épopée d'une famille dominicaine exilée aux États-Unis pour fuir la dictature de Trujillo, partagé entre le rire et les larmes. Une histoire d'une richesse infinie, un drame social mais aussi une comédie fantasque, à mettre entre toutes les mains des routards curieux de connaître la culture dominicaine d'aujourd'hui. Junot Díaz est aussi l'auteur du recueil de nouvelles ***Los Boys*** (éd. 10/18 ; 2010) et du ***Guide du loser amoureux*** (Plon, 2013), qui a été élu meilleur livre 2012 par le *New York Times.*

– ***Le Manuscrit de Port-Ébène,*** de Dominique Bona. Grasset, 1998. Cette fresque historique d'un romanesque classique cache, en fait, une réflexion sur le colonialisme, les affres du métissage et la difficulté pour une femme d'aimer librement. Une bonne introduction à l'histoire mouvementée de l'île, qui a valu à son auteur d'obtenir le prix Renaudot en 1998.

– ***La Fête au bouc,*** de Mario Vargas Llosa. Gallimard, « Folio » 2004. À lire absolument si l'on s'intéresse au pays. L'auteur est péruvien, certes, mais c'est certainement le meilleur narrateur de son époque. Ce roman passionnant relate avec force détails (souvent choquants d'ailleurs) la vie du dictateur Trujillo (qui a fait massacrer une vingtaine de milliers d'Haïtiens en 1934 sous le prétexte qu'ils avaient la peau noire).

– ***Au Temps des papillons,*** de Julia Alvarez. Metailié, 1997 (épuisé, disponible d'occasion ou en bibliothèque). Passionnant, ce roman historique raconte la vie et la mort des sœurs Mirabal qui, assassinées par Trujillo, devinrent des héroïnes nationales. Une œuvre d'une grande sensibilité, servie par une remarquable traduction en français.

– ***Underworld USA,*** de James Ellroy. Rivages, « Noir », 2011. Autoproclamé « meilleur auteur de polar de tous les temps », James Ellroy situe une partie de l'action du dernier tome de sa trilogie de l'histoire des États-Unis des années 1960-1970 en République dominicaine, sous l'ère Balaguer. Il conte avec son style si particulier la tentative de la mafia américaine, aidée par le gouvernement d'*El Chefe,* d'installer des casinos sur le territoire dominicain et de tenter de faire de Santo Domingo l'équivalent de La Havane à Cuba, avant la prise du pouvoir de Castro.

– ***La Dictature de Trujillo, République dominicaine, 1930-1961,*** de Lauro Capdevila. L'Harmattan, « Horizons Amériques latines », 2000. Une étude de la construction de l'identité dominicaine sous le régime dictatorial et xénophobe de Trujillo.

POIDS ET MESURES

Quand vous achetez des langoustes aux pêcheurs ou au resto, on les pèse en livres (1 livre = 0,45 kg), et quand vous faites votre plein d'essence, le compteur

est en gallons US (1 gallon = 3,79 l) ; pour acheter un tissu, on le mesure en yards (1 yard ou 3 pieds = 0,91 m), et les longueurs se mesurent en pieds et pouces. Il faut 12 pouces pour faire un pied, 10 pieds pour faire 3 m, et la surface de votre court de tennis est d'environ une *tarea* (629 m²). Pour le reste, pas de problème, ils ignorent les Fahrenheit, et l'eau des Caraïbes est à 27 °C toute l'année.
Quant à l'unité utilisée sur la route, c'est théoriquement le kilomètre, mais on trouve également des distances données en miles. La DDE locale ne semble pas très au point sur le sujet, ni les cartes routières du coup. Les kilomètres se révèlent parfois un peu farfelus (on a même vu des panneaux indicateurs allant en augmentant, alors qu'on se rapprochait de la destination !).

POSTE

La poste officielle, moyennant 60 RD$, expédiera en une vingtaine de jours, dans le meilleur des cas, votre carte postale à bon port. Dans le pire des cas, elle n'arrivera pas du tout ! Sérieusement, s'il y a bien un secteur défaillant en République dominicaine, c'est celui de l'acheminement du courrier. Il y de grandes chances que vos cartes postales n'arrivent jamais à bon port...

POURBOIRE

Lorsque le service est mentionné sur les facturettes des restos (en général 10 %, à ne pas confondre avec les 18 % de taxes), vous n'avez rien à laisser en plus. Mais si le serveur ou la serveuse vous ont régalé d'un grand sourire et que tout est parfait, alors une petite *propina* (pourboire) semble justifiée, même si le service est inclus.

SANTÉ

À signaler, la présence épisodique de paludisme, y compris en bord de mer et dans les sites touristiques les plus réputés. Par mesure de précaution, le ministère de la Santé recommande de suivre systématiquement un traitement antipaludique pour l'ensemble du pays (Nivaquine). Conseil : consulter avant le départ le site internet • *astrium.com* •, spécialisé sur la santé en voyage et régulièrement mis à jour.
Quelques consignes pour éviter les piqûres de moustiques : bien se couvrir les bras et les jambes à la tombée de la nuit, préférer les chambres avec moustiquaires ou AC (qui les affaiblit). Sur les parties découvertes, utiliser lotions ou crèmes répulsives efficaces. De très nombreux produits vendus en grandes surfaces et même en pharmacie sont peu ou pas du tout efficaces. Les spécialistes reconnaissent davantage les produits contenant l'une ou l'autre des substances actives suivantes : DEET à 50 % ou à défaut l'agent 35/35. On vous recommande notamment la gamme de produits *Insect Ecran*. Dans tous les cas, répéter l'application toutes les 4h au maximum, dès le coucher du soleil.
Beaucoup d'autres maladies sont transmises par les moustiques (arboviroses), en particulier la dengue, qui sévit parfois de manière hyper endémique. Si votre séjour ne vous amène qu'en bord de mer dans un hôtel-club de bon standing, les risques sont minimes. En revanche, si vous allez randonner à l'intérieur du pays, il convient d'adopter l'ensemble des mesures antivectorielles (moustiquaires imprégnées d'insecticides, répulsifs cutanés – lire ci-avant –, insecticides d'atmosphère, éventuelle imprégnation des vêtements, etc.).

Par ailleurs, prévoir un système de purification de l'eau (comprimés, filtres microbiens...) : comme dans la plupart des pays tropicaux, on ne boit pas l'eau du robinet ; achetez des bouteilles d'eau minérale capsulées et évitez la glace.
Attention aussi au soleil (qui tape très fort) : prévoyez lunettes, chapeau ou casquette et crème solaire !
D'un point de vue alimentaire, en dehors d'un déficit d'hygiène commun aux tropiques, pas grand-chose à craindre si ce n'est que la consommation de certains poissons coralliens est toxique, comme dans beaucoup de pays des Caraïbes (ici ça s'appelle la *ciguatera*) : renseignez-vous et évitez d'en manger dans les restos amateurs ou pendant la période des cyclones (entre septembre et novembre).
Très fréquente, comme dans toutes les Antilles, la *larva migrans* s'attrape en marchant ou en bullant à même le sable des plages également fréquentées par les chiens. Une larve s'infiltre sous la peau et entraîne de fortes démangeaisons pendant plusieurs semaines. Prévention : sandales et serviette de plage.
Le système de Sécurité sociale, inefficace, ne permet pas aux Dominicains de se soigner gratuitement. Dans les hôpitaux, les consultations sont gratuites, mais il faut payer les analyses, les radios et les médicaments. Il existe dans toutes les villes une grande quantité de cliniques privées, où l'on obtient des soins à peu près corrects, mais les prix sont souvent exorbitants, surtout pour les touristes.
– ***Attention :*** vérifiez bien vos assurances médicales avant de partir. En effet, les cliniques privées – et c'est là, bien entendu, qu'on aura tendance à vous conduire en cas de pépin –, pratiquent le plus souvent le modèle américain et des prix prohibitifs, et refusent de vous laisser sortir si vous n'avez pas payé la note...

■ ***Catalogue Santé Voyages :*** les produits et matériels utiles aux voyageurs, assez difficiles à trouver, peuvent être achetés par correspondance sur le site de Santé Voyages, • *sante-voyages.com* • Infos complètes toutes destinations, boutique web, paiement sécurisé, expéditions Colissimo Expert ou Chronopost. ☎ *01-45-86-41-91 (lun-ven 14h-19h).*

SITES INTERNET

Voici quelques sites qui vous permettront de préparer votre voyage et d'approfondir vos connaissances sur le pays.
• ***routard.com*** • Rejoignez la plus grande communauté francophone de voyageurs ! Échangez avec les « routarnautes » : forums, photos, avis d'hôtels. Retrouvez aussi toutes les informations actualisées pour choisir et préparer vos voyages : plus de 200 fiches pays, une centaine de dossiers pratiques et un magazine en ligne pour découvrir tous les secrets de votre destination. Enfin, comparez les offres pour organiser et réserver votre voyage au meilleur prix.
• ***godominicanrepublic.com*** • Le site officiel du ministère du Tourisme.
• ***paginasamarillas.com.do*** • Les pages jaunes de la République dominicaine.
• ***republique-dominicaine-live.com*** • Infos pratiques en français, par secteurs géographiques et thématiques.
• ***caribya.com/dominican.republic/*** • En anglais. Clair et bien fait. Beaucoup d'infos pratiques sur les transports et les activités sur place, sur la gastronomie, l'hébergement, la culture, etc.
• ***ecoguiadominicana.com*** • En espagnol. Une foule d'infos générales, classées par régions et par thématiques.
• ***debbiesdominicantravel.com*** • Un vaste forum en anglais qui recense de nombreuses infos sur les hébergements en République dominicaine. Un peu fouillis mais très utile pour connaître les avis des voyageurs, en particulier sur les *resorts.*
• ***mariscakes.blogspot.com*** • Recettes traditionnelles dominicaines et autres sucreries, en espagnol et en anglais.
• ***dominicanmasks.com*** • Un site perso en anglais illustré de photos, sur l'histoire des carnavals, la fabrication et la signification des masques, etc.

TÉLÉPHONE – TÉLÉCOMMUNICATIONS

Plusieurs compagnies privées se partagent le marché juteux des télécommunications, notamment ***Codetel/Claro*** (la compagnie principale et la mieux implantée dans tout le pays), ***Tricom*** (plus récente, elle propose des tarifs moins élevés), ***Viva*** (bien implantée dans les grandes villes), etc.

Appels internationaux

– ***République dominicaine → France :*** 011 + 33 + n° du correspondant (sans le 0 initial). Compter environ 21 RD$/mn pour l'Europe et 6 RD$ pour le Canada.
– ***France → République dominicaine :*** 00 + 1 + n° du correspondant à 10 chiffres, commençant systématiquement par 809 ou 829.
Il n'y a pas d'indicatif de ville en République dominicaine.
Quand on appelle d'un portable à un autre portable, si la puce est dominicaine, on commence directement par le 809 ou le 829. Si la puce du téléphone a été achetée à l'étranger, alors il faut composer le 1-809 (ou 1-829). D'un fixe à un portable, il faut également faire le 1-809 (ou 1-829).
Si le numéro de votre interlocuteur commence par 809 ou 829, ça ne veut pas dire pour autant qu'il s'agit d'un portable. Ce qui n'est pas très pratique, car le tarif d'appel n'est pas le même...

Téléphones portables

Utiliser son propre téléphone

On peut utiliser son propre téléphone portable en République dominicaine avec l'option « Monde ».
– ***À savoir :*** seuls les téléphones tribandes – et smartphones bien sûr – fonctionnent sur place. Pour être sûr que votre appareil est compatible avec votre destination, se renseigner auprès de votre opérateur.
– ***Activer l'option « international » :*** pour les abonnés récents, elle est en général activée par défaut. En revanche, si vous avez souscrit à un contrat depuis plus de 3 ans, pensez à contacter votre opérateur pour souscrire à l'option (gratuite). Attention toutefois à le faire au moins 48 heures avant le départ.
– ***Le « roaming » :*** c'est un système d'accords internationaux entre opérateurs. Concrètement, cela signifie que lorsque vous arrivez dans un pays, au bout de quelques minutes, le nouveau réseau s'affiche automatiquement sur l'écran de votre téléphone. Vous recevez rapidement un sms de votre opérateur qui propose un ***pack voyageurs*** plus ou moins avantageux (plutôt moins que plus), incluant un forfait limité de consommations téléphoniques et de connexion internet. Bon, le « roaming » coûte tout de même très cher ! À vous de voir...
– ***Tarifs :*** ils sont propres à chaque opérateur et varient en fonction des pays (le globe est découpé en plusieurs zones tarifaires). ***N'oubliez pas qu'à l'international, vous êtes facturé aussi bien pour les appels sortants que les appels entrants.*** Ne papotez donc pas des heures en imaginant que c'est votre interlocuteur qui payera !
– ***Internet mobile :*** utiliser le wifi à l'étranger et non les réseaux 3G ou 4G. Sinon on peut faire exploser les compteurs, avec au retour de voyage des factures de plusieurs centaines d'euros ! Conseil avisé : ***désactiver la connexion*** « données à l'étranger » (dans « Réseau cellulaire »). Il faut également penser à ***supprimer la mise à jour automatique de votre messagerie*** qui consomme elle aussi des octets sans vous avertir (option « Push mail »). Opter pour le mode manuel.

Bons plans pour utiliser son téléphone à l'étranger

– ***Acheter une carte SIM/puce sur place :*** c'est une option avantageuse pour un voyage d'une durée assez longue, pour rester joignable avec ses proches et/ou si vous pensez passer beaucoup d'appels. Avant tout, il faut ***vous assurer que votre téléphone est bien débloqué.*** Il suffit ensuite d'acheter à l'arrivée une carte SIM/puce locale prépayée dans une agence de télécom (*Claro, Viva* ou *Orange* par exemple, représentées dans les principales villes du pays et souvent à l'aéroport). Possibilité aussi d'acheter un téléphone *Alcatel* (les moins chers coûtent env 800-1 000 RD$) ; carte SIM/puce env 200 RD$. Y ajouter un peu de crédit (200 RD$). On vous attribue aussitôt un numéro de téléphone local. Pour les démarches, on ne vous demande que le passeport. Les appels locaux ne vous coûtent alors quasiment rien.

– ***Se brancher sur les réseaux wifi*** est le meilleur moyen de se connecter au web gratuitement ou à moindre coût. Aujourd'hui, la plupart des hôtels, restos et bars disposent d'un réseau, généralement gratuit.

– Une fois connecté grâce au wifi, à vous les joies de la ***téléphonie par Internet*** ! Le logiciel ***Skype,*** le plus répandu, vous permet d'appeler vos correspondants gratuitement s'ils sont eux aussi connectés, ou à coût très réduit si vous voulez les joindre sur leur téléphone. Autre application qui connaît un succès grandissant, ***Viber*** permet d'appeler et d'envoyer des SMS, des photos et des vidéos aux quatre coins de la planète, sans frais. Il suffit de télécharger – gratuitement – l'appli sur son smartphone, celle-ci se synchronise avec votre liste de contacts et détecte automatiquement ceux qui ont *Viber.* Même principe, mais sans la possibilité de passer un coup de fil, ***Whatsapp Messenger*** est une messagerie pour smartphone qui permet de recevoir ou envoyer des messages photos, notes vocales et vidéos. La 1re année d'utilisation est gratuite, ensuite elle coûte 0,99 US$/an.

En cas de perte ou de vol de votre téléphone portable

Suspendre aussitôt sa ligne permet d'éviter de douloureuses surprises au retour du voyage ! Voici les numéros des quatre opérateurs français, accessibles depuis la France et l'étranger :

– **SFR :** *depuis la France, ☎ 1023 ; depuis l'étranger, 📱 + 33-6-1000-1023.*
– **Bouygues Télécom :** *depuis la France comme depuis l'étranger, ☎ + 33-800-29-1000.*
– **Orange :** *depuis la France comme depuis l'étranger, 📱 + 33-6-07-62-64-64.*
– **Free :** *depuis la France, ☎ 3244 ; depuis l'étranger, ☎ + 33-1-78-56-95-60.*

Vous pouvez aussi demander la suspension de votre ligne depuis le site internet de votre opérateur.

Connexion Internet

De plus en plus d'hôtels, surtout de catégorie « Prix moyens » à « Chic » sont équipés en wifi (généralement à la réception seulement, la plupart du temps gratuit). Sinon, ils tiennent aussi un ordinateur à disposition. Par ailleurs, on trouve quelques cybercafés en ville, mais avec l'explosion du wifi, ils ont tendance à disparaître. Attention, le service internet dans les *resorts* est horriblement cher. Préférez les petits centres internet, souvent deux à trois fois moins chers.

TRANSPORTS

– ***L'avion :*** une dizaine d'aéroports permettent, soit par les lignes régulières d'*Aerodomca,* soit par des avions-taxis, de se déplacer en moins de 1h dans n'importe quel coin du pays dans des conditions de confort et de sécurité normales.

– ***Le bus :*** trois compagnies importantes se partagent le territoire : *Metro* (● *metro serviciosturisticos.com* ●) et surtout *Caribe Tours* (● *caribetours.com.do* ●), vers le centre et le nord du pays, ainsi que *Transporte Espinal* (● *transporteespinal.com* ●), plus petite que les autres et ne desservant que certaines grandes villes. Ces compagnies vous acheminent pour quelques centaines de pesos dominicains dans des conditions de sécurité et de confort remarquables (cela dit, attention à la clim poussée à fond : prévoir une petite laine). Les bus sont généralement en très bon état (de gros efforts ont été faits ces dernières années).
De nombreux bus plus petits sillonnent le pays avec des horaires moins sérieux que les compagnies citées. On ne peut pas réserver à l'avance et les billets s'achètent le jour même. Les coordonnées des terminaux sont dans les chapitres consacrés à Santo Domingo et aux principales villes.
– ***Les guaguas*** (prononcer « goua-goua ») ***:*** ce terme général désigne des minibus, ou tout simplement des camionnettes. Là, pas vraiment de terminal (on les trouve généralement près des parcs centraux) et surtout jamais de refus d'embarquer : même quand c'est plein, on pousse... Éviter les grosses valises ! D'ailleurs, les guaguas font payer une fois sur deux une place supplémentaire pour les bagages à partir de 3 personnes (négocier le prix). Aucun confort, et sécurité plus que problématique, mais c'est folklo et vraiment pas cher. Pratique surtout pour les petits trajets.
– ***Les taxis :*** à l'exception des compagnies connues, toujours négocier avant de démarrer et bien préciser que le prix est pour l'ensemble des passagers. Les taxis dominicains n'ont pas de compteur ou s'ils en ont un, il ne marche pas. Les véhicules sont souvent en mauvais état, et les taxis « occasionnels » n'ont fréquemment aucune assurance...
– ***Les conchos :*** ce sont des motos-taxis que l'on trouve à peu près partout dans les villes, petites ou grandes, y compris dans les campagnes reculées. Pour quelques dizaines de pesos, elles vous emmènent rapidement où vous voulez, mais sur des distances quand même assez courtes. Relativement risqué toutefois (pas de casque, pas d'assurance) et prix à négocier avant, surtout la nuit. On peut toujours taper gentiment sur l'épaule du chauffeur pour lui dire d'y aller mollo. On peut même monter à deux passagers, mais à éviter, car cela coûte le double, alors autant en prendre deux...
– ***La location de motos :*** c'est parfois le moyen le plus pratique pour découvrir une région. Il peut être intéressant de faire les grands trajets en bus et d'explorer un coin en toute liberté en louant une moto. On conseille toutefois d'être motard pour louer une bécane. Ne vous improvisez pas pilote au pied-levé, même si personne ne vous refusera une location. Il en va de votre peau ! La location est à éviter en saison des pluies. Vous le constaterez, pratiquement aucun Dominicain ne porte de casque (sauf à Santo Domingo). Pourtant, le port du casque est bien obligatoire et les policiers aiment d'ailleurs le rappeler aux touristes étrangers ! Malheureusement, il est difficile de trouver un casque correct chez les loueurs. Si vous êtes motard, apportez le vôtre.
– ***La location de voitures :*** à partir de trois ou quatre personnes, la voiture est un moyen de transport avantageux. Le véhicule le moins cher revient à environ 40 € par jour, et il faut compter environ 60 € pour un 4x4 bon marché. On vous recommande de faire une réservation par Internet depuis la France, cela peut vous faire faire une économie allant jusqu'à 50 % !
L'essence est presque aussi chère qu'en Europe : elle est servie par gallons de 2,5 l, et ***revient à environ 1,50 €/l.***
Si vous prévoyez de faire un circuit en voiture, il est préférable de louer un petit 4x4. Car, à part les axes principaux, les routes secondaires sont très mauvaises et se terminent presque toujours en pistes, certaines étant d'ailleurs impraticables autrement qu'en véhicule 4x4. Bien vérifier qu'il s'agit d'un vrai 4x4 (et non un emballage 4x4 d'un véhicule 2x4 !).
Évitez de louer une voiture à un particulier : en cas d'accident corporel, votre responsabilité serait engagée. Par ailleurs, les petits loueurs, même parfaitement

légaux, n'ont souvent pas d'assurance pour les dégâts matériels causés au véhicule. En cas de pépin, faites obligatoirement appel à la police, le constat vous sera exigé lors de la remise du véhicule. Et vous aurez à payer les réparations.
Quel que soit le loueur, avant de signer un contrat, bien vérifier l'état de la voiture (ne pas oublier de vérifier la roue de secours) et faire indiquer sur le contrat toutes les éraflures. Bien vérifier également les « suppléments » éventuels : transfert à l'aéroport, taxe ITBIS, frais de retour à un autre lieu que celui de la prise en charge *(dropoff)*, assurances complémentaires diverses, etc. Tout additionné, cela peut vous coûter le double de la location proprement dite. En cas d'accident, on peut toujours se rendre à la *Casa del Conductor*, qui s'occupe de tous les problèmes concernant la route. On trouve un bureau dans chaque grande ville. Sérieux.
On vous indique les adresses des loueurs de voitures dans les adresses utiles des villes. Sinon, quelques valeurs sûres :

■ ***Auto Escape :*** *☎ 0892-46-46-10 (0,34 €/mn).* • *autoescape.com* • *Vous trouverez également les services d'*Auto Escape *sur* • *routard.com* • Auto Escape *offre 5 % de remise sur la location de voitures aux lecteurs du* Routard *pour toute réservation par Internet avec le code de réduction « GDR16 ». Résa à l'avance conseillée.* L'agence *Auto Escape* réserve auprès des loueurs de véhicules de gros volumes d'affaires, ce qui garantit des tarifs très compétitifs.
■ ***BSP Auto :*** *☎ 01-43-46-20-74 (tlj).* • *bsp-auto.com* • *Réduc spéciale aux lecteurs de ce guide avec le code « routard ».* Les prix proposés sont attractifs et comprennent le kilométrage illimité et les assurances. *BSP Auto* vous propose exclusivement les grandes compagnies de location sur place, vous assurant un très bon niveau de services. Les plus : vous ne payez votre location que 5 jours avant le départ.
■ ***Avis :*** *☎ 0821-230-760 (0,12 €/mn).* • *avis.fr* •
■ ***Europcar :*** *☎ 0825-358-358 (0,15 €/mn).* • *europcar.fr* •
■ ***Hertz :*** *☎ 0825-861-861 (0,15 €/mn).* • *hertz.com* •

– ***La location de quads :*** petit aparté « coup de gueule » sur ce moyen de transport à la mode sur les régions côtières. Il faut savoir que son coût de location est sensiblement le même que celui des voitures et les possibilités sont moindres : autonomie limitée, seulement un passager (officiellement). On peut, certes, rouler n'importe où avec un quad, même sur les plages, mais c'est formellement interdit ! On ne vous parle même pas de la nuisance sonore et de la pollution. La présence débridée de quads devient d'ailleurs un vrai problème, notamment dans la presqu'île de Samaná.
– ***L'auto-stop :*** contrairement à sa voisine Cuba, il n'est quasiment pas pratiqué en République dominicaine. Dans de rares cas, on vous demandera : *« Dame una bola. »* Cela veut dire : « Prends-moi en stop. » À vous de voir...

L'art de conduire en République dominicaine

Contrairement à ce qu'en disent certains, il n'est pas plus dangereux de rouler ici qu'ailleurs sous les tropiques (mais pas moins non plus). En outre, on apprécie vite le peu de trafic sur les routes (le parc automobile étant assez faible) et l'absence d'embouteillage en dehors des grandes villes. Après quelques heures d'adaptation à ce mode de conduite caribéen, on s'aperçoit qu'il est très agréable de rouler en République dominicaine.
Voici quelques recommandations importantes.
– ***Le port de la ceinture est obligatoire,*** ainsi que le port du casque si vous êtes à moto, même si presque aucun Dominicain ne respecte cette règle...
– ***Être très attentif*** à ce qui se passe autour de soi. Tout l'art consiste à regarder devant, derrière, mais aussi sur les côtés ; surtout sur les côtés ! Parce que ici on double indifféremment par la gauche ou par la droite. Ne pas croire non plus que le feu vert est un gage de sécurité, car il n'est pas toujours

Distances en km	BARAHONA	HIGÜEY	JARABACOA	LA ROMANA	LAS TERRENAS	MONTECRISTI	NAGUA	PUERTO PLATA	PUNTA CANA	SAMANÁ	SANTIAGO	SANTO DOMINGO
BARAHONA	0	345	245	310	415	345	355	365	410	400	305	195
HIGÜEY	345	0	290	35	386	415	320	355	60	385	290	145
JARABACOA	245	290	0	265	178	165	135	95	365	205	50	144
LA ROMANA	310	35	265	0	355	375	285	320	105	355	255	122
LAS TERRENAS	415	386	178	335	0	290	48	243	435	40	179	225
MONTECRISTI	345	415	165	375	290	0	240	135	480	305	115	270
NAGUA	355	320	135	285	48	240	0	140	390	65	125	180
PUERTO PLATA	365	355	95	320	243	135	140	0	425	210	69	215
PUNTA CANA	410	60	365	105	435	480	390	425	0	455	365	205
SAMANÁ	400	385	205	355	40	305	65	210	455	0	190	245
SANTIAGO	305	290	50	255	179	115	125	69	365	190	0	155
SANTO DOMINGO	195	145	144	122	225	270	180	215	205	245	155	0

respecté... Prudence donc lorsque vous traversez un carrefour, même si vous croyez avoir la priorité.

– ***Les ralentisseurs ou « gendarmes couchés » (policia acostado) :*** même sur les « bonnes » routes, on rencontre souvent des ralentisseurs non signalés.

– Dans les ***croisements et intersections,*** on a souvent l'impression – réelle – que les automobilistes veulent forcer le passage lorsqu'ils s'engagent dans un carrefour. Dans tous les cas, faites donc comme les Dominicains : utilisez fermement le klaxon pour signaler que vous êtes bien décidé à passer !

– ***Attention à la voie de droite.*** On y rencontre de tout : des piétons en promenade, des camions arrêtés... et surtout des motocyclettes, qui sont omniprésentes dans le pays. La moto est sans aucun doute le moyen de transport le plus populaire de l'île. On transporte de tout sur ces bécanes pétaradantes, la famille au grand complet (femme et enfants), mais aussi des bonbonnes de gaz, des sacs remplis de légumes... On en a même vu une qui transportait quatre chèvres (vivantes), deux de chaque côté !

– ***État des routes :*** le réseau s'améliore lentement. Les grands axes sont en bon état : Santo Domingo-Santiago, Santo Domingo-Samaná-Las Terrenas et la voie express en direction de la capitale vers La Romana. Hormis ces grands axes, les routes dominicaines sont souvent en assez mauvais état, parsemées de nids-de-poule et de trous. On roule donc doucement et prudemment.

– La ***signalisation*** est ***rare.*** Dans certaines régions, elle est même inexistante. Dans ce cas, une bonne carte routière se révèle utile (à commander avant le départ chez votre libraire, ou à se procurer sur place). Malgré tout, les cartes routières ne remplaceront pas la méthode la plus ancestrale, et aussi la plus conviviale : s'arrêter pour demander sa route aux passants et se faire confirmer qu'on est effectivement sur la bonne route une fois engagé. Les Dominicains sont très aimables et vous renseigneront volontiers (même si ce n'est pas toujours de manière très précise !). Pour cela, quelques rudiments d'espagnol s'avèrent indispensables.

– ***Ne pas rouler de nuit.*** Ce sera notre dernière recommandation. En raison du manque d'éclairage de certains véhicules, des piétons se promenant au bord de la chaussée, des animaux errants, des ralentisseurs peu visibles, il n'est vraiment pas conseillé de rouler de nuit.

URGENCES

– Le numéro d'appel des ***urgences,*** valable sur tout le territoire, est le ☎ 911. On peut contacter aussi bien les hôpitaux que les pharmacies, la police ou les pompiers.

– *SOS Médicos (☎ 809-621-0303)* est un service semblable à *SOS Médecins* et fonctionne 24h/24, dans tout le pays.

– Le numéro d'appel gratuit du réseau *Hospiten* (hôpitaux et cliniques privées) est le ☎ 809-541-3000 *(• hospiten.com •).* L'intérêt de ce service est qu'on y parle le français, l'anglais et l'allemand, et que les médecins peuvent consulter à domicile (et donc dans les hôtels) 24h/24.

– Vous pouvez aussi contacter l'ambassade de France à Santo Domingo, qui vous orientera vers les médecins habituellement consultés par les Français *(☎ 809-695-4340 ; en cas d'urgence : ☎ 809-805-6721, 24h/24).*

– En cas de gros pépin, contactez la police touristique *(Politur)* : *☎ 809-222-2026 et 809-685-0508 ; • politur.gob.do •*

HOMMES, CULTURE, ENVIRONNEMENT

ARCHÉOLOGIE SOUS-MARINE

« La mer est le plus grand musée du monde. » Mais ce musée fascinant et mystérieux est très loin d'avoir été exploré par les hommes. De nombreuses épaves de navires, véritables trésors archéologiques, dorment depuis des siècles dans les abysses de la mer des Caraïbes et de l'Atlantique, et particulièrement dans les eaux territoriales de la République dominicaine. Pourquoi ? Il y a trois raisons à cela. Premièrement, les recherches archéologiques sous la mer sont techniquement bien plus difficiles et complexes que sur terre. Deuxièmement, la logistique matérielle et humaine est extrêmement coûteuse, et le pays n'est pas si riche que ça. Enfin, une raison psychologico-politique : le gouvernement dominicain craint de voir son patrimoine sous-marin fouillé par des chasseurs de trésors peu scrupuleux qui vendront leurs trouvailles à l'étranger, spoliant ainsi le pays d'une part de sa mémoire.

ÉPOPÉE D'UNE PORCELAINE

Du temps de l'Amérique coloniale espagnole, une simple porcelaine chinoise devait accomplir un quasi-tour du monde de la Chine à l'Espagne. Elle passait par Manille (Philippines) puis, après de longs mois sur le Pacifique, transitait par Acapulco, traversait le Mexique à dos de mule jusqu'à Veracruz. Elle était alors chargée sur un second galion pour La Havane, où les bateaux se regroupaient en flottes pour se protéger des pirates. Le pire ennemi était la tempête. En passant au large d'Hispaniola, de nombreux bateaux faisaient naufrage. Voilà pourquoi on trouve aujourd'hui des porcelaines chinoises au fond de la mer des Caraïbes...

Résultat : le rythme des campagnes d'exploration subaquatique s'est ralenti, alors qu'elles furent plus actives dans les années 1970. Selon les responsables de l'archéologie sous-marine dominicaine, les eaux territoriales comptent un nombre très important d'épaves de galions espagnols datant des XVe et XVIe s, mais aussi de navires de commerce des XVIIIe et XIXe s... Seule une toute petite partie de ce patrimoine immergé a été fouillée par des équipes de plongeurs professionnels dominicains aidés par des organismes étrangers, comme l'université américaine d'Indiana. Voici quelques épaves historiques déjà fouillées ou simplement identifiées.

– ***La Santa María :*** une des trois caravelles de Christophe Colomb. Elle coula le 25 décembre 1492, lors de son premier voyage, au large des côtes de l'actuelle Haïti, entre Cap-Haïtien et la frontière dominicaine. Navire amiral de la flotte qui découvrit l'Amérique, la *Santa María* pesait 100 t et mesurait 26 m de long. Sa cargaison d'or et d'argent fut sauvée par Colomb lors du naufrage, mais l'épave gît toujours au fond de la mer. Retrouvée par des plongeurs, son ancre est aujourd'hui exposée au Faro a Colón, à Santo Domingo.

– ***La Nuestra Señora de la Concepción :*** ce galion espagnol, qui cinglait de La Havane (Cuba) vers l'Espagne, fit naufrage en octobre 1641, sur les récifs du

Banc d'Argent, au nord de la République dominicaine. Sa cargaison, constituée essentiellement d'argent, fut partiellement sauvée en 1680 par un chercheur américain nommé William Phips. Au fil des siècles, cette épave a été fouillée par une bonne vingtaine de chercheurs de trésors et de plongeurs, dont le commandant Jacques-Yves Cousteau (durant l'été 1968) et Burt Webber (opération Phips, de 1977 à 1980). Ce dernier découvrit quelque 60 000 pièces de monnaie d'argent, des porcelaines chinoises Ming, et même les astrolabes du bord, pièces rarissimes dont il ne subsiste que quelques exemplaires dans le monde.

– ***Le Conde de Tolosa :*** navire espagnol coulé le 24 août 1724 au fond de la baie de Samaná, au large de Miches. Il se rendait de Cadix (Espagne) à La Havane (Cuba). Sa cargaison ne contenait pas d'or mais du mercure, élément chimique utilisé dans les mines d'argent pour révéler le précieux métal... Bonjour la pollution ! On y trouvait aussi des objets en verre et d'autres à caractère religieux. L'épave a été fouillée en 1976 par la compagnie américaine Caribe Salvage.

– ***La flotte de Bobadilla :*** c'est certainement l'épave la plus fascinante de Saint-Domingue, celle qui faisait rêver Phips, cet aventurier américain du XVIIe s. On prétend même qu'il connaissait l'emplacement exact du naufrage, mais il a emporté le secret dans sa tombe... Cette flotte porte le nom de Francisco de Bobadilla, gouverneur d'Hispaniola de 1499 à 1501 et rival honni de Christophe Colomb. Bobadilla fut envoyé par la couronne d'Espagne pour arrêter le grand amiral, accusé de mauvaise gestion et de malversation, et le renvoyer enchaîné en Espagne. Il fut l'un des instigateurs de la disgrâce de Colomb. Le 2 juillet 1502, 29 galions espagnols prirent la mer malgré l'arrivée d'un ouragan que seul Christophe Colomb avait prévu. Bobadilla n'en fit qu'à sa tête. Ce fut un désastre.

Au total, 19 bateaux firent naufrage à 8 ou 10 lieues (44 et 55 km) à l'est de Santo Domingo. L'*El Dorado,* navire amiral de Bobadilla, coula – dit-on – au large du rocher Los Serpientes, près du cap Engaño. Près de 500 marins et soldats périrent dans cet ouragan ! Il existe toujours aujourd'hui une Punta Bobadilla, près de Punta Cana, en mémoire de ce lointain événement.

UNE RUÉE VERS L'OR SOUS-MARINE

La cargaison de la flotte de Bobadilla (1502) contenait de grosses quantités d'or, une énorme pépite de la taille d'une assiette et pesant 35 livres, sans compter une table en or massif pesant 3 310 livres (1,6 t environ) ! Chaque année, des plongeurs dominicains et américains de l'université d'Indiana fouillent patiemment les fonds sous-marins autour de Saona pour retrouver les épaves et, surtout, la fameuse « table d'or ». Une vraie quête du Graal dans une mer tropicale !

BOISSONS

– ***L'eau*** du robinet n'est pas du tout recommandée, mais on trouve facilement de l'eau minérale en bouteille. Si elle est bon marché dans les échoppes et les supermarchés, elle coûte bien cher au resto (souvent env 50 RD$). Comme partout dans le monde, les éternels ***Pepsi*** et ***Coca*** sont disponibles dans tout le pays. Il y a aussi le ***Kola Real,*** le « Coca du pauvre ». Citons encore dans les boissons imbuvables, ***Red Rock*** et ***Country Club,*** hyper sucrées et à l'arôme assez indéfinissable. Évitez, en dehors des établissements touristiques, les glaces et jus de fruits, car l'eau ou la glace employées ne sont peut-être pas compatibles avec votre organisme.

– ***La bière*** locale *Presidente, Bohemia* ou encore *Brahma* est excellente (même les Allemands l'ont adoptée, c'est dire !). Elle est disponible en trois versions : 33 cl dans les établissements touristiques (ils font exprès de ne pas proposer de grande

bouteille !) et 65 cl, voire 1 l (*pequeña, grande* et *maxi*), dans les établissements locaux, les prix étant curieusement assez voisins. Donc, toujours demander en quelle taille elle est proposée. On en trouve également en version light. Le seul reproche que l'on puisse faire, c'est l'excès en tout. On aime une bière fraîche, mais souvent elle est à la limite de la congélation et le goût est franchement « cassé ». Enfin, quand on a soif...
Les Dominicains aiment particulièrement boire leurs bières dans les *colmados* (épiceries ouvertes très tard), les *centros cerveceros* (bars à bière) ou *discos-terrazas* (discothèques de plein air), voire les *cars-washes* (en théorie, lieux où l'on lave les voitures), car, là, non seulement la bière coule à flots, mais aussi le *merengue* et la *bachata*...
– Essayez, par curiosité, une boisson assez agréable, nutritive, non alcoolisée et pas chère, la ***Malta Morena*** et la ***Malta India.***
– Quant à la ***mamajuana*** (rien à voir avec la *marijuana*), c'est une boisson à l'origine indienne, dont on dit qu'elle a certains pouvoirs aphrodisiaques. Si le cœur vous en dit...
– En ce qui concerne le ***vin,*** on trouve, surtout dans les établissements européens, des vins d'importation chilienne, argentine, espagnole à des prix abordables. Les vins français sont très chers. Mais il existe aussi une production de vin dominicain vers Neiba, un village à l'ouest du pays, au bord du lac Enriquillo. Eh oui, du vin caribéen ! Pas un grand cru certes, mais une vraie curiosité.
– Le fleuron de la boisson dominicaine est incontestablement le ***rhum.*** Trois marques, les trois B, se partagent le marché : *Brugal* (la plus populaire), *Barcelo* (la plus appréciée, peut-être) et *Bermudez* (la plus distinguée). En fait, elles se valent toutes (pour des palais non habitués), et seuls les natifs de l'île peuvent y trouver une différence notable. Chaque marque a son bas de gamme bon marché, une catégorie intermédiaire, *gran añejo,* et un produit de luxe surtout destiné aux *gift shops.* À voir, quoique un peu cher, le splendide flaconnage bleu marine du *Brugal siglo de oro* vendu en coffret et la bouteille style cognac du *Bermudez 145° aniversario.* La jolie bouteille plate du *Barcelo Imperial* est la plus économique dans les rhums de prestige. Une bonne idée de cadeau. Si vous aimez les rhums « flambés » ou les cocktails un peu forts, essayez le *151,* ça brûle un peu plus que l'essence, c'est fort en bouche et ça titre 75,5° ! À consommer à dose homéopathique... Il existe également quelques « rhums du pauvre » comme le *Colombus* ou le *Don Rón,* qu'on trouve en *chatica* (petite bouteille).
– En ce qui concerne les ***cocktails,*** ils ne font pas partie, comme à Cuba, de la culture locale : le *cuba libre* (rhum et coca) et la *piña colada* (à base de jus d'ananas) sont en fait des spécialités des barmen des établissements touristiques, et les amateurs seront forcément déçus. Le meilleur cocktail, et le plus simple, c'est l'équivalent du ti-punch antillais ou de la caïpirinha brésilienne : un peu de rhum brun sur un mélange de sucre de canne et de citron vert. À consommer avec modération. De toute façon, ne cherchez pas des cocktails hors des sites touristiques. Si vous voulez vivre à la mode dominicaine, commandez un *servicio de ron* dans un *colmado* (épicerie-buvette), un bar ou une discothèque : on vous apportera une bouteille de rhum accompagnée de Coca ou Sprite (à préciser à la commande), un bol de glaçons et, si vous insistez, des citrons verts. Comme ça, vous faites vous-même à meilleur coût et à votre goût votre *cuba libre* (rhum-Coca) ou votre *santo libre* (rhum-Sprite).

CARNAVAL

Introduit par les conquérants espagnols dès le début du XVIe s, des chroniques relatent que le carnaval était fêté à Santo Domingo avant 1520. Aujourd'hui comme hier, il s'agit de la fête la plus populaire du pays.
Le carnaval dominicain n'est pas à date fixe comme dans les autres pays de culture catholique. Bien sûr, la mi-carême est l'objet de nombreuses fêtes dans le

pays, mais on en trouve aussi tous les dimanches de février à Santo Domingo, à Santiago et à La Vega, et le jour de Pâques à Cabral.
Le plus intéressant de tous est le ***carnaval de La Vega,*** qui a une longue tradition. Instauré par les immigrés cubains au début du XXe s, il est à l'origine du folklore dominicain. La laideur, l'horreur ou... la beauté des masques sont impressionnantes. Confectionnés à partir de papier mâché, ils sont peints de couleurs vives et représentent le diable. Revêtus de grands manteaux (souvent garnis de petits miroirs) et de clochettes, ces diables, qui sortent de leurs « grottes » tous les dimanches de février à La Vega, ont fière allure. Ils sont plus de mille, chaque groupe représentant un quartier, un club sportif, une association... Le « sponsoring » local (commerçants, bière, rhum) ajoute au folklore... Comme dans tout le pays, l'après-carnaval, c'est-à-dire le soir, vaut le déplacement surtout que dans ces liesses populaires, tout est bon marché, boissons, restauration, et que, bien entendu, le *merengue* résonne à profusion dans toute la ville. Prudence de mise cependant, en cas de débordements.
À ***Santo Domingo,*** le carnaval est l'un des plus anciens du pays (début du XVIe s) ; pourtant, il est moins réputé que celui de La Vega ou de Santiago. L'une des rues les plus animées est l'avenue George-Washington (le *malecón*). Mais vous pourrez aussi croiser au parc Enriquillo toutes sortes de personnages. Certains, peints en noir, rendent hommage par leur danse symbolique aux esclaves embarqués vers le Nouveau Monde. D'autres, déguisés en Indiens, témoignent des ancêtres de l'île. Le carnaval se clôt par un grand défilé de chars.
San Pedro de Macoris, dans l'est du pays, est un autre endroit pour participer au carnaval. Une troupe de théâtre dansé – Les Cocolos – défile dans les rues. Inscrite au Patrimoine immatériel de l'Unesco, cette coutume remonte au XIXe s. Elle a vu le jour sous l'impulsion des immigrés britanniques venus d'autres îles des Caraïbes pour travailler en République dominicaine.

CIGARES

Tout d'abord, avant d'acheter un cigare, vérifiez bien que la bague ou la boîte porte l'inscription ***hecho a mano*** (ou *hand made*), signifiant « fait main ». De l'avis des 22 millions d'amateurs de cigares dans le monde, seul un cigare fait à la main (à Cuba ou en République dominicaine) est à même d'apporter le plaisir auquel vous aspirez.

ÇA A FAIT UN TABAC !

Découvert en 1492 par Christophe Colomb lors de son premier voyage dans les Caraïbes, le cigare était couramment fumé par les Indiens taïnos vivant dans ces îles. Une pratique très mal vue au départ : un des marins de Colomb surpris en train de fumer fut condamné à deux années de prison par l'Inquisition, tant cette pratique paraissait diabolique aux religieux (seul Satan joue avec le feu !). Plus tard, le tabac fut davantage apprécié dans les cours européennes : si le roi aime, c'est que c'est bon ! Les nobles d'abord, puis le reste du peuple, se mirent gaiement à fumer le cigare, la pipe et, beaucoup plus tard, la cigarette.

Avant la manufacture

Bien longtemps avant la plantation et la cueillette des feuilles de tabac, les acheteurs spécialisés viennent retenir chez les agriculteurs leur quantité nécessaire. La ***qualité d'un bon cigare,*** c'est avant tout la feuille qui est sélectionnée en fonction de la terre de culture, de l'exposition au vent, au soleil, et surtout du savoir-faire des paysans du Cibao où sont cultivés les meilleurs plants. En un mot : le terroir ! En cela le cigare a bien des points communs avec le vin.

PLANS ET CARTES EN COULEURS

DISTANCES PAR LA ROUTE

NORD
OCÉAN ATLANTIQUE
Isla Cabrita
Cabo del Morro
Cayos Siete Hermanos
Playa Montecristi
Ruinas de La Isabela
El Castillo (Parque nacional)
Luperón
Playa Estero Balsa
Bahía de Manzanillo
Montecristi
Parque nacional Monte Cristi
Punta Rucia
Estero Hondo
Villa Isabela
Bahía de Maimón
Playa Costambar
Puerto Plata
Playa Cabarete
Cabarete
Sosua
Playa Magante
Imbert
790
Pico Isabel de Torres
Tubagua
Villa Elisa
Los Hidalgos
Copey
Cruce de Guayacanes
Valle del Cibao
Esperanza
LA CÔTE NORD p. 190
Gaspar Hernández
Dajabón
Ouanaminthe
Sabaneta
Santiago
Moca
Santiago de Rodriguez
Loma de Cabrera
Monción
San Francisco de Macoris
Santo Cerro
La Vega
Parque nacional Armando Bermúdez
LE CENTRE p. 167
Pimentel
RÉPUBLIQUE D'HAÏTI
Cordillera Central
Jarabacoa
La Ciénaga
Cotui
Pedro Santana
Parque nacional José del Carmen Ramírez
Pico Duarte 3 098
El Río
autopista Duarte
Elías Piña
Matayaya
Constanza
Maimón
Belladère
San Juan de la Maguana
Piedra Blanca
R. C. Valle Nuevo
Nizao
Hondo Valle
Vallejuelo
La Descubierta
San José de Ocoa
Parque nacional Isla Cabritos
Galvan
Las Marías
Azua
San Cristóbal
Jimani
Lago Enriquillo
Neiba
Tamayo
Vicente Noble
Laguna del Rincón
Duvergé
À L'OUEST DE SANTO DOMINGO p. 149
Bani
Parque nacional Sierra de Bahoruco
Cabral
Santa Cruz de Barahona
Las Salinas
Polo Magnetico
Bahoruco
La Ciénaga
Pedernales
San Rafael
Paraíso
Los Patos
Cabo Rojo
Enriquillo
Playa de Las Aguilas
Parque nacional Jaragua
Oviedo
Laguna Oviedo
Isla Beata

LA RÉPUBLIQUE DOMINICAINE

SANTO DOMINGO – PLAN GÉNÉRAL (PLAN I)

■ **Adresses utiles**	
1 Terminal Metro	15 Dollar Rent a Car
2 Terminal Caribe Tours	16 Europcar
10 Western Union	17 Air France
11 Alliance française	**Où dormir ?**
12 Farmacia Carol	40 La Grand Mansión
14 Nelly Rent a Car	41 Hotel La Casona Dorada

SANTO DOMINGO - PLAN GÉNÉRAL (PLAN I)

42 Hotel La Morada
43 Hotel El Señorial
44 Hostal Duque de Wellington
45 Hotel-casino El Napolitano

Où manger ?

65 Barra Payan
66 Restaurante Manolo
67 Adrian Tropical
68 El Conuco
69 La Cave del Rey

Où boire un verre ? Où sortir ?

82 Cinema Café

■ **Adresses utiles**

- Punto de Información Turística
- 3 Terminal du parc Enriquillo
- 4 Bus directs Santo Domingo – Las Terrenas
- 5 Politur (police touristique)
- 6 Librairie Avante
- @ 7 Internet Express et Claro
- 8 Jumbo Express
- 9 Banco Popular
- 13 Farmacia
- 37 Consulat de Belgique

Où dormir ?

- 20 Hostal Dominico Mundial
- 21 Casa del Sol
- 22 La Arcada
- 23 Adam Suites Hotel
- 24 Casa Naemie
- 25 Hostal Nomadas
- 26 Villa Colonial
- 27 El Beaterio
- 28 Hotel Conde de Peñalba
- 29 Hostal La Colonia
- 30 Hotel Palacio
- 31 Hodelpa Caribe Colonial
- 32 Mercure Comercial
- 33 Hotel Francés
- 34 Hostal Nicolás de Ovando
- 35 Hotel Monumental
- 36 Suite Colonial Hotel
- 37 Hotel Doña Elvira
- 38 Hotel Europa

Où manger ?

- 28 Cafeteria El Conde
- 50 Pica Pollo Huang Pu
- 51 Paladar More
- 52 Mimosa
- 53 Café Paco Cabana
- 54 Mi Casita de Campo
- 55 Grand's Cafeteria y Bar
- 56 Casa Olivier
- 57 Antica Pizzeria
- 58 L'Osteria de Charly y Christian
- 59 Mesón D'Bari
- 60 La Briciola

Où s'offrir une gourmandise ?

- 74 Casa de los Dulces

Où boire un verre ? Où sortir ?

- 34 Cibao Bar
- 53 La Cafetera
- 55 Grand's Cafeteria y Bar
- 83 Casa de Teatro
- 84 Lucia 203
- 85 Segazona
- 90 El Sarten et Onno's Bar
- 91 Bio
- 92 Merengue Club

Achats

- 100 Marché aux puces
- 101 Musicalia

SANTO DOMINGO – ZONA COLONIAL (PLAN II)

LA CÔTE DES COCOTIERS

Adresses utiles

- 3 Politur
- 4 Centro Médico Punta Cana
- 5 Héliport Hélidosa

Où dormir ? Où manger ?

- 10 Club Med
- 11 Westin Punta Cana Resort & Club
- 12 La Yola
- 13 Natura Park Beach EcoResort & Spa
- 14 Catalonia Bávaro Resort
- 15 Villas Bávaro Resort & Spa et Jelly Fish
- 16 Meliá Caribe Tropical
- 17 Grand Palladium Bávaro Resort & Spa
- 18 Riu Palace Punta Cana
- 19 Paradisus Punta Cana Resort
- 20 The MT Hotel
- 21 Hotel Merengue *(zoom)*
- 23 El Cortecito Inn *(zoom)*
- 24 Villas Princesa *(zoom)*
- 25 Whala ! Bávaro *(zoom)*
- 26 Vista Sol Resort *(zoom)*
- 27 Barceló Dominican Beach *(zoom)*
- 30 Soles
- 31 Bamboo Bar
- 32 Beach Club *(zoom)*
- 33 Huracán Café & Restaurant *(zoom)*
- 34 Captain Cook *(zoom)*
- 35 Citrus *(zoom)*

Où boire un verre ? Où sortir ?

- 18 Pacha
- 30 Soles
- 31 Bamboo Bar
- 32 Beach Club *(zoom)*
- 33 Huracán Café & Restaurant *(zoom)*
- 40 Mangú
- 41 Imagine
- 42 Jewel

Achats

- 50 La Perla Dominicana
- 51 Mundo Auténtico

Plantation et récolte du tabac

Lors de la récolte, le producteur laisse venir en graine les plants de tabac les plus vigoureux. Chaque fleur produit des milliers de graines qui sont récupérées, séchées et conservées pour la récolte de l'année suivante.
Fin septembre, une petite parcelle de terre est préparée en semis *(cantero)*. Les graines y sont alors semées et font l'objet de soins quotidiens (notamment l'arrosage).
Au bout de 5 semaines, les plantes les plus vigoureuses sont soigneusement déracinées et repiquées, tout comme on le fait pour les tomates. Elles sont repiquées à intervalle régulier, alignées tout comme la vigne et serrées par des sillons permettant l'accès pour les nombreux soins prodigués tout au long de leur croissance. Cette dernière est rapide. Repiquées vers la fin octobre, elles sont récoltées progressivement en janvier et février, car les feuilles sont cueillies une par une, de bas en haut, au fur et à mesure de leur maturité.
Entre le moment du repiquage et celui de la récolte, il aura fallu beaucoup d'attentions : irrigation s'il n'a pas assez plu, fumigations contre les champignons, insecticides...

La préparation du tabac

À mesure que les feuilles sont cueillies, elles sont rassemblées pour former une sorte de guirlande qui est ensuite suspendue dans le séchoir, le ***rancho,*** jusqu'à ce qu'elles perdent leur chlorophylle pour prendre leur couleur « tabac ». Décrochées et réunies au milieu du *rancho* sous forme de tas – ***pilones,*** elles subiront alors une première sudation, lente et naturelle, qui durera 2 à 3 mois. C'est le sucre contenu dans le tabac et l'élévation naturelle de la température qui provoquent cette sudation.
C'est le moment que choisissent les acheteurs pour venir apprécier la qualité de la matière première et négocier un prix d'achat avec le récoltant. Si l'affaire est conclue, le tabac est mouillé pour éviter que les feuilles ne se rompent lors du transport. Il est alors mis en sacs ***(serones)*** tressés avec une sorte de roseau et fermés, en leur partie supérieure, par des feuilles de *yagua* (espèce de palmier royal). Ils doivent peser 50 kg brut. Arrivés chez l'acheteur, le fabricant ou le grossiste, les sacs sont pesés à nouveau en présence du vendeur et le marché définitif est conclu.
Vidées à même le sol, les feuilles sont alors triées le ***seco*** du ***ligero.*** Le *seco* est plus léger, dégage moins de puissance, mais a une meilleure combustion. Il donne au cigare son arôme et sa subtilité. Le *ligero,* quant à lui, a plus de force, plus de puissance, mais brûle moins bien. Dans un cigare, les deux tabacs se complètent.
Le tabac ayant été mouillé pour le transport, la ***première fermentation*** commence et, lorsque la température atteint 42 à 45 °C, la meule est démontée pour en refaire une autre à côté, en plaçant à l'intérieur de celle-ci les feuilles qui étaient à l'extérieur, et vice-versa. La fermentation repart. Dès que la température ne monte plus autant, après cinq ou six ***virades,*** on laisse les meules en l'état pour un temps variable, allant de plusieurs semaines à plusieurs mois, jusqu'à ce que l'on décide de procéder à l'***écotage*** (retrait de la veine centrale de la feuille), pour les feuilles qui serviront à faire la cape et la sous-cape. Cette opération est réalisée par des ouvrières spécialisées. L'écoteuse prend une gerbe, libère les feuilles une à une, les lisse à la main, puis ôte la nervure d'un geste sûr, séparant chaque feuille en deux demi-feuilles.
Chaque demi-feuille est déposée sur une barre en arc de cercle. Ces piles sont alors confiées à l'***escogedora*** (sélectionneuse), qui les répartit en fonction de leur teinte et de leur taille. Les feuilles de la ***cape*** (enveloppe extérieure) rejoignent ensuite celles de la ***tripe*** (partie centrale du cigare) et de la ***sous-cape*** (enveloppe intérieure) dans le domaine du ***jefe de liga*** (responsable de mélange), qui a la

responsabilité de l'assemblage des divers éléments constituant le ***blend.*** C'est cette sélection qui donne à chaque cigare sa spécificité.
Les feuilles sont rassemblées en paquets *(manillas)* d'une vingtaine de feuilles de dimensions identiques et, avec ces paquets, on reforme de nouvelles meules de *seco* et de *ligero* séparées. Après avoir été de nouveau mouillées, une deuxième fermentation se produit. On procède alors comme lors de la première. Ces fermentations ont pour but de brûler les alcaloïdes agressifs que contient le tabac. Une forte odeur d'ammoniac apparaît. Quand la température ne monte plus, la fermentation est terminée, le tabac est prêt. Il est séché dans un ***secador*** par paquets de quatre ou cinq feuilles, sur des claies.
Cela est la méthode artisanale, donc entièrement manuelle, mais les grandes fabriques comme Altadis, Fuente ou Jimenes utilisent, quant à elles, des séchoirs à gaz. Cela peut prendre de 2 à 4 jours, selon le degré d'humidité de l'air ambiant.
Des ***balles de tabac*** (en jute) très compressées sont alors confectionnées et étiquetées, en indiquant la variété du tabac, le nom du récoltant, le poids brut et le type de tabac (*seco* ou *ligero* – voir plus haut pour ceux qui se seraient endormis en cours de lecture). Elles sont alors stockées pour vieillir. Cette étape est une condition essentielle pour la fabrication de bons cigares, tout comme la qualité de la semence, le savoir-faire du récoltant et le travail minutieux des préparations.

La fabrication des cigares

Chaque fabricant a un ou plusieurs mélanges. Le goût du cigare dépend de ce que l'on met dedans. Le but recherché par un fabricant de qualité consiste à obtenir, d'année en année, une permanence dans le goût et la consistance du cigare. Il lui faut obtenir des assemblages de différents tabacs, de zones et années distinctes, pour conserver la personnalité du cigare.
Les dégustateurs de l'entreprise ***(catadores)*** extraient du tabac de certaines balles et procèdent à des essais. Quand les tabacs ont été choisis, les employés séparent, une à une, les feuilles qui ont été comprimées et les préparent ainsi pour les ***empuñeros*** (rouleurs qui fabriquent la *tripe*) et les ***pegadores*** (qui mettent la *cape*), dans les proportions définies pour un assemblage spécifique.
Ils placent les différentes feuilles sur leur établi ***(vapor)*** afin de rouler « à la main », suivant un rituel immuable. Quand la « poupée » est terminée, le cigarier ***(torcedor)*** la place dans un moule qui permet de calibrer les cigares au diamètre requis ; ils sont ensuite placés dans une presse pour un temps minimal de 30 mn. Ce n'est qu'ensuite que la cape est appliquée. Après cette opération, les cigares sont coupés à la longueur désirée.
Les cigariers sont payés à la pièce et peuvent produire entre 250 et 600 cigares par jour, en fonction de la qualité du produit. Ce sont les employés les mieux rétribués de la manufacture.
Les capes utilisées en République dominicaine proviennent majoritairement de l'État du Connecticut aux États-Unis, mais peuvent venir aussi d'Équateur ou du Mexique (plus rarement de Sumatra). La couleur et le goût varient alors. Le terroir dominicain ne parvient pas pour le moment à fournir des capes de

PETIT PAYS, GROS PRODUCTEUR

La République dominicaine est le 1er pays producteur de cigares au monde avec près de 600 millions d'unités par an, avant le Honduras (avec 340 millions). Cuba n'arrive qu'en 3e position (140 millions), suivi de près par le Nicaragua. Quand Zino Davidoff se fâcha avec Fidel Castro, il arrêta sa production de cigares cubains et choisit la République dominicaine comme principal fournisseur...

qualité régulière, bien que des travaux sur ce sujet soient menés en permanence. Cuba, en revanche, a toujours produit ses propres capes.
Mais revenons à nos cigares ! Quand le cigarier a terminé la fabrication de 50 modules, il les remet au ***contrôleur*** qui les vérifie, un par un, pour chercher d'éventuels défauts : trop serrés et limitant le tirage, trous ou vides partiels dans le corps du cigare, irrégularités flagrantes, cape abîmée...
Les cigares sont ensuite réunis dans un fagot de 50 unités, appelé roue ***(rueda),*** qui est pesé pour vérifier que le poids est conforme à la norme spécifique établie pour ce type de cigares. Cette roue est alors enfermée dans une feuille de papier sur laquelle seront écrits le module du cigare, la date de fabrication et le nom du cigarier. Ce qui témoigne, on le voit, d'un véritable suivi de la chaîne de fabrication. Fin prêt, le cigare, décoré de la bague à l'image du fabricant, est stocké un mois en chambre noire, pour en extraire l'ammoniaque produit naturellement par le tabac, en attendant d'être expédié aux quatre coins du monde. Cerise sur le gâteau, une congélation d'une dizaine de jours permet d'éliminer les larves des feuilles de tabac qui pourraient subsister. Noter que cette dernière technique, inventée par Davidoff, n'est pas employée par tout le monde.
Sachez pour terminer qu'un ***module*** caractérise la taille d'un cigare *(Churchill, Robusto, Corona, Panatela)* et que la ***vitole*** englobe toutes les caractéristiques propres d'un cigare, la qualité du tabac, sa combustion, son arôme, sa force...

Où visiter une fabrique ?

C'est dans la région du Cibao, située à 150 km au nord-ouest de Santo Domingo, qu'est installée la majeure partie des fabriques de cigares : *La Aurora-León Jimenes (Philip Morris), CIDAV-OK Cigar (Davidoff/Avo), General Cigars (Partagas, Cohiba).* Seules *Altadis (Seita/Tabacalera)* et *Agio* sont excentrées et localisées à La Romana et San Pedro de Macoris. En outre, ne soyez pas surpris de trouver des marques cubaines en République dominicaine. Ces marques appartenaient à des familles qui ont fui la révolution de Fidel Castro et les ont vendues par la suite à des sociétés américaines. La fabrique *Aurora-León Jimenes* peut se visiter aisément, car proche du centre de Santiago.
On rappelle que les tolérances douanières vous permettent de rapporter 50 cigares par personne adulte en Europe.

CUISINE

Les produits locaux, ***yucca, banane plantain, riz, café, cacao, ananas,*** etc., forment la base de la cuisine dominicaine *(comida criolla).* Le plat de base, le fameux ***arroz con habichuela,*** se compose de riz, accompagné de haricots et de poulet. Côté viande, on déguste de la ***chèvre*** *(chivo),* en ragoût (c'est délicieux) ou bien grillée, sur le bord des routes (dans le nord du pays), du ***bœuf*** *(res)* et du ***porc*** *(cerdo),* bien qu'ils soient chers. Les produits de la mer (***poisson, crevettes, crabes*** et ***langoustes***) sont en général réservés aux touristes. Contrairement à ce que l'on croit, les produits de la mer sont assez chers, notamment les crevettes (sans parler des langoustes). Les ***soupes*** sont préparées dans les foyers les plus pauvres et mêlent quelques légumes et morceaux de viande. Le travailleur qui part le matin prend en général un repas assez copieux qui lui permettra d'attendre le dîner. Il n'est pas dans les habitudes locales de boire autre chose que de l'eau durant le repas.

LE SECRET DE L'ANANAS

Ce fruit contient de la broméline, une enzyme qui attaque les protéines. Voilà pourquoi l'ananas a la réputation d'être « brûle-graisses » et surtout, cela oblige les récoltants de porter des gants car la peau des mains (composée de chair... donc de protéines) serait agressée !

Les grandes spécialités

– Pour les Dominicains, le ***sancocho*** (ragoût de sept viandes différentes avec des légumes) du dimanche n'est pas une fête, c'est indispensable, c'est tout. Au resto, il est rarement à la carte et il faut généralement le commander. On se régale aussi avec le ***chivo guisado,*** viande de cabri marinée avec oignons, poivrons, ail, origan et... rhum.
– On trouve également sur les routes des ***chicharones,*** couenne de porc marinée dans du jus d'oranges amères et cuite dans sa propre graisse, c'est un peu gras mais très bon.
– Le plat le plus consommé dans le pays est le ***pica pollo,*** sorte de poulet frit à la mode locale, en général servi avec des *tostones,* bananes plantain frites. C'est bon, pas cher et nourrissant. Mais on s'en lasse vite.
– Une mention spéciale dans la cuisine locale pour les ***mondongos,*** ragoût de tripes de bœuf ou de porc que l'on déguste avec un zeste de citron vert. À essayer pour les amateurs. De toute façon, ce n'est pas cher du tout et si vous n'aimez pas, personne ne se formalisera si vous laissez votre assiette...

Les restaurants

– ***Frituras :*** ce sont les plus populaires et les plus simples. Ils « cuisinent » sur des vieilles roues de voiture à plat avec un peu de charbon, ouvrent le matin et s'en vont quand tout est vendu. Conditions d'hygiène plus que douteuses, mais on y trouve des *empanadas,* sortes de beignets garnis de jambon et de légumes. C'est très bon marché et délicieux. Saucisses, boudin, salami cuit sont servis dans un morceau de papier kraft. Quand on est fauché, on peut s'y restaurer copieusement pour trois fois rien.
– ***Pica pollos :*** dans tout le pays, des petites échoppes et des restos de chaînes (genre fast-food) vendent du poulet frit accompagné de *tostones* (bananes plantain frites) et de riz. C'est généralement servi dans un emballage plastique, c'est pas cher et très correct.
– ***Comedores :*** là, on commence à évoluer dans l'échelle sociale, on est assis et on mange dans des assiettes. Assez peu de variété : poulet, bœuf, tripes ou poisson (attention à la fraîcheur des produits !). On y commande, pour quelques pesos, un menu du jour *(servicio)* qui comprend une entrée genre crudités et une viande accompagnée de riz et de haricots. Pas de pain ni de vin. Assez marrant : quel que soit le plat qu'on commande, la sauce est la même !
– ***Cafeterias :*** on les trouve surtout dans les grandes villes. Les produits sont toujours frais, car le débit est important et les prix bas. Nourriture assez variée, contrairement aux *comedores.* Ne pas hésiter à pousser les portes de ces établissements (qui souvent n'en ont pas, car ils sont ouverts sur la rue), même si leur aspect peut paraître un peu sinistre.
– ***Paradas :*** extrêmement pratiques, frais, copieux et bon marché, ces « routiers » dominicains que l'on trouve sur tous les grands axes vous servent en quelques minutes un bon repas local à consommer sur place dans une ambiance souvent bruyante et colorée.
– ***Restaurantes :*** comme partout dans le monde, on y trouve le meilleur et le pire. Chinois, arabes, japonais, français, italiens, espagnols et même... dominicains. Bref, un grand choix de restaurants, surtout dans les grandes villes. Se méfier du prix, car peu d'entre eux annoncent le menu à l'extérieur. Attention aussi aux suppléments non indiqués mais parfaitement légaux : 10 % de service et 18 % de taxes (TVA locale). Seuls les *restaurantes* appliquent ces taxes et parfois certains *comedores* un peu chic. Autre conseil : n'oubliez pas votre petite laine si vous vous rendez dans les restaurants les plus chic : on y crève de froid en raison de la clim ! En fait, cela permet surtout à la bourgeoisie locale de sortir ses plus beaux vêtements...

– ***Fast-foods :*** l'Oncle Sam a encore frappé ! Les grandes villes dominicaines sont envahies par les *McDo, KFC* et autres *Burger King.* Rien à dire, sauf que c'est cher pour le pays, et pas bon, mais le snobisme et le prestige des Yankees font que, paradoxalement, on y trouve plus de Dominicains que de touristes. Rappelons tout de même que les Dominicains ont également leurs propres chaînes de fast-foods : *Pollo Victorina, Pollo Rey, Pollo El Provocón...*

ÉCONOMIE

En 2012, la croissance annuelle de l'économie s'est ralentie et stabilisée autour de 4,5 %. Par comparaison, le Vietnam affichait un taux de 7 à 8 %, et la Chine 11 %. L'expansion était déjà lancée depuis le début des années 2000. Entre 1998 et 2008, la moyenne annuelle de ce taux de croissance dominicaine était de 5,4 % par an, autrement dit il n'y a pas eu une année sans forte croissance ! L'économie dominicaine reste cependant dépendante du marché nord-américain : les États-Unis achètent 48 % des produits exportés du pays, tandis que la République dominicaine achète 43 % de ses biens aux États-Unis.
Le développement fulgurant de l'industrie touristique est aussi un des facteurs de cette croissance.
En dépit de ces points positifs, en 2012-2013, le budget du pays n'est toujours pas équilibré. Plusieurs raisons à ce retard : la hausse du prix du baril de pétrole (la facture pétrolière ne diminue pas), les subventions au secteur électrique (9 % du budget, soit 1,7 % du PIB) et l'insuffisance des recettes fiscales de l'État. La dette publique consolidée se stabilise à 39 % du PIB.
Sur le plan de la croissance, après deux années faibles en 2011 et 2012 (respectivement 2,9 et 2,7 %), celle-ci est repartie en 2013 et 2014, avec des taux de 4,6 et 5,3 %, rétablissant une certaine confiance, le PIB par habitant se consolidant au fil des années autour de 9 500 US$/hab. L'inflation, quant à elle, est contenue entre 4 et 5 % ces trois dernières années (après une poussée à plus de 8 % en 2011). Le taux de chômage reste assez élevé mais stable, autour de 12 %. Malgré l'absence de protection sociale efficace, la solidarité familiale (et l'armée) joue ici à plein, permettant de contenir (de refréner ?) les éventuels mouvements sociaux.

Sous la houlette du FMI

Grâce au potentiel économique du pays et au dynamisme de son secteur privé, la République dominicaine récupère son image de bon élève qu'elle avait acquise dans les milieux financiers internationaux, sous les directives du Fonds monétaire international (un nouvel accord a été signé en 2009 avec le FMI).
– ***L'agriculture*** reste un pilier avec les quatre grands produits d'exportation que sont le sucre, le café, le tabac (la République dominicaine est le premier pays producteur de ***cigares*** devant le Honduras et Cuba) et le ***cacao*** (10e producteur mondial). Le pays détient par ailleurs 80 % du marché mondial des ***bananes bio.*** Le ***café*** est une longue tradition agricole, mais le potentiel n'est pas exploité comme il le faudrait. Les espèces Arabica Juncalito et Ocoa offrent un bon rapport qualité-prix. La meilleure région productrice est la province de Barahona. La production annuelle de ***canne à sucre*** se maintient autour de 550 000 t. Les exportations représentent environ la moitié de ce chiffre. Depuis la catastrophe de 2010 (séisme), la République dominicaine exporte son sucre en Haïti. Cependant, le marché prioritaire de cette matière reste les États-Unis ; l'Union européenne arrive bien après. En 2012, aucun sucre dominicain n'a été exporté vers l'Europe, mais cette situation pourrait bien changer.
À noter que 90 % des travailleurs agricoles (notamment dans les plantations de canne à sucre) sont des Haïtiens souvent sans papiers, peu considérés et mal traités.

Au rayon des denrées importées, la République dominicaine doit acheter à l'étranger son soja et son blé.

– ***Les ressources minières :*** les experts affirment que la République dominicaine est un acteur minier important. L'extraction de l'argent n'est plus ce qu'elle était. La mine de ***Pueblo Viejo*** à Cotui (que Christophe Colomb connaissait déjà) a donné le maximum de sa production entre 1975 et 1999. Elle fut la plus grande mine d'argent à ciel ouvert du monde. Aujourd'hui, sa production stagne. En revanche, cette même mine produit encore de ***l'or*** (réserves évaluées à 700 t). On trouve aussi un gisement de cuivre et d'or à Cerro Maimon. Les réserves de ***nickel*** latéritique (le nickel est inclus dans de la latérite) sont importantes. L'extraction de minerai est évaluée à 29 000 t par an.

Quant au ***pétrole,*** l'économie dominicaine dépend largement des hydrocarbures (31 % des importations, soit 8 % du PIB). On signale seulement un gisement potentiel à Azua (sud-ouest) et des émanations dans la région d'Higüey (est du pays). Par conséquent, le pétrole est importé, essentiellement du Venezuela. L'accord Petrocaribe lie Santo Domingo et Caracas. Le Venezuela vend alors du pétrole à prix cassés aux Dominicains, qui peuvent même différer le paiement sur 40 ans ou bien payer en denrées locales, en livrant des haricots par exemple. Insolite mais vrai ! La République dominicaine paie une partie de cette facture pétrolière en livrant des tonnes de ***haricots*** au Venezuela !

Commerce équitable : l'exemple du cacao

Le cacao dominicain est une espèce mixte composée de plants de *criollo* (originaire d'Amérique centrale), de *forestero* du Bassin amazonien et de *trinitario,* hybride naturel entre ces deux derniers. En 1989, des associations paysannes de producteurs de cacao ont créé la CONACADO (Confédération nationale des cacaoculteurs dominicains), une organisation qui regroupe aujourd'hui près de 10 000 familles, soit 23 % du total des producteurs du pays. Elle exporte environ 25 % du cacao dominicain, soit près de 10 000 t/an. La production de cacao est assurée par de petits producteurs cultivant des plantations de 2 à 5 ha. Les paysans n'utilisent aucun engrais ni produit chimique.

Dans le circuit classique, les producteurs dominicains ne perçoivent une rémunération que deux fois par an, lors des récoltes (décembre et mars-juillet). Avec le réseau du commerce équitable, leurs revenus sont plus justes et étalés sur l'année. Le cacao de la CONACADO est aujourd'hui commercialisé dans les circuits du commerce équitable à travers notamment la coopérative *Ethicable.* Celle-ci importe des fèves de cacao dominicain et les expédie à la chocolaterie *Klaus,* dans le Doubs (France).

Le tourisme : un pilier de l'économie

L'économie dominicaine est dépendante du tourisme. En 2013, plus de 4,5 millions de touristes étrangers sont venus dans le pays. Les touristes nord-américains arrivent en tête, devant les Européens (environ 25 %). Parmi ces derniers, les Français sont les plus nombreux, avec 250 000 touristes par an. Cela représente environ 9 % du PIB (environ 15 % en tenant compte des retombées sur les autres secteurs, BTP, transports etc.). Plus de 555 000 emplois directs et indirects (13,6 % de l'emploi total) dépendent de la manne touristique. Le rapatriement d'une partie des bénéfices réalisés par les sociétés étrangères limite pourtant la diffusion des revenus à l'ensemble de l'économie nationale et les exonérations fiscales accordées aux grands ensembles hôteliers situés en zone franche constituent un manque à gagner pour les comptes publics.

Perspectives nouvelles

Une grande nouveauté : l'apparition des touristes russes, qui viennent de plus en plus nombreux. Le marché russe était en hausse de 50 % ces dernières années. Conscientes que leur pays souffre au niveau international de son image de « tourisme de masse » et de « tourisme sexuel », les autorités tentent de revaloriser la

« marque République dominicaine ». Elles ont par exemple lancé une campagne vers la Chine pour recevoir le statut de « destination autorisée », une habilitation indispensable pour les tour-opérateurs chinois.
Si, à Cuba, environ 97 % des touristes visitaient les quartiers historiques de La Havane, ils sont à peine 14 % à passer par la capitale dominicaine. D'où l'intérêt d'ouvrir un nouveau marché, basé sur les richesses historiques et culturelles, complémentaire à l'offre traditionnelle du tourisme balnéaire. L'ouverture de l'autoroute *El Coral* en 2013 (payante), a réduit considérablement le temps de parcours entre Punta Cana et Santo Domingo et permet à présent d'inclure la capitale dans la découverte du pays.
Beaucoup misent aussi sur le tourisme de croisière. Ce potentiel est jusqu'à présent peu exploité. L'ouverture d'un nouveau terminal *Amber Cove* à Puerto Plata depuis 2014 devrait changer la donne dans ce secteur.

La diaspora dominicaine

L'économie dominicaine profite aussi des transferts de fonds *(« remesas »)* de la diaspora dominicaine. Près de 2 millions de Dominicains vivent à l'étranger, dont 1,3 million aux États-Unis. Selon les années, le montant total de ces transferts représente 3 milliards de dollars US, soit 7 % du PIB.

Progrès économiques, retards sociaux

Cette réussite économique s'accompagne de zones d'ombre. Près de 38 % de la population totale vivrait en dessous du seuil de pauvreté. Tout se passe comme si le pays évoluait à plusieurs vitesses. La richesse reste concentrée sur les côtes, tandis que l'intérieur de l'île vivote avec un niveau de vie beaucoup plus bas. Au niveau national, le taux de chômage demeure élevé : environ 14 %.
Le salaire minimum mensuel est d'environ 7 500 RD$ (environ 145 €) pour les grandes entreprises et autour de 6 000 RD$ (environ 115 €) dans le secteur hôtelier. Les inégalités s'accroissent et la pauvreté est criante. Dans certaines grandes villes, on voit des enfants cirer les chaussures, vendre des journaux et autres babioles aux carrefours, voire tenter de gagner une maigre pitance en triant les ordures...
Autre facteur d'appauvrissement : le faible niveau de l'éducation. Le taux d'analphabétisme est de 13 %, et les filles sont toujours plus défavorisées que les garçons dans l'accès à l'école. Dès lors, de nombreux Dominicains adultes issus de la précarité se sentent exclus du développement, et tentent de quitter le pays pour aller trouver de meilleures conditions de vie à l'étranger. Cette émigration (clandestine ou légale) concerne surtout les États-Unis et l'Espagne.

Les échanges avec la France

Les États-Unis restent, et de très loin, le premier partenaire commercial de la République dominicaine. Longtemps timides, les investissements français ont atteint aujourd'hui une quatrième position très remarquée après les États-Unis ou l'Espagne. De nombreuses coopérations ont vu le jour entre la France et la République dominicaine. La communauté française résidant en République dominicaine est estimée à un peu plus de 5 000 personnes. Outre le *Club Med,* des groupes comme *Orange, Accor, Carrefour, Conforama, Alstom* (qui a construit une partie du métro de Santo Domingo), etc., sont présents.

ENVIRONNEMENT

La République dominicaine partage l'île d'Hispaniola avec Haïti, le pays voisin. Quand on survole les deux pays, la République dominicaine déroule des paysages verdoyants tandis qu'Haïti apparaît comme une contrée déboisée, pelée et

sèche... La forêt dominicaine ne représente plus que 10 % environ de la surface totale du pays contre 85 % en 1909 ! Ici, comme à Haïti, ***la déforestation est le fléau numéro 1*** de l'environnement. Pour ne pas répéter l'expérience malheureuse de son voisin, la République dominicaine tente de préserver son patrimoine naturel, et en particulier ses forêts, en y maintenant sa faune et sa flore. Le résultat n'est pas mauvais : 28 % du territoire est protégé par des parcs nationaux ou des réserves scientifiques, ce qui exclut toute construction, industrielle ou touristique. Lentement, les Dominicains apprennent les règles de base de l'environnement. Malgré cette évolution des consciences, le pays accuse encore de nombreux retards. Dans les villes et les campagnes, le ramassage des poubelles est déficient. La pollution due aux gaz d'échappement des camions est importante. Certaines mauvaises habitudes perdurent. On voit encore de nombreux dépôts sauvages d'ordures qui défigurent le paysage. Et le lancer de détritus dans la rue ou par la fenêtre, en conduisant, reste malheureusement une pratique bien ancrée !
Après la déforestation, les principaux problèmes d'environnement sont les suivants : ***réduction de la biodiversité, contamination des rivières, problème des eaux usées.*** À signaler aussi que les lois de plus en plus strictes sur la coupe des arbres ont entraîné un effet secondaire. Les habitants préfèrent utiliser du ciment et du béton dans la construction de leurs maisons et non plus du bois, comme le voulait la tradition rurale.

Faune

Parmi les mammifères que vous aurez peut-être la chance de voir en République dominicaine, le plus impressionnant est sans conteste la ***baleine à bosse.*** Cette espèce vit dans les eaux froides du nord de l'Atlantique et vient séjourner dans les Caraïbes pour s'y reproduire ; elle est donc dominicaine ! De janvier à mars, plusieurs milliers de spécimens viennent s'ébattre et mettre bas au large des côtes dominicaines, plus particulièrement dans les environs de la péninsule de Samaná. Une excursion à ne pas manquer si vous venez à cette époque de l'année. Pour admirer d'autres baleines sur le littoral, il faut descendre en Patagonie argentine !
Vivent également dans les eaux dominicaines, mais ceux-là toute l'année, les *manaties* ou ***lamantins.*** Ces gentils mammifères, chantés par Homère, ont longtemps été pris pour des sirènes, sans doute à cause de leur chant et... de leur torse bombé. Manque de chance pour eux, ces animaux si doux ont une chair tendre et goûteuse. Les Indiens taïnos les mangeaient, les Dominicains également, jusqu'à ce que des organismes internationaux les classent comme espèce en voie de disparition. Juste retour des choses, aujourd'hui, la marine traque impitoyablement... les chasseurs. Aujourd'hui, on peut voir des lamantins dans la réserve de Punta Rucia (côte nord).
Les ***tortues de mer*** ou d'eau douce sont également très protégées. Le ***solenodonte,*** petit mammifère genre Marsupilami, est une des espèces endémiques de l'île. De nombreux ***iguanes*** font également partie de la faune terrestre, ainsi que le plus petit ***boa constrictor*** du monde (1,50 m). Dans le sud-ouest du pays, la réserve de ***crocodiles*** du lac Enriquillo mérite d'être visitée (on y voit aussi le très rare iguane « rhinocéros »).
En ce qui concerne la faune avicole (aérienne), on trouve, surtout dans le parc des Haïtises, des milliers de ***pélicans, frégates, faucons*** ou ***milans,*** et ces échassiers blancs comme neige, les ***aigrettes*** *(garzas).* Des milliers de ***flamants*** séjournent tranquillement dans les différents parcs nationaux. On peut aussi y rencontrer des ***colibris*** et plus rarement un magnifique perroquet, la ***cotora.*** On évalue à 112 le nombre d'espèces d'oiseaux sédentaires et migrateurs vivant dans l'île. L'emblème national du pays est l'***oiseau palmiste,*** *cigua palmera* en espagnol et *Dulus dominicus* de son nom scientifique. Ce petit oiseau brun et blanc à bec jaune est endémique de l'île d'Hispaniola et s'observe uniquement en République dominicaine et à Haïti.

Flore

On trouve bien sûr à Saint-Domingue une variété immense de fruits ou de légumes typiquement tropicaux comme l'***ananas,*** la ***mangue,*** l'***avocat,*** la ***coco,*** la ***banane fruit ou plantain.*** N'oublions pas non plus que le ***tabac*** et le ***yucca (manioc),*** originaires de l'île, ont été rapportés en Europe par Christophe Colomb. D'autres variétés, comme la ***pomme*** et même les ***fraises,*** poussent à Constanza, sur les hauts plateaux de Jarabacoa, autrement appelés « le potager du pays ». On trouve aussi ***arbre à pain, cacaoyer, caféier, tayota, guayaba, lechosa, zapote*** et le délicieux fruit de la Passion. Bien sûr, on ne peut parler de la flore dominicaine sans mentionner la ***canne à sucre,*** qui a fait la richesse du pays pendant des siècles et qui maintenant, grâce au rhum, continue à soutenir le moral du peuple. Côté fleurs, des espèces toutes plus belles les unes que les autres poussent dans l'île : ***bougainvillées, hibiscus, orchidées,*** etc. Également de nombreuses espèces d'arbres comme le ***mangle*** (palétuvier), qui pousse à l'embouchure des *ríos,* la ***caoba*** (acajou), le magnifique flamboyant et, bien sûr, ***les palmiers royaux et les cocotiers,*** sans lesquels les îles des Caraïbes ne seraient pas ce qu'elles sont. Pour la petite histoire, sachez que les cocotiers ne sont pas endémiques de la République dominicaine et furent importés de Thaïlande bien après la découverte de l'île. N'oublions pas la ***ceiba (fromager)*** : certaines, énormes, sont contemporaines de Colomb.

Parcs nationaux

De nombreux parcs nationaux ont été créés afin de préserver la faune et la flore de la République dominicaine.

– ***Sur la côte sud-ouest :*** cette partie du pays possède trois parcs nationaux entre mer et montagnes, près de la frontière avec Haïti. Le parc national ***Jaragua*** (1 500 km²) couvre une grande partie de la péninsule de Barahona et abrite un très beau littoral vierge ainsi qu'une superbe plage sauvage *(playa Bahia de las Aguilas).* Ce parc est difficile d'accès. Plus au nord, accessible depuis la ville portuaire de Barahona, le parc national de la ***sierra de Bahoruco*** (1 126 km²) présente plusieurs types de forêt dans un relief montagneux : forêt humide de montagne, forêt sèche subtropicale... Enfin, le parc national ***Lago Enriquillo-Isla Cabritos*** est un ensemble d'îles situées sur le lac Enriquillo. Dans un paysage semi-désertique de savane sèche (on se croirait en Afrique), on découvre, à bord d'un bateau, ces étranges îlots où vivent iguanes et crocodiles. C'est le seul endroit du pays où l'on peut en voir de près.

– ***Secteur de la côte nord :*** les réserves scientifiques, ainsi que le ***sanctuaire des baleines*** au banco de la Plata et dans la baie de Samaná, représentent une superficie totale de plus de 10 000 km² (20 % de la surface du pays). Ce sanctuaire naturel est contrôlé par un organisme militaire, la Direction des parcs nationaux. Autre site naturel important, au sud de la péninsule de Samaná, le parc national des ***Haïtises*** constitue le plus vaste paysage (1 600 km²) de roches karstiques des Antilles. Plantées dans la mer, en bordure de falaises, ces roches karstiques sont des pitons calcaires érodés, de formes irrégulières et couverts de végétation tropicale. Ce parc étonnant ne se découvre qu'en bateau au départ de Sabana de la Mar ou de Sánchez (péninsule de Samaná). Il existe deux autres petits parcs nationaux sur la côte nord : le parc national ***Monte Cristi*** (530 km²), qui englobe un secteur montagneux et la côte auprès de la ville de Montecristi (marais salants, lagunes sauvages) et le parc national ***Isabel de Torres*** (15 km² seulement – on y accède en téléphérique au départ de Puerto Plata) ; c'est le plus petit de tous les parcs nationaux du pays.

– ***Secteur du centre du pays (cordillère centrale) :*** étendus comme deux frères jumeaux sur les versants du Pico Duarte (3 098 m, la plus haute montagne du pays et même des Caraïbes), les parcs nationaux ***Armando Bermudez*** (766 km²) et ***Jose del Carmen Ramirez*** (764 km^2) forment le cœur vert et sauvage de l'île d'Hispaniola. Dans une région de montagnes sauvages et inhabitées, ces deux parcs se découvrent à pied. Des randonnées accompagnées partent de la ville de Jarabacoa. Il convient d'être en bonne forme physique.

– ***Secteur est :*** le parc national ***del Este*** (420 km^2) englobe à la fois une péninsule maritime et l'île de Saona. Merveille des merveilles ! Voici le plus visité des parcs nationaux. Les visites se font en bateau (vedettes, catamarans) au départ de Bayahibe. C'est le mieux préservé des parcs marins de la République dominicaine. Plages paradisiaques de sable blanc, cocoteraies immenses, lagons bleus peuplés d'étoiles de mer, mangrove tropicale, dauphins, raies, lamentins, et parfois des requins... Ce n'est pas un hasard si l'île de Saona a été choisie pour le tournage du film *Pirates des Caraïbes.* Son décor naturel n'a pas changé depuis l'époque des corsaires et des flibustiers !

Enjeux écologiques

Selon une étude de l'organisation OXFAM, la République dominicaine serait le huitième pays du monde le plus touché par les changements climatiques. Pourtant, l'île n'émet que ***3 % des gaz à effets de serre.*** La plus grave menace à long terme pour le pays serait la montée des eaux, qui pourrait frapper les régions côtières où vivent 70 % de la population. Déjà, notamment sur la côte nord, les effets se font clairement sentir, avec des plages qui se réduisent en peau de chagrin à marée haute.

En 2011, la capitale s'est équipée de six ***stations de gaz naturel*** destinées à alimenter les véhicules spécialement adaptés à cette source d'énergie. C'est un début timide qui, selon le gouvernement, devrait s'amplifier afin d'économiser le carburant et de moins dépendre des hydrocarbures. La République dominicaine ne produit pas de pétrole et doit importer du Venezuela environ 155 000 barils par jour. Toujours dans le registre des ***« énergies vertes »,*** un parc éolien (Los Coco-Quilvio Cabrera) fonctionne, depuis octobre 2011, dans la province de Pedernales, à 260 km à l'ouest de Santo Domingo. Si cet essai est concluant, le parc pourrait réduire la consommation de pétrole de 200 000 barils par an. Une goutte d'eau certes, mais qui ne tente rien n'a rien...

GÉOGRAPHIE

« L'Hispaniola est une merveille : les sierras et les montagnes, les plaines et les vallées, les terres si belles et grasses, bonnes pour planter et semer, pour l'élevage des troupeaux de toutes sortes, pour édifier des villes et des villages », telle est la description enthousiaste qu'en fit Christophe Colomb après sa découverte en 1493. Plus de cinq siècles plus tard, les propos du grand amiral de la mer Océane n'ont pas vieilli et restent d'actualité.

L'ÎLE DES EXTRÊMES

La République dominicaine peut se vanter de posséder le point le plus bas des Caraïbes : le lac salé Enriquillo, qui se situe à 45 m sous le niveau de la mer. Mais pas très loin, elle compte aussi, dans la cordillère centrale, le point culminant des Caraïbes : le Pico Duarte (3 098 m) !

Située au milieu des Caraïbes, entre Cuba et Porto Rico, l'île d'Hispaniola est aujourd'hui divisée entre la république d'Haïti (un tiers de la superficie), à l'ouest, et la République dominicaine (deux tiers), à l'est. Long d'environ 400 km et large de 300 km, le pays comporte ***1 500 km de côtes, dont 600 km de plages*** (parmi les plus belles des Caraïbes).

La surface du pays se répartit entre des plages bordées de cocotiers, des plaines agricoles et des montagnes au centre.
– Deux mers se rejoignent et baignent le pays : l'océan Atlantique au nord et la mer des Caraïbes au sud.
– Les deux ***plus grandes villes*** sont Santo Domingo (3,3 millions d'habitants) et Santiago de los Caballeros (860 000 habitants).
– Le secteur géographique ***le plus sec*** du pays est le pourtour du lac Enriquillo (à l'ouest), et le ***plus humide*** est la région de Jarabacoa, dans la cordillère centrale (1,50 m de pluie par an).
– ***Montagnes et cordillères :*** d'une manière schématique, la partie ouest de la République dominicaine est plus montagneuse que la partie est, plaine fertile débouchant sur la mer. Noyau dur du territoire dominicain, la ***Cordillera central*** occupe une grande partie du centre du pays, couvrant les provinces de La Vega, San Juan, San José de Ocoa, et une partie des provinces de Azua, Santiago, Dajabón et Santiago Rodriguez. Les sommets montagneux s'élèvent entre 1 500 et 3 000 m, le point culminant étant le Pico Duarte (3 098 m ; voir encadré plus haut). Au sud-ouest du pays, entre Pedernales et Barahona, la sierra de Bahoruco culmine à 1 931 m. C'est une des plus sauvages.
– Les ***fleuves principaux*** sont le Yaque del Norte (308 km), qui finit sa course à côté de Montecristi, et le Yuna (210 km), qui se jette dans l'océan à Sánchez, dans la baie de Samaná.
– ***Zones sismiques :*** la faille Enriquillo, bien connue des experts, traverse l'île d'Hispaniola d'est en ouest sans tenir compte des frontières entre Haïti et la République dominicaine. Si historiquement Haïti a été plus gravement touchée par les séismes, la République dominicaine n'a pas été épargnée non plus au cours des siècles. Plusieurs tremblements de terre ont frappé le pays au fil de l'histoire.
En 1562, un séisme a détruit Santiago de los Caballeros et le village de La Vega, quartier général des conquérants espagnols. En 1946, un séisme sous-marin a provoqué un ***tsunami*** qui a ravagé la région de Nagua (se reporter à cette ville).
Le 12 janvier 2010, un violent séisme a dévasté Port-au-Prince (Haïti). À Barahona, dans l'ouest de la République dominicaine, les habitants ont ressenti des secousses.
En janvier 2012, des secousses de magnitude 4,5 et 5,1 sur l'échelle de Richter ont été enregistrées dans la région de Santiago et elles se sont fait sentir jusque dans la région de Santo Domingo, située 155 km plus au sud. Elles ont suscité un vent de panique dans certains villages, sans toutefois faire de victimes. Selon les scientifiques, les épicentres se trouveraient tantôt à Río San Juan, près de Nagua, sur la côte nord du pays, tantôt dans les montagnes de la cordillère centrale à l'ouest de Santo Domingo.

HISTOIRE

À l'origine, vivaient les Taïnos...

Avant l'arrivée des Européens en 1492, l'île s'appelait ***Quisqueya*** et connaissait la civilisation la plus avancée des Antilles, celle des ***Indiens taïnos,*** de souche arawak, venus de l'embouchure de l'Orénoque environ 800 ans apr. J.-C. Ils étaient environ un million à l'arrivée des Espagnols et étaient dirigés par cinq grands chefs (les caciques)

PARLEZ-VOUS TAÏNO ?

L'empreinte laissée par la civilisation taïna sur l'actuelle République dominicaine n'est pas négligeable : la plupart des lieux géographiques portent des noms indiens, et la langue dominicaine comporte plusieurs centaines de mots d'origine taïna. Il faut d'ailleurs noter que la langue française emploie une trentaine de mots provenant des Taïnos, comme « hamac », « iguane », « barbecue », « ouragan » ou « canoë » !

qui se répartissaient les différents royaumes de l'île et les protégeaient contre les fréquentes agressions des redoutables *Indiens caraïbes.* Excellents navigateurs et pêcheurs, les Taïnos étaient aussi de grands cultivateurs, auxquels les Européens doivent un nombre considérable de découvertes (et de mots), parmi lesquelles le maïs, le tabac, le coton, la patate douce, la banane, l'ananas, la goyave, etc. Également artistes, ils ont laissé de très belles poteries, des céramiques, des sculptures sur bois et sur roche, d'innombrables peintures et gravures rupestres (que l'on peut voir dans les grottes de l'île) et de saisissantes figurines humaines, souvent très érotiques, que les Français ont pu découvrir il y a quelques années lors d'une grande exposition parrainée par l'un des plus fervents défenseurs de la culture taïna : Jacques Chirac.

La découverte d'Hispaniola et l'exploitation des Indiens

La ***découverte du Nouveau Monde*** commence donc en 1492, et avec elle la disparition du peuple taïno (et de bien d'autres Amérindiens). Après avoir accosté à Cuba, ***Christophe Colomb*** débarque au nord de l'île de Quisqueya, le 25 décembre, et la rebaptise aussitôt ***Hispaniola*** (Española), en hommage au pays dont le souverain (le roi d'Espagne) finança son expédition. Le jour de son arrivée lui inspire le nom du fort qu'il fait construire avec les planches d'une de ses caravelles échouées : fort de la Nativité. Il y laisse 39 hommes, chargés de fonder la première colonie des « Indes ».

Revenu 11 mois plus tard accompagné de 1 500 hommes, dont des prêtres (pour évangéliser les sauvages), des ouvriers (pour édifier une ville) et des agriculteurs (pour nourrir tout ce beau monde), Colomb découvre que sa garnison a été massacrée. À son premier voyage, il avait pourtant jugé les Indiens pacifiques et dociles, si l'on en croit son journal de bord ! D'après les historiens, il semblerait que les hommes de Colomb (recrutés parmi la pire racaille) l'étaient moins : ils auraient probablement provoqué les Indiens et tenté de violer leurs femmes... En représailles, Colomb organise des expéditions punitives, qui marquent le début du génocide indien. Mais sa première préoccupation est de découvrir de l'or, afin de prouver à ses financiers qu'il a enfin découvert le fameux Eldorado. Le découvreur est très vite appelé à devenir un conquérant (conquistador), ce qui le détourne de sa vocation de marin. Il n'est pas fait pour cela, mais la *real-politik* de l'époque l'oblige à se conduire d'une manière rude...

Il décide d'édifier la ***ville de La Isabela*** (en hommage à la reine d'Espagne) sur la côte nord de l'île, dans les environs de l'actuel Puerto Plata. Le problème, c'est que pour extraire de l'or, une importante main-d'œuvre s'avère indispensable. Devant la mauvaise volonté évidente des Taïnos à se laisser enrôler comme esclaves (leur devise était : *Plutôt mort qu'esclave*), les conquistadors amplifient les rafles, qui tournent vite au massacre. Les Indiens résistent pourtant vaillamment. Certains chefs ***(Enriquillo, Caonabo)*** sont devenus des héros légendaires en Amérique. ***Anacaona*** est également restée dans les mémoires : cette reine indienne, célèbre pour sa grande beauté autant que pour son esprit de résistance, échappa aux armées espagnoles jusqu'en 1503.

La situation devenant intenable à cause des épidémies et des guerres, la région nord est vite abandonnée. La construction d'une nouvelle Isabela au sud de l'île est confiée à ***Bartolomeo Colomb,*** le frère cadet de Christophe Colomb, en 1496. Détruite peu après par un cyclone, la ville est transférée de l'autre côté du fleuve Ozama et prend le nom de ***Santo Domingo*** de Guzmán. Les affaires vont mal pour la famille Colomb : n'ayant toujours pas trouvé les quantités d'or promises (les filons de l'île sont vite épuisés) et accusé de tuer inutilement les indigènes, Christophe Colomb est alors renvoyé en Espagne sur ordre de la reine Isabelle la Catholique et déchu en 1500 de son titre de vice-roi des Indes occidentales. On ne le plaindra pas. En l'espace de 30 ans, la population indigène est décimée par les guerres, le mauvais traitement des prisonniers, les suicides collectifs (de ceux qui refusent l'esclavage) et les épidémies de maladies nouvelles venues d'Europe. Pour continuer à cultiver leurs plantations, les Espagnols commencent à importer de la main-d'œuvre africaine à partir de 1505. Après le génocide, c'est donc l'***esclavagisme*** de masse et le fameux commerce triangulaire qui est inauguré dans le Nouveau Monde, sous la bannière chrétienne d'un dieu d'amour et de paix (sic !). Avec cette « industrialisation » du travail et la première colonisation à grande échelle, l'Europe entre dans l'ère moderne !

Le premier défenseur des Indiens opprimés

Tous les Espagnols n'approuvèrent pas cette violence extrême pratiquée contre les Indiens d'Hispaniola. Parmi eux, un témoin de premier ordre, le père dominicain ***Bartolomé de Las Casas*** (1474-1566). Écœuré et dégoûté par la brutalité et le mépris des colonisateurs à l'égard des Indiens, il devint le défenseur des peuples autochtones d'Hispaniola. 60 ans après le premier voyage de Christophe Colomb, en 1552, Las Casas rédigea à l'usage du roi d'Espagne un réquisitoire contre la colonisation. Son livre, intitulé *La Très Brève Relation de la destruction des Indes*, pourrait être classé comme le premier rapport d'Amnesty International. « Ainsi disparurent tant et tant d'habitants de l'île, et ainsi auraient pu disparaître tous les habitants du monde... » Pour désigner ces massacres collectifs, un mot s'impose : génocide, mais celui-ci n'existait pas encore.
Dans son réquisitoire, Las Casas dénonça « ces guerres scélérates et ces expéditions infernales », s'insurgea contre les atrocités, la cupidité et le cynisme des conquérants, remettant en cause le système d'exploitation des terres et des hommes. Résultat : ce protecteur des Indiens devint le grand perturbateur des colonies. Les colonisateurs le haïssaient. Il fut adoré ou détesté. Ceux qui le détestaient lui reprochaient d'être le sinistre inventeur de la « légende noire », cette véridique version des faits qui a contribué à dénigrer la grandeur de l'Espagne du temps de Charles Quint et de Philippe II. Dans tous les cas, Las Casas n'a été ni écouté ni suivi. Il fut néanmoins la ***conscience morale*** de l'Espagne de son temps. Selon les historiens, il est l'égal de Christophe Colomb en stature historique.

Découvreurs, conquérants, chroniqueurs, colons et moines

Au début du XVIe s, l'île d'Hispaniola est un peu « l'œil des Amériques », et Santo Domingo son centre stratégique et politique, son cerveau et son moteur. Bref, c'est une petite ville au cœur du vaste Nouveau Monde qui reste encore à découvrir et à conquérir ! La tâche apparaît comme immense, inimaginable, presque inhumaine. Jamais les Espagnols n'ont atteint de tels extrêmes dans leur histoire. Ils vont se surpasser dans tous les sens : dans l'audace et le courage, dans la cruauté et la cupidité, dans la violence et la folie.
Hispaniola c'est d'abord et avant tout un port indispensable : Santo Domingo. On y arrive par la mer. C'est ici que débarquent les ribambelles de pionniers, les équipages de marins et les multitudes de colons espagnols venus de Séville ou de Cadix à travers l'océan Atlantique (au moins 28 jours de traversée), à bord d'innombrables flottes de caravelles et de galions. Il faut bien mettre de l'ordre dans la pagaille enfiévrée des premiers arrivants. Le premier gouverneur de l'île d'Hispaniola, de 1492 à 1499, fut Christophe Colomb, le découvreur. C'est son île de cœur, car là tout a commencé pour lui et pour l'Espagne. Lui succédèrent ses rivaux et ennemis : ***Bobadilla*** (mort en 1502) et ***Nicolás de Ovando*** (1451-1511), originaire de Caceres (Extremadure). Puis ce fut au tour de ***Diego Colón,*** né à Gènes (Italie) et fils aîné de Christophe, d'être nommé gouverneur, de 1508 à 1515. C'est lui qui fait construire l'alcazar de Colón, à Santo Domingo. Les hauts fonctionnaires de la couronne vivent et travaillent dans ce qui est aujourd'hui la

zona colonial de la capitale. ***Don Gonzalez Fernandez de Oviedo*** (1478-1557) y écrit la *Historia general y natural de Las Indias,* version officielle et politiquement correcte en 50 volumes... de la colonisation d'Hispaniola et de la découverte du Nouveau Monde. À l'opposé d'Oviedo, les pères ***Bartolomé de Las Casas*** (voir plus haut) et ***Fray Antonio de Montesinos*** (1480-1540), choqués par la brutalité et la violence des colonisateurs, prennent la défense des Indiens exploités, avec d'autres moines du couvent de los Dominicos.

Le Basque ***Francisco de Garay*** (1475-1523) épouse à Santo Domingo la belle-sœur de Christophe Colomb, un must sur un CV de conquérant ! Cela lui permet de devenir le provisoire gouverneur de la Jamaïque, toute proche. La conquête de cette île fut organisée depuis Hispaniola et effectuée par une troupe dirigée par ***Juan de Esquivel.*** Originaire de Cuenca (Espagne), ***Alonso de Ojeda*** (1466 ?-1516) s'installe comme ses confrères sur l'île d'Hispaniola, après avoir découvert la Colombie et reconnu les côtes du Venezuela en compagnie d'un grand jaloux : Amerigo Vespucci (il envie Christophe Colomb, ça le rend malade). De découvreur et grand marin, Ojeda évolue en esclavagiste, se fait connaître pour ses « boucheries « d'Indiens, avant de se retirer comme moine au couvent San Francisco à Santo Domingo. Archétype du conquistador espagnol, comme Ojeda, à la fois marin, conquérant, commerçant et esclavagiste, ***Rodrigo de Bastidas*** (1475-1527) est si riche et si ambitieux qu'il finance l'expédition d'***Hernán Cortés*** pour la conquête du Mexique. Après avoir été modeste greffier royal à Azua (à l'ouest de Santo Domingo), le sieur Cortés part en 1511 pour Cuba, d'où il se lance à la conquête de l'empire de Moctezuma. « Nous autres Espagnols, souffrons d'un mal que seul l'or peut guérir », avouait-il. Au XVIe s, le métal jaune valait toutes les thérapies !

L'île d'Hispaniola sert donc de base stratégique, de QG pour l'élite dirigeante et pour les conquistadors. Ils organisent et planifient au calme leurs conquêtes vers les terres fraîchement découvertes, tant sur les îles des Caraïbes et d'Amérique centrale que sur la terre ferme (le continent, Panamá, Colombie, Venezuela, Floride, Mexique, Nicaragua, Honduras...). Hispaniola est bel et bien l'antichambre des rêves fous du Nouveau Monde ! Sur le terrain, l'opprimé, l'humilié, l'exploité, c'est toujours l'Indien.

Arrivé en 1493 lors du second voyage de Christophe Colomb, le castillan ***Ponce de León*** (1460 ?-1521) est du même acabit que Pizarro, en moins véhément. Depuis sa résidence dans l'est de l'île (environs de Boca de Yuma), il planifie sa conquête de Porto Rico et de la Floride, cherchant désespérément la mythique Fontaine de Jouvence... qui n'existe pas.

LE PAGE QUI RÊVAIT D'OR

Au début de sa carrière de conquistador, Francisco Pizarro (1478-1541) séjourna aussi à Hispaniola, où il fut même le valet du gouverneur Nicolás de Ovando. Ce modeste poste ne l'empêcha pas de se métamorphoser en un militaire féroce et assoiffé d'or. Il anéantit l'empire Inca (Pérou) en 1532.

Nombreux à cette époque enfiévrée sont ceux qui cherchent le Paradis terrestre aux Indes. Il doit bien être quelque part du côté de l'Orénoque, pensait Christophe Colomb... Les mythiques royaumes de la cannelle et de l'Eldorado enflamment les esprits exaltés par tant de richesses cachées. On pourra observer que la plupart des hauts postes de l'époque furent occupés par des Espagnols qui arrivèrent souvent à Hispaniola comme simples assistants ou petits matelots, à bord des caravelles de Christophe Colomb. Chacun voulait avoir sa part de gloire dans cette épopée et revenir enrichi au pays...

Comme on dit, il y avait les faucons et les colombes... Parmi les colons espagnols, tous ne furent pas des êtres cupides et sans scrupules. ***Francisco Tostado de la Peña*** (1530 ?-1586) fut à la fois planteur de canne à sucre, notable et poète. Il composa à Santo Domingo le premier poème des Amériques. Il est le père des lettres dominicaines. Une colombe. Enfin, insolite mais vrai, entre 1616 et 1618, ***Tirso de Molina,*** auteur de *Don Juan,* a vécu comme moine au service de Dieu dans un couvent de Santo Domingo... sous son vrai nom : Fray Gabriel Tellez. Une autre colombe.

La grande époque des corsaires, flibustiers et boucaniers

Ayant découvert d'autres territoires bien plus riches en or, les Espagnols commencèrent à abandonner l'île d'Hispaniola dès la fin du XVIe s, pour exploiter les terres de Cuba, du Mexique et du Pérou. Après avoir connu des débuts prometteurs (construction à ***Santo Domingo*** de la première université des Amériques, du premier hôpital, de la première cathédrale, etc.), le pays commence peu à peu à sombrer dans l'oubli, n'étant plus pour les Espagnols qu'une escale sur la route de l'Amérique centrale. Dès 1564, Santo Domingo est supplantée par La Havane (Cuba), qui devient le vrai carrefour stratégique des Espagnols dans la région. Son importance décroît. Les Espagnols n'utilisent plus Hispaniola que comme une base arrière, moins essentielle que Cuba. D'autres pays d'Europe vont alors s'intéresser à son sort, ou plus exactement à ses terres, qui deviennent enfin rentables grâce à la culture de la canne à sucre et à l'élevage... Abandonnées par leur armée, les colonies espagnoles commencent à subir les assauts des corsaires anglais, le plus mémorable restant le pillage de Santo Domingo en 1586 par le célèbre capitaine ***Francis Drake.*** Voyant leurs ennemis héréditaires sur le point de s'emparer des richesses espagnoles, les Français s'en mêlent et lancent leurs corsaires royaux dans la partie.

Parallèlement, les ***pirates*** se multiplient dans le secteur, mais, contrairement aux corsaires, ceux-ci agissent pour leur propre compte. Notons au passage que l'appellation de « ***flibustiers*** » date précisément de cette époque (et qu'elle ne désigne que les pirates des Antilles). Les nombreux galions échoués dans les fonds antillais témoignent encore aujourd'hui de ces incessantes batailles navales qui occupèrent la région pendant près d'un siècle (et accessoirement firent la joie des romanciers populaires et de leurs jeunes lecteurs rêvant de chasse au trésor). Pour une fois, les Français seront plus malins que les Anglais (qui se rattraperont ailleurs) : vers le milieu du XVIIe s, leurs corsaires et leurs pirates s'installent sur la minuscule île de la Tortue (naissance d'un autre mythe), située au nord-ouest d'Hispaniola côté Haïti. Cette implantation hautement stratégique leur permet de grignoter peu à peu l'ouest de la grande île en implantant de petites colonies dans les coins les plus sauvages.

LE DRAPEAU DE LA FLIBUSTE...

Aux XVIe et XVIIe s, on désigne par flibustier les pirates qui sillonnent les mers des Caraïbes. De nombreux Anglais, Français et Hollandais convoitaient les richesses des colonies espagnoles et se livraient, entre les îlots, à d'incroyables batailles navales. Pas étonnant donc que ce soit dans les eaux chaudes cubaines qu'est apparue pour la première fois l'identité visuelle qui manquait à ces intrépides pirates : le Jolly Roger, drapeau noir à tête de mort, flanquée de deux tibias croisés !

C'est aussi l'époque des fameux ***boucaniers,*** ces aventuriers spécialisés dans la chasse. Les cochons sauvages et les bœufs ayant proliféré dans l'île, importés par les conquistadors, sont fumés (boucanés) afin d'être mieux conservés et sont revendus ensuite pour leur cuir. Un grand nombre de boucaniers français s'étant fixés sur l'île pour se lancer dans le commerce de peaux ou pour se recycler dans l'agriculture, le gouvernement français tient un bon prétexte pour revendiquer les terres. Les deux puissances coloniales en arrivent à un compromis : le

traité de Ryswick, signé en 1697, reconnaît l'occupation française et divise du même coup l'île d'Hispaniola en deux : une partie française à l'ouest (future Haïti, alors appelée colonie de Saint-Domingue) et une partie espagnole à l'est (Santo Domingo, future République dominicaine). De cette signature et de cette division territoriale dépendra désormais toute l'histoire de l'île... et les différences autant culturelles que politiques des deux pays en découleront.

De la colonisation à l'indépendance, via la révolution

Au XVIIIe s, ***Saint-Domingue est la plus prospère des colonies françaises,*** grâce au sucre de canne (envoyé à Nantes et à Bordeaux), mais aussi au tabac. Les grands propriétaires blancs règnent en maîtres sur une population de Noirs et de métis pourtant quatre fois plus importante. Cette situation va changer à la fin du siècle avec l'arrivée des idées révolutionnaires françaises, qui éveillent les consciences. Les « libres » (esclaves affranchis) et les métis revendiquent de plus en plus des droits et s'insurgent contre les mauvais traitements subis par leurs frères esclaves. Mais les propriétaires se cramponnent à leurs acquis. Les esclaves, entraînés par les « libres », se révoltent en 1791 et constituent des bandes armées qui écument l'ouest de l'île. Devant les pillages et la destruction des plantations, les colons finissent par déménager sous des cieux plus cléments.

Toussaint Louverture, ancien esclave affranchi, prend la tête de l'insurrection. En 1793, l'abolition de l'esclavage est enfin proclamée par la Convention. Du coup, Toussaint Louverture se rallie aux soldats français pour pacifier le pays et en chasser les colons espagnols. En remerciement, il se fait nommer gouverneur de Saint-Domingue, mais ses visées indépendantistes irritent le nouvel homme fort de la métropole : Napoléon. Rappelons qu'une fois au pouvoir, après avoir bénéficié de la Révolution, Bonaparte s'est empressé de rétablir l'esclavage dans les colonies, sans doute poussé par la famille de son épouse Joséphine (grande propriétaire terrienne aux Antilles françaises). Considérant qu'un ancien esclave noir dirigeant l'une de ses colonies, cela faisait quelque peu négligé, il lança en 1802 une armée de plus de 20 000 soldats pour remettre les choses en ordre. Toussaint Louverture fut capturé et envoyé en France, où il mourut. Le général Jean-Jacques Dessalines (également ancien esclave) lui succéda, et les Français, sous la direction du général Leclerc puis de Rochambeau, allèrent de défaite en défaite jusqu'à la *bataille de Vertières,* où l'armée locale battit définitivement en 1803 les vainqueurs d'Arcole. Fait d'armes trop souvent oublié...

Dessalines proclama l'indépendance de la colonie française en 1804 et fonda la ***première république noire du monde : Haïti.*** N'ayant pas de drapeau sous la main, il en récupéra un dans le stock pris aux Français, de rage enleva le blanc et, recousant le rouge directement avec le bleu, il créa le drapeau national. Assoiffé de pouvoir, Dessalines se fit en même temps proclamer empereur sous le nom de Jacques Ier (le syndrome napoléonien, peut-être), et sa politique autoritaire lui valut la haine des autres chefs haïtiens, qui le firent abattre en 1806.

UNE DETTE LOURDE DE SIGNIFICATION

Voici un fait historique sur Haïti souvent passé sous silence, mais qui explique pourtant la situation actuelle : la dette dite « de l'indépendance » qu'Haïti dut payer à la France durant plus d'un siècle à partir de 1825, pour le prix de sa liberté. Une somme astronomique et injuste. Et rebelote dans les années 1920 avec les États-Unis. La dette se creuse plus tard lors de la dictature des Duvalier qui, renversés en 1986, trouveront refuge... en France !

Mais revenons à la partie est de l'île, tombée entre-temps sous contrôle français, les troupes de Toussaint

Louverture s'étant ralliées aux autorités révolutionnaires de la métropole pour chasser de l'île les Espagnols alors alliés aux Anglais (tiens, les revoilà ceux-là !). La partie espagnole de l'île fut officiellement cédée à la France par le ***traité de Bâle,*** signé en 1795. Les armées haïtiennes envahirent ensuite la partie orientale du pays pour leur propre compte. Les Espagnols les écrasèrent à Palo Hincado en 1809 et récupérèrent la ville de Santo Domingo. Depuis cette date, la France n'eut plus aucune colonie dans l'île. Cela dit, les autorités espagnoles abandonnèrent à nouveau le territoire en 1821, date de la première indépendance de la partie orientale de l'île, proclamée par le colon espagnol José Nuñez de Caceres.

Fragile indépendance

Santo Domingo va encore subir plusieurs invasions de la part des Haïtiens, qui contrôleront toute l'île pendant plus de 20 ans. De 1822 à 1843, les deux pays (Haïti francophone et indépendante et la partie espagnole) sont réunis sous le contrôle du ***général haïtien Jean-Pierre Boyer.*** On comprend pourquoi les relations entre les deux pays seront tendues au siècle suivant. Il a fallu attendre 1844 pour que la République dominicaine voie le jour, sous la direction des ***fondateurs de la patrie, Francisco del Rosario Sanchez, Ramón Mella et Juan Pablo Duarte.*** Ces trois compères avaient fondé l'organisation secrète *Trinitaria* afin de débarrasser leur pays de l'occupant haïtien. Ils sont pourtant vite débordés, et la jeune république s'enfonce dans une succession de guerres civiles, attisées par des militaires peu scrupuleux, avides de pouvoir.

En 1844, le ***général Santana*** fut nommé chef des armées de la nouvelle République indépendante. Élu quatre fois président, il a fini par « trahir » l'indépendance de son pays en le rattachant à l'Espagne. Santana a bradé le pays à l'Espagne : concrètement, il n'est pas aimé des Dominicains aujourd'hui. Vive réaction du peuple dominicain. En 1863 débute, à l'initiative de Santiago Rodriguez, Benito Monción et José Cabrera, la ***guerre dite « de Restauration »,*** qui ramènera en 1865 l'indépendance de la République. Les Espagnols quittent le pays définitivement. Va s'ensuivre une longue période d'instabilité politique.

En 1865, ***Buenaventura Báez*** (1812-1884) devient président de la République. Il est le fils d'une esclave noire. Ce piètre patriote ne croyait pas dans son pays. Il fit partie de ceux qui voulaient annexer la République à une puissance étrangère. Il songea aussi à une annexion à la France (voir encadré). Il proposa ensuite de vendre la baie de Samaná aux États-Unis, puis alla jusqu'à l'idée d'un rattachement complet du pays à cette même nation. En 1869, le Congrès américain refusa l'offre dominicaine ! Peu scrupuleux, conspué par le peuple, Buenaventura Báez vola de grosses sommes d'argent dans les caisses de l'État, puis détala à toutes jambes pour se cacher à Porto Rico, où il mourut en 1884. L'aventurier Buenaventura a mal fini.

PLUTÔT PARIS QUE PORT-AU-PRINCE

En 1844, au moment de l'indépendance de la République dominicaine, Buenaventura Báez fonda un groupe nommé « Los Afrancesados », à traduire comme les « partisans de la France ». Ces illuminés rêvaient de détacher d'Haïti leur jeune nation fraîchement indépendante et de rattacher à la France la partie orientale espagnole. Un rêve jamais réalisé...

Heureaux, le patriote devenu despote (1845-1899)

Ulysse d'Assas Heureaux était surnommé Lilis depuis son enfance. Son surnom perdura même à l'âge adulte. Créole, il était né à Puerto Plata (sa maison existe toujours) d'un père haïtien qui portait, comme beaucoup de descendants d'esclaves affranchis, le nom de ses anciens maîtres de la noblesse française. Patriote opposé au rattachement de son pays à l'Espagne, Lilis participa à la guerre de Restauration puis se retira à Puerto Plata avec tous les honneurs. Sa carrière militaire et sa réussite politique doivent beaucoup à son amitié avec ***Gregorio Luperón*** (le modèle du patriote dominicain, encore aujourd'hui vénéré par la population). En 1886, Ulysse Heureaux est élu président et, après avoir trahi son amitié avec Luperón, il instaure une tyrannie brutale (de 1888 à 1899) qui plonge le pays dans une longue crise économique. C'est sous son règne despotique que l'écrivain démocrate en exil (à Porto Rico) ***Eugenio Maria de Hostos*** proposa l'idée d'une Confédération des pays des Antilles qui réunirait la République dominicaine, Haïti, Cuba, Porto Rico et la Jamaïque. Cette idée n'a jamais vu le jour. Heureaux eut une fin malheureuse : il fut assassiné à Moca en 1899.

L'occupation des États-Unis (1916-1924)

Devant tant d'instabilité et de confusion, les Américains s'intéressèrent à leur tour à la République dominicaine. Une proie facile ! La dégradation du pays s'accentue. Sous la présidence de ***Ramón Caceres*** (1866-1911), une convention est signée en 1907, qui cède l'administration des douanes dominicaines au gouvernement des États-Unis. Une partie de la souveraineté du pays passe aux mains de Washington. Caceres, impopulaire, est assassiné en 1911. Il n'a que 45 ans. L'instabilité s'accroît. Les Yankees s'immiscent peu à peu dans l'économie, jusqu'à la contrôler (un peu à la manière de Cuba). Devant les résistances internes de plus en plus fortes, les États-Unis décident d'intervenir militairement : les *marines* débarquent à Santo Domingo en 1916 et occupent le pays. Les Dominicains patriotes nomment ***Francisco Henriquez y Carvajal*** à la tête du pays occupé. Démocrate opposé à Ulisses Heureaux, ce médecin et politicien francophone ne fait pas le poids face aux Américains. Manipulé, il est écarté du pouvoir (fantoche). En pleine guerre mondiale, le contrôle de l'industrie sucrière s'avère vital... Parmi les opposants à l'occupation américaine, le poète ***Fabio Fiallo Cabral*** (1866-1942) fut emprisonné et poussé à l'exil. Le ***paysan autodidacte Cayo Báez*** fut arrêté, emprisonné, torturé par les occupants ; il ne parla jamais et fut libéré ensuite. Il finira sa vie à 91 ans, cité comme l'exemple du patriote humble et résistant.
L'occupant américain quitte l'île en 1924 et le pays redevient indépendant. De 1924 à 1930, ***Horacio Vasquez*** (1860-1936), originaire de Moca, dirige tant bien que mal le pays débarrassé des soldats américains. Indépendance très relative, puisque, après avoir été colonisé par de nombreuses puissances extérieures, le pays passe en 1930 sous la tutelle d'un seul homme, le général Trujillo...

La dictature Trujillo (1930-1961)

D'où vient-il ? Né à San Cristóbal (au sud-ouest du pays) en 1891, Rafael Leonidas Trujillo Molina commence à travailler au service télégraphique de Bani avant d'intégrer la Garde nationale (armée créée par les officiers des États-Unis en 1918). Trujillo a 27 ans. À partir de cette date, il n'a qu'une ambition : gravir les échelons et s'élever dans la hiérarchie militaire. En 1927, Trujillo est nommé général de brigade à l'âge de 35 ans. Trois ans plus tard, en 1930, il se présente (appuyé par les services secrets américains) comme candidat à la présidence de la République. Il gagne les élections. C'est le début d'un gouvernement qui devait durer 4 ans, mais qui se transforma diaboliquement en une dictature qui dura 31 ans ! Encore un détournement machiavélique de la démocratie et des élections !
Ce despote total appuie son pouvoir sur la puissante Garde nationale, laissée par les Américains, et le renforce grâce à une mainmise complète sur les industries du pays. Il devient à l'époque l'un des hommes les plus riches du monde. D'ailleurs, cette richesse le poursuit une fois mort : son fils Ramfis, fuyant Saint-Domingue pour Paris en bateau, enveloppe de dollars le corps de son père. Le

« généralissime » aura ainsi fait régner une terreur absolue pendant 31 ans. Presse bâillonnée, syndicalistes pourchassés, communistes emprisonnés, opposants torturés et assassinés.

Les opposants à Trujillo : héros de l'ombre

Impressionnante est la liste des personnalités menacées, arrêtées, emprisonnées ou assassinées par les escadrons de la mort de Trujillo. Opposantes à Trujillo, les ***sœurs Mirabal*** (lire la rubrique « Personnages célèbres » et visiter leur maison à San Francisco de Macoris) furent tuées en 1959 par des barbouzes alors qu'elles se rendaient à Puerto Plata en voiture pour voir leurs époux emprisonnés. Quant aux exilés, ils durent quitter le pays souvent pour éviter la prison ou la mort. Ainsi s'exilèrent à l'étranger l'humaniste et universitaire ***Pedro Henriquez Ureña*** (1884-1946), l'opposant ***Juan Bosch*** (1909-2001 ; se reporter à La Vega), le poète ***Pedro Mir*** (1913-2000), ***Mauricio Báez,*** syndicaliste et défenseur des droits des ouvriers de la canne à sucre. Citons aussi les résistants de l'intérieur qui ne parvinrent pas à quitter le pays, comme l'historien ***Americo Lugo*** (1870-1952). Le dictateur lui proposa une montagne d'argent pour écrire une histoire du pays favorable à Trujillo. Intègre, il refusa de servir le dictateur, préférant la solitude et l'oubli au mensonge. Pervers jusqu'au bout, Trujillo met à l'épreuve la soumission de ses ministres en couchant avec leurs femmes. Culte de la personnalité poussé à son point extrême : Saint-Domingue est rebaptisée ***Ciudad Trujillo,*** et le dictateur donne aussi son nom à la montagne la plus haute du pays, l'actuel ***Pico Duarte.***

La fin de la dictature

Trujillo encouragea les ***idées racistes*** dans son pays, en s'appuyant sur les connaissances et les préjugés de ***Manuel Arturo Peña Battle.*** Cet intellectuel pensait que la couleur noire (les gens de couleur noire donc) était un danger pour les Dominicains. Il mit tout son talent perverti au service du dictateur. Ainsi les idées racistes devinrent vite des actes concrets, dégénérant en actions meurtrières. En 1937, plusieurs milliers d'Haïtiens venus travailler dans les champs de canne à sucre sont massacrés en 8 jours. Le tyran est condamné par une partie de la communauté internationale. Il fait semblant d'avoir des remords et de regretter ces massacres. Pendant la Seconde Guerre mondiale, n'étant pas à une incohérence près, Trujillo se décide à déclarer la guerre à Hitler ! Sur le terrain, rien ne se passe, sauf qu'il accepte de recevoir une ***colonie de réfugiés juifs*** menacés par le nazisme. Les réfugiés s'installent à Sosua (se reporter à cette ville). Une ruse de plus de la part du tyran pour prouver que sa dictature n'est ni raciste ni antisémite ! Sur le plan économique, c'est la croissance, mais à quel prix ! On ne sait par quel tour de magie ou par quelle ruse déguisée en mesure populaire, Trujillo parvient à rembourser la ***dette extérieure*** de son pays ! Comme pour l'Allemagne sous Hitler, l'économie dominicaine n'a pas régressé, c'est un fait, mais ce n'est pas ce que retiennent les livres d'histoire aujourd'hui. La dictature est une régression. À la longue, les Américains trouvent cet allié de plus en plus encombrant et organisent sa liquidation. Il fallut donc attendre son assassinat le 30 mai 1961 par des résistants dominicains pour que le pays voie enfin le bout du tunnel. Le Prix Nobel

OPÉRATION « PERSIL »

Non seulement Trujillo fut l'un des plus cyniques dictateurs des Caraïbes, mais il détestait ses voisins haïtiens. Au point de renier ses ascendances haïtiennes et de se blanchir la peau avec de la poudre de riz. À partir de 1937, il fit massacrer 18 000 immigrés haïtiens. Ce fut l'opération « perejil ». Les Haïtiens, non hispanophones, étaient tués lorsqu'ils ne pouvaient pas prononcer correctement « persil » en espagnol...

de littérature 2011, Mario Vargas Llosa, a raconté cette pitoyable dictature de Trujillo dans son roman *La Fête au bouc.*

La pitoyable chute du clan Trujillo

Le dictateur Trujillo a eu neuf enfants de plusieurs femmes : cinq enfants sont nés de trois unions officielles (avec Aminta Ledesma, Bienvenida Ricardo et Maria Martinez) et quatre autres de liaisons adultérines. De son mariage avec sa troisième épouse, ***Maria Martinez,*** sont nés trois enfants : Rafael Leonidas dit Ramfis (né en 1929), Angelita (née en 1939 à Paris) et Leonidas Rhadamés (né en 1942).

CAPITAINE OU GRAND PRÊTRE, TOUS DES BRUTES !

Ramfis et Rhadamés ! Pourquoi ces exotiques prénoms ? Ils proviennent du livret d'Aïda, le célèbre opéra de Verdi dans lequel Rhadamés est un capitaine égyptien, et Ramphis un grand prêtre... Trujillo père aimait le style théâtral ronflant et grandiose, et donna à ses enfants ces prénoms, assez difficiles à porter ! Il adorait surtout la force et le despotisme...

Après une jeunesse dorée et bohême, ***Ramfis Trujillo*** entre dans l'armée et le voilà très vite nommé général. Proche de son père, il aime le pouvoir. Féroce et brutal comme son père, il se charge, après la mort du tyran, de liquider lui-même six complices associés aux auteurs de l'attentat contre son père. Ces atrocités se passent à l'hacienda Maria près de Nigua, région de San Cristóbal.

Six mois plus tard, le 18 novembre 1961, le général Ramfis s'enfuit de Boca Chica, à bord de son yacht, pour la Guadeloupe. Le bateau transporte le cadavre de son père, qu'il a fait exhumer de son cercueil de l'église de San Cristóbal (voir cette ville). Arrivant aux Antilles française, l'accès lui est refusé, Ramfis rentre à Santo Domingo. Balaguer lui donne l'autorisation de s'envoler pour la France. Bien que piqué au formol, le cadavre du dictateur en décomposition doit être aéré 15 fois. Les douaniers d'Orly sont stupéfaits. Les restes de la vieille mère du dictateur volent aussi vers Paris à bord d'un avion de la *Pan Am.*

À Paris, le corps du dictateur est enterré dans une sépulture du cimetière du Père-Lachaise, d'où il sera exhumé en 1970 pour être définitivement enterré au cimetière du Pardo près de Madrid. Ramfis s'est enfui avec des lingots d'or et des millions de dollars (en 1961, la fortune familiale était estimée à 800 millions de dollars). Le 17 décembre 1969, au volant de sa Ferrari, Ramfis percute la voiture de la duchesse d'Albuquerque dans les rues de Madrid. Celle-ci est tuée sur le coup. Ramfis décède peu après. Il rejoint son père dans le tombeau du Pardo.

Vie triomphale, mort brutale !

Le destin de son jeune frère n'est pas plus glorieux. En 1964, ***Rhadamés Trujillo,*** âgé de 22 ans, vit comme un nabab en France, dépense des fortunes, fréquente les boîtes et les *beautiful people,* et mène la vie facile d'un riche fils à papa. Il épouse la jeune starlette française Danièle Gaubert. La belle a 20 ans. Les noces ont lieu au village normand d'Autheuil-Authouillet près d'Évreux, où le fils du tyran dominicain possède un manoir et un haras de chevaux. Bien sûr, c'est papa qui paie tout avec l'argent volé au peuple dominicain !

MOT DE PASSE INVALIDE

Au fait, qu'est devenue Maria Martinez, dernière épouse du dictateur et mère des sinistres Ramfis et Rhadamés ? Eh bien, elle s'est exilée à Panamá, où elle est morte et enterrée, emportant dans sa tombe, dit-on, le code secret du compte bancaire suisse de Trujillo...

La vie en rose ne dure qu'un temps. Rhadamés est rattrapé par les affaires. Accusé de détournement d'argent par une

demi-sœur de Miami, il est recherché par la justice suisse (les Trujillo ont planqué une partie de leur fortune dans les banques de ce pays). Extradé de France vers la Suisse, il est jugé et condamné à payer une très grosse somme à cette demi-sœur. Deux enfants sont nés, mais ses affaires amoureuses ne s'arrangent pas. En 1968, c'est le divorce. Cinq ans après, Danièle épousera le champion de ski Jean-Claude Killy (1973). Elle passe ainsi d'un tyran junior à la médaille d'or !
Rhadamés rentre en République dominicaine, où il reprend ses mauvaises habitudes : il fait commerce de cocaïne pour le cartel de Cali (Colombie). La drogue rapporte beaucoup d'argent. En 1994, de passage à Panamá (plaque tournante de la cocaïne) avec ses complices, il est convoqué à Cali par le boss du cartel. Une importante cargaison de drogue n'a pas été livrée comme prévu... On lui demande des explications. La réunion dans une *finca* de Cali tourne mal : la mafia colombienne exécute Rhadamés après l'avoir asphyxié et torturé. Son corps est jeté dans une rivière. On ne l'a jamais retrouvé.

De la dictature à la démocratie

C'est l'ancien bras droit du dictateur, ***Joaquin Balaguer*** (1906-2002), qui succède à Trujillo pendant 1 an, avant d'être remplacé par le leader du Parti révolutionnaire, ***Juan Bosch,*** de retour après 25 ans d'exil. Suite à son élection en 1962, il reste 7 mois au pouvoir, mais il est écarté brutalement de la présidence. En 1963, il s'exile de nouveau. Les Américains interviennent dans le pays en 1965 (comme en 1916, mais sans longue occupation), de crainte de voir les communistes prendre le pouvoir comme à Cuba ! Cette année-là éclate une guerre aujourd'hui oubliée, la ***guerre d'Avril*** *(guerra de Abril),* qui oppose les partisans de la Constitution (les Constitutionnalistes) et les militants du Parti révolutionnaire de Juan Bosch. Une guérilla procubaine, soutenue par Fidel Castro, avait pris naissance dans les montagnes de l'ouest du pays. À sa tête, ***Francisco Alberto Caamaño,*** fils d'un général de Trujillo devenu un sympathisant communiste. Le chef des guérilleros dominicains fut tué par l'armée en 1973, dans les montagnes de San José de Ocoa. Le sandiniste ***Gregorio Urbano Gilbert*** (1898-1970), docteur en philosophie, est un autre combattant qui affronta courageusement les forces américaines en 1916 déjà, puis en 1965.
En accord sur beaucoup de points avec la politique de l'Oncle Sam, ***Balaguer*** dirigea à nouveau le pays à plusieurs reprises (en tout pendant 12 ans), en alternance avec ses opposants, ***Antonio Guzmán***, et ***Salvador Jorge Blanco.*** Balaguer a terminé son dernier mandat en 1996 et n'a pas hésité à en briguer un autre en mai 2000, car la Constitution ne permettait plus à l'ancien président ***Leonel Fernández Reyna*** de se représenter.
Prototype du politicien habile et opportuniste, Balaguer a donc été 22 ans au pouvoir en sept périodes distinctes. Curiosité de l'histoire, comme Bosch, Balaguer est un intellectuel et un écrivain prolixe. Est-ce un hasard si ces deux rivaux politiques figurent parmi les écrivains les plus lus en République dominicaine ? Balaguer est mort en 2002 à l'âge de 96 ans.
Dans cette chronique historique, il convient de citer aussi quelques acteurs moins connus, comme ***José Francisco Peña Gomez*** (1937-1998). Il fut maire de Santo Domingo de 1982 à 1986. Son parcours est peu habituel. Enfant d'une famille pauvre d'Haïtiens, persécuté, abandonné, orphelin recueilli et adopté par une famille dominicaine, il réussit brillamment ses études et devient professeur. Il enseigne à Harvard et à Paris, est honoré partout dans le monde et revient dans son pays comme candidat socialiste. Maire de la capitale, il se présente sans succès à la présidence de la République en 1990.

Vicissitudes de la démocratie dominicaine

En mai 2000, ***Hipólito Mejía,*** du PRD (parti socialiste), a enlevé à Balaguer sa dernière chance de reprendre les rênes du pouvoir. Natif du Cibao (plaine centrale),

comme la plupart des dirigeants dominicains, Mejía est issu du monde agricole. Ingénieur agronome et agriculteur, membre de l'Internationale socialiste, il défend une politique sociale plus avancée que celle de son prédécesseur.
On ne peut pas dire qu'il ait redressé le pays : crise économique, échec de sa politique sociale entraînant des manifestations de grande ampleur... La population dominicaine a sanctionné lourdement sa politique en votant en mai 2004 pour son adversaire, ***Leonel Fernández,*** président du PLD (Parti de libération dominicaine), qui l'emporte avec 54 % des votes. Comme quoi, la politique est un éternel recommencement ! Il s'est attaqué au redressement du pays par une politique de lutte contre la corruption et de maîtrise de l'inflation. La relative stabilité du peso dominicain indique qu'il a plutôt bien réussi.
Réélu en mai 2008 avec 53 % des suffrages, le président Leonel Fernández conserve la confiance des Dominicains et poursuit un troisième mandat jusqu'en 2012. Il a axé sa campagne sur un « pacte social » visant à réduire la pauvreté. Avec l'aide du FMI (un nouvel accord a été signé en 2009), le pays semble en train de se sortir de l'ornière.
Le ***12 janvier 2010,*** l'équilibre socio-économique déjà précaire sur l'île d'Hispaniola vole en éclat à la suite du séisme qui secoue Haïti et particulièrement sa capitale, Port-au-Prince. La solidarité dominicaine ne se fait pas attendre, le pays devenant la base arrière des secours. Du plus pauvre au plus riche, chaque Dominicain se mobilise sincèrement, interrompant un temps les conflits entre les deux pays. Le président dominicain est le premier à se rendre en Haïti, 2 jours après le séisme, l'ensemble des services de l'État est mis à contribution, plus de 100 millions de dollars sont mobilisés, en plus de l'aide d'urgence... Surtout, la frontière est ouverte aux blessés et aux Haïtiens désireux de rentrer provisoirement au pays.
Mais, passé la première urgence, la peur d'un afflux massif de réfugiés, accompagné des risques sanitaires de propagation du choléra, conduit les autorités dominicaines à revoir leur copie et à verrouiller un peu plus leurs frontières.
En ***2011,*** d'importants contrôles migratoires sont mis en place et 3 000 Haïtiens en situation irrégulière sont expulsés. Quant à la décision prise à l'unanimité par le comité exécutif du syndicat de transporteurs, *Confederación Nacional de Transporte (Conatra),* de refuser de transporter les ressortissants haïtiens, elle ne fait qu'accroître un sentiment de xénophobie. En décembre 2011, la militante des droits des Dominicains, activiste et humaniste d'origine haïtienne, ***Sonia Pierre*** (née en 1963) décède à l'âge de 48 ans. Elle s'était battue pour faire valoir les droits des Haïtiens en République dominicaine, où ils sont souvent considérés comme des citoyens de seconde zone.
Le ***23 mai 2012,*** soutenu par une coalition de 14 partis, le libéral ***Danilo Medina*** (du Parti de la libération dominicaine, PLD) remporte l'élection présidentielle avec 51,2 % des voix. Il succède à Leonel Fernandez. Les grands axes de son programme sont la lutte contre la pauvreté et le trafic de drogue.
En 2014, après le grand élan de générosité de la population dominicaine envers leurs voisins haïtiens en 2010, la situation s'est encore durcie à leur égard. Signalons la situation précaire des Haïtiens nés en République dominicaine, sans famille dans leur pays d'origine, pour lesquels les autorités dominicaines cherchent désormais à retirer la nationalité, les transformant en apatrides.

MARCHANDAGE

Il fait un peu partie des pratiques locales, surtout dans les établissements populaires et dans la rue. Mais ce n'est pas véritablement une institution comme dans d'autres pays. Le problème, lorsque l'on arrive, est de connaître le juste prix pour éviter de se faire avoir, mais, si un commerçant, chauffeur de taxi ou autre est honnête (il y en a heureusement beaucoup), il pourra se sentir vexé de vous voir négocier pour quelques pesos. Comme partout, il faut sentir à quel moment on peut discuter et jusqu'où l'on peut aller. Question de feeling et de psychologie...

MÉDIAS

Votre TV en français : TV5MONDE, la première chaîne culturelle francophone mondiale

TV5MONDE est reçue partout dans le monde par câble, satellite et sur IPTV. Dépaysement assuré aux pays de la francophonie avec du cinéma, du divertissement, du sport, des informations internationales et des documentaires.
Le site internet • *tv5monde.com* • et son application iPhone, sa déclinaison mobile *(• m.tv5monde.com •)*, offrent de nombreux services pratiques pour préparer son séjour, le vivre intensément et le prolonger à travers des blogs et des visites multimédia. Demandez à votre hôtel le canal de diffusion de TV5MONDE et n'hésitez pas à faire part de vos remarques sur le site • *tv5monde.com/contact* •

Presse

Les grands quotidiens nationaux ont pour noms *Listín Diario, El Nacional, Hoy el Caribe* et *Ultima Hora.* Une assez grande liberté d'expression existe et la presse semble moins orientée qu'en Europe : le même journal peut un jour faire l'apologie d'un homme politique, le descendre le lendemain, et inversement pour son opposant. On y trouve également de très bons articles sur l'histoire, l'économie, la technique, le tourisme et, bien entendu, la vie mondaine et le sport.
Une nouvelle presse semble prendre une place importante dans la vie du pays, surtout dans les grandes villes : la presse gratuite. Les grands quotidiens sortent des journaux offrant en une vingtaine de pages l'essentiel de l'actualité nationale et internationale. Ce système devrait permettre aux plus démunis d'avoir accès à l'information. L'idée semble intéressante et remporte un grand succès au détriment de la presse payante, mais comme ce sont les mêmes éditeurs...

Télévision

Une douzaine de chaînes se disputent l'auditoire populaire. La publicité est omniprésente, et un film ou une émission de 1h peut comporter près de 20 mn de coupures publicitaires : un cauchemar à l'américaine... Peu d'émissions culturelles ; dans ce domaine, la presse écrite est vraiment en avance, à moins que l'audiovisuel ne soit très en retard. Le record absolu d'audience de 19h à 22h revient aux *novelas,* feuilletons insipides tournés avec peu de moyens d'après des scénarios ridicules. Tournés en Colombie ou au Mexique, ils développent toujours les mêmes thèmes (l'amour, la lutte, la haine) dans des cadres de vie qui font rêver (résidences de luxe, grosses automobiles et vêtements chic) dans les *casas* perdues au fond des campagnes. C'est, bien sûr, à ces moments d'audience maximale que surgissent en rafales les pubs pour les produits de grande consommation.
À noter, depuis l'essor économique du tourisme national, la prolifération de chaînes financées par des églises et sectes américaines qui prêchent la bonne parole à longueur de journée, sans oublier de faire défiler régulièrement sur l'écran leur numéro de compte bancaire !
Pour les inconditionnels du petit écran, la plupart des hôtels ont le câble ou le satellite et reçoivent la majorité des chaînes mondiales.

Stations de radio

Parmi les stations de radio les plus populaires, on peut citer :
– ***Radio Z101 :*** sur 101.3 FM, de 5h à 23h. • *z101digital.com* • La radio de l'information politique, sociale et économique. Très peu de musique.
– ***Radio Cima 100 :*** sur 100.5 FM. Radio musicale très populaire et écoutée.
– ***Hits 92 :*** sur 92.1 FM. Une radio musicale, notamment pour écouter tous les airs classiques de *merengue* et de *bachata.*

Liberté de la presse

La liberté de l'information demeure fragile en République dominicaine. Les journalistes qui abordent des sujets sensibles – tels que la corruption ou le narcotrafic – s'exposent à des représailles et des menaces provenant de fonctionnaires ou des cartels de la drogue. En janvier 2014, Pedro Fernández, journaliste correspondant du quotidien *El Nacional* qui enquêtait sur les guerres de gangs de narcotrafiquants, a déposé plainte alors qu'il se savait la cible de deux tueurs à gage, au cœur d'un complot macabre. L'autocensure est également très présente, notamment dans l'attente de la dépénalisation des délits de presse.
L'impunité perdure concernant l'élucidation des crimes commis contre les journalistes. En 2012, trois individus dont la responsabilité paraissait établie dans l'assassinat du cameraman de *Teleunión,* **Normando García,** le 7 août 2008, ont été ainsi acquittés des charges jusqu'alors retenues contre eux. De même, l'assassinat de ***José Agustín Silvestre de los Santos,*** animateur du programme *La Voz de la Verdad* (« La voix de la vérité ») pour la chaîne régionale *Caña Teve,* et directeur d'une revue du même nom, le 2 août 2011, est lui aussi resté impuni.
Outre les attaques directes contre les journalistes, les médias s'exposent à diverses restrictions. En 2010, les autorités ont ordonné la fermeture de la chaîne privée *Canal 53-Cibao TV Club,* officiellement pour utilisation illégale de fréquences. Cette décision est intervenue peu de temps après des propos très critiques de son présentateur ***Ernesto Fadul*** envers l'ancien président de la République Leonel Fernández et plusieurs fonctionnaires, créant ainsi un dangereux précédent en terme de censure déguisée.
Les délits de presse sont toujours pénalisés, exposant les journalistes à des peines de prison et à de lourdes amendes en cas de condamnation. Et depuis l'arrêt de la Cour constitutionnelle dominicaine qui a décidé de déchoir rétroactivement les enfants nés de parents étrangers en transit ou illégaux de la nationalité dominicaine en septembre 2013, des journalistes et défenseurs des droits de l'Homme ont été victimes de menaces. Ainsi, le 2 février 2015, quatre journalistes dominicains ont été menacés de mort pour avoir défendu les droits de leurs compatriotes d'origine haïtienne.
Ce texte a été réalisé en collaboration avec *Reporters sans frontières.* Pour plus d'informations sur les atteintes à la liberté de la presse :

■ ***Reporters sans frontières :*** *47, rue Vivienne, 75002 Paris.* ☎ *01-44-83-84-84.* • *fr.rsf.org* • Ⓜ *Grands-Boulevards ou Bourse.*

MUSIQUE ET DANSE

Merengue, bachata, reggaeton et salsa occupent la vie auditive des Dominicains. Pour comprendre, il faut avoir essayé d'acheter une auto sans radio. Le vendeur vous regarde avec des yeux ronds, comme si vous cherchiez un véhicule sans roues ! Le coût d'un équipement audio atteint et souvent même dépasse celui du véhicule. C'est dire l'importance de la musique, diffusée à profusion et surtout à fond, partout dans le pays. Les voitures-sonos permettent aux jeunes de se retrouver entre eux à proximité d'un *colmado* (épicerie-buvette) et d'improviser une discothèque dans la rue ou sur la plage. Ambiance géniale, mais gare à vos tympans. De tous les rythmes latinos diffusés, le plus populaire est bien entendu le *merengue,* qui est d'essence dominicaine et fait vivre plus de 300 orchestres. La vente des CD, piratés pour la plupart, est une industrie florissante.

Le *merengue*

Genre musical spécifiquement dominicain, le *merengue* (prononcer « mérenne-gué ») est né dans l'île au milieu du XIXe s et a peu à peu détrôné la *tumba francesa,* musique de l'époque coloniale qui s'inspirait des menuets de la cour française ! Cette musique rurale au rythme binaire et aux paroles égrillardes a tout de suite choqué la bourgeoisie blanche, comme ce fut le cas pour le tango en Argentine, d'autant plus qu'elle se dansait d'une manière un peu trop suggestive ! Sans conteste d'origine africaine, avec sa rythmique endiablée, le *merengue* se jouait traditionnellement avec un accordéon (importé d'Allemagne à la même époque), une *guira* (étrange instrument métallique qui évoque un peu une râpe à fromage) et un tambour à deux membranes d'une indéniable connotation érotique, l'une devant être en peau de chèvre et l'autre en peau de bouc !

Cela dit, l'actuel *merengue,* surtout à base de cuivres, de guitare et d'accordéon, est un mélange dérivé de la salsa cubaine, apparue à la fin des années 1970 dans les clubs latinos de New York, plus précisément dans le quartier de Little Santo Domingo (au nord de Manhattan), peuplé comme son nom l'indique de nombreux exilés dominicains. Des artistes légendaires comme le chanteur ***Johnny Ventura*** lui donnèrent à cette époque ses lettres de noblesse ; ***Heddy Herrera, Sergio Vargas, Tu Lile,*** le groupe ***Los Hermanos Rosario, Milly Quezada*** et ***Cuco Valoy*** (et son fils ***Ramón Orlando***) sont les plus écoutés. Le trompettiste ***Wilfrido Vargas*** renouvela le genre en y mêlant des bribes de zouk antillais et les nouvelles sonorités d'Afrique comme le *soukous.* Quant au pianiste ***Michel Camillo,*** il adapta ce rythme caribéen aux harmonies du jazz. En retour, le *merengue* dominicain a considérablement enrichi les musiques des îles caraïbes (surtout Cuba et Porto Rico) et même du nord du Brésil. Notons qu'il existe également une *méringue* haïtienne, qui n'a rien à voir avec un gâteau. Chantée en créole, elle est bien plus nostalgique que son cousin dominicain.

La *bachata*

Apparue dans les quartiers défavorisés de Santo Domingo pendant les années 1960, la *bachata* a conquis la population dominicaine dans les années 1990 au point qu'on en entend partout, jusque dans les villages les plus reculés du pays. Elle a même dépassé les frontières grâce au maître incontesté, ***Juan Luis Guerra,*** superstar en Amérique latine, qui a su renouveler le genre avec son disque *Bachata Rosa,* discrètement teinté d'influences américaines et brésiliennes. À l'origine simple chanson accompagnée à la guitare, mais jouée aussi bien aujourd'hui avec des synthés, la *bachata* est en quelque sorte devenue la variété locale, avec parfois des petites tendances rock et techno.

Plus ou moins inspirée du *merengue,* elle s'en distingue par des rythmes plus lents et par des mélodies aux accents nettement plus romantiques, ce qui n'empêche pas des paroles souvent olé-olé, dans la bonne vieille tradition macho latino ! Elle décrit généralement les déboires sentimentaux des hommes abandonnés. Certains textes sont aussi engagés, mais de manière subtile car, pour les musiciens dominicains, l'ironie est le meilleur moyen de faire passer un message. La plupart des refrains, comme ceux de Raulin ou de Luis Vargas, sont très populaires.

Sorte de slow version Caraïbes, la *bachata* se danse de manière langoureuse, mais les pas sont un peu plus compliqués !

Le *reggaeton*

Le *merengue,* musique phare de la République dominicaine ? Vous n'y êtes pas du tout ! Pour être tendance il faut aller danser le *reggaeton,* un genre musical que les Caribéens se sont totalement approprié. Ce style musical est né dans les années 1990 à Porto Rico ou au Panamá (les avis divergent !), et mêle allègrement hip-hop (en espagnol), techno et rythmes des Caraïbes. C'est devenu LA musique de la jeunesse dominicaine : dansée dans les boîtes de Santo Domingo ou du littoral, écoutée partout sur les radios populaires, elle a atteint toutes les strates de la société. Considéré comme un sous-genre du rap dont il s'attribue les codes vestimentaires et linguistiques, le *reggaeton* – ou *cubaton* – se danse de façon très *hot,* en mimant explicitement l'acte sexuel sur fond de basses tonitruantes... Tout un programme !

PERSONNAGES

Les hommes politiques

– ***Juan Pablo Duarte*** *(1813-1876)* **:** surnommé le « Père de la Patrie », il a fondé les bases de l'actuelle République dominicaine en compagnie de Sánchez et Mella. D'ailleurs, dans tout le pays, les ponts, les autoroutes et la plupart des artères portent l'un de ces trois noms. Le plus connu, Duarte proclama l'indépendance nationale le 27 février 1844 et libéra l'actuel pays du joug de son voisin haïtien (pour une fois qu'un pays « noir » colonisait un pays « blanc »). Mais cette libération fut éphémère et le pays passa plus tard sous la domination espagnole. Duarte ne fut président que peu de temps et fut obligé de s'exiler. Il mourut au Venezuela, amer et triste, laissant son pays tant aimé sous la tutelle de l'Espagne.

– ***Máximo Gómez*** *(1836-1905)* **:** surnommé « le Napoléon des Caraïbes » (on se demande d'ailleurs pourquoi !), ce brillant général natif de Bani (ouest du pays) est peut-être le seul qui n'ait jamais perdu la moindre bataille. Il s'est illustré au XIXe s dans de nombreux combats de libération dans toute l'Amérique latine, et plus particulièrement à Cuba, où il est considéré comme un héros national.

– ***Trujillo*** *(1891-1961)* **:** Rafael Leónidas Trujillo y Molina avait tout pour faire un bon dictateur. Son aïeul fut directeur de la police secrète sous la domination espagnole (1861-1865), puis chef de la police de Cuba. L'hérédité étant ce qu'elle est, il se lança dans la carrière militaire avec un entrain sans égal. Né à San Cristóbal dans une famille modeste, après avoir fait ses premières armes aux États-Unis, il étudia à l'école militaire de Santo Domingo, de laquelle il sortit lieutenant. Rapidement promu capitaine, commandant puis, en moins de 4 ans, colonel, il fut nommé chef de la police par le président Vásquez, avec qui il se montra un peu ingrat : il le renversa lors d'un coup d'État en 1930 ! C'est le début de son « règne » jusqu'à son assassinat, en 1961, par un groupe de patriotes plus ou moins conseillés et armés par la CIA.

EL ULTIMO PLAYBOY

Porfirio Rubirosa fut l'incarnation du séducteur de l'après-guerre. Membre de la garde personnelle de Trujillo, il fut détaché à Paris auprès de la fille du dictateur, qu'il épousa en 1932. L'homme étant bien fourni par la nature, on surnomma alors « Rubirosa » les moulins à poivre de certains restos parisiens... La classe ! Il se maria ensuite avec Danielle Darrieux, pour divorcer 5 ans plus tard. Il séduira aussi Eva Peron, Marilyn Monroe, Ava Gardner, Rita Hayworth... entre autres ! Marié à nouveau deux fois (dont seulement 3 mois avec l'héritière des magasins Woolworth !), il se tua en 1965 au volant d'une Ferrari. Il est enterré en France.

Sa mégalomanie était telle qu'il rebaptisa la capitale « Ciudad Trujillo », rien de moins ! À sa chute, on s'empressa de rebaptiser la ville Santo Domingo et de supprimer toute trace de son nom sur les bâtiments publics (il y en avait tellement qu'on en trouve encore dans certains secteurs). À part pour quelques nostalgiques, il laisse le souvenir d'un personnage assez terne, sans idéal particulier, surtout intéressé par son enrichissement personnel. Il régna avec une fermeté et une violence ne laissant aucune possibilité à une éventuelle opposition de s'exprimer. Son pouvoir – et sa folie – fut tel qu'il se présenta à des élections contre lui-même et qu'il nomma colonel son fils Rafaël à l'âge de 9 ans, puis général lorsqu'il eut 12 ans. Il s'est, entre autres, rendu tristement célèbre en faisant exécuter plusieurs milliers d'Haïtiens en 8 jours, dans la région de Montecristi. Depuis, le río Dajabón est d'ailleurs appelé río Massacre, en souvenir de cette dramatique épuration ethnique. Son corps a été enterré trois fois : dans l'église de San Cristóbal d'abord, puis à Paris au cimetière du Père-Lachaise, et enfin au cimetière du Pardo près de Madrid, sa dernière demeure.

– ***Joaquín Balaguer*** *(1906-2002)* **:** 22 ans au pouvoir en sept fois ! Balaguer avait tout pour être proche de Juan Bosch (même âge, même culture littéraire, même carrière d'avocat), mais leurs destins politiques se sont séparés à l'arrivée de Trujillo. La République dominicaine est le pays des paradoxes : Trujillo est unanimement considéré comme un dictateur, mais Balaguer, qui fut tout de même son bras droit pendant des décennies, a été élu, puis réélu, président de la République à plusieurs reprises jusqu'en 1996. Après avoir étudié à la Sorbonne dans les années 1930, il a été ambassadeur, fondateur du PRSC (Parti réformiste social chrétien), puis ministre et finalement président de la République. Il a écrit, entre autres, une sorte d'autobiographie : *Mémoires d'un courtisan de l'époque de Trujillo,* devenue un best-seller.

– ***Juan Bosch*** *(1909-2001)* **:** intellectuel, écrivain, philosophe et homme politique, il fonda le PRD (Parti révolutionnaire dominicain) en 1939. Homme de gauche, il s'opposa au dictateur Trujillo et s'exila pendant une vingtaine d'années. De retour dans son pays, il fut élu président de la République en 1962. Ses idées étant jugées trop à gauche par certaines puissances, il fut évincé au bout de 6 mois après un coup d'État. Il se représenta sans succès de nombreuses fois, tant sous l'étiquette du PRD que sous celle du PLD (Parti de libération dominicaine), qu'il fonda en 1973. Il laisse le souvenir d'un grand écrivain (avec les ***Contes écrits en exil***) et, surtout, d'un homme politique intègre...

– ***Peña Gómez*** *(1937-1998)* **:** enfant haïtien persécuté, orphelin, recueilli et éduqué, cet enfant « damné de la terre » a réussi à s'en sortir par son courage et son intelligence. Après des études à Paris et à Harvard, il a fait une belle carrière. Devenu président du PRD, il s'est présenté sans succès sous l'étiquette socialiste aux élections de 1996. Atteint d'un cancer, il est mort quelques mois après les élections...

– ***Les sœurs Mirabal* :** Minerva, Patria et Maria Tereza Mirabal, opposantes au dictateur Trujillo, furent lâchement éliminées sur son ordre... Le 25 novembre 1960, alors qu'elles rendaient visite à leurs fiancés et maris emprisonnés à Puerto Plata, elles furent prises dans une embuscade et assassinées par les barbouzes de Trujillo. Ce meurtre en fit des héroïnes et marqua le début de la fin du despote. Leur maison-musée, à San Francisco de Macoris, se visite.

Les artistes

– ***María Montez*** *(1912-1951)* **:** originaire de la petite ville dominicaine de Barahona, cette actrice glamour fut surnommée « *la reina del tecnicolor* » ou « Cyclone des Caraïbes ». Aujourd'hui oubliée, elle fit pourtant une carrière remarquée à Hollywood dans les années 1940, jouant souvent le rôle de la belle étrangère dans des films « exotiques », comme *Les Mille et Une Nuits, Ali Baba, L'Exilé* (de Max Ophuls), et dans plusieurs films de corsaires. Devenue l'épouse de Jean-Pierre

Aumont, elle tourna ensuite en France et en Italie. Il est question d'exhumer son corps enterré au cimetière du Montparnasse (Paris) pour le transférer dans une tombe de la ville de Barahona, où un musée María Montez a ouvert en son hommage.

– ***Darío Suro*** *(1917-1997)* **:** peintre dominicain, il vit un temps au Mexique où il étudie avec les maîtres du muralisme tels que Diego Rivera. Considéré comme le fondateur de la peinture moderne dominicaine, ses œuvres sont le reflet des préoccupations raciales et sociales de son pays. À New York dans les années 1950, afin d'échapper à la dictature, il écrit et peint, changeant son style pour l'impressionnisme, le naïf puis l'abstrait. En 1961, à la mort de Trujillo, il est nommé attaché culturel à l'ambassade de République dominicaine à Washington par son ami d'enfance devenu président, Juan Bosch. Il rentre définitivement dans son pays natal en 1993, année où il reçoit le premier prix national d'arts plastiques.

– ***Oscar de la Renta*** *(1932)* **:** de mère dominicaine et de père portoricain, ce célèbre couturier et styliste a commencé des études à l'école des beaux-arts de Santo Domingo. Son nom fut lié aux grands de la mode : Balenciaga, Lanvin, Élisabeth Arden, avant de s'imposer sous sa propre marque qui a connu un grand développement dans les années 1980. Grand philanthrope, il a fait beaucoup pour la cause des enfants abandonnés et a fondé la *Casa del Niño* à La Romana, qui accueille plus de 700 enfants déshérités.

– ***Michel Camilo*** *(1954)* **:** jeune pianiste prodige, originaire de Saint-Domingue, il intègre à 16 ans l'orchestre symphonique national de République dominicaine. Il part pour New York à 19 ans où il approfondit ses études musicales et devient un joueur de jazz réputé. Il teinte ses morceaux de rythmes caribéens et devient en 1987 le directeur du Jazz Festival dans son pays natal.

– ***Juan Luis Guerra*** *(1957)* **:** on en parle aussi dans la rubrique « Musique et danse ». Il est le plus connu des auteurs-compositeurs-interprètes dominicains. Il a commencé à composer à l'âge de 8 ans. Après des études au conservatoire de Santo Domingo et à Boston, il revient au pays et se lance. Son style, plus moderne et technique que le *merengue* traditionnel, allie jazz et rythmes latins à une certaine douceur.

– ***René Fortunato*** *(1958)* **:** cinéaste et producteur dominicain, il s'est fait connaître avec ses documentaires historiques sur les hommes politiques dominicains. Son film *Abril : La Trinchera del Honor (Avril : le fossé de l'honneur)* rencontra un véritable succès dans son pays et à l'international en 1988. Entre 1991 et 1996, il réalise un long film en trois parties sur Trujillo (*El Poder del Jefe I, II* et *III*), qui retrace la vie et l'œuvre du tyran dominicain ; en 1998, un film sur Balaguer, héritier de Trujillo ; et enfin en 2009, c'est Juan Bosch qui fait l'objet d'un long-métrage.

POLITIQUE

La politique dominicaine est réduite à sa plus simple expression : le poids de l'histoire étant assez faible et la vie intellectuelle hors des villes étant plutôt limitée, on ne s'embarrasse pas d'idéologie... Ici, on vote utile. Si le candidat promet un avantage, un emploi à la mairie, on vote pour lui. Ici, on ne se casse pas la tête, on prend des couleurs : on vote *blanco, morado* (violet) ou *colorado* (rouge). Mais ne vous trompez pas : contre toute logique, les rouges sont à droite et les blancs à gauche ! Quant au parti actuellement au pouvoir, il a pris la couleur qui restait dans le nuancier : le violet.

On a l'impression que la République dominicaine est en ***campagne électorale permanente.*** Lors de votre séjour, il serait bien rare qu'une élection ne soit proche. Vous verrez d'immenses panneaux publicitaires avec les portraits des candidats sur un fond de couleur correspondant à leur parti, et leurs supporters (souvent très jeunes) qui distribuent des tracts et des drapeaux aux carrefours des grandes villes...

Organisation administrative et société

Plus prosaïquement, d'un point de vue administratif, les provinces sont dirigées par des gouverneurs, les villes et villages par des *sindicos* et des maires qui font office de conseil municipal. Le système judiciaire s'inspire également du code Napoléon, ce qui explique, entre autres, l'intérêt des intellectuels dominicains pour la langue française. De nombreux dirigeants, dont l'ancien président Balaguer, ont étudié à la Sorbonne à Paris.

L'enseignement, bien qu'obligatoire, manque sérieusement de moyens et les jeunes ne peuvent étudier qu'à mi-temps, soit le matin, soit l'après-midi, soit même le soir, faute d'enseignants et de locaux. C'est pourquoi, quasiment à toute heure, vous aurez l'impression que des gamins sortent de l'école. Une amélioration des conditions scolaires est heureusement sensible. L'enseignement comme la santé sont en principe gratuits, mais cela reste encore assez théorique, et l'analphabétisme est probablement plus important que ne le laissent entendre les statistiques... Les professeurs sont mieux payés, donc un peu plus motivés, et l'État a construit, avec des subventions japonaises, plusieurs centaines d'écoles dans le pays. Reste que la population, consciente des manques du système, peste régulièrement contre le niveau des enseignants.

Même problème pour la ***santé,*** de nombreux hôpitaux sont sous-équipés, et seuls les plus riches ont des chances d'être bien soignés dans le privé.

En ce qui concerne la ***justice,*** beaucoup d'améliorations, mais il y a là encore de sérieux progrès à faire avant d'avoir une vraie démocratie à laquelle aspire l'ensemble du peuple dominicain.

POPULATION

La population dominicaine est, comme dans la plupart des pays américains, un mélange de peuples très variés. À l'exception des Indiens, disparus à la fin du XVIe s, on trouve des Espagnols, des Africains, des Asiatiques (arrivés à la fin du XIXe s pour travailler à la construction des chemins de fer), mais aussi des Français, des Américains et, bien entendu, des Haïtiens. Le Dominicain est tellement impossible à définir qu'une artiste en poterie (Liliana Méra) a eu l'idée de créer des poupées en terre cuite sans yeux, ni bouche, les poupées Limé, afin d'illustrer la variété des ethnies locales. Officiellement, il y a environ 16 % de Blancs, 11 % de Noirs et 73 % de métis.

Le système social dominicain est basé en grande partie sur la cellule familiale traditionnelle, surtout dans les campagnes. Ainsi les jeunes qui partent chercher du travail à la ville ou aux États-Unis laissent-ils leurs enfants aux grands-parents. Les quelques pesos souvent durement gagnés sont envoyés à la famille qui nourrira les enfants. Les « Dominican-york » (Dominicains de New York), garçons ou filles, ont des ressources forcément plus grandes et participent d'une manière assez importante à l'économie familiale. Le Dominicain a un sens de la famille très développé et, le système social de prise en charge par l'État n'existant pas, l'entraide familiale prend le relais. Officiellement, la protection sociale des travailleurs est un peu la même qu'en Europe, mais ça, c'est théorique : en fait, la plupart des Dominicains (à part dans les zones franches et les grandes sociétés) se contentent de petits boulots souvent précaires, mal payés et, bien entendu, non déclarés.

L'immigration haïtienne

Le revenu moyen dominicain est de 4 000 US$ annuels contre 660 US$ en Haïti. Une différence énorme qui explique pourquoi, pour les Haïtiens, la République dominicaine, c'est l'eldorado, exactement comme le sont les États-Unis pour les populations d'Amérique centrale. Les chiffres varient beaucoup, mais on estimait

encore récemment à 11 % (un million environ) le nombre d'immigrants haïtiens en République dominicaine, ce qui ne va pas sans créer de véritables tensions entre les deux pays. La plupart d'entre eux sont en situation irrégulière et travaillent dans les champs (beaucoup sont ouvriers agricoles dans les plantations de canne à sucre) ou dans le secteur du bâtiment, dans des conditions de grande précarité. Comble du paradoxe, ces immigrants occupent surtout des emplois que les Dominicains eux-mêmes ont fuis en allant chercher « fortune » aux États-Unis ! Et ironie du sort, le traitement réservé aux clandestins haïtiens (humiliations, violence, subornation, parfois même assassinats) n'a rien à envier aux méthodes de la *border patrol* américaine vis-à-vis des immigrants latinos en provenance du Mexique, du Nicaragua ou de... République dominicaine !
En réalité, le phénomène n'est pas nouveau. Dès le début du siècle dernier, les Haïtiens venaient travailler dans les plantations de canne à sucre. Mais de plus en plus, les saisonniers s'installent dans le pays pour une durée indéterminée plutôt que de courir le risque de rentrer au pays et de ne plus pouvoir refranchir la frontière en cas de besoin.
Cette situation a évolué soudainement suite au séisme en Haïti le 12 janvier 2010. Au lendemain de la catastrophe, le président dominicain a décidé l'ouverture des postes frontières pour que les blessés puissent venir se faire soigner en République dominicaine et pour permettre la circulation des sans-papiers souhaitant retourner en Haïti. Solidarité avant tout, oubliées les tensions... Mais fin 2010, une importante épidémie de choléra en Haïti a changé la donne, le gouvernement dominicain renforçant les mesures restrictives. Aujourd'hui, des milliers d'Haïtiens en situation irrégulière sont reconduits dans leur pays, et les contrôles d'identités se sont intensifiés, tant à proximité de la frontière qu'aux abords des lieux touristiques et dans la capitale. Reste que vous croiserez sans doute pas mal d'Haïtiens travaillant dans les zones touristiques, notamment dans les hôtels et les restos, où leur maîtrise du français (et parfois de l'anglais) et leur sens du service les rendent indispensables ! Le serpent qui se mord la queue...

RELIGIONS ET CROYANCES

Depuis la découverte de l'Amérique, le catholicisme a toujours été la religion officielle. Aujourd'hui encore, l'importance du cardinal Jésus Lopez Rodriguez (un prénom prédestiné) dans la capitale est considérable, tant sur le plan religieux que sur le plan social et politique. Ses prises de position dans de nombreux domaines ne sont pas à négliger par le pouvoir en place. Son nom figurait d'ailleurs sur la liste des postulants à la papauté pour succéder à Jean-Paul II.
Dans les provinces, en revanche, on trouve une multitude de cultes, souvent d'origine protestante (surtout dans la région de Samaná), exercés par les descendants d'esclaves noirs américains arrivés au XIXe s. Nombre d'églises et de sectes américaines se sont, en effet, implantées et ont construit des temples, avec, à la clé, des fonds sociaux pour le développement de ces régions reculées. On trouve également pas mal de rites vaudous d'origine haïtienne dans les régions de culture de canne à sucre. Mais, officiellement, le vaudou n'existe pas en République dominicaine : à croire que les autorités cherchent systématiquement à se démarquer de l'image « barbare » du voisin haïtien. Opérée de longue date par le pouvoir

DIEU SOIT LOUÉ !

En religion, les Dominicains sont particulièrement tolérants, qu'ils soient catholiques, baptistes, évangélistes, protestants ou juifs. Un bel exemple de cette tolérance est la présence à Nagua, au nord du pays, d'une synagogue qui est utilisée comme... église pentecôtiste !

dominicain, la chasse au vaudou, que l'on pourrait traduire par une négation de l'âme africaine, n'est pas sans répercussions sur la mentalité des habitants, de plus en plus acculturés, car coupés de leurs racines. En tout cas, elle peut expliquer d'une manière très intéressante (outre les cheminements historiques et politiques) les différences étonnantes entre les deux pays de l'île, notamment le fait que la vie artistique, nourrie par l'imaginaire vaudou, soit bien plus riche en Haïti.

SITES INSCRITS AU PATRIMOINE MONDIAL DE L'UNESCO

Organisation des Nations Unies pour l'éducation, la science et la culture

En coopération avec le centre du patrimoine mondial de l'UNESCO

Pour figurer sur la liste du Patrimoine mondial, les sites doivent avoir une valeur universelle exceptionnelle et satisfaire à au moins un des 10 critères de sélection. La protection, la gestion, l'authenticité et l'intégrité des biens sont également des considérations importantes.
Le patrimoine est l'héritage du passé dont nous profitons aujourd'hui et que nous transmettons aux générations à venir. Nos patrimoines culturel et naturel sont deux sources irremplaçables de vie et d'inspiration. Ces sites appartiennent à tous les peuples du monde, sans tenir compte du territoire sur lequel ils sont situés. Pour plus d'informations : • *http://whc.unesco.org* •
Pour la République dominicaine, cela concerne la ville coloniale de Santo Domingo (1990).

SPORTS ET LOISIRS

L'influence des États-Unis se concrétise, bien entendu, par l'intérêt pour son billet vert, mais aussi par l'engouement des jeunes pour le ***baseball,*** comme à Cuba. Il est peu de villages, aussi reculés soient-ils, qui n'aient pas leur *play* (terrain). La réussite sociale et financière de nombreux grands joueurs dominicains installés aux États-Unis fait rêver les jeunes. Sammy Sosa en tête, qui est aux Dominicains ce que Pelé est aux Brésiliens : un mythe. Né en 1968 à San Pedro de Macoris, il est considéré aujourd'hui comme l'un des plus grands joueurs de baseball et c'est certainement le personnage le plus adulé du pays. Il a joué notamment avec les fameux *White Sox* de Chicago.
Le ***basket-ball*** est également très prisé. On voit souvent des paniers accrochés dans les rues et des jeunes cherchant à imiter les stars de la NBA. La ***boxe*** dominicaine, surtout chez les poids légers, a produit quelques champions qui vont s'entraîner à Porto Rico en rêvant du Yankee Stadium de New York. Élément nouveau, peut-être dû à la présence importante des Français, la Coupe du monde de ***football*** intéresse les sportifs dominicains, et quelques équipes s'essaient timidement à ce sport. Le ***polo*** est également assez prisé de la haute société, fière de son grand champion des années 1950 : Porfirio Rubirosa (surtout connu pour ses conquêtes... féminines !). Quant à Wanda Rijo, surnommée la « reine de l'***haltérophilie*** », elle a remporté deux fois la médaille d'or des Jeux panaméricains, en 1999 et 2003. Enfin, depuis les JO d'Athènes de 2004, la République dominicaine est très fière de son champion olympique sur 400 m haies, l'athlète Félix Sánchez.
Enfin, dans un registre beaucoup moins glorieux mais néanmoins ancré dans la culture de l'île, le combat de coqs est un « sport » très populaire à Saint-Domingue. La gallera, l'arène où se déroulent les combats, est plus ou moins importante selon la richesse de la région et sa place dans la plupart des agglomérations du pays.

SANTO DOMINGO ET SES ENVIRONS

SANTO DOMINGO

env 3 300 000 hab.

▸ Pour les plans de Santo Domingo, se reporter au cahier couleur.

Depuis l'aéroport Las Americas, une belle route bordée de palmiers et de cocotiers longe la mer des Caraïbes sur des kilomètres avant d'atteindre Santo Domingo, capitale de la République dominicaine. Ce fut la première ville des Amériques, et la ville de cœur de Christophe Colomb. Entre la route et la mer : rien que la lumière éblouissante et le bleu intense des eaux et du ciel tropical. Avant d'atteindre le centre colonial ancien *(zona colonial)*, classé au Patrimoine mondial de l'humanité par l'Unesco, il faut traverser les quartiers périphériques, les faubourgs et le port, s'adapter à la circulation automobile confuse et aux embouteillages. La première confrontation avec la ville moderne sera bien vite digérée en découvrant le charme et l'animation du vieux centre. Il n'y a pas balade plus agréable que le vieux centre colonial... Pour mesurer toute la richesse intime de cette ville dans la ville, il suffit de voir ce qui se cache derrière les portes entrouvertes des demeures et palais, notamment ces patios intérieurs aux carrelages et mobilier anciens. Autre surprise, l'impression réelle de liberté au quotidien. On a croisé des fêtes spontanées dans les rues de la vieille ville ou sur les quais, sonos des bagnoles à fond, sans l'ombre d'un képi, avec apparemment guère de protestations des gens du voisinage. Contrepartie de cette atmosphère « libertaire », des trottoirs défoncés, des embrouillaminis de fils électriques qui pendent dans tous les sens, le tout contrastant nettement avec des places bien proprettes, agrémentées de bancs élégants en fer forgé et souvent d'une vénérable église en fond de tableau...
Bref, Santo Domingo, ville de contrastes (euphémisme !), ville où des mots comme « speed » et « nonchalant », « fiévreux » et « romantique », « branché » et « populaire », « brutal » et « sensuel », « sale » et « sublime » coexistent pacifiquement. Vous l'aviez deviné, Santo Domingo, on a bien aimé !

UN PEU D'HISTOIRE

La première ville du Nouveau Monde

En fait, la première ville implantée par les conquistadors, baptisée La Isabela, se trouvait sur la côte nord, là où ***Christophe Colomb*** posa le pied la première fois sur l'île en 1492. Mais elle fut rapidement anéantie par les fièvres et la famine, et la petite colonie dut se déplacer vers la côte sud, sur les rives du fleuve Ozama. C'est

Bartolomeo Colón, le frère cadet de Christophe, qui fonda en 1496 cette nouvelle ville, *Nueva Isabela.* Pas de chance, quelques années plus tard, en 1502, un ouragan détruisit complètement ses 45 maisons en bois. Qu'à cela ne tienne, elle sera reconstruite de l'autre côté du fleuve (rive ouest), cette fois sous les ordres du nouveau gouverneur ***Nicolás de Ovando*** (rival et ennemi de Christophe Colomb). Peu à peu, les premiers édifices en pierre sont érigés à l'emplacement de l'actuelle zone coloniale. Elle est baptisée Santo Domingo de Guzmán, et on s'empresse de construire un fort, la forteresse Ozama (1502-1507), pour protéger l'entrée du fleuve des assauts des pirates. Santo Domingo devient alors la capitale des Indes occidentales et le siège de la vice-royauté des Amériques.
La ville s'organisa d'abord autour d'un premier couvent, construit dès 1502 pour héberger la vingtaine de franciscains arrivés avec Colomb et Ovando. Ce fut ensuite la construction du premier hôpital, puis de la cathédrale, au début une simple baraque en bois (1514) avant que la première pierre ne soit posée 20 ans plus tard. Le premier gouverneur de l'île d'Hispaniola, de 1492 à 1499, fut Christophe Colomb. Lui succédèrent ses rivaux et ennemis : ***Bobadilla*** et ***Nicolás de Ovando.*** Puis ce fut au tour de ***Diego Colón,*** fils aîné de Christophe, d'être nommé gouverneur, de 1508 à 1515. Une sorte de revanche de l'histoire. Le 9 juillet 1509, Diego Colón fut investi des titres de deuxième vice-roi du Nouveau Monde, second amiral de la mer Océane, premier duc de Veragua, marquis de la Jamaïque et gouverneur d'Hispaniola ! Il fit son entrée triomphale dans la forteresse d'Ozama accompagné de sa femme María de Toledo, de ses oncles Bartolomé (dominateur et brutal) et Diego (faible caractère), et de son frère Fernando Colón, fils naturel de Christophe Colomb. Témoin authentique et fidèle, Fernando fut le seul à préserver la mémoire bafouée de son père et à sauver son image en relatant ses aventures dans une biographie publiée à Venise en 1571. Fernando Colón peut être considéré comme le vrai fils spirituel du grand découvreur de l'Amérique.
Diego Colón fit construire l'alcazar de Colón, édifice qui abrita le pouvoir espagnol pendant des décennies de conquête au Nouveau Monde. C'est à Santo Domingo que furent préparés, planifiés, organisés les voyages de conquête de Porto Rico et de Floride (Ponce de León), du Mexique (Hernán Cortés), de Cuba et de la Colombie (Rodrigo de Bastidas).

L'âge de l'oubli

Les mines d'or du pays s'étant vite épuisées, celles du Mexique et du Pérou se révélant d'une richesse fabuleuse, la mère patrie se désintéressa vite d'Hispaniola, qui devint alors un simple point de passage. D'ailleurs, les conquistadors Hernán Cortés et Francisco Pizarro passèrent par Santo Domingo au début du XVIe s avant de se lancer dans leurs folles aventures vers Mexico et Cuzco. De même, le père ***Bartolomé de Las Casas,*** défenseur des Indiens et auteur de *La Très Brève Relation de la destruction des Indes,* séjourna au couvent des Dominicains (toujours là, dans la vieille ville coloniale). Mais en 1514, écœuré par les mauvais traitements subis par les Indiens, il s'installa à Cuba, puis plus tard au Mexique.
Symbole de ce désinvestissement espagnol progressif, la construction du clocher de la cathédrale fut abandonnée en 1540. La ville perdit ainsi beaucoup de son importance stratégique et ne fut plus qu'un port étape sur la route des nouveaux territoires à conquérir. À partir de 1564, Santo Domingo perd son rôle de centre politique des Amériques au profit de La Havane (Cuba). De cette époque, elle conserve cependant tous ses records historiques : premier monastère du Nouveau Monde, premier hôpital, première cathédrale... la liste est longue.

Quand la Vieille Europe s'en mêle

En 1586, après quelques raids de pirates et divers petits séismes, Santo Domingo subit ses premières vraies destructions avec le corsaire ***sir Francis Drake.***

Beaucoup d'édifices sont anéantis ou durement endommagés et la population doit payer une lourde rançon pour recouvrer la liberté. Après le saccage de la ville par Drake, le roi Philippe II d'Espagne ordonne la construction d'un système défensif plus efficace. En 1655, la ville est de nouveau attaquée par ***William Penn*** et l'amiral ***Venables,*** à la tête d'une flotte protestante, avec l'objectif de prendre la ville pour y diffuser la religion réformée dans le Nouveau Monde. Leur attaque est repoussée, et les Anglais partent conquérir la Jamaïque.
Le ***traité de Bâle,*** établi en 1795, oblige l'Espagne à céder à la France la partie ouest d'Hispaniola. Ce morceau de territoire est devenu Haïti, que nous connaissons aujourd'hui. La partie orientale de l'île reste espagnole sous le nom de Saint-Domingue (Santo Domingo). Poussés par le vent de la liberté et les idées indépendantistes, les Haïtiens francophones souhaitent réunifier les deux pays sous une même autorité. À la tête d'une armée, ***Toussaint Louverture*** envahit Santo Domingo en 1801. Chassés par les Espagnols en 1809 (bataille de Palo Hincado), les Haïtiens reviennent en force en 1821 avec 10 000 hommes menés par le général ***Jean-Pierre Boyer.*** En 1822, Boyer est accueilli avec les honneurs par Núñez de Cáceres. Le peuple voit en cet Haïtien un libérateur et un réunificateur.
Au pouvoir à Santo Domingo, Boyer abolit l'esclavage. Entre 1822 et 1843, l'île entière est ainsi dirigée par un seul et même gouvernement haïtien francophone. Fait unique dans l'histoire ! Cette période (20 ans) de contrôle haïtien finira en 1843. Un mouvement révolutionnaire chasse Boyer du pouvoir et le contraint à s'exiler à Paris en 1850.

Santo Domingo au XXe s

Conséquence des turpitudes de l'histoire, pendant trois siècles et demi, la population de la capitale a augmenté de façon insignifiante : 25 000 habitants au début du XVIIe s, seulement 71 000 en 1935. Durant cette période, la capitale n'a d'ailleurs pas une histoire différente de celle du pays.
En 1936, le ***dictateur Trujillo*** attrape la grosse tête et rebaptise Santo Domingo... *Ciudad Trujillo.* À sa mort, en 1961, la capitale retrouve bien sûr son nom d'origine. Commence alors l'explosion urbaine, d'abord lente, 370 000 habitants en 1960, 676 000 en 1970 ; puis brutale, avec 1 500 000 en 1981 et environ 3 millions d'habitants aujourd'hui ! Près de 30 % de la population de la République dominicaine y vit.
Dans les ***années 1990-2010,*** l'expansion fulgurante du tourisme stimule fortement l'économie et apporte des recettes financières supplémentaires à la capitale. Cet argent sert à restaurer et à mettre en valeur de nombreux édifices usés par les siècles. Le centre colonial retrouve lentement sa splendeur perdue. Ces travaux d'embellissement et de sauvegarde n'ont pas transformé la *zona colonial* en un musée. Au contraire, les habitants continuent d'y habiter, et pas seulement les classes les plus riches. Une vraie vie populaire et commerçante anime le cœur de la capitale, qui ne s'est pas vidé de sa substance. La *zona colonial* a gardé son âme.
Président réélu en 2008, ***Leonel Fernández*** a contribué à moderniser la ville par la construction du métro. Mais ce dernier projet, qui s'est mêlé à sa campagne de réélection, n'a pas été du goût de tout le monde. Aujourd'hui la ville poursuit sa mutation. La partie coloniale, tranquille et attrayante, concentre la grande majorité des touristes et l'essentiel de l'histoire de la ville, tandis que les quartiers alentour se veulent résolument tournés vers l'avenir. C'est là que se développe toute l'activité économique. Il est intéressant de voir la différence entre ces deux mondes, complémentaires et si opposés.

Arrivée à l'aéroport

✈ ***Aéroport international Las Americas*** *(AILA ; hors plan couleur I par H1) : à 24 km à l'est de Santo Domingo.* ☎ *809-947-2225.* • *aerodom.com* •

Prévoir 10 US$ (ou 10 €) pour le visa d'entrée de tourisme. Voir aussi la rubrique « Formalités d'entrée » dans « République dominicaine utile. Avant le départ ».

■ ***Bureau de change :*** *dans le hall des arrivées, après la livraison des bagages.* Taux de change moins intéressant qu'en ville. Changer un minimum d'argent. Également des distributeurs automatiques de billets pour cartes *Visa* et *MasterCard* sur la gauche dans le hall de sortie.

■ ***Location de voitures :*** les loueurs de voitures *(Hertz, Europcar, Avis, Budget, National/Alamo...)* ont leur comptoir après la zone de livraison des bagages. Les voitures se prennent sur le parking face à l'aérogare, légèrement sur la droite. Conseil : il vaut mieux réserver une voiture en ville, après la visite de celle-ci, car se plonger directement dans la circulation dominicaine se révèle un baptême du feu assez brutal, surtout après plusieurs heures passées dans l'avion et à la nuit tombée (la plupart des avions d'Europe arrivent en début de soirée) ! Par ailleurs, disposer d'une voiture dans la zone coloniale ne sert à rien car tout peut se faire à pied.

Pour rejoindre le centre-ville

➢ ***En taxi :*** la course entre l'aéroport et le centre-ville (zone coloniale) coûte autour de 1 700 RD$ pour la voiture, jusqu'à 4 personnes avec bagages. Négocier fermement le prix avant. Les taxis n'ont pas de compteur, ou alors quand ils en ont un, il ne fonctionne pas. Dans le sens contraire, du centre-ville jusqu'à l'aéroport, la course coûte souvent un peu moins chère.

➢ ***En voiture :*** pour rejoindre la capitale, prendre l'autoroute de Las Americas (péage de 30 RD$). Signalisation insuffisante. Après avoir roulé un bon moment, on passe sous un pont (croisement de l'avenue De Gaulle). Ralentissez, car il faut prendre la bretelle tout de suite à droite après ce pont (pas de panneau). Rester sur la droite et rejoindre l'avenue España qui conduit au pont flottant *(puente flotante)*, d'où il est facile de rentrer dans la zone coloniale. Bon, 3 chances sur 4 que vous vous perdiez, mais on vous remettra toujours sur le droit chemin. Allez, bonne route !

Adresses utiles

Informations touristiques

ℹ ***Punto de Información Turística – Office de tourisme*** *(plan couleur II, G2) : parque Colón, calle El Conde, 103, dans le* Palacio de Borgellá. *☎ 809-470-4661. Lun-sam 9h-19h. Fermé dim.* Petit bureau au rez-de-chaussée. Pas riche en documentation et en informations, mais quelques brochures sur le pays (certaines en français).

■ ***Guides officiels :*** *sur le parque Colón, près de l'entrée de la cathédrale et sur la plaza de España.* Faciles à repérer, ils sont badgés, assis à l'ombre des grands arbres. Certains parlent le français. Compter entre 1 et 2h de visite. Bien se mettre d'accord sur le tarif. Éviter le tour en calèche qui longe une partie du front de mer (commentaires vraiment légers et le *malecón* n'a rien de romantique !).

■ ***Politur*** *(police touristique ; plan couleur II, F2,* ***5****) : à l'angle des rues El Conde et José Reyes. ☎ 809-221-8697 ou 809-689-6464. Ouv 24h/24.* À pied, à cheval, à Segway ou à moto, la police touristique est là pour assister les touristes. Petit bureau pour déposer les plaintes, réclamations... On y parle peu ou pas l'anglais.

■ ***Librairie Avante*** *(plan couleur II, F2,* ***6****) : calle Arzobispo Nouel, 53. ☎ 809-687-6732. Lun-ven 8h-18h et sam mat.* Carte détaillée de la ville, ainsi que quelques cartes régionales (mais pas toujours actualisées !). Bon choix de romans sud-américains également (en espagnol ou en anglais).

Poste, télécommunications

✉ ***Poste*** *(plan couleur II, G2) : zone coloniale, calle Isabel la Católica, au* *niveau du parque Colón. Pas d'enseigne. L'entrée se fait sous les arcades (face au parque Colón). Lun-ven 8h-16h, sam 9h-13h.*

■ @ ***Internet Express*** *(plan couleur II, F2,* ***7****) : calle El Conde, à gauche du n° 361, dans le petit centre commercial* Plaza Lombas. ☎ *809-689-9264. Lun-sam 9h-21h, dim 10h-18h.* Appels internationaux et accès internet.

■ ***Claro*** *(plan couleur II, F2,* ***7****) : calle El Conde, dans le centre commercial* Plaza Lombas. *Lun-sam 9h-19h.* Opérateur téléphonique avec possibilité d'y faire recharger son crédit sur un téléphone portable dominicain.

– Mêmes services dans le magasin ***Jumbo Express*** *(plan couleur II, F2,* ***8****), calle El Conde, à l'angle de Duarte.* On y trouve les kiosques des 3 principaux opérateurs téléphoniques (*Claro, Viva* et *Orange*).

Argent, banque, change

■ ***Change*** *(plan couleur II, G2) : zone coloniale, calle Isabel la Católica, du côté du parque Colón.* Plusieurs bureaux de change dans le même coin, pratique pour comparer les taux. Également tout le long de la calle El Conde. En dehors de la zone coloniale, on trouve une banque à la ***gare routière de Caribe Tours*** *(plan couleur I, D2,* ***2****). Tlj sf dim.* Dans tous les cas, bien recompter son argent devant le caissier. Il y a aussi des changeurs dans la rue, mais on les déconseille fortement.

■ ***Banco Popular*** *(plan couleur II, F-G2,* ***9****) : dans la casa del Cordón, calle Isabel la Católica, 214, angle Tejera.* ☎ *809-532-7381. Lun-ven 9h-16h.* Ce très beau porche du XVIe s signale une des plus vieilles maisons de la zone coloniale. Distributeur de billets sur le côté, calle Tejera.

■ ***Distributeurs de billets*** *(plan couleur II, F2,* ***8****) : angle El Conde et Duarte.* Au cœur de la rue piétonne, 3 distributeurs devant le minimarket *Jumbo Express.* D'autres distributeurs dans la calle El Conde, la plus commerciale de la zone coloniale.

■ ***Western Union*** *(plan couleur I, A4,* ***10****) : av. Lincoln, 306.* ☎ *809-532-7382 et 809-200-7380 (n° gratuit).* Enseigne *Vimenca.* Pour obtenir de l'argent rapidement depuis l'étranger, en cas d'urgence.

Représentations diplomatiques

■ ***Ambassade de France*** *(plan couleur II, G2) : zone coloniale, calle de Las Damas, 42, angle El Conde.* ☎ *809-695-4300.* **Consulat :** *même adresse.* ☎ *809-695-4340. En cas d'urgence :* ☎ *809-805-6721 (24h/24).* • *ambafrance.org.do* • *Lun-ven 8h30-12h (service des visas fermé mer).* Dans la magnifique demeure coloniale du XVIe s où vécut Hernan Cortés, le conquistador du Mexique.

■ ***Consulat de Belgique*** *(plan couleur II, F2,* ***37****) : zone coloniale, calle Padre Billini, 207.* ☎ *809-687-2244.* • *consuladobelgica@dona-elvira.com* • *Lun-ven 9h-12h.* Le consul est aussi le propriétaire de l'*Hotel Doña Elvira* (cf. plus loin « Où dormir ? »).

■ ***Ambassade d'Haïti :*** *calle Juan Sánchez Ramirez, 33, angle Maximo Gómez.* ☎ *809-686-7115.* • *haiti-rd.org* •

■ ***Ambassade de Suisse :*** *av. Jimenez Mora (Churchill), 71, angle D. Arias, edif. Aeromar, 2e étage.* ☎ *809-534-6944.* • *eda.admin.ch/santodomingo* • *Lun-ven 10h-12h.* Pour les visas, rendez-vous obligatoire.

■ ***Ambassade du Canada :*** *av. Winston Churchill, 1099, Torre Citigroup (piso 18), Ensanche Piantini.* ☎ *809-262-3100.* • *sdmgo@international.gc.ca* • *Lun-jeu 9h-12h, 13h-16h ; ven 9h-12h.*

■ ***Alliance française*** *(plan couleur I, B5,* ***11****) : calle Horacio Vícioso, 103, Centro de los Heroes.* ☎ *809-532-2844.* • *afsd.net* • *Lun-ven 8h-13h, 14h-18h30 ; sam slt mat.* Juste à côté, petite librairie et stand de presse française *(lun-ven 9h-13h, 15h-18h ; sam 9h-12h).* Bonne adresse pour rencontrer des Dominicains francophones. Département culturel avec expos, café littéraire, séances de ciné...

■ ***Chambre de commerce dominico-française :*** *av. Abraham Lincoln, 456 ; angle de l'av. 27 de Febrero, centre commercial Plaza Lincoln, 2e étage.* ☎ *809-472-0500 ou 0407.* • *ccdfdo.org* • *Lun-ven 8h-17h.* Pour ceux qui projettent de s'expatrier en République dominicaine. Édite un guide des affaires et un annuaire régulièrement mis à jour. Site internet très complet, avec de bonnes infos à caractère économique.

Santé, urgences médicales

– L'ambassade de France peut vous orienter vers un ***médecin*** habituellement consulté par les Français.

■ ***Urgences :*** *☎ 911.* Ce numéro de téléphone vous met en contact avec tous les services d'urgences (hôpitaux, pharmacies, police, pompiers...).

■ ***Docteur Maleck :*** *av. 27 de Febrero, 265. ☎ 809-682-5987. Slt sur rdv.* Médecin agréé auprès de l'ambassade de France.

⊞ ***Hôpital*** *(groupe privé espagnol* Hospiten *; plan couleur I, B3) : av. Alma Máter, angle Bolívar. ☎ 809-541-3000. • hospiten.es •*

⊞ ***Clinique Abreu*** *(plan couleur I, E3) : Beller, 42, angle av. Independencia, Gazcue. ☎ 809-688-4411. • clinicaabreu.com.do •* Clinique privée d'excellente réputation.

⊞ ***SOS Médicos :*** *☎ 809-621-0303.* Service à domicile semblable à *SOS Médecins*, fonctionnant 24h/24.

■ ***Farmacia Carol*** *(plan couleur I, E3, **12**) : av. Independencia, 57, face à la station Shell. ☎ 809-685-8165. Ouv 24h/24.* Une grande surface dédiée aux médicaments et... à tout le reste ! Clim à fond, attention au rhume ! Juste à côté, il y a un distributeur acceptant *Visa* et *Mastercard*. *Autres adresses : av. 27 de Febrero, 221 (☎ 809-563-6060) ; et av. Estrella Sadhala, 29 (☎ 809-241-0000).*

■ ***Farmacia*** *(plan couleur II, F2, **13**) : zone coloniale, angle Duarte et Salomé Ureña. ☎ 809-333-8959. Tlj 8h-22h (19h dim).* Une petite pharmacie de quartier.

Location de véhicules

Les grands loueurs de voitures se trouvent non loin de la zone coloniale, dans l'avenida Independencia (avec également des bureaux à l'aéroport). Ils pratiquent plus ou moins les mêmes tarifs, à quelques dollars près. Permis de conduire national demandé, et carte de crédit (pour la caution). Il faut surtout bien s'informer sur le montant de la franchise et sur ce que couvre l'assurance (c'est là où se jouent les différences). Ils livrent la plupart du temps la voiture à l'hôtel et reviennent la chercher (service gratuit). Attention, certains ne louent pas de 4x4. Or celui-ci peut être indispensable dans certaines parties du pays, notamment en saison des pluies. Si vous louez ce genre de véhicule, bien vérifier qu'il s'agit d'un vrai 4x4 (et non pas simplement d'une grosse bagnole qui consomme un max !).

■ ***Nelly Rent a Car*** *(plan couleur I, C4, **14**) : av. Independencia, 654. ☎ 809-687-7997. • nellyrac.com •* Parmi les moins chers.

■ ***Dollar Rent a Car*** *(plan couleur I, E3, **15**) : av. Independencia, 365 (dans l'hôtel Sheraton). ☎ 809-221-7368. • dollar.com.do • Tlj 8h-18h.* Location de jeeps.

■ ***Europcar*** *(plan couleur I, E3, **16**) : av. Independencia, 354, presque à l'angle avec l'av. Pasteur. ☎ 809-688-2121. • europcar.com.do • Tlj 7h-21h.* Loue aussi des 4x4.

■ ***Budget :*** *av. John F. Kennedy, km 6,5 (en bordure du boulevard périphérique), entre l'av. Churchill et Lincoln. ☎ 809-566-6666. • budget.com.do •* Bureaux à l'aéroport également.

■ ***Hertz :*** *av. José María Heredia, 1 (quartier Gazcue). ☎ 809-221-5333. • hertz.com •* Pas le moins cher, mais pas de mauvaises surprises.

Transports

– ***Métro :*** en service depuis 2009, la 1re ligne de métro relie le nord de la ville à la côte sud. Longue de 14,5 km, elle compte 16 stations entre Mamá Tingó et Centro de los Héroes. La 2e ligne est-ouest, ouverte en 2013, relie Luperón à l'ouest, à Rosario Sánchez à l'est, et compte 14 stations. *Fonctionne*

6h-22h. Prix du ticket : 20 RD$.

– ***Taxis :*** pas de compteurs, sinon pour la déco ! Très important : toujours se mettre d'accord au préalable sur le prix. Pour une petite course zone coloniale-Gazcue, les locaux paient en moyenne 180-200 RD$. Si vous le proposez, ce sera en général accepté. Un peu plus cher la nuit. Un conseil, évitez de héler un taxi devant les grands hôtels type *Jaragua* ou *Sheraton* ou place de la Cathédrale, ils ont tendance à augmenter sérieusement les tarifs. De même, quand on le peut, il est plus prudent d'appeler au préalable une compagnie plutôt que de prendre un taxi en maraude.

🚗 Quelques compagnies : ***Apolo Taxi*** *(☎ 809-537-0000),* une des plus fiables, ***Taxi Anacaona*** *(☎ 809-537-2222),* ***Antena Taxi*** *(☎ 809-686-8686).*

– ***Bus locaux (OMSA) :*** *les bus publics OMSA circulent entre 6h et 21h30. Il existe 8 lignes. Prix d'un billet : 10 ou 15 RD$ selon confort (avec ou sans clim). Plus d'infos sur • omsa.gob.do •* Nombreux et très bon marché, ils sont souvent bondés et il est difficile de s'y retrouver sauf pour de grandes distances en ligne droite, comme la ligne 27-de-Febrero ou la ligne Nord JF-Kennedy. Prévoyez de la petite monnaie et embarquez sans bagages.

– ***Voiture :*** comme dans le reste du pays, la vigilance est de mise de tous les côtés et surtout aux croisements (même si le feu est vert pour vous !). Et il faut souvent s'armer de patience dans les embouteillages aux heures de pointe.

Où dormir ?

Les hôtels sont bien moins chers dans la ville moderne que dans la zone coloniale (vieille ville). On n'y trouve que des adresses à prix moyens et plus chic. C'est dommage parce qu'il est quand même bien plus agréable de loger dans la vieille ville, ce qui permet de tout faire à pied. C'est aussi là que vous trouverez des hôtels de charme installés dans d'anciennes demeures seigneuriales, rénovées avec beaucoup de goût.

Dans la zona colonial (vieille ville)

De bon marché à prix moyens (moins de 2 500 RD$ / env 46 €)

🏠 ***Hostal Dominico Mundial*** *(plan couleur II, F2,* ***20****) : calle Duarte, 6. ☎ 809-682-6197. • hostaldominicomundial.com • Compter 1 200-2 200 RD$ pour 2, sans petit déj.* 📶 Bien situé face au parque Duarte, un petit hôtel rudimentaire proposant une quinzaine de chambres pas trop chères mais pas formidables, certaines sans salle de bains, autour d'une courette. Confort très sommaire, décoration inexistante, avec certains fils électriques qui pendouillent. Bonne situation, mais ensemble tout juste correct.

🏠 ***La Arcada*** *(plan couleur II, F2,* ***22****) : calle Arzobispo Meriño, 360. ☎ 809-688-5591. • la_arcada@hotmail.com • Compter 1 500-1 700 RD$.* 📶 Un petit hôtel populaire, à garder en dépannage car assez sommaire. Une fois que vous aurez évité les chambres sans fenêtre, les autres se révèlent plutôt propres et correctes. Rien d'extra, mais eau chaude et clim pour certaines, ventilo pour les autres. Chambres pour 4 également. Terrasse sur le toit, garnie de quelques plantes.

🏠 ***Hotel Monumental*** *(plan couleur II, F2,* ***35****) : calle El Conde, 355. ☎ 809-682-4747. • hotelmonumental.com.do • Réception au 1er étage. Double env 50 US$; petit déj (simple) compris.* 💻 📶 Au centre de la rue piétonne et commerçante du quartier, un édifice fonctionnel et sans charme, aux chambres propres et minuscules, la plupart sans fenêtres et donnant toutes sur un large couloir. Bon accueil. Correct pour une nuit.

De prix moyens à chic (1 500-4 000 RD$ / env 28-74 €)

🏠 ***Casa del Sol*** *(plan couleur II, G2,* ***21****) : calle Isabel la Católica, 1. ☎ 849-936-4033. 📱 829-272-5414. • hotel-casadelsol.com • Doubles 55-65 US$ selon saison, petit déj compris.* Wifi Avec sa poignée de chambres coquettes (au rez-de-chaussée ou à l'étage), boisées, impeccables et très confortables (AC, ventilo, coffre), cette *casa* se révèle le meilleur rapport qualité-prix-calme-intimité de la zone coloniale. Tenu par Manu, un sympathique et discret Français. Petit balcon pour certaines chambres et terrasse sur le toit (pour le petit déj), équipée d'un jacuzzi.

🏠 ***Casa Naemie*** *(plan couleur II, G2,* ***24****) : calle Isabel la Católica, 11. ☎ 809-689-2215 ou 809-868-7556. • casanaemie.com • Compter 2 700-3 500 RD$ selon étage et confort, petit déj-buffet compris ; ajouter env 400 RD$/pers supplémentaire ; gratuit moins de 5 ans. CB acceptées (+ 15 %).* Internet Wifi Situé en plein quartier colonial, voilà un véritable petit hôtel de charme. On entre dans cette ancienne maison par un salon au décor raffiné. Chaque chambre, agréable, dispose d'une salle de bains moderne, coffre, TV et lecteur de DVD (prêt gratuit de films). Les chambres du rez-de-chaussée n'ont pas de fenêtres (donc sombres) et donnent sur la réception. Celles des étages sont plus chères. La n° 4 a une charmante petite terrasse et la n° 11 est la plus grande. Accueil adorable de l'équipe haïtienne.

🏠 ***Hostal Nomadas*** *(plan couleur II F2,* ***25****) : calle Hostos, 299. ☎ 809-689-0057. • hostalnomadas.com • Doubles env 50-55 US$, petit déj compris.* Internet Wifi Sur une petite butte au nord de la zone coloniale, une dizaine de chambres dans cette demeure ancienne pleine de recoins et tenue par un couple franco-dominicain accueillant. Bon confort pour certaines (ventilo, AC et salle de bains). Éviter cependant les chambres quasi borgnes, basses de plafond, à la décoration sommaire. En revanche, on aime bien la terrasse sur le toit, où l'on prend tranquillement le petit déjeuner dans de confortables canapés, au-dessus de l'agitation. On y sert également des repas.

🏠 ***Hostal La Colonia*** *(plan couleur II, G2,* ***29****) : calle Isabel la Católica, 110-A. ☎ 809-221-0084. Doubles 50-60 US$, sans petit déj. CB acceptées (+ 18 %).* Wifi Bien situé, bien tenu, avec une déco simple et fonctionnelle, voici une bonne adresse dans la *zona colonial*. Les chambres sont propres et confortables (salle de bains, AC, frigo, coffre...), à des prix raisonnables. Attention, la plupart n'ont pas de fenêtre sauf celles situées au 4e étage (et même pas les plus chères).

🏠 ***Adam Suites Hotel*** *(plan couleur II, E2,* ***23****) : Arzobispo Nouel, 308. ☎ 829-871-8013. • adamsuiteshotel.com • Doubles env 40-60 US$, sans petit déj.* Un petit hôtel dans une rue tranquille. Chambres au rez-de-chaussée ou à l'étage, sises dans un vaste appartement restauré. L'ensemble est aménagé de façon agréable par le propriétaire qui aime l'art, comme en témoigne les nombreuses œuvres aux murs. Réparties le long d'un couloir, les chambres sont aveugles pour la plupart, mais offrent néanmoins un bon confort (AC, ventilo, TV, frigo). Calme, à défaut d'être très clair. Si elle est libre, demandez la n° 5, de loin la plus agréable, la seule dotée d'un balcon sur la rue.

🏠 ***Hotel Conde de Peñalba*** *(plan couleur II, F-G2,* ***28****) : calle Arzobispo Meriño, 111, angle El Conde. ☎ 809-688-7121. • condepenalba.com • Réception au 1er étage. Doubles env 60-85 US$ (compter 15 US$/pers sup) ; petit déj inclus.* Internet *(payant).* Wifi Au cœur de l'animation, sur la place de la cathédrale. Ce n'est pas le lieu le plus calme de la ville, mais si on demande une chambre dans les étages élevés, alors on aura la paix et la lumière. Une vingtaine de chambres toutes confortables et propres (TV, clim, coffre...). Certaines sont assez petites et sans fenêtre (en voir plusieurs). La n° 402, par exemple, au 3e étage, est claire et calme. Au rez-de-chaussée, grande terrasse type brasserie (voir « Où manger ? » plus loin), endroit privilégié pour observer la vie de ce quartier historique.

Suite Colonial Hotel *(plan couleur II, F3,* ***36****) : calle Padre Billini, 355.* ☎ *809-685-1082.* 📱 *829-974-8834.* • *suitecolonial.net* • *Doubles 60-75 US$ selon saison.* Au calme, dans un agréable quartier de la zone coloniale, une structure assez intime, proposant une dizaine de chambres avec AC et salle de bains. Petit effort de décoration. Terrasse au 3e étage, mais peu équipée, dommage.

Plus chic (4 000-6 000 RD$ / env 74-111 €)

El Beaterio Guest House *(plan couleur II, F2,* ***27****) : calle Duarte, 8.* ☎ *809-687-8657.* • *elbeaterio.es* • *Double 100 US$ et chambre pour 4 pers 150 US$, copieux petit déj et taxes inclus. Réduc enfants (5-13 ans).* Au cœur de la zone coloniale, un vieux couvent du XVIe s restauré avec beaucoup de goût. Déco de pierre, brique, carrelages anciens et meubles en ferronnerie. Une adresse de charme, sans doute la meilleure de la zone coloniale, à l'atmosphère reposante, et qui reste à un prix abordable. Très joli salon à l'entrée. Une dizaine de chambres de caractère dans des tons apaisants, au rez-de-chaussée ou au 1er étage, le long d'une coursive dominant un patio intérieur fleuri et où il fait bon prendre un verre. Préférez celles du 1er étage, plus claires. Accueil attentionné et en français, par un personnel adorable, d'origine haïtienne.

Villa Colonial *(plan couleur II, F2,* ***26****) : calle Sánchez, 157.* ☎ *809-221-1049.* • *villacolonial.net* • *Double 95 US$, petit déj compris ; chambre triple 130 US$; gratuit moins de 6 ans.* Petit hôtel de charme d'une dizaine de chambres, installé dans une vieille maison coloniale entièrement rénovée. Les plus grandes sont situées au rez-de-chaussée le long d'un morceau de pelouse ; celles à l'étage donnant sur une coursive sont plus petites. Lit en bois, sol en carreaux de ciment. Déco sobre et moderne, avec lits à baldaquin, clim, téléphone, coffre et salles de bains bien équipées. De nombreuses toiles égayent les murs des parties communes. Au fond du jardin, petite piscine et resto pour le petit déj. Une adresse bien coquette.

Hotel Doña Elvira *(plan couleur II, F2,* ***37****) : Padre Billini, 207.* ☎ *809-221-7415.* • *dona-elvira.com* • *Chambres 85-130 US$, petit déj inclus. Suite pour 4 pers 150 US$.* Proche de l'église voisine de Regina Angelorum, remarquablement restaurée, voici une demeure de charme datant en partie du XVIe s. Une douzaine de chambres de taille différente, celles d'en bas autour du patio ocre plus grandes que celles à l'étage. Agréable petite piscine ombragée par un vénérable manguier. Il y a même un jacuzzi. La décoration, de style andalou, est particulièrement soignée. Très bon accueil du propriétaire (il n'est pas toujours là), Marc Bautil, qui est aussi le consul de Belgique. Des affiches vantant la bière belge sont là pour le rappeler ! Bon resto également. Une adresse assez chic, mais sans chichis.

Hotel Francés *(plan couleur II, F2,* ***33****) : angle Las Mercedes et Arzobispo Meriño.* ☎ *809-685-9331.* • *hotel-frances-santo-domingo.com* • *Doubles 80-167 €, petit déj compris selon type de chambres et saison. Promos intéressantes sur leur site.* Ancien édifice colonial du XVIe s qui fut le palais du trésorier général de la couronne d'Espagne sur l'île. Joli patio aux couleurs chaudes, arcades patinées par les siècles, et cascades de plantes tombant des balcons. Plusieurs types de chambres d'un bon niveau de confort, la plupart très spacieuses et hautes de plafond. Les premiers prix s'avèrent très intéressants à certaines périodes de l'année. Galerie-salon au 1er étage propice à la détente et la lecture. Grande salle de resto chic. Personnel francophone.

Hodelpa Caribe Colonial *(plan couleur II, G2,* ***31****) : calle Isabel la Católica, 159.* ☎ *809-688-7799.* • *hodelpa.com* • *Doubles 72-140 US$ selon taille et déco, petit déj compris (buffet). Parking.* Hôtel moderne appartenant à une chaîne dominicaine. Le style extérieur Art déco et les chambres, impeccables et confortables (clim, minibar, TV câblée...), en font une bonne adresse centrale. Un mur d'accueil plein de graffitis pour faire jeune et des aphorismes au-dessus des portes pour dire qu'on est cool ! Les plus petites chambres sont aussi les moins chères. Petit resto sommaire avec un petit bout de terrasse en plein air, mais pas de jardin.

Mercure Comercial *(plan couleur II, F2,* ***32****)* **:** *à l'angle des rues El Conde et Hostos. ☎ 809-688-5500. • accorhotels.com • Doubles à partir de 95-185 US$, petit déj compris. Une adresse intéressante surtout quand on peut profiter des promos sur leur site. (lobby).* Situé en plein centre de la zone coloniale, le « Mercury » (comme le nomment les locaux) abrite une centaine de chambres de bon niveau et au confort irréprochable. Conviendra à ceux qui préfèrent le côté fonctionnel aux vieilles demeures historiques. Choisir une chambre dans les étages élevés. Agréable terrasse donnant sur la rue El Conde (très passante et animée).

Hotel Europa *(plan couleur II, F2,* ***38****)* **:** *calle Arzobispo Meriño, 109, angle de Emiliano Tejera. ☎ 809-285-0005. • antiguohoteleuropa.com • Doubles 80-95 US$, petit déj compris.* Un de ces « boutiques-hôtels » qui fleurissent dans la zone coloniale, mêlant plutôt harmonieusement moderne et ancien. Façade extérieure ancienne et élégamment restaurée, intérieur moderne. Dans le lobby, lumières bleutées et beaucoup de blanc pour faire design. Certaines chambres n'ont cependant pas de fenêtre ou sont petites, en visiter plusieurs. Quelques unes avec balcon. Agréable terrasse lumineuse sur le toit.

Très chic (plus de 6 000 RD$ / env 111 €)

Hotel Palacio *(plan couleur II, F2,* ***30****)* **:** *calle Duarte, 106, angle Salomé Ureña. ☎ 809-682-4730. • hotel-palacio.com • Doubles 90-142 US$ selon saison et confort, petit déj inclus. Parking gratuit.* Très bel édifice colonial proposant de vastes et confortables chambres au mobilier ancien, simple et sombre, à l'image de l'austère vice-royauté. Certaines chambres avec lit *king size.* On préfère les chambres en hauteur, accessibles par une galerie, dans le bâtiment neuf à l'arrière. Charmant patio arboré, alliant l'ancien et le moderne. Bar dans le lobby, piscine sur le toit, sauna, salle de sport, cafétéria. Bon accueil. Une très belle adresse de charme.

Hostal Nicolás de Ovando *(plan couleur II, G2,* ***34****)* **:** *calle de Las Damas, juste en face de l'ambassade de France. ☎ 809-685-9955. • accorhotels.com • Doubles à partir de 260 US$; petit déj compris.* Situé dans la très grande demeure (un palais datant de 1502) somptueusement restaurée (lire plus loin la rubrique « À voir ») de Nicolás de Ovando, premier gouverneur des Amériques. Une oasis de charme et de grand luxe. 2 types de chambres : coloniales ou contemporaines, spacieuses, décorées avec soin et équipées de magnifiques salles de bains. Délicieux patios avec fontaine glougloutante et végétation exubérante. Piscine avec vue sur le fleuve Ozama, salle de fitness, salle de billard... Superbe buffet au petit déj (le restaurant *La Résidence* est dirigé par un chef français). À défaut d'y dormir, venez au moins y prendre un snack au bord de la piscine, boire un verre (délicieux cocktails à prix tout à fait abordables) ou fumer un cigare au *Cibao Bar (ouv à partir de 17h).*

Hors de la zona colonial

Le quartier de Gazcue, aux maisons basses et à l'atmosphère résidentielle, offre une bonne alternative pour se loger à proximité de la zone coloniale. Prix intéressants.

Bon marché (moins de 1 500 RD$ / env 28 €)

La Grand Mansión *(plan couleur I, E3,* ***40****)* **:** *calle Danae, 26, Gazcue. ☎ 809-682-2033 ou 809-689-8758. • johanny_v@hotmail.com • Doubles à partir de 800 RD$ avec 1-2 lits, ventilo ou AC ; 1 300 RD$ pour 4 pers. Pas de petit déj.* Une charmante *guesthouse* installée dans une maison blanc et ocre, au bord d'une rue calme (on peut se garer facilement). Pas trop loin à pied de la vieille ville et proche du *malecón.* Une dizaine de chambres fraîches, grandes et claires, pas désagréables, avec AC, ventilo et eau chaude. Impeccablement tenues.

Prix moyens (jusqu'à 2 500 RD$ / env 46 €)

Hotel La Casona Dorada *(plan couleur I, E3,* ***41****) : av. Independencia, 255, Gazcue. ☎ 809-221-3535. • lacasonadorada.com • Doubles 2 100-2 500 RD$, petit déj compris.* Bien situé, avec un grand parking et une piscine ornée d'une fresque aussi naïve que maritime, voilà un hôtel de bon rapport qualité-prix. À noter que l'accueil jovial fait beaucoup pour l'ambiance générale du lieu. Chambres spacieuses et confortables avec TV, clim. Un peu sombres pour celles sans fenêtres, mais certaines avec balcon donnent sur la cour intérieure. Salle de gym. Restaurant sur place.

Hotel La Morada *(plan couleur I, E3,* ***42****) : calle Santiago, 104, Gazcue. ☎ 809-689-1088. • hotellamorada.com • Doubles 1 800-2 200 RD$ selon confort, ttes avec douche et w-c, ventilo ou AC, sans petit déj.* Dans le quartier de Gazcue, calme et résidentiel. Un petit hôtel très bien aménagé. Bon accueil francophone (réceptionniste haïtien). Les chambres sont impeccables, fort bien équipées et donnent sur la rue ou sur le côté du bâtiment. Le plus : la terrasse sur le toit (bar) avec vue panoramique sur le quartier. Excellent rapport qualité-prix.

Hotel El Señorial *(plan couleur I, E3,* ***43****) : av. Vicini Burgos, 58, entre La Independencia et le malecón. ☎ 809-687-4367. • elsenorial.net • À deux pas du malecón. Doubles 40-45 US$, petit déj inclus.* Une bonne vingtaine de chambres avec salle de bains, plus ou moins grandes, mais à la propreté helvétique. Le tout est bien tenu, simple et sans aucun charme.

Chic (2 500-4 000 RD$ / env 46-74 €)

Hostal Duque de Wellington *(plan couleur I, E3,* ***44****) : av. Independencia, 304. ☎ 809-682-4525. • hotelduque.com • À 5 mn à pied du malecón, un peu en retrait de la rue. Double env 65 US$.* Petit hôtel banal, fonctionnel et sans grand charme. Une trentaine de chambres avec tissus à fleurs, clim et ventilo, TV, bonne literie... Certaines avec balcon, toutes avec fenêtres. Petite agence de voyages au rez-de-chaussée.

Très chic (plus de 6 000 RD$ / env 111 €)

Hotel-casino El Napolitano *(plan couleur I, F3,* ***45****) : av. George Washington, 51 (c'est en fait le malecón). ☎ 809-687-1131. • napolitano.com.do • Repérer le casino avec la caravelle dorée. Doubles 120-135 US$, petit déj compris ; réduc sur Internet.* Un des plus petits parmi les grands hôtels du *malecón,* aux portes de la zone coloniale. Façade extérieure joliment décorée dans le style des années 1970. Chambres fonctionnelles et avec tout le confort, à dominantes noir et blanc. Certaines pas très grandes cependant. Elles ont toutes vue sur le grand large. Au 2e étage, piscine en plein air, spa, resto et bar avec musique live certains soirs. Distributeur dans le hall et change à la réception. Au rez-de-chaussée encore, casino, discothèque et salon de coiffure pour refaire votre permanente.

Où manger ?

Dans la zona colonial

Notez que sur la belle plaza de España on trouve toute une enfilade de restaurants. Si la cuisine n'est pas toujours formidable et souvent hors de prix, le cadre est très sympa, surtout le soir, pour regarder passer les promeneurs et profiter des spectacles éventuels. On se contentera d'y prendre un verre.

Bon marché (moins de 400 RD$ / env 7,50 €)

|●| Un bon plan pour les petits budgets : les cafétérias des grandes surfaces *(Pola, Nacional, Asturias...)*, le midi seulement. Cadre banal, mais portions copieuses et excellent rapport quantité-prix. On ne peut pas tout avoir. Très bon marché également, notamment sur El Conde (la rue commerçante principale), les fast-foods *Pollo Rey, Kentucky Pollo, Pasta Parmesana* et autres pizzerias de chaîne.

– Dans le genre, petit faible pour le ***Pica Pollo Huang Pu*** *(plan couleur II, F2, **50**)* : *calle El Conde, angle 19 de Marzo. ☎ 809-688-0499. Tlj 10h-22h. Plats 100-150 RD$.* Une cafét' dominicano-chinoise ou sino-dominicaine, carrelée de rose. Plats de riz et *pollo* copieux et pas chers. Là encore, c'est sans surprise...

|●| ***Paladar More*** *(plan couleur II, E2, **51**) : calle Espaillar, 201. ☎ 809-689-8747. Lun-sam 11h-17h. Plats 130-160 RD$.* Le mot *paladar* doit résonner aux familiers de Cuba. Normal, la patronne est cubaine. Ouvert sur la rue, à peine 4 tables, quelques chaises et, au fond, en vitrine, des plats de poulet, porc et bœuf en sauce, à accompagner de riz blanc ou haricots rouges. Le tout pour une poignée de pesos, sourire compris !

|●| ***Cafeteria El Conde*** *(plan couleur II, F-G2, **28**) : au rdc de l'Hotel Conde de Peñalba (voir « Où dormir ? »). ☎ 809-682-6944. Tlj 7h-minuit. Plats 200-300 RD$.* Vénérable immeuble au cœur de la ville, à un emplacement idéal. Terrasse incontournable (et agréable !) qui donne sur la place centrale. On y arrive toujours à un moment ou à un autre. Surtout pour boire un verre ou grignoter un morceau : salades, pâtes, omelettes... Certes, ce n'est pas de la haute gastronomie, mais les prix sont plus raisonnables qu'on pourrait le penser. Fait aussi hôtel.

|●| ***Mimosa*** *(plan couleur II, F2, **52**) : calle Arzobispo Nouel, 51, entre Duarte et Hostos. ☎ 809-688-0911. Tlj sf dim 10h-19h. Menu env 280 RD$ (jusqu'à 16h) ; plats env 350-800 RD$.* Très central. Petit resto de quartier proposant un menu du jour économique et copieux. À la carte, en revanche, les prix grimpent vite... Déco plus chic qu'un simple *comedor.* Clientèle d'employés et de touristes. Une cuisine dominicaine correcte, qui requinque, pour un déjeuner au calme, dans une arrière-cour fraîche.

|●| ***Café Paco Cabana*** *(plan couleur II, F2, **53**) : calle El Conde, 251. ☎ 809-682-3173. Tlj 8h-20h (dim à partir de 9h).* Jolie petite cafétéria ouverte sur la rue piétonne. La vitrine trahit immédiatement les origines de la propriétaire : croissants, pains au chocolat, quiches, quelques sandwichs et gâteaux... Vous l'avez compris, ce bout de France séduit pour le petit déjeuner ou pour grignoter un morceau le midi. Produits bien frais.

|●| ***Mi Casita de Campo*** *(plan couleur II, F2, **54**) : calle El Conde, 354. ☎ 809-221-97-94. Tlj 8h30-23h. Menu del día 200 RD$.* Salle ouverte sur la rue piétonne. Outre le menu du jour, on y trouve des plats classiques français (plus chers) comme une blanquette ou un coq au vin. Pizzas, poulet rôti et *pasta* également.

|●| ***Grand's Cafeteria y Bar*** *(plan couleur II, E2, **55**) : calle El Conde, 516 ; puerta del Conde. ☎ 809-685-5577. Ouv 24h/24. Plats 270-450 RD$ et sandwichs bon marché.* Un bon vieux café-brasserie qui ne se soucie pas de la mode, ni du temps qui passe. À l'intérieur ou en terrasse, on vient grignoter un morceau à toute heure, des petits plats simples et copieux, servis par un personnel présent depuis des lustres. Parfait également pour siffler une *Presidente* avant de visiter le *mercado Modelo* (un peu plus loin).

Prix moyens (400-800 RD$ / env 7,50-15 €)

|●| ***Casa Olivier*** *(plan couleur II, F3, **56**) : calle Hostos, 151, angle Arzobispo Portes. ☎ 809-682-0836. Tlj 12h-22h (23h mer-jeu, minuit sam). Menu du jour très abordable ; plats 400-600 RD$.* À l'écart de l'agitation, agréable et charmant restaurant avec un coin salon

confortable dans une salle ouverte sur la rue. Murs couverts de toiles, tables de bois, coin bibliothèque. On y mijote une cuisine dominicaine revue et corrigée par les influences espagnoles (tapas) : *pinchos de chorizo, croquetas de pescado, filete de cerdo*... Le patron tient aussi le *Rancho Olivier* à Jarabacoa, dans les montagnes du centre. Spectacles musicaux certains soirs.

Antica Pizzeria *(plan couleur II, F2-3,* ***57****) : calle Padre Billini, angle Jose Reyes. ☎ 809-689-4040. Tlj sf mar 17h-23h. Pizzas env 250-380 RD$; plats 300-400 RD$.* Encore une excellente adresse de resto italien avec le flacon d'huile d'olive sur la table. Situé dans une demeure ancienne, haute de plafond (sur lequel on trouve des photos agrandies de toiles célèbres), et grandes portes-fenêtres donnant sur la rue. C'est bien tenu, aéré et de bon goût. Pizzas bien faites et croustillantes et plats de pâtes bien réalisés (cannelloni, lasagnes...). Bonnes salades aussi. Accueil et service de qualité, comme la cuisine.

L'Osteria de Charly y Christian *(plan couleur II, E3,* ***58****) : av. George Washington, 47* (malecón). *☎ 809-333-6701. Lun-sam 12h-14h, 18h-minuit ; dim 17h30-minuit. Plats env 400-600 RD$.* L'emplacement n'est pas ce qu'il y a de mieux, en bordure du bruyant *malecón*... mais l'ambiance est agréable (petite salle coquette) et la bonne cuisine franco-italienne fait oublier ce petit désagrément. Cuisine mijotée sincère, savoureuse et fraîche, avec quelques plats plus recherchés. Le bon rapport qualité-prix attire une clientèle d'habitués, dont pas mal de Français expatriés.

Chic (800-1 300 RD$ / env 15-24 €)

Mesón D'Bari *(plan couleur II, F2,* ***59****) : à l'angle de Hostos, 302 et de Salomé Ureña. ☎ 809-687-4091. Tlj 12h-minuit. Plats env 400-600 RD$.* Une très vieille maison du XVIe s. Extérieur peint en bleu ; à l'intérieur, peintures sur les murs de brique et long bar de bois brut. Nappes sur les tables et serviettes blanches. On le sent de suite : c'est une adresse connue et patinée par le temps, un classique de la zone coloniale. Pendant longtemps, ce fut la cantine des politiciens et des intellectuels. Viande exquise, mais on sert aussi des cabris créoles, pintades ou *filetes* de la maison, savoureux et copieux, ragoût, queue de bœuf créole... Une autre salle à l'étage, plus tranquille.

La Briciola *(plan couleur II, F2,* ***60****) : Arzobispo Meriño, 152 A, à l'angle de Padre Billini. ☎ 809-688-5055. Lun-sam 12h-15h, 18h-minuit. Fermé dim. Résa conseillée. Pâtes env 500 RD$, plats de viande à partir de 600 RD$.* L'un des restaurants les plus élégants de la capitale, dans une superbe demeure aristocratique coloniale à l'harmonieuse alliance de pierre blonde et de brique rouge. On mange dans le patio ou sous les arcades. Cuisine italienne avec de nombreux plats de pâtes, ça va de soi. Presque tous les soirs, musique classique ou jazz en live... Service pro pour une cuisine qui mérite sa réputation.

Hors de la zona colonial

Bon marché (moins de 400 RD$ / env 7,50 €)

Barra Payan *(plan couleur I, E2,* ***65****) : av. 30 de Marzo, 140, à l'angle de la calle San Juan Bosco. ☎ 809-689-6654. En principe ouv 24h/24. Sandwichs env 100-120 RD$.* Un fast-food dominicain qui mérite le détour ! Petite boutique-resto (sorte de cafétéria) de bonne réputation ! Ouvert sur la rue, c'est une institution depuis 1962, tenue par une charmante famille. On y élabore les meilleurs sandwichs de la ville : porc, salami, poulet ou fromage... Hamburgers délicieux et bien faits. Également une douzaine de jus de fruits naturels et frais. Tradition et qualité à prix sages : voilà le secret de la maison.

Restaurante Manolo *(plan couleur I, E3,* ***66****) : à l'angle d'Independencia et Hermanos Deligne, Gazcue. ☎ 809-685-5566. Tlj 24h/24. Plats à partir de 300 RD$.* Terrasse couverte en surplomb de la rue ou salle climatisée toute vitrée (bien plus tranquille). Sandwichs, plats de viande, poissons et plats dominicains comme le *cangrejo* (poisson), le *monfongo* et le *mondongo.* Cuisine classique et fraîche, c'est propre, les prix sont abordables et surtout on sert à toute heure.

Prix moyens (400-800 RD$ / env 7,50-15 €)

I●I ***Adrian Tropical*** *(plan couleur I, D4,* ***67****) : av. George Washington, 237* (malecón), *au débouché de la calle José Maria de Heredia.* ☎ *809-221-1764. Tlj 24h/24. Plats env 250-650 RD$. Une affaire : le* plato del día, *lun-ven 11h-14h, à 200 RD$ (taxes comprises).* Une de nos adresses préférées dans la ville moderne. Sur le *malecón,* il n'y a malheureusement qu'un seul restaurant qui donne directement sur la mer, tel un perchoir : c'est celui-ci. Des escaliers, des terrasses et des passerelles, comme dans un paquebot, qui descendent vers l'océan. Idéal pour profiter du copieux *plato del día,* ou de déjeuner d'une salade mixte (bien copieuse), d'une viande grillée ou d'un *monfongo* typiquement dominicain (un délice !) servi dans une coupe en bois.

Plus chic (plus de 1 300 RD$ / env 24 €)

I●I ***El Conuco*** *(plan couleur I, E3,* ***68****) : Casimiro de Moya, 152, quartier Gazcue.* ☎ *809-686-0129. Buffet tlj sf lun, 11h-15h, env 525 RD$ (plus taxes). Plats env 350-800 RD$.* De hautes paillotes comme en province, une débauche de couleurs et de musique, on se croirait à la campagne un jour de kermesse. Une institution, car c'est un des rares restaurants de la capitale offrant une authentique cuisine dominicaine malgré la déco touristico-démagogique. La formule buffet n'est pas si mal, bien que pas très originale. Mais les vraies spécialités sont à la carte, certaines à prix raisonnables. Ce sont les serveuses et serveurs qui assurent eux-mêmes le spectacle folklorique.

I●I ***La Cave del Rey*** *(plan couleur I, D3-4,* ***69****) : Rodriguez Urdaneta, 51, petite rue qui part face au palacio de Bellas Artes, Gazcue.* ☎ *809-412-7918. Ouv midi lun-ven et le soir mar-sam. Plats le midi env 400 RD$; le soir autour de 600 RD$.* Dans un décor baroque un peu à la façon d'un théâtre italien, voici une table réputée, tenue par un chef français. Le midi, c'est madame qui concocte de bons plats traditionnels dominicains, et le soir c'est Philippe qui se met au piano pour une cuisine hexagonale. On vient y savourer une authentique blanquette de veau ou un confit de canard, préparés à base d'excellents produits locaux.

Où s'offrir une gourmandise ?

☕ ***Casa de los Dulces*** *(plan couleur II, F2,* ***74****) : angle Arzobispo Meriño et Emiliano Tejera.* ☎ *809-685-0785. Lun-sam 7h-21h, dim jusqu'à 13h.* Une grande boutique où l'on trouve des dizaines de sortes de *dulces de leche,* ces délicieuses pâtes de fruits laiteuses aromatisées à différents parfums. Et encore plein de gâteaux variés, des sucreries, des confitures, des fromages, du rhum, du café en petits paquets (pratiques à rapporter), etc.

Où boire un verre ? Où sortir ?

Pas mal d'adresses agréables dans la zone coloniale pour prendre un verre en journée ou le soir, souvent accompagné de petits concerts de qualité. Mais en dehors des grands événements festifs, les nuits de la capitale dominicaine sont plutôt calmes. Rappelons que tous les établissements publics (excepté les casinos) ferment à minuit, sauf les vendredi et samedi, où l'ouverture se prolonge jusqu'à 2h ou 3h du matin. Noter, par ailleurs, que le *malecón* n'est pas toujours bien fréquenté la nuit. Côté *nightclubs,* les grands hôtels possèdent tous leur boîte de nuit où la jetset locale se retrouve.

🍸 ***Cibao Bar*** *(plan couleur II, G2,* ***34****) : c'est le bar de l'Hostal Nicolás de Ovando. Voir aussi « Où dormir ? » et « À voir ». Happy hours 17h-20h ; jazz régulièrement jeu 18h-22h.* Pour boire un délicieux cocktail à un prix abordable dans un palais colonial magnifiquement restauré. Terrasse autour de la piscine.

🍸 ***La Cafetera*** *(plan couleur II, F2,* ***53****) : sur El Conde, à gauche du nº 253, entre Duarte et 19 de Marzo. ☎ 809-682-7114. Tlj 7h30-22h (20h dim).* Vénérable établissement de la vieille ville (c'est le plus ancien café). Fondé en 1927, ce fut le rendez-vous des réfugiés espagnols antifranquistes de la guerre d'Espagne. Long comptoir pour déguster l'un des rares vrais expressos de la capitale, et pas cher. Jus de fruits et sandwichs.

🍸 ***Grand's Cafeteria y Bar*** *(plan couleur II, E2,* ***55****) : calle El Conde, 516 ; puerta del Conde, au début de la rue du même nom. ☎ 809-685-5577. Ouv 24h/24. Voir aussi « Où manger ? ».* Dans cette chouette brasserie toujours pleine de monde, on vient déjeuner ou dîner jour et nuit, mais on s'y installe aussi pour faire une pause et descendre une bière bien fraîche. Excellents jus de fruits frais également.

🍸 ♩ ***Cinema Café*** *(plan couleur I, D2,* ***82****) : plaza de la Cultura, entre le museo del Hombre dominicano et le museo de Arte moderno. ☎ 809-221-7555. • cinemacafe.com.do • Happy hours tlj 17h-20h.* Très sympa, ce petit bar à tapas branché, installé dans un agréable patio de la cinémathèque nationale. Victor, le patron, est espagnol. Bonne ambiance et concerts le week-end.

🍸 ♩ ***Casa de Teatro*** *(plan couleur II, F2,* ***83****) : calle Arzobispo Meriño, 110. ☎ 809-689-3430. • casadeteatro.com • Centre culturel ouv tlj, 9h-2h du mat. Bar à partir de 18h et jusqu'à 2-3h ; concerts presque ts les soirs, à partir de 21h, dans la salle de théâtre. Prix d'entrée selon l'artiste (parfois gratuit).* Un des rares endroits de la capitale, en pleine zone coloniale, où l'on peut écouter de la musique en direct. Centre culturel créatif et dynamique, avec toujours des expos intéressantes (peinture, photo, sculpture...). Musique traditionnelle dominicaine et cubaine, mais aussi rock et jazz en juin et juillet, dans le cadre du Festival international. Au bar, dans le patio, tous les jours vers 22h, une chance est offerte à des chanteurs ou groupes débutants.

🍸 ♩ ***Lucia 203*** *(plan couleur II, F2,* ***84****) : calle Hostos, 203. ☎ 809-689-5546. Slt jeu 20h-1h et sam 20h-2h (parfois 3h). Entrée gratuite.* Une vénérable demeure du XVIᵉ s qui cache un grand patio ombragé par de beaux bambous et des palmiers. Concerts de grande qualité organisés en fin de semaine. Le *son* cubain est à l'honneur le jeudi après 21h, et le samedi, c'est salsa, *son* ou *merengue.*

🍸 ***Segazona*** *(plan couleur II, G2,* ***85****) : calle El Conde, 54. ☎ 809-685-4440. Tlj 8h-1h (3h le w-e).* Au fond du couloir, on trouve un bar en plein air avec DJ en fin de semaine. Bonne ambiance ces jours-là.

🍸 ***Merengue Club*** *(plan couleur II, F2,* ***92****) : calle Hostos, 156 ; entre Nouel et Padre Billini. ☎ 849-367-4555. Tlj 12h-minuit (env 2h le w-e).* Musique tropicale de qualité dans ce superbe lieu, habillé à la façon d'une grande paillote. Murs colorés, fauteuils en bambou, pleins de tableaux partout, courette arrangée avec soin et salons tranquilles. Bonne atmosphère et patron adorable, toujours sur son trente-et-un.

♩ ***Monasterio San Francisco*** *(plan couleur II, F2) : angle Hostos et Tejera. Dim à partir de 18h et jusque 22h env. Gratuit.* Devant les émouvantes ruines du monastère, un concert de *son* cubain se déroule en plein air. Les spectateurs sont juchés par centaines sur des marches ou sur les blocs en ruine. Les glacières et les chaises en plastique sont aussi de sortie, le tout dans une joyeuse pagaille. Quand les cousins lointains de Compay Segundo, affublés de chapeaux de paille, entonnent des airs populaires, tout le monde reprend en chœur et se déhanche sur la piste de danse, de 7 à 77 ans, voire plus ! Une sacrée ambiance, pleine de spontanéité populaire.

♫ ***El Sarten*** *(plan couleur II, F2,* ***90****) : calle Hostos, 153. ☎ 809-686-9621.*

Dans l'immeuble du Partido revolucionario dominicano (oui !). Jeu-dim 22h-3h. C'est un bar dansant de quartier, tout en longueur, à l'ambiance bon enfant, le rendez-vous des classes moyennes dominicaines. Musique traditionnelle du pays uniquement (salsa, *son, merengue...*). Techno, connaît pas. C'est pourquoi la clientèle n'est pas toute jeune. Ici, on vient pour danser sur des rythmes tropicaux. Accueil sympa du patron, Johnny, et contacts faciles.

♫ ***Onno's Bar*** *(plan couleur II, F2,* ***90****) : calle Hostos, 157. ☎ 809-689-1183. Tlj 17h (à partir de 23h sam)-1h (ou 3h le w-e).* Voici un haut lieu de fête chez la jeunesse dominicaine, qui vient en découdre avec la *noche* au son de la techno essentiellement. Un peu de rap, *reggaeton, bachata* et *merengue* de temps en temps. Soirées DJ ou à thème, quelquefois survoltées, surtout dans le patio à l'arrière... si on arrive à l'atteindre !

🍷 ♫ ***Bio*** *(plan couleur II, F3,* ***91****) : calle Sánchez, 125. Dim-jeu 17h-minuit, ven-sam 20h-3h.* Ambiance *muy caliente* dans ce bar-discothèque à la mode. Musique toutes tendances, jouée à fond dans une salle aux murs rouges tapissés de tableaux et dotée d'une mezzanine.

Achats

Mercado Modelo *(plan couleur II, E2) : av. Mella, 505 (et Altagracia). Lun-sam 8h-18h, dim mat slt. Attention à rester vigilant.* Construit en 1942, en pleine dictature Trujillo, c'est le plus gros marché couvert de l'île. Souvenirs, artisanat, colifichets ont pris totalement le pas sur l'alimentation. Grosse production haïtienne et artisanat de toutes sortes où le meilleur côtoie le pire. Notamment les peintures naïves, dont une blague dit qu'au préalable on exécute une longue toile qui est ensuite débitée au mètre ! Nombreuses imitations de poteries taïnas, et puis ces curieuses bouteilles dominicaines, pleines de décoctions de plantes, épices, écorces, herbes ou poulpe (les *mammas juanas*) aux vertus aphrodisiaques (le Viagra haïtien)... Sinon, CD de *merengue*, cigares (méfiance, beaucoup de faux). Marchands particulièrement collants.

Marché aux puces *(plan couleur II, G2,* ***100****) : calle de Las Damas, sur la plaza María de Toledo, en face de l'*Hostal Nicolás de Ovando. *Dim mat slt.* Si vous êtes un dimanche matin dans la capitale, vous pouvez faire un tour par ce petit marché aux puces. On y trouve de tout, et surtout beaucoup de bricoles...

Musicalia *(plan couleur II, E2,* ***101****) : El Conde, 464, angle Espaillat. ☎ 809-687-5051. Lun-sam 10h-19h.* Un spécialiste de musique dominicaine (*merengue, bachata,* salsa...) et des milliers de CD pas très chers en principe. Les spécialistes y trouveront leur bonheur.

À voir

Dans la zona colonial (vieille ville)

Délimitée par les vestiges de ses anciens remparts, portes et bastions, et par la rivière Ozama (ancien port abrité de l'époque espagnole), la ville coloniale a été classée Patrimoine mondial de l'humanité par l'Unesco. Moins spectaculaire et beaucoup plus petite que celle de La Havane, la vieille ville de Santo Domingo n'en possède pas moins sa propre personnalité. Son charme se révèle de façon plus secrète, à petites touches. Elle est à taille humaine et facile à découvrir à pied. On y découvre les vestiges des premiers bâtiments publics du Nouveau Monde, datant du début du XVIe s. De banales façades peuvent aussi révéler de somptueux patios, d'élégants escaliers intérieurs, de beaux détails architecturaux insoupçonnés.

La *zona colonial* ne se découvre pas à la va-vite, mais en douceur, en l'arpentant tranquillement... Vous apprécierez son côté village paisible, auquel un patient travail de restauration redonne aujourd'hui, malgré de nombreux ajouts modernes particulièrement incongrus (pendant l'époque trujilliste surtout), un visage plein d'une gentille et sereine noblesse.
➢ Départ du parc Colón.

Parque Colón *(plan couleur II, F-G2)* **:** c'est la place de la cathédrale, l'épicentre de la ville coloniale, le coin le plus touristique (un des rares endroits de la ville où atmosphère et sollicitations diverses sont un peu pesantes). Mais, de toute façon, incontournable. Au milieu de la place se dresse une statue de l'illustre navigateur Christophe Colomb, une œuvre en bronze, pierre et ciment de l'artiste français Ernest Guilbert (1887).
À l'angle d'El Conde et d'Arzobispo Meriño, avec sa blanche tour à ouvertures romanes, l'ancien hôtel de ville *(antigua casa consistorial)*. Les officiers haïtiens Toussaint Louverture et Jean-Pierre Boyer y reçurent les clés de la ville, et de nombreux présidents y prêtèrent serment. Côté nord de la place, plusieurs élégantes constructions, dont une boutique de cigares (bof !) et une boutique d'ambre (très belle vue sur la place depuis les fenêtres). À l'angle d'Isabel la Católica et d'El Conde, les Beaux-Arts, abrités dans le palais Borgella de 1823 (on y trouve notamment l'office de tourisme). En face, la *casa del Abogado*. Enfin, au sud, la cathédrale.

Calle El Conde *(plan couleur II, E-F-G2)* **:** c'est la plus longue rue piétonne de la *zona colonial* (environ 1 km). Elle relie la calle de Las Damas à l'est à la puerta del Conde à l'ouest. Cette artère majeure a toute une histoire, non seulement liée aux commerces et aux magasins qui la bordent, mais aussi à ses traditions un peu perdues aujourd'hui. Parmi les lieux de rendez-vous fréquentés par l'intelligentsia locale des années 1930-1950, *La Cafetera* existe toujours aujourd'hui (voir plus haut « Où boire un verre ? Où sortir ? »). Des réunions *(tertulias)* et des fêtes s'y déroulaient régulièrement, rassemblant des artistes, des écrivains, des musiciens et des politiciens libéraux. C'était un café bohème et rebelle dans une rue commerçante et classique.
Pendant la dictature Trujillo, il valait mieux être discret pour ne pas s'attirer des ennuis. Le poète Hector Inchaustégui déclara qu'El Conde était aussi un « Belladromo » en raison du nombre de belles femmes *(bellas damas)* qui y circulaient à cette époque faste.
Dans les années 1960-1990, la célèbre rue s'est lentement paupérisée, perdant de son éclat ; des boutiques minables ont remplacé les magasins élégants d'antan. Depuis 2010, la mairie a décidé d'inverser cette tendance et de réhabiliter la rue qui redevient peu à peu à la mode.

Catedral Santa María la Menor *(plan couleur II, G2)* **:** *on entre par le côté de la cathédrale, par la plazoleta de los Curas, paisible avec ses petits palmiers. En principe, lun-sam 9h-16h30 ; messe tlj à 17h et le dim à 12h. Entrée : 40 RD$ (60 RD$ avec audioguide en français).*
Édifiée de 1512 à 1540, première cathédrale des Amériques. Large, pas très haute, d'aspect trapu, construite en calcaire corallien, elle résista assez bien aux tremblements de terre et aux ouragans. Élevée en 1546 au rang de « *Catedral Metropolitana y Primada de América* » par le pape Paul III. En 1586, elle servit de quartier général à sir Francis Drake quand il mit la ville à sac.
En 1795, à la suite du traité de Bâle, les Espagnols durent quitter l'île et se virent remettre par les Français l'urne supposée contenir les restes de Christophe Colomb (mort en 1506 à Valladolid). Jusqu'alors conservée près de l'autel central, celle-ci fut envoyée à La Havane puis à Séville. Mais, le 10 septembre 1877, le père Billini découvrit près de ce même autel une autre urne contenant aussi les restes supposés de Christophe Colomb. La différence entre les deux urnes, c'est que la

seconde portait l'inscription du nom du grand amiral, tandis que la première n'en avait pas. Les « nouveaux » restes de Christophe Colomb furent mis ensuite dans une sépulture en marbre de Carrare, édifiée en 1898, tandis que ceux de Diego Colón, son fils, et de Luis Colón, son petit-fils, premier duc de Veragua, marquis de la Jamaïque et de La Vega, reposaient dans la crypte située sous l'autel. Cela dura jusqu'en 1992, date à laquelle les restes de Colomb furent transférés dans le Faro a Colón, monument grandiose (et laid) à l'extérieur de la ville.

– ***Extérieur :*** la façade principale, qui donne dans la calle Arzobispo, révèle un style plateresque très ouvragé, qui tranche avec le reste de l'édifice. En bas à droite, emblèmes des rois et reines de Castille. Belle frise sculptée d'angelots sous le fronton triangulaire. La cathédrale ne fut jamais achevée, car l'Église et les colonisateurs investissaient déjà en masse dans un Mexique beaucoup plus rentable. Un pauvre campanile en brique, un peu incongru, remplace le clocher non achevé.

– ***Intérieur :*** devant chaque centre d'intérêt, on trouve un n° correspondant à l'audioguide. Malheureusement, texte assez ennuyeux. D'emblée on remarque les trois vastes nefs et l'absence de transept. De nombreuses chapelles entourent la nef principale. Chacune des chapelles présente un plafond à la décoration différente. Panneaux d'explications en plusieurs langues (dont le français) dans toutes les chapelles. Abside avec retombées d'ogives sur colonnes torsadées. Intéressant retable central en acajou du XVIIe s.

Certaines chapelles latérales sont dignes d'intérêt : tout au fond à droite, voir le tombeau sculpté de Rodrigo de Bastidas, représenté en évêque portant une mitre. Il ne faut pas le confondre avec le conquistador du même nom (1475-1527) qui serait enterré avec sa famille dans une crypte sous cette même chapelle. Francis Drake y dormit (les hôtels devaient être complets !). Voir plus loin le texte sur la casa de Rodrigo de Bastidas. On s'arrêtera également devant la chapelle de Saint-Côme et Saint-Damien, qui accueille le tombeau de Fernando Arturo de Meriño (président et archevêque en 1880). Bon la crypte de la famille de Christophe Colomb est fermée au public. Elle renferme les urnes et les tombes des descendants du découvreur de l'Amérique, un privilège accordé à la famille par ordonnance de Charles Quint en 1537.

À l'est et au nord du parque Colón

Calle de Las Damas *(plan couleur II, G2)* **:** cette « rue des Dames » fut la première à être pavée, ce qui permit aux Dominicains d'en faire leur lieu de promenade favori sans se maculer les petons. Elle aligne nombre de séduisantes bâtisses coloniales. Une balade des plus romantique.

Museo de Armas – Fortaleza Ozama *(plan couleur II, G2)* **:** *calle de Las Damas. Tlj sf lun 9h-17h. Entrée : 70 RD$; grosse réduc étudiants.*

Cette forteresse commandait l'entrée du fleuve Ozama et la défense de la ville côté mer. On y accède par le *portal de Carlos III* (1787). Ce porche monumental débouche sur une grande esplanade gazonnée où s'élève au fond la ***torre del Homenaje,*** première construction militaire des Amériques (18,50 m de haut). Jamais modifiée, elle possède toujours son aspect d'origine avec ses créneaux. Noter l'épaisseur des murs.

Le 9 juillet 1509, don Diego Colón, fils de Christophe Colomb, y fut investi des titres de deuxième vice-roi du Nouveau Monde et gouverneur d'Hispaniola ! Autre personnage important de la forteresse, don Gonzalo Fernandez de Oviedo, célèbre premier chroniqueur des Amériques, y mourut en 1557 (sa statue s'élève dans le jardin). Chroniqueur officiel des Indes, il écrivit en 1535 la *Historia general y natural de Las Indias.* Oviedo fut un défenseur convaincu de la colonisation et de la domination des Indiens, qu'il estimait inférieurs aux Espagnols. On lui préfère l'humanisme moderne du père Bartolomé de Las Casas, lui aussi auteur d'une *Historia de Las Indias* mais bien plus objective.

Aux XIXe et XXe s, la tour servit de prison (particulièrement pour les prisonniers politiques sous Trujillo). Grimper jusqu'en haut pour le panorama sur la ville. Vue sur le fleuve Ozama et deux des trois ponts portant le nom des fondateurs de la République : Duarte, Mella et Sánchez. Nul ne peut échapper au Faro (le monument à Colomb) ni aux vilains moulins construits par Trujillo.
Côté sud, portion de remparts et plates-formes de tir du XVIe s construits à même la falaise. Noter sur la pelouse la massive poudrière isolée *(polvorin)*, avec ses murs de 3 m d'épaisseur sans ouverture, construite en 1750.

🏛 ***Casa de Bastidas*** *(plan couleur II, G2) : calle de Las Damas, sur le côté gauche de la rue, avt l'entrée (puerta Carlos II) de la fortaleza Ozama (fortaleza). C'est aujourd'hui le museo del Niño (musée de l'Enfant).* La demeure abrita un temps une caserne et un hôpital de l'armée dominicaine. Si on peut jeter un œil au patio entouré d'arcades, c'est surtout pour son histoire que l'on indique ce site. Construit en 1505, ce palais fut la prestigieuse résidence de Rodrigo de Bastidas (1475-1527). Archétype du conquistador espagnol, à la fois explorateur, exploiteur, conquérant, esclavagiste, habile politique et riche commerçant... En 1501, à la tête d'une flotte de caravelles, il reconnaît les côtes du Venezuela et de Colombie. Nommé maire honoraire *(alcalde)* de Santo Domingo, Rodrigo de Bastidas s'associe avec Diego Colón, le vice-roi des Indes, pour importer des esclaves des Bahamas. Pris de remords à la fin de sa vie, l'ancien esclavagiste décide d'abolir l'esclavage dans son domaine. Il échappe à plusieurs naufrages dont celui de la flotte de Bobadilla en 1502.

🏛 ***Ambassade de France*** *(casa de Hernán Cortés ; plan couleur II, G2) : calle de Las Damas, 42.* Là aussi, l'une des toutes premières constructions coloniales datant du XVIe s. Habitée par Hernán Cortés (1485-1547), le célèbre conquistador. Membre de la suite de Nicolás de Ovando, il arriva sur l'île en 1504, âgé de 19 ans. C'est ici, dit-on, qu'il prépara son expédition à Cuba (1511) puis au Mexique (Nueva España, 1519). La maison abrite aujourd'hui l'ambassade de France, le consulat, la Mission économique et les services culturels.

🏛🏛 ***Casa de Ovando*** *(hôtel Nicolás de Ovando ; plan couleur II, G2) : calle de Las Damas. En face du Panthéon.*
Une très grande demeure du XVIe s reconvertie en superbe hôtel de luxe, qui appartient au groupe français *Accor.* Elle fut construite en 1502 pour Nicolás de Ovando (1451-1518), gouverneur de l'île d'Hispaniola de 1501 à 1508. Originaire de la province d'Estrémadure (Espagne), Ovando succéda à Bobadilla (qui périt noyé) et à Christophe Colomb (il était son rival et provoqua sa chute). Selon le père Bartolomé de Las Casas, ce conquistador, brutal et féroce, était « digne de commander bien du monde, mais certainement pas les Indiens ». De nombreux massacres eurent lieu sous son règne. Il mourut à Séville en 1511.
Bien plus tard, en 1844, Pedro Santana, le premier président de la République dominicaine, habita dans cette demeure historique. Notez l'intéressante porte isabello-gothique (ou gothico-isabelline !). Derrière cette austère façade se cache en fait un luxueux décor, avec de nombreuses et belles salles organisées autour d'une cour intérieure fleurie. Pour le visiter, vous pouvez prendre un verre au bar de l'hôtel, le *Cibao Bar* (voir « Où boire un verre ? Où écouter de la musique ? »).

🏛🏛 ***Panteón nacional*** *(plan couleur II, G2) : calle de Las Damas. Tlj 8h (14h lun)-20h. Essayez d'y venir au moment de la relève de la garde au son de l'hymne national, en principe à 11h50. Assez spectaculaire. GRATUIT.*
Ancienne église jésuite construite à partir de 1714. Quand les pères jésuites furent expulsés en 1767, elle connut diverses affectations : entrepôt de tabac, lieu de réunion, puis théâtre jusqu'en 1918. Transformé en panthéon par Trujillo en 1958, il accueille les héros de la République (sauf Duarte, Mella et Sánchez, qui ont leur propre mausolée à la puerta del Conde, l'*Altar de la Patria*). En tout, 47 tombes, dont 28 sont encore vides et attendent leurs futurs héros.

Levez la tête et notez aussi l'immense lustre en cuivre, cadeau de Franco à son pote Trujillo. La flamme permanente, au centre, symbolise la mémoire (toujours vivante) des héros de la République.

– Sur le côté du monument, la discrète ***plaza María de Toledo*** (à gauche du panthéon), qui rappelle la mémoire de María de Toledo, épouse du vice-roi Diego Colón. Cette puissante dame était la nièce du roi Ferdinand d'Aragon et du duc d'Albe. Elle fut la première femme de l'aristocratie espagnole qui se décida à accompagner son mari au Nouveau Monde. Elle y arriva en 1509, avec un groupe d'autres espagnoles mariées à des hauts fonctionnaires de la couronne. En donnant l'exemple, en ne craignant pas l'aventure aux Indes, María de Toledo a joué un rôle de pionnière. L'arrivée de ce premier contingent de femmes eut un effet positif sur la stabilité des mœurs. Dès lors, des familles avec une descendance légitime pouvaient voir le jour. C'est ici que se déroule le marché aux puces le dimanche.

ALLONS, ENFANTS D'HISPANIOLA !

Parmi les sépultures du Panteón nacional, celle d'Emilio Prud'homme (1856-1932), Dominicain d'origine française. Il est l'auteur des paroles de l'hymne national, mis en musique par José Reyés (1835-1905). Ne manquez pas d'écouter le Quisqueyanos valentes *(c'est son titre) lors de la relève de la garde de midi au Panteón nacional – ou sur internet. Cette marche triomphale à la Verdi est pleine d'entrain, mais ce qui frappe surtout, c'est que le rythme rappelle étrangement... la Marseillaise !*

✱ ***Capilla de los Remedios*** *(plan couleur II, G2)* **:** *calle de Las Damas (angle avec la calle Las Mercedes). Ouvert quelquefois, notamment à l'occasion de concerts ou d'expos temporaires.* Cette mignonne et modeste chapelle fut construite en 1541 par don Francisco Davila, un des hommes les plus riches de la ville, très proche de Nicolás de Ovando. Davila était originaire d'Avila (Castille) et était arrivé dans l'île comme conseiller de la couronne d'Espagne.

✱ ***Reloj de sol*** *(cadran solaire ; plan couleur II, G2)* **:** *à côté de la chapelle de los Remedios, sur la jolie place avec ses canons rouillés, devant le palais de las Casas Reales.* Édifié en 1753, ce cadran solaire était disposé de telle façon que les juges de la Real Audiencia puissent voir l'heure de leur fenêtre. Sur la face est, on lisait les heures du matin, sur la face ouest celles de l'après-midi.

✱✱✱ ***Museo de las Casas Reales*** *(plan couleur II, G2)* **:** *calle de Las Damas. ☎ 809-682-4202. Mar-dim 9h-17h (16h le dim). Entrée : 100 RD$, audioguide en français inclus. Panneaux en espagnol, petit dépliant succinct en anglais. Prévoir du temps pour la visite !*

Pour comprendre l'épopée de la découverte du Nouveau Monde par Christophe Colomb, la conquête et la fondation d'Hispaniola (ancien nom de l'île de Saint-Domingue), c'est ce remarquable musée qu'il faut visiter. Voici l'un des plus intéressants édifices coloniaux de la ville. Construit en 1520 comme palais des capitaines généraux de la colonie (les représentants de la couronne d'Espagne), il fut aussi un temps résidence du gouverneur et siège de la Real Audiencia (Cour suprême). Musée depuis 1976, inauguré par le roi Juan Carlos et la reine Sophie (première visite d'un souverain espagnol depuis la colonisation du pays !).

Très belle fenêtre sculptée de style plateresque au-dessus du portail d'entrée, décorée des trois blasons de Carlos V, de l'« isla Española » et de la ville. Sur le mur sud donnant sur la calle Las Mercedes, on peut encore voir les seules armoiries conservées (au monde) de la reine Jeanne de Castille, connue aussi sous le nom de « Jeanne la Folle » (Juana la Loca), épouse de Philippe le Beau (dynastie des Habsbourg) et mère de l'empereur Charles Quint. Après la mort de son époux bien-aimé, elle devint dépressive et se retira à moitié folle dans son palais de Tordesillas (Espagne), où elle fut méchamment écartée du pouvoir par son père (le roi Ferdinand) et son propre fils.

Vestibule

Ne pas manquer l'armure de l'empereur Maximilien de Habsbourg, père de Charles Quint. Petite anecdote amusante : Maximilien voulait déjà dominer l'Europe et le monde au XVIe s. Pour agacer la France, il avait décidé d'épouser la duchesse Anne de Bretagne en 1490, mais le mariage fut annulé sous la pression de Charles VIII.

Rez-de-chaussée

– *Période taïna :* noter, dans les petites vitrines, un beau *trigonolito* (symbole de la fécondité), des haches de pierre, etc.

– *Sala de Descubrimiento, Conquista, Colonizacion y Evangelizacion :* **nombreuses informations sur les voyages de Christophe Colomb,** portrait de lui, maquettes des trois fameuses caravelles (la *Pinta,* la *Niña* et la *Santa Maria*), grande carte retraçant les quatre voyages de Colomb en Amérique, et infos intéressantes sur les frères Pinzon, que Colomb avait recrutés comme pilotes. Fac-similé du testament de l'amiral de la mer Océane (titre de Colomb). Voir aussi les instruments de navigation, et cette *mapa mundi* de l'an 1500 (reproduction) où l'on s'aperçoit que l'Europe et l'Afrique sont déjà sacrément bien dessinées. Borne de 1772 marquant la frontière entre l'Espagne et la France quand celle-ci régnait sur Haïti. Témoignages sur l'esclavage, la production de sucre de canne et de tabac. Également une ***pharmacie*** avec un splendide herbier (tiroirs décorés de paysages), bocaux divers, cornues, bocaux à herbes, pots peints... Et enfin, dans un recoin, une chaise à porteur et une calèche du XVIIIe s.

DES BLEUS AUX YEUX

Fernando Colón, fils naturel de Christophe Colomb, a écrit un livre d'amour filial sur son père. Il l'a accompagné pendant des années dans ses voyages. C'est un témoin crédible, qui n'embellit pas les choses mais tente de sauver la réputation du grand découvreur victime de ses ennemis (ils furent nombreux). Selon Fernando, à la fin de sa vie, son père avait les « yeux brûlés » à force de fixer l'horizon, le soleil et l'océan.

1er étage

– *Salle d'armes (collection Osorio) :* beaux fusils et arquebuses arabes incrustés d'ivoire ou filigranés, riche collection de casques du XVIe s, voire de l'époque romaine. Uniforme du général mexicain Pancho Villa. Arbalètes, uniformes de samouraïs et shoguns japonais. Et aussi sabres, lances...

– *Salon des Gouverneurs :* appelé aussi *Gran Salon del Trono y Recepciones.* Superbe salle éclairée par cinq fenêtres, beau plafond et plancher en bois, grosses consoles, dais du gouverneur, portraits en pied. Série de tableaux (copies) montrant les rois d'Espagne au fil des siècles.

– Puis diverses salles présentant ameublement colonial et belles porcelaines : de Puebla (Mexique), poteries espagnoles, etc. ; soldats de plomb, tableaux en faïence, maquettes, estampes...

Plaza de España *(ou plaza de la Hispanidad ; plan couleur II, G2)* **:** immense esplanade à niveaux et larges escaliers où se déroulent les grands événements et les fêtes du pays. Dominée par le peu gracieux palais des Télécommunications, souvenir trujilliste que l'on tente d'oublier. On surplombe les remparts et le fleuve Ozama. Du fleuve, on y accédait par la ***puerta del Mar*** (ou *puerta San Diego*), édifiée en 1540. Ce fut longtemps la seule entrée depuis le port et la seule porte ornementée (de style plateresque). Remarquer le superbe écusson sculpté représentant les armes de Charles Quint (Carlos Quinto), avec l'aigle à deux têtes et le blason de la maison d'Augsbourg. Augsbourg, aujourd'hui en Allemagne, était le cœur financier et politique des Habsbourg d'Espagne. Place bordée côté ville de belles demeures coloniales abritant d'agréables terrasses de restos et cafés. Lieu vraiment délicieux la nuit mais on se contentera d'y boire un verre (nourriture hors de prix et globalement médiocre). Les vendredi et samedi, à partir de 21h, se déroulent normalement des spectacles gratuits de musique et de danse. Côté fleuve, le magnifique alcazar de don Diego Colón.

🏛🏛🏛 ***Alcazar de Colón*** *(plan couleur II, G2)* **:** *plaza de España. ☎ 809-682-4750 et 809-221-1737. Mar-dim 9h-17h (16h dim). Entrée : 100 RD$ avec audioguide en français (bien fait) ; enfants 20 RD$. Les billets s'achètent dans la bâtisse blanche aux arcades de brique, sur la gauche de la place.*
Construit en 1511 pour Diego Colón, deuxième vice-roi du Nouveau Monde, amiral de la mer Océane et gouverneur de Las Indias. Il était le fils de Christophe Colomb et succéda à Nicolás de Ovando comme gouverneur de l'île (de 1508 à 1515). Marié à María de Toledo, Diego Colón est le père de sept enfants, dont Luis Colón, ancêtre de la lignée actuelle des Colón de Carvajal. La famille Colón y résida jusqu'en 1577.
La construction de ce palais nécessita 1 500 ouvriers, qui travaillèrent, aux seuls burin et marteau, la belle pierre corallienne de la région. De même, l'ensemble des 72 portes et fenêtres ne nécessita aucun clou. Belle prouesse technique, compte tenu du caractère encore primitif de la colonie. Le palais présente un style gothico-mudéjar, avec des emprunts à la Renaissance italienne. Noter les superbes loggias à arcades. L'alcazar est construit au bord d'une petite falaise qui domine la rivière Ozama. À l'époque de Diego Colón, les eaux léchaient le bas de la falaise, car ni les quais ni la route n'existaient. En 1514, Bartolomé Colón, le frère de Christophe Colomb, y trépassa.
Pendant 60 ans, l'alcazar fut le siège de la couronne espagnole aux Amériques. Les plus grands conquistadors passèrent par l'alcazar : Hernán Cortés, Francisco Pizarro, Ponce de León, Diego Velasquez et Juan de Esquivel, pour planifier les conquêtes de Cuba et de Porto Rico, de la Floride, du Mexique, du Guatemala, de la Colombie et du Pérou... D'autres événements importants y eurent lieu, comme le mariage en 1517 du cacique indien Enriquillo (symbole de la lutte des Indiens contre les Espagnols) et de Mencia.
À la fin du XVIIIe s, l'alcazar fut abandonné et tomba en ruine. Triste destin pour un endroit qui fut la clé du pouvoir espagnol.
L'édifice, restauré dans les années 1950, abrite aujourd'hui un intéressant ***Museo colonial*** (notamment pour son ameublement). Après avoir passé la belle porte au décor plateresque, impossible de décrire toutes les richesses du musée. En voici les points forts.

Rez-de-chaussée
Dans l'entrée, jolie statue de saint Michel terrassant le diable, armure de cheval du XVIe s, jolies poutres peintes avec des têtes de monstres. Vieux meubles coloniaux, céramiques du XVIIe s, vaisselle antique. Notez les tables en bois sculpté. Visite de la cuisine et ses grosses jarres de cuivres. Remarquer le tire-bottes. Et toujours les sièges de pierre près des fenêtres pour prendre le frais. Dans la salle à manger des domestiques, on goûtait les mets avant de les servir. Quelques armures. Puis on grimpe l'étroit escalier en colimaçon.

1er étage
Superbe loggia à arcades avec vue sur le fleuve et son estuaire. Balcon de pierres coralliennes où apparaissent des coquillages. On peut voir la chambre reconstituée de Diego Colón, avec son beau lit à baldaquin aux montants torsadés, un coffre ouvragé, des secrétaires ciselés. Dans l'antichambre des vice-rois, un secrétaire Renaissance du XVIIe s et des arquebuses. Remarquer la modestie de la chambre de Diego Colón. Vaste bureau en revanche, où une grande toile le montre avec son fils. Sur la table, la maquette de la Santa Maria et, dans un coin, un

étonnant coffre Renaissance aux multiples serrures. D'autres pièces présentent de nombreuses tapisseries, des peintures et des coffres de toutes tailles. Intéressant salon de musique avec une harpe d'époque. Dans la salle à manger, tapisserie flamande. Petit bibliothèque (ouvrages originaux du XVIe s aux pages polychromes). Et une jolie vue sur le fleuve et le pont flottant depuis la terrasse.

Calle La Atarazana (plan couleur II, G2) **:** la rue descend vers le fleuve. Bordée des anciens bâtiments de la douane du XVIe s remarquablement restaurés (museo naval de las Atarazanas Reales). Tout en bas, la ***puerta de la Atarazana,*** d'où l'on peut emprunter quelques longueurs du chemin de ronde sur la muraille. Sur la plaza de España, dans la partie haute de la rue, au niveau de l'alcazar de Colón, d'autres bâtiments du XVIe s abritent aujourd'hui une série de restos aussi chers que touristiques et quelques bars de nuit.

Iglesia de Santa Barbara (plan couleur II, F1-2) **:** *c'est la limite nord de la ville coloniale, au bout d'Isabel la Católica, angle Arzobispo Meriño. Dans un quartier populaire. Rarement ouvert.* Construite autour de 1562, saccagée par Drake, endommagée par divers tremblements de terre au XVIIe s, l'église présente toujours une très belle façade, encadrée de deux tours, du plus pur colonial espagnol, alliance harmonieuse de pierre et de brique. Il s'agit d'un exemple unique d'église-forteresse. Au fronton, volutes de brique du plus bel effet. À l'intérieur, une nef unique combinant les styles gothique tardif et baroque.

Museo Mundo de Ambar (plan couleur II, F2) **:** *Arzobispo Meriño, 452, angle Restauración. ☎ 809-682-3309 et 809-686-5700. Lun-sam 9h-18h, dim et j. fériés 9h-13h. Entrée : 50 RD$; réduc.* Dans cette belle demeure ancienne du XVIIe s dotée d'un patio intérieur, vous saurez tout sur l'ambre, cette résine végétale pétrifiée il y a 15 ou 20 millions d'années et qui enferma en son sein de nombreux insectes. Cette résine fut mise à la mode grâce au film *Jurassic Park.* Petit musée didactique à l'étage, avec présentation des bébêtes par familles : moustiques, libellules, mantes religieuses, abeilles... Suivant la nature du terrain et son âge, l'ambre prend des nuances de jaune très différentes, du plus clair au plus foncé. Exemples de résine brute, avant le polissage. Également quelques morceaux de larimar, pierre semi-précieuse aux tons bleus, gris et verts, que l'on trouve en République dominicaine. Le musée soutient l'école d'une ONG située juste à côté. Boutique de bijoux.

Museo de Duarte (plan couleur II, F2) **:** *Isabel la Católica, 308. ☎ 809-687-1436. • institutoduartiano.org.do • Lun-ven 8h-15h, sam 9h-12h. GRATUIT.* Intéressante visite pour ceux qui comprennent l'espagnol. Pour en savoir plus sur la vie de Juan Pablo Duarte (1813-1876), fondateur de la République dominicaine. Sa très belle maison natale, de style colonial (1760), a été transformée en musée en 1967. Dans l'entrée, beau mobilier colonial, portraits, peintures, souvenirs divers. Petites salles de littérature (manuscrits, livres), quelques armes, pierres à affûter les machettes, photos anciennes, un exemplaire de la partition de l'hymne national... et du projet manuscrit (par Duarte) de la première constitution dominicaine. Dans le jardin, où trônent les bustes de ses deux compagnons, Mella et Sánchez, on peut encore voir la niche qui abritait l'urne funéraire de Duarte de 1884 à 1944. Elle se trouve désormais dans le mausolée à la puerta del Conde.

Casa del Cordón (plan couleur II, F-G2) **:** *Isabel la Católica, angle calle Tejera. Tlj sf sam-dim 8h-16h. GRATUIT.* Construite en 1502, on dit que ce fut la première maison particulière en pierre des Amériques. Le cordon franciscain au linteau de la façade avait été commandé par le premier propriétaire, le Basque Francisco de Garay (1475-1523). Il fut momentanément gouverneur de la Jamaïque, pistonné par son neveu, Diego Colón, fils de Christophe. Puis il essaya de concurrencer Cortés au Mexique (sans succès), lança une expédition vers la Floride (sans succès). Amer, on dit que Garay serait mort de chagrin et de dépression. Ce cordon serait donc un signe « d'humilité », dit-on, après une vie riche en frasques. Beau portail sculpté en anse de panier où se retrouvent des détails architectoniques de styles isabélin, gothique et mauresque (le style mudéjar). Élégant hall d'entrée, arches de brique bien rénovées.

Monasterio San Francisco *(plan couleur II, F2)* **:** *angle Hostos et Tejera. Ne se visite pas ; on peut voir l'extérieur slt.* Parmi les plus émouvantes ruines de la ville. C'est le premier monastère du Nouveau Monde, commencé vers 1508. L'église, quant à elle, date de 1544. Saccagé par Francis Drake (encore lui !), victime des tremblements de terre de 1673 et 1751, le monastère fut abandonné en 1795. Les canons français l'écroulèrent en 1805, et il servit de carrière de pierre pendant l'occupation haïtienne en 1831. Le cyclone de 1930 acheva de lui donner son aspect actuel. Noter le grossier appareillage de pierre pour les murs et celui, plus raffiné, des fenêtres et voûtes en brique.

LE FANTÔME D'UN GRAND CRUEL

Le conquistador Alonso de Ojeda a reposé plus de quatre siècles dans le monastère San Francisco. Il y finit sa vie comme frère franciscain. Cruel, il avait inventé les guazavaras, ou « boucheries » d'Indiens... Avec 50 hommes seulement, il aurait, dit-on, massacré près de 10 000 indigènes d'Hispaniola. Avec l'or volé, il édifia la cathédrale de Tolède. Entré dans les ordres pour expier ses crimes, Ojeda est un des rares conquistadors à avoir eu une mort naturelle (1516). Curieusement, son cercueil a disparu lors de la guerre d'avril 1965.

Chaque dimanche soir à partir de 18h, ne manquez pas le ***concert de musique cubaine,*** en plein air et gratuit, qui se tient juste devant le monastère (voir « Où boire un verre ? Où sortir ? » plus haut).

➢ Retour au centre, si l'on veut, par la seule rue (Hostos) vraiment en pente de la vieille ville. Bordée de simples mais coquettes demeures populaires en surplomb.

Casa de la Moneda *(plan couleur II, F2)* **:** *Arzobispo Meriño, 358, entre Las Mercedes et Tejera. Se visite slt dim 9h-10h, les horaires les plus restreints du pays !* Une « maison des Monnaies » qui vous est déjà familière, puisqu'elle figure sur les billets de 100 RD$. Construite en 1540, elle offre un beau portail massif et plateresque au-dessus d'un petit escalier, avec des portraits sculptés dans cinq médaillons. Cette vénérable bâtisse servit d'annexe à la première *casa de las Monedas* d'Amérique. Abrite aujourd'hui la Société philatélique dominicaine.

Hospital San Nicolás de Bari *(plan couleur II, F2)* **:** *calle Hostos, angle avec Luperón, à côté de l'église de la Altagracia. GRATUIT.* Voici les ruines nobles et significatives du premier hôpital des Amériques et d'une église. Construit à partir de 1503, à l'initiative de Nicolás de Ovando, vice-roi de la colonie. La chronique prétend que ce puissant eut l'idée de cette construction après avoir vu une femme pieuse et pauvre qui soignait elle-même les malades, dans une misérable cahute située dans sa propriété. Quelques arcades encore debout, des chapiteaux ciselés, des bouts de colonnes... Un mélange intéressant de brique et de pierre.

Iglesia Nuestra Señora de las Mercedes *(plan couleur II, F2)* **:** *Las Mercedes et José-Reyes. Attention : ouv en principe slt 16h-18h et dim mat pour la messe.* Édifiée de 1527 à 1555, cette église a été placée sous la protection de la Virgen de las Mercedes, patronne du pays, laquelle figurait sur un cadre offert par la reine Isabelle la Catholique aux pères accompagnant Christophe Colomb lors de son second voyage en Amérique (1493-1494). L'église s'adosse à un couvent (cloître à arcades) où séjourna, entre 1616 et 1618, Fray Gabriel Tellez, plus connu sous son nom de plume Tirso de Molina, le premier auteur de *Don Juan.* Le monument offre une silhouette tassée et massive, dotée d'un clocher à arcades. L'église n'échappa pas au vandalisme de Francis Drake (1586) ni aux séismes et ouragans divers (1615 et 1628). Sur le flanc nord et l'entrée principale côté est, de beaux porches ouvragés, surmontés d'un haut-relief. Jolie abside avec coupole de brique. Voûte en liernes (nervures) de brique ou pierre alternées du plus bel effet. À droite, sacristie avec voûte de brique en berceau. Autel aux colonnes torses orné de plaques d'argent. Atmosphère paisible et fraîche.

Iglesia de San Lazaro (plan couleur II, E2) : Santomé et Juan Isidro Pérez. La charité est, avec l'amour et l'humilité, l'un des piliers de la doctrine chrétienne. Ici, c'est elle, la Caritas, qui est à l'honneur, comme le prouve cette inscription en latin sur la porte d'entrée du monument. D'abord église (1554), on y ajouta un hôpital pour les lépreux. Petit campanile d'angle en brique et terrasse à balustre. Porche élégant.
- L'ensemble butte sur l'ancien tracé des remparts. À 50 m, vers José Reyes, vestiges du *fort de San Lazaro* de forme pentagonale (XVIIe s). Un des rares présentant encore une double rampe et un aspect aussi bien conservé.

Au sud et à l'ouest du parque Colón

Casa del Tostado – Museo de la Familia dominicana (plan couleur II, G2) : *Padre Billini et Arzobispo Meriño. ☎ 809-689-5000. Tlj sf lun 9h-17h (dim 9h-16h). Entrée : 100 RD$. Audioguide en français (gratuit).*
Cette superbe demeure, l'une des plus anciennes de la ville (1505), porte le nom de son premier propriétaire, Francisco Tostado de la Peña, fils de l'un des premiers producteurs de canne à sucre. Homme de lettres, professeur, Tostado est considéré comme un des pères des lettres dominicaines. On dit que le premier sonnet d'Amérique y fut composé de sa main. Ironie de l'histoire, cet esthète pacifique mourut d'une balle perdue en 1586 lors de l'assaut sur la ville du pirate Francis Drake. Aujourd'hui, c'est un intéressant petit musée du XIXe s. La façade extérieure est remarquable et présente une superbe fenêtre géminée de style gothico-Renaissance, unique dans les Caraïbes.
- Au ***rez-de-chaussée,*** salon de thé, salle de musique avec un vieux Pleyel et un lustre de Murano. Admirer les beaux meubles en acajou. Salon de lecture (bibliothèque), avec un élégant secrétaire en chêne, cuisine avec objets domestiques traditionnels (gros mortier pour broyer le riz). Joli jardin et véranda à arcades.
- Au ***1er étage,*** bel escalier en colimaçon (qui mène au mirador sur le toit, fermé au public). La plus belle pièce est le grand salon d'angle, avec ses deux fenêtres (dont une géminée, très rare). Vitrine avec grand vase en porcelaine offert par Napoléon à Ulysse Heureaux, chambre à coucher des Demoiselles (voir le pot de chambre), la « salle des fiancés », etc. De la véranda à arcades, vue sur la cour intérieure.

Museo de Larimar (plan couleur II, G2) : *calle Isabel la Católica, 54. ☎ 809-689-6605. • amberworldmuseum.com • Lun-sam 9h-18h. GRATUIT. Boutique au rdc.* Sur le même modèle que le musée de l'Ambre *(museo Mundo de Ambar),* ce petit musée offre une présentation moderne et plutôt bien conçue, avec explications en anglais. Issu de la région de Barahona, le larimar est une roche aux couleurs bleutées qui ne se trouve pratiquement qu'en République dominicaine. Tout y est bien expliqué, des mystères de la formation des couleurs lors de la cristallisation au travail des mineurs, en passant par les objets sculptés, les bijoux, etc.

Monumento a Fray Antonio de Montesinos (plan couleur II, F3) : *paseo Presidente Billini (en bas d'Hostos).*
Immense statue du grand défenseur des Indiens taïnos, le frère dominicain Antonio de Montesinos (1480-1540), qui scande face à la mer un magnifique sermon que personne n'entend. Le monument a moins d'intérêt que l'histoire du personnage qu'il évoque.
Choqué par la cruauté et les atrocités commises par les colons et les *encomenderos* espagnols à l'égard des Indiens taïnos d'Hispaniola, le frère Montesinos,

orateur brillant et véhément, en prit la défense. Au nom de la justice et de l'égalité, il mena une longue lutte audacieuse et tenace. Le 30 novembre 1511, il déclama un sermon intitulé *Ego vox clamantis in deserto* (« la voix solitaire qui crie dans le désert »). Ce réquisitoire contre la violence et l'injustice fut tenu au couvent des Dominicains (voir plus bas) devant le vice-roi des Indes Diego Colón et les autorités de l'île d'Hispaniola. Il est resté dans l'histoire comme le *sermon de l'Avent*. Honni par les colons et les esclavagistes, Montesinos sensibilisa à sa lutte le roi Ferdinand d'Espagne, qui finit par promulguer les *Leyes de Burgos* en 1512. Ces mesures en faveur des Indiens ne furent jamais vraiment appliquées sur Hispaniola. L'exploitation des Indiens dégénéra en un abominable génocide. Amer et déçu, Montesinos partit au Canada en 1526 comme chapelain de l'expédition de Vasquez de Ayllon. Ce fut un échec et il revint à Cuba, puis s'en alla évangéliser les natifs du Venezuela en 1528. Son combat pour la justice se termina par une mort mystérieuse : on ne sait pas s'il fut martyrisé par les Indiens du Venezuela qu'il avait tant défendus ou bien s'il fut empoisonné sur ordre des Welser, puissants banquiers d'Augsbourg et soutien financier de la monarchie des Habsbourg d'Espagne.
Cadeau du gouvernement mexicain, cette immense sculpture doit être vue à la lueur du destin de Fray Antonio de Montesinos, précurseur des Droits de l'homme aux Amériques, même si sa base sale et humide est surtout utilisée comme latrines aujourd'hui... Ironie de l'histoire...

Convento e iglesia de los Dominicos *(plan couleur II, F2-3) : angle Padre Billini et Hostos, mais entrée au niveau du parque Duarte. Entrée – peu visible – sur la petite place (panneau* Centro de Teologia*). Église ouv tlj 8h-13h, 15h-17h. Billet : 60 RD$.*
On a un faible pour ce vieux couvent chargé d'histoire. Voici le cœur spirituel et religieux non seulement d'Hispaniola, mais de l'Amérique espagnole. Tout a commencé ici, peut-on dire. Le bâtiment fut édifié en 1511 par les frères de l'ordre des Dominicains. Le premier supérieur fut Pedro de Cordoba (1482-1521). Il attira d'autres moines. C'est ici que le frère Antonio de Montesinos fit retentir son fameux *sermon de l'Avent*, dénonçant l'extermination des Indiens taïnos. Le père Bartolomé de Las Casas (1474-1566), « apôtre des Indiens persécutés », y vécut, ainsi que Pedro Henriquez Ureña. Effrayés par la violence de la colonisation, ces hommes s'opposèrent souvent aux colons, aux esclavagistes, aux hommes de pouvoir sur l'île, au nom de l'égalité, de la justice et des idéaux chrétiens. Le cloître à arcades, à l'intérieur, abrite encore les cellules de ces grands moines considérés comme des évangélisateurs « pacifiques » (cellules transformées aujourd'hui en bureaux).
Le couvent fut même surnommé la *casa de Apostoles* (la maison des Apôtres). Il abrita en 1538 la première université d'Amérique, autorisée par une bulle papale de Paul III. En 1746, l'église fut reconstruite. Pendant l'occupation haïtienne, l'église servit de caserne. À côté, à la fin du XIXe s, Eugenio María de Hostos créa la première école laïque de République dominicaine : la *Escuela Nacional* (pour la formation des instituteurs).
Côté rue, large façade baroque, avec motifs décoratifs en brique intégrant des éléments gothico-isabellins (la petite rosace). Campanile baroque également. En faisant le tour des arcades, à un angle du patio, une porte permet d'accéder à l'église du couvent. À l'intérieur, grande et élégante nef de pierre avec ses petites nervures. Dans les petits transepts, belles voûtes travaillées. Quelques retables intéressants. Voir la chapelle du Saint-Sacrement *(capilla del Santísimo Sacramento)*, au décor insolite. Elle est aussi appelée la chapelle du Zodiaque. Au plafond, des métaphores profanes sous forme de planètes ont en effet été utilisées sur la voûte de pierre, pour symboliser les quatre évangélistes. Sont représentées Jupiter, Mars, Saturne et Mercure. Au centre de la voûte, le Soleil évoque le Christ, les signes du zodiaque les 12 apôtres, et les étoiles les saints et martyrs... On ne connaît aucune autre représentation

similaire aux Amériques. Remarquer aussi l'impressionnante voûte de pierre plate qui soutient la tribune, décorée de motifs floraux.

En face du couvent, adorable place paisible et ombragée, le ***parque Duarte*** *(plan couleur II, F2)*. En son centre, statue honorant le « Père de la Patrie » : Juan Pablo Duarte. Cette petite place devient le soir le point de rassemblement de quelques jeunes de la vieille ville, qui viennent y boire une bière achetée à la supérette du coin.

Iglesia Regina Angelorum *(plan couleur II, F3)* **:** *Padre Billini, angle avec la calle José Reyes. Rarement ouverte.* Construite en 1560. Sur la façade, niche avec coquille Saint-Jacques, buste, décor Renaissance. Deux grandes poétesses, Leonor de Ovando et Elvira de Mendoza, lièrent leur nom au couvent. À l'intérieur, vaste nef, coupole en brique, voûte en liernes et superbe retable baroque. Quelques religieuses y vivent encore.

UN PÈRE PROVIDENCE

Dans l'église Regina Angelorum repose le père Billini (1837-1890), grande figure sociale du XIXe s. Il fonda le collège Saint-Louis-de-Gonzague, créa la première caisse de secours et le premier orphelinat en 1869. Décidément sur tous les fronts, c'est aussi lui qui découvrit en 1877, dans la cathédrale de Santo Domingo, rien de moins que la « vraie » dépouille de Christophe Colomb !

Puerta de la Misericordia *(plan couleur II, E3)* **:** *Palo Hincado (et Arzobispo Portes).* Appelée aussi *puerta Grande,* ce fut la première porte de ville (1543). On raconte que les habitants du quartier y vinrent prier et demander la miséricorde céleste après un tremblement de terre dévastateur en 1842. C'est de cette grande porte que, le 27 février 1844, démarra le mouvement pour la libération du pays du joug haïtien, initié par Mella, Sánchez et Duarte (et leur société secrète, la Trinitaria). Quelques vestiges des anciens remparts également.

Iglesia Nuestra Señora del Carmen *(plan couleur II, F2)* **:** *Arzobispo Nouel (et Sánchez).* On remarque d'abord la forme basse et massive, et les murs blancs de sa façade baroque assez sobre. Entouré de pilastres en brique très ornementés, le portail d'entrée est surmonté d'une niche avec la Vierge del Carmen. Construite en 1615, agrandie en 1729, l'église servit de lieu de rendez-vous aux membres de la Trinitaria. À côté se trouve aussi la *capilla del hospital de San Andrés,* ancienne chapelle de l'hôpital. La façade est du XVIIIe s. Ne pas rater le magnifique retable baroque en bois sculpté du XVIIe s à l'intérieur, si c'est ouvert.

Puerta del Conde *(plan couleur II, E2)* **:** à l'extrémité ouest de la rue piétonne El Conde s'élève cette porte du XVIe s. C'est là que se situe le km 0 de la République dominicaine. Cette porte joua un rôle défensif lors de l'invasion anglaise de 1665 appuyée par 58 navires et 8 000 hommes... Le site fut défendu par le comte de Peñalva... d'où le nom de la porte aujourd'hui. Derrière s'étend le petit parc de l'Indépendance où s'élève le mausolée en marbre blanc des « Pères de la Patrie », l'***Altar de la Patria*** *(ouv 7h-18h).* À l'intérieur, statues imposantes de Francisco del Rosario Sánchez, l'intello (à gauche), et de Ramón Matias Mella, le militaire (à droite). Au milieu, le chef, Juan Pablo Duarte. Ils reposent tous trois dans la crypte. Autour, vestiges de la muraille, d'un fort et de l'ancien fossé.
Quant au drapeau dominicain blanc, bleu, rouge, il fut imaginé et approuvé en 1838 par Duarte et ses compagnons. Il est plus ou moins inspiré du drapeau bleu et rouge d'Haïti, pays affranchi de la domination française depuis 1804. Néanmoins, pour ne pas créer de confusion, le bleu et le rouge de la toile sont coupés par une large croix blanche symbolisant l'union des différents peuples d'Hispaniola.

Dans la ville nouvelle

Quartier commerçant *(plan couleur II, F1-2)* : *entre les av. Mella, Mexico et Duarte. Au nord de la ville coloniale.* C'est un quartier très populaire, d'une incroyable animation la journée. Boutiques clinquantes, grands magasins, supermarchés se pressant les uns contre les autres, dans un joyeux désordre d'enseignes immenses absorbant parfois la moitié de la rue. Trafic d'enfer, concerts de klaxon, musiques tonitruantes s'échappant des boutiques... À part une visite rapide au mercado Modelo (voir « Achats »), peu de touristes se baladent dans ce quartier. On n'est pourtant vraiment pas loin de la vieille ville.

Quartier de Gazcue *(plan couleur II, E2 et plan couleur I, E2-3)* : *à l'ouest de la ville coloniale, bordé au sud par le malecón. Accessible à pied depuis la zona colonial.* Entre les avenidas Bolivar et Independencia s'étend un quartier d'affaires et résidentiel assez vivant la journée. Entre Independencia et le *malecón,* quelques grands hôtels luxueux. Ruelles tranquilles bordées de belles villas et de grands arbres, entourées de jardins.

Malecón *(plan couleur I, D-E-F3-4)* : comme beaucoup de grandes villes des Caraïbes, Saint-Domingue possède son avenue de bord de mer bordée de palmiers et nommée ici George Washington – mais jamais appelée ainsi. Pour tous, c'est le *malecón,* lieu de promenade vespérale préféré des Dominicains. Il s'étire sur plus de 15 km, mais la partie la plus intéressante et la plus fréquentée s'étend de la vieille ville à Maximo Gómez. Dans la journée, c'est une artère passante, vide et sans grand intérêt. Mais c'est sur le *malecón* qu'il faut vivre les grandes fêtes dominicaines : le Jour de l'an, le carnaval et le Festival du *merengue* la seconde quinzaine de juillet.

À la limite de la ville coloniale, en bas de la calle Palo Hincado, s'élève un monument bizarre, l'***obelisco hembra*** *(plan couleur II, E3)* – l'obélisque « femelle », mais ça évoque plutôt un diapason –, élevé par Trujillo en 1947 et censé célébrer le remboursement de la dette envers les États-Unis. Plus loin, c'est un obélisque tout coloré (le « mâle » ?), construit par le Generalissimo en 1937, pour fêter le changement de nom de la ville en Ciudad Trujillo. Ce symbole trop évident de la dictature fut détourné grâce aux fresques peintes dessus, en hommage aux trois sœurs Mirabal, opposantes et victimes du régime trujilliste.

Palacio nacional *(plan couleur I, E2)* : *Dr Delgado (angle María Castillo).* Construction de prestige de Trujillo, inaugurée en 1947. Ce n'est pas là qu'habite le président, mais c'est le siège du pouvoir exécutif, donc du président de la République dominicaine. Œuvre de l'architecte italien Guido D'Alessandro. Style néoclassique, avec une coupole de 34 m de haut et de 36 m de diamètre. Si vous êtes ambassadeur ou ministre, vous admirerez le luxueux décor intérieur. Tout n'est qu'albâtre et marbre de Samaná, dans un puissant style néo-baroco-Renaissance. Le président y travaille mais n'y vit pas.

Plaza de la Cultura *(plan couleur I, D2)* : *ensemble de musées et de lieux culturels situé dans le quartier de Miraflorés, au nord de l'av. Bolívar. Excentré, mais encore accessible à pied de la vieille ville (on peut revenir en taxi). Infos : ☎ 809-686-6688. Mar-dim 10h30-17h30.* Au milieu de jardins et de beaux arbres, vous découvrirez côte à côte les musées de l'Homme dominicain, d'Art moderne et d'Histoire naturelle, le Théâtre national Eduardo Brito et la Bibliothèque nationale...

Museo del Hombre dominicano *(plan couleur I, D2)* : *plaza de la Cultura Juan Pablo Duarte, av. Pedro Henriquez Ureña (angle Maximo Gomez). ☎ 809-687-3622. • museodelhombredominicano.org.do • Tlj sf lun 9h-17h (16h dim). Entrée : 100 RD$; réduc étudiants.*

SANTO DOMINGO ET SES ENVIRONS

L'équivalent du musée de l'Homme de Paris, en plus désordonné et avec moins de moyens malheureusement. Une visite livrant pourtant de très intéressants aspects de la culture dominicaine, malgré les pannes de courant plongeant parfois le musée dans les ténèbres... S'attendre aussi à quelques salles fermées.
Curieuse apparition devant le bâtiment du musée : un voilier y est exposé ! Il s'agit du ***Black Jack.*** À bord de ce bateau, le « président constitutionnel de la république en armes », Francisco Alberto Caamaño Deño (1932-1973), revint dans son pays en février 1973 (depuis Londres où il travaillait à l'ambassade dominicaine) pour continuer la lutte pour la souveraineté nationale. De tendance castriste, ce guérillero fut tué à San Jose de Ocoa la même année, par l'armée dominicaine.
Au ***rez-de-chaussée,*** on est accueilli par une grande statue du père Bartolomé de Las Casas, le défenseur des Indiens. Puis une dizaine de monolithes retiennent l'attention. On monte ensuite directement aux étages. Au ***1er niveau,*** sections préhistoriques et archéologiques : pierres taillées ou polies, armes, pétroglyphes, etc. Objets de l'Orénoque et de l'Amazonie. Statuettes, bijoux, amulettes, objets domestiques taïnos, notamment des fresques et reconstitutions de scènes de la vie courante. Évocation également de la drogue hallucinogène *(cohoba)* qu'utilisaient les Indiens pour entrer en transe et communiquer avec les esprits. On apprend aussi que c'est sur l'île d'Hispaniola que les Espagnols découvrirent pour la première fois les cacahuètes appelées *mani* dans la langue taïno... Au ***2e niveau,*** plusieurs salles sur les arts et traditions populaires : masques, costumes de fête et de carnaval, notamment ceux, superbes, des carnavals de La Vega, de Cotui et de Montecristi. La partie la plus spectaculaire du musée. Reconstitution d'une case traditionnelle de fermier *(campesino)* et section sur les *Santos de Palo* : saints taillés dans un morceau d'arbre, parfois articulés, vénérés à certaines occasions et promenés en procession.

Museo de Arte moderno *(plan couleur I, D2)* **:** *plaza de la Cultura Juan Pablo Duarte, calle Pedro Henriquez Ureña. ☎ 809-685-2154. Tlj sf lun 9h-17h. Entrée : 50 RD$; réduc étudiants.* Architecture contemporaine, grosse structure bétonnée, dans lequel on peut voir un intéressant panorama de toutes les tendances de l'art dominicain contemporain (peinture, sculpture, etc.). On distingue les œuvres de Candido Bido, représentant la vie rurale et les paysans dominicains. Certains artistes dominicains ont été influencés par Andy Warhol et par le Mexicain Diego Rivera (social-réalisme). Expos temporaires.

Toujours sur la plaza de la Cultura, le ***Museo nacional de Historia natural*** *(plan couleur I, D2-3)* : *☎ 809-689-0106. • mnhn.gov.do • Mar-dim 10h-17h. Entrée : 50 RD$; réduc.* Un musée qui touche à tout, assez complet donc, et dans une présentation modernisée. Astronomie, minéraux (dont une partie sur l'ambre, les mines d'or et de nickel...). La salle consacrée à l'écologie présente une reconstitution bien faite des différents écosystèmes du pays. Intéressante section sur les insectes et les oiseaux endémiques de l'île, comme la cigua palmera.

L'av. Máximo Gómez abrite également le ***Palacio de Bellas Artes*** (théâtre, ballet classique, école d'art dramatique...) qui présente des expos temporaires.

Museo Bellapart *(immeuble Honda ; plan couleur I, B1)* **:** *av. Kennedy, angle Dr Lembert Peguero. ☎ 809-541-7721 (ext. 296). • museobellapart.com • Au dernier étage du concessionnaire Honda, traverser le hall entre les voitures rutilantes et prendre l'ascenseur qui mène directement au musée. Lun-ven 9h-18h, sam 9h-12h. Fermé pdt certaines vac scol. GRATUIT.* Musée fondé en 1999 par Juan José Bellapart, un entrepreneur-mécène catalan. On y voit essentiellement la collection personnelle de la famille Bellapart. Présente les grands peintres dominicains des XIXe et XXe s. Parmi eux, les pionniers de la peinture moderne, dont Jaime Colson (1901-1975), qui a vécu dans les années 1920 à Paris, où il avait subi l'influence de Picasso, Braque et Léger. Voir aussi les toiles de Celeste Woss y Gil (1890-1985), la première femme dominicaine qui se consacra entièrement à la peinture (influence des impressionnistes français), et de Diaro Suro (1917-1997), considéré comme un des fondateurs de la peinture moderne dominicaine (influencé par le muralisme de Diego Rivera).

DANS LES ENVIRONS DE SANTO DOMINGO

Faro a Colón *(mausolée de Christophe Colomb ; plan couleur I, H2) :* ☎ *809-591-1492. À l'est de la ville, compter 15 mn en voiture depuis la ville coloniale. C'est assez bien indiqué, sf l'accès au parking – par une petite entrée à l'arrière gauche du monument. En taxi depuis la zona colonial, compter 300 RD$. Tlj sf lun 9h-17h30. Compter 30 mn de visite. Entrée : 100 RD$; réduc enfants.*

Histoire du monument

L'idée d'honorer Christophe Colomb remonte au XIXe s. On sollicita l'Europe et les États-Unis pour participer à un projet d'envergure, mais finalement on se contenta en 1898 d'un tombeau en marbre de Carrare dans la cathédrale, pour abriter les restes de Colomb redécouverts peu avant.

En 1927, l'union *Panamericana* relança le projet. Au total, 1 926 architectes de 44 pays y répondirent, et les jurés, en 1931, désignèrent l'œuvre d'un Anglais, J. L. Gleave (une croix horizontale immense symbolisant la christianisation de l'Amérique). Les travaux commencèrent en 1948, mais furent arrêtés peu après, pour recommencer en 1987 sous la direction de Balaguer.

C'est l'emplacement de la première ville en bois (balayée par un cyclone) en 1496 qui fut donc choisi pour le projet définitif. On conserva l'idée de Gleave de croix horizontale, mais version ultra-bétonnée et ultra-moche, il faut bien le dire. Enfin, l'inauguration eut lieu en présence du pape, en 1992, pour le 500e anniversaire de la découverte de l'Amérique (sur fond de profond mécontentement populaire par rapport à la mégalo balaguérienne et la religiosité dégoulinante de l'inauguration !). C'est la raison pour laquelle une papamobile insolite est exposée à l'entrée.

Polémique sur les restes de Christophe Colomb

Ironie de l'histoire : Christophe Colomb a deux mausolées en son nom. Autrement dit, ses restes sont conservés dans deux endroits différents : ici et dans la cathédrale de Séville, en Espagne. Où est la vérité ? Ce casse-tête n'est toujours pas résolu malgré des années de recherches alimentées par une vive polémique entre les historiens des deux pays.

Petit rappel des faits : Colomb lui-même avait écrit dans son testament qu'il voulait que, après sa mort (à Valladolid en 1506), ses restes soient transportés à Hispaniola. On sait qu'ils furent, en effet, rapportés à Santo Domingo par sa belle-fille María de Toledo, qui traversa l'Atlantique avec deux urnes funéraires. Celle-ci transporta en même temps les restes de son époux Diego Colón, mort en Espagne en 1526. Les restes des deux Colón (père et fils) furent placés dans deux urnes distinctes, dans la cathédrale de Santo Domingo. Les reliques supposées être celles de l'amiral furent remises par les Français (quand ils envahirent la partie espagnole d'Hispaniola) aux Espagnols

PIÈCES DÉTACHÉES FAÇON PUZZLE

La polémique sur la sépulture de Christophe Colomb est telle que des scientifiques espagnols ont procédé en 2003 à un test ADN sur les ossements conservés à Séville (ceux de Christophe et de Fernando, l'un de ses fils). Mais si on a bien établi que les ossements reposant à Séville sont ceux du navigateur, il n'est pas exclu qu'une autre partie de son squelette repose en République dominicaine, à Santo Domingo.

en 1795, avant que ces derniers ne quittent l'île. Elles passèrent par Cuba avant de parvenir finalement à Séville à la fin du XIXe s, où elles seront entreposées dans le mausolée de la famille en 1902. C'est la version espagnole.
Les historiens dominicains affirment, quant à eux, qu'en 1795 l'urne funéraire rapportée par les Espagnols ne portait aucune inscription. Ils oublièrent d'en prendre une deuxième, cachée derrière la première et qui portait l'inscription du nom de Christophe Colomb. Celle-ci fut d'ailleurs retrouvée par le père Billini en 1877, sous l'autel de la cathédrale. Résultat de cette méprise : les Espagnols auraient pu rapatrier à Séville les ossements de Diego Colón, le fils, et non ceux du père. Dans cette hypothèse, à Séville seraient conservées les deux urnes des deux enfants de Christophe Colomb, nés de deux unions différentes : Diego et Fernando (fils naturel). Mais pas celle du père !

La visite du mausolée
El Faro apparaît donc comme un monument colossal en forme de croix, couché sur le sol. Un bloc de 230 m de long et 70 m de haut. Architecture modèle de légèreté aérienne, mais on ne va pas s'appesantir sur le sujet. L'édifice abrite à la croisée des deux branches de la croix le « saint des saints », c'est-à-dire un gros coffre métallique noir renfermant les restes supposés de Christophe Colomb, sous un monument soutenu par des colonnes en marbre.
À l'intérieur, le monument consiste en une enfilade de salles, chacune étant aménagée comme un petit musée. On recommande de commencer par le couloir de droite et de revenir par celui de gauche. On avait offert aux gouvernements des pays ayant participé au financement du monstre des emplacements pour qu'ils puissent exposer leur contribution à cette commémoration. Résultat très inégal, certaines sections se révélant particulièrement pauvres, voire bâclées (non, on ne vous dira pas quels pays, on n'est pas des délateurs !). Pourtant, on commence par une intéressante section historique.
On y trouve des reproductions de l'acte de mariage et du testament d'Isabelle la Catholique, d'une carte de 1580, déjà bien précise pour l'époque, et d'une bulle de 1493 du pape Alexandre VI, base du droit international pour les découvertes. Un magnifique calendrier maya illustré et dépliant, de 6,82 m de long, véritable B.D. du temps qui passe. Belles estampes de Palenque, réalisées au XVIIIe s à la demande du roi d'Espagne. De Christophe Colomb, aucun texte original, car les documents originaux sont conservés à Séville (*Archivos de Indias*, bibliothèque Columbine) et à Simancas (Archives nationales espagnoles près de Valladolid). Notez le *livre des Prophéties* annoté de sa main, et son testament, épais registre de 250 pages (Colomb est mort à Valladolid, disgracié mais riche). Voir aussi la reproduction de la célèbre carte des Amériques (on disait donc Las Indias) illustrée de Juan de la Cosa (1500).
Puis viennent les contributions des pays proprement dites : Japon et Chine (Colomb pensait qu'Hispaniola et Cuba n'étaient que les parties orientales de la Chine – Cathay – et du Japon – Cipango). Mais aussi Italie, France, Portugal, Taiwan, Israël (on pense que Colomb avait des origines juives), États-Unis... Magnifique tableau représentant la reine Élisabeth II. Une mention à certains pays d'Amérique latine et des Caraïbes qui firent un réel effort, notamment Cuba, qui offrit une belle et très longue pirogue et autres objets. La Colombie se distingue par des bijoux et figures zoomorphes, et le Guatemala a fait don d'une Passion du Christ en figurines très colorées.

Los Tres Ojos *(hors plan couleur I par H1)* **:** *av. de las Americas, Santo Domingo Este. À 2 km du Faro a Colón, en continuant le boulevard en direction de l'aéroport. Tlj 8h30-17h30. Entrée : 50 RD$; réduc enfants ; plus cher avec un guide. Balade en barque possible.* Ces « trois yeux » sont trois (en fait quatre, le quatrième a été découvert plus tard) lacs souterrains de couleur et de profondeur différentes, qu'on découvre au fond d'une grotte à ciel ouvert. L'un d'eux, aux eaux soufrées, présente de beaux reflets jaune-vert. On peut y voir des poissons et quelques tortues. Habité autrefois par les Indiens taïnos, le site plaira aux amoureux d'atmosphères humides et de végétation exubérante, malgré le bruit de l'autoroute qui longe le parc.

Si vous avez du temps et que vous cherchez de quoi occuper les enfants, il y a encore le ***Jardín botaníco nacional*** *(av. República Columbia ; hors plan couleur I par A4 ; tlj 9h-18h)* ; non loin, le ***Parque zoológico nacional*** *(hors plan couleur I par A4 ; tlj sf lun 9h-16h30)* ; et enfin, à 2 km à l'est du centre, sur l'av. España, l'***Acuario nacional*** *(hors plan couleur I par H3 ; tlj sf lun 9h30-17h30).* De quoi divertir tout le monde !

QUITTER SANTO DOMINGO

En voiture

À certaines heures et sur certains axes, circuler dans la capitale peut s'avérer cauchemardesque. Tâchez de disposer d'un bon plan de la ville avec indication des sens uniques. Sachez par ailleurs qu'il y a des péages à la sortie de la ville pour entrer sur l'autoroute (30 RD$). Si vous avez de la monnaie, vous éviterez la queue aux caisses.

➢ ***Vers l'ouest et le sud*** *(Bani, Barahona et la frontière haïtienne)* **:** c'est très facile ; rejoindre le *malecón,* puis c'est toujours tout droit jusqu'à l'entrée sur la *autopista 30 de Mayo.*

➢ ***Vers Santiago :*** rejoindre également le *malecón,* partir vers l'ouest et tourner à droite à la hauteur de l'avenue Maximo Gómez, monter jusqu'à l'avenue John F. Kennedy que l'on emprunte vers la gauche, puis c'est tout droit, cette avenue devenant ensuite la *autopista Duarte.*

➢ ***Vers l'est*** *(l'aéroport Las Americas, Boca Chica, La Romana)* **:** le plus simple, c'est de rejoindre le *malecón* là encore, prendre à gauche, puis après le grand virage, prendre le premier pont à droite. C'est le pont flottant *(puente flotante).* À la sortie du pont, prendre à droite, rejoindre l'avenue de España qui débouche sur la *autopista de las Americas.*

➢ ***Vers le nord et Samaná :*** prendre la route vers l'est, en direction de l'aéroport Las Americas et Boca Chica. Quelques km avant l'aéroport, indication sur la gauche pour Samaná et prendre une rampe qui descend sur la gauche (rouler doucement car peu visible), puis suivre les indications. Ouf, on est sur l'autoroute Juan Paolo II, qui mène à la presqu'île de Samaná. Prévoir env 430 RD$ en tout pour les 3 péages !

En bus

Nous conseillons, si vous êtes chargé en bagages, de voyager seulement sur les grandes compagnies. Les grands bus, *Mercedes* ou *Volvo,* ont des soutes à cet effet. Dans les petits bus (30 places marquées et peut-être 50 les jours de pointe...), vous risquez d'avoir votre sac à dos sur les genoux !

Terminal Caribe Tours *(plan couleur I, D2,* ***2****)* **:** *à l'angle de 27 de Febrero et Leopoldo Navarro. ☎ 809-221-4422 (extension 2002). • caribetours.com.do • Guichet d'infos ouv tlj 5h30-20h.* Terminal moderne avec billetterie, bureau de change, banque *Banco Caribe* *(lun-ven 7h-19h, sam jusqu'à 18h et dim 14h),* boutiques, cafétéria, nombreux guichets de vente de billets.

➢ ***Azua :*** 8 bus, 6h15-17h30. Trajet : 2h. Prix : 180 RD$.

➢ ***Barahona :*** 4 bus, 6h15-17h15. Trajet : 3h15. Prix : 260 RD$.

➢ ***Dajabón :*** 6 bus, 6h30-15h45. Trajet : 5h. Prix : 340 RD$.

➢ ***Jarabacoa :*** 4 bus, 7h-16h30. Trajet : 2h30. Prix : 270 RD$.

➢ ***La Vega :*** bus ttes les 30 mn, 6h-20h. Trajet : 1h45. Prix : 200 RD$.

➢ ***Montecristi :*** 6 bus, 6h30-15h45. Trajet : 4h30. 340 RD$.

➢ ***Nagua :*** 12 bus, 7h-16h. Trajet : 2h15 *(autopista).* Prix : 310 RD$.

➢ ***Puerto Plata :*** bus ttes les heures, 6h-19h. Trajet : 4h30. Prix : 320 RD$.

➢ ***Río San Juan :*** 4 bus, 6h30-17h30. Trajet : 2h30. Prix : 320 RD$.

➢ ***Samaná :*** 8 bus (dont 4 par

l'autoroute), 7h-16h30. Trajet : 3h. Prix : 310 RD$.

➢ ***San Francisco de Macoris :*** bus ttes les heures, 7h-19h. Trajet : 2h30. Prix : 250 RD$.

➢ ***Sánchez :*** 8 bus (dont 4 par l'autoroute), 7h-16h30. Trajet : 2h. Prix : 310 RD$.

➢ ***Santiago :*** bus ttes les 30 mn, 6h-20h. Trajet : 2h45. Prix : 270 RD$.

➢ ***Sosua :*** bus ttes les heures, 6h-19h. Trajet : 4h45. Prix : 320 RD$.

➢ ***Haïti :*** se renseigner *(☎ 809-221-4422, ext. 2023).* 2 bus/j. Départ le mat pour Puerto Principe (Port-au-Prince). Trajet : 9h. Env 40 US$, plus 21 US$ de taxes. 1 bus/j. pour Cap-Haïtien (Cabo Hatiano).

Terminal Metro *(plan couleur I, A3, **1**)* ***:*** *à l'angle de Jimenez Moya (Winston Churchill) et F. Prats Ramirez. ☎ 809-227-0101. • metroserviciostu risticos.com • Lun-ven 6h30-20h, w-e 7h-20h. Dans le petit terminal, distributeur de billets et kiosque pour grignoter.* Bus très confortables, mais beaucoup moins de liaisons que *Caribe Tours.*

➢ ***Puerto Plata (via Santiago) :*** 7 bus, 7h-19h. Trajet : 3h30. 3 bus/j. poursuivent jusqu'à ***Sosua*** (ceux de 7h, 11h et 16h).

➢ ***Santiago :*** bus env ttes les heures, 6h30-20h. Trajet : env 2h.

Terminal du parc Enriquillo *(plan couleur II, E1, **3**)* ***:*** plusieurs petites compagnies autour du parc Enriquillo. Difficile de désigner cet endroit par le terme Terminal, car en fait il s'agit d'une série de compagnies privées rassemblées le long de cette place animée et populaire. Chacune a son bureau. Les taxis savent normalement où vous déposer, en fonction de votre destination. Moins chères que les 2 grandes compagnies (*Caribe Tours* et *Metro*), mais conditions de voyage beaucoup plus sommaires. À éviter si on a des valises, car il faut parfois payer une place en plus ! Souvent, les minibus n'ont pas d'horaires et partent quand ils sont pleins.

➢ On trouve des bus entre autres pour le Nord ***(Samaná, Las Terrenas),*** mais aussi et surtout pour l'Est (***La Romana, San Pedro de Macoris, Higüey*** et ***Punta Cana,*** le bus s'arrêtant normalement à l'aéroport de Punta Cana), ainsi que pour le Sud-Ouest ***(San Cristóbal, Nizao...).***

➢ ***La Romana :*** avec *Sichoem (angle Ravelo y Duarte ; ☎ 829-537-5480).* Nombreux bus 5h-21h15, quasiment toutes les 30 mn. Durée : 1h30. Prix : 180 RD$.

➢ ***Bávaro :*** avec *Aptra (calle Ravelo ; ☎ 809-6856540).* Nombreux bus quotidiens, 1 départ ttes les 20 mn env, 5h30-20h. Durée : 4h30. Ils passent par ***Higuëy.***

➢ ***Boca Chica*** (très important si vous voulez rejoindre l'***aéroport Las Americas*** pour pas cher) ***:*** avec *Sicho-Proboch (calle José Marti, angle avec calle Henriquez y Carvajal ; ☎ 829-520-7947).* 24 bus/j. 6h-21h. Durée : env 40 mn. Billet : 70 RD$. Ce bus ne va pas à l'aéroport (protectionnisme des syndicats de taxis...), mais si vous le prenez, il passe devant la bretelle d'autoroute qui y mène. De là, des taxis vous emmènent à l'aéroport pour env 60 RD$.

Bus directs Santo Domingo-Las Terrenas *(plan couleur II, E1, **4**)* ***:*** 3 liaisons/j. dans les 2 sens.

– ***Depuis Santo Domingo :*** départs de la calle Barahona, 129 ; arrêt connu sous le nom de *Parada de Samaná* (y aller en taxi). *Infos : ☎ 809-687-1470 (à Santo Domingo).* Départ à 9h, 11h et 13h40. Durée : env 2h30. Bus spacieux avec clim, passant par l'autoroute ; compter 350 RD$. Achat des billets directement dans le bus. Également 3 *guaguas* qui font le même trajet et partent du même endroit à Santo Domingo. Compter 300 RD$. Un poil moins cher donc, mais la *guagua* s'arrête partout, c'est moins confortable et bien plus long.

– ***Depuis Las Terrenas :*** départs tlj 5h, 6h40 et 14h (à vérifier). *Infos : ☎ 809-240-5302 (à Las Terrenas).* Départs du centre du village, à côté du cimetière. Bon à savoir : les bus marquent un arrêt à la fin de l'autoroute, à la jonction de la route côtière sud (Boco Chica-aéroport-Santo Domingo). Des taxis sont toujours présents sur place. Pratique si vous devez vous rendre directement à l'aéroport. Compter alors env 700-800 RD$ (à négocier).

En avion

– ***Vols intérieurs :*** ils sont plutôt bon marché. Ainsi, le trajet Santo Domingo-Las Terrenas (soit la plus grande distance dans l'île) coûte environ 90 US$ l'aller.
– ***Vols internationaux :*** la taxe de sortie est incluse dans le billet d'avion si le séjour ne dépasse pas 30 jours. Au-delà, elle coûte 800 RD$. S'il vous reste des ***pesos dominicains,*** change possible en zone internationale, après les contrôles d'immigration (prendre le couloir sur la droite). Sinon, mieux vaut se débarrasser du maximum de pesos avant. Il y a un bureau de change (banque *Banreservas*) en face des comptoirs d'enregistrement ; taux très moyens.

✈ ***Aéroport international Las Americas*** *(hors plan couleur I par H1)* **:** *à 24 km du centre-ville.* ☎ *809-947-2225.* • *aerodom.com* • Compter 1 700 RD$ (env 42 US$) en taxi pour le rejoindre à partir de la capitale.

■ ***Air France*** *(plan couleur I, D3,* ***17****)* **:** *av. Maximo Gómez, 15 (dans le centre commercial El Faro).* ☎ *809-686-8432.* • *airfrance.com* • *Lun-ven 9h-17h. À l'aéroport Las Americas :* ☎ *809-689-9382.*

✈ ***Aéroport national et international La Isabela*** *(hors plan couleur I par A1)* **:** *au nord de la ville.* ☎ *809-826-4019.* • *aerodom.com/app/do/aeropuertos_laisabela.aspx* • *Du centre-ville, remonter l'av. Lincoln en direction du Jardin botanique ; là, prendre l'av. de la República de Colombia, puis à droite l'av. Jacobo Magluta Azar, ensuite c'est indiqué.* Vols intérieurs pour Puerto Plata, Santiago, Barahona, Punta Cana, La Romana, Samaná et Las Terrenas (El Portillo). Vols internationaux pour les Antilles essentiellement.
■ ***Aerodomca :*** ☎ *809-826-4141.* • *aerodomca.com* • Au départ de La Isabela, 2 vols/j. pour l'aéroport d'El Portillo (Las Terrenas). Ne fonctionne pas toute l'année.

À L'EST DE SANTO DOMINGO

Bien plus développée sur le plan touristique que la région ouest, la côte caraïbe, qui s'étend de la capitale jusqu'au sud de la baie de Samaná, est la plus réputée et la plus fréquentée du pays. On y trouve des dizaines de plages exposées au sud, des îles paradisiaques, des complexes ultra-luxueux, ainsi que la plupart des attractions touristiques du pays, le tout étant desservi par les trois aéroports internationaux de Las Americas, La Romana et Punta Cana. La liaison par autoroute de la capitale jusqu'à Punta Cana (2h30 de trajet) a encore facilité les déplacements des Dominicains. Mais il reste aussi de charmants villages de pêcheurs, comme Guayacanes, Bayahibe ou Boca de Yuma, qui ont gardé un peu de leur caractère.

BOCA CHICA

99 500 hab.

Boca Chica était depuis les années 1920 l'une des stations balnéaires les plus appréciées du pays, mais elle a connu au début du siècle un net déclin au profit de Punta Cana. Située à seulement 30 km de Santo Domingo, Boca Chica reste néanmoins pour le week-end et les jours fériés le lieu de prédilection des habitants de la capitale. Une ambiance familiale d'un côté, et assez vénale de l'autre, en raison du tourisme sexuel qui s'est développé. Il est fréquent que des rabatteurs proposent des *« chicas »* (des filles) au voyageur de passage, en particulier aux hommes seuls... Malgré tout, de Boca Chica, on retiendra son immense plage et son lagon peu profond, protégé par une barrière de corail. À faible distance, au large, un massif de mangrove sert de refuge à une colonie d'oiseaux, tandis qu'au loin le port de Caucedo aligne ses portiques à conteneurs, preuve de l'essor économique du secteur.

Topographie

Pour se repérer, c'est très simple : une rue principale, la *calle Duarte,* qui longe la mer. On y trouve une enfilade de commerces et de restaurants à touche-touche. Les hôtels se trouvent généralement dans les rues parallèles, un peu en hauteur, ou bien du côté de la plage, face à la mer. Vers l'est, on trouve la zone hôtelière, avec *resorts* principalement. Le centre de la station se parcourt facilement à pied.

Adresses utiles

■ ***Banco Popular :*** *calle Duarte, 28, presque en face du parque central. Lun-ven 8h30-15h, sam 9h-13h.* Distributeur à l'extérieur.
■ ***Bureaux de change :*** *plusieurs dans la rue principale, calle Duarte, pas loin les uns des autres.* Profitez-en pour comparer les taux.
■ ***Western Union :*** *calle Duarte, 65, à un bloc du parque central. Tlj 8h-22h.*
■ ***Politur :*** *calle Duarte. ☎ 809-523-5120.*
✉ ***Poste :*** *calle Duarte. À l'ouest près du parque central. Maison bleue face à* Western Union. *Lun-ven 8h-16h30.*
■ @ ***Téléphone international et Internet :*** on trouve des centres un peu partout où l'on peut surfer et téléphoner.
@ ***Cybercafé Punto.com :*** Plazza gallery, *face à l'épicerie italienne* Punto Italia. *Tlj 8h-19h.*
■ ***Punto Italia :*** Plazza gallery shopping *(la galerie commerciale située au 58, calle Duarte). ☎ 809-523-5359. Tlj 8h30-19h.* Petite épicerie de produits italiens, tous plus appétissants les uns que les autres : jambons, fromages, vin, olives... Extra pour le pique-nique.

Où dormir ?

De bon marché à prix moyens (moins de 1 500-2 500 RD$ / env 28-46 €)

▲ ***Villa Marianna :*** *calle Juan Bautista Vicini, 11. ☎ 809-523-4679. • bocachicaplaya.com/villa_marianna_inglese.htm • Un peu plus haut que le parque central ; à 3 mn à pied de la plage. Doubles env 40-50 US$ avec ventilo ou AC ; apparts 55-65 US$.* Petit hôtel familial, propre et net, avec des murs blancs entourant une petite piscine. Accueil jovial d'une famille dominicaine qui fait très attention à la tenue de sa maison. Les 20 chambres donnent soit sur la piscine (les plus chères), soit sur l'arrière (les plus calmes). Eau chaude. Bar. Une adresse souriante, au bon rapport qualité-prix.
▲ ***Hotel Casa Coco :*** *calle Dominguez, 8 ; perpendiculaire à la calle Duarte. ☎ 809-523-4409. • hotelcasacoco.com • En hte saison, doubles env 1 200-2 000 RD$ selon taille et confort ; petit déj non compris.* Petit hôtel tenu par Isabelle et Thierry, un couple de Vendéens accueillants mais qui comptent prendre sous peu une retraite bien méritée. Autour d'une piscine, 8 chambres doubles avec petites salles de bains (eau chaude) et AC ; et 2 plus vastes pouvant accueillir jusqu'à 4 personnes. Au restaurant, très bonne cuisine française... Possibilité de transfert de et vers l'aéroport de Las Americas. Une adresse conviviale pour passer de bonnes vacances au calme.

Chic (2 500-4 000 RD$ / env 46-74 €)

▲ ***Calypso Beach Hotel :*** *calle Caracol, à l'angle de 20 de Diciembre. ☎ 809-523-4666. • calypsobeachhotel.com • En hte saison, doubles env env 56-75 US$, avec 1-2 lits, petit déj inclus.* À 100 m de la plage, dans un style vaguement Art déco, une quarantaine de chambres spacieuses et propres, avec AC, ventilo, TV, coffre, petit bar et balcon. Vue sur la rue, la piscine pour certaines, ou la plage au loin. Certaines ont une mini-cuisine. Sur place : restaurant, bar, billard et laverie.

Les *resorts all inclusive* (à partir de 100 US$/pers)

▲ |●| ***Don Juan Beach Resort :*** *sur la plage, calle Nuñez, 4. ☎ 809-687-9157* *ou 809-523-4511.* • *donjuanbeachresort.com* • *Doubles env 120-155 US$ selon confort.* Grand *resort* à la dominicaine avec un peu plus de 220 chambres et suites, réparties dans des petits bâtiments fonctionnels de 3 ou 4 étages (sans ascenseur). 3 types d'habitation : standard, supérieure avec balcon ou suite avec vue sur la mer. Toutes avec bains, AC, téléphone et TV satellite. 5 bars, 2 restaurants, 1 discothèque et 2 piscines dont une avec jacuzzi. Nombreuses activités proposées : plongée, voile, windsurf, tennis, vélo, excursions, animation nocturne, etc. Club pour les enfants (de 3 à 12 ans). Il conviendra notamment aux familles et aux sportifs. Transfert quotidien vers Santo Domingo.

Bellevue Dominican Bay : *calle Juan Bautista Vicini, angle 20 de Diciembre.* ☎ *305-774-0040.* • *bellevuedominicanbay.com* • *En retrait par rapport à la plage, à laquelle on accède par un pont. Autour de 100 US$ pour 2 pers, min 3 nuits.* Grand *resort* de plus de 430 chambres confortables, spacieuses avec 2 lits doubles, réparties dans des bâtiments ocre d'un étage maximum, au sein d'un parc ombragé. L'ensemble est finalement assez convivial et harmonieux. 3 restaurants, 2 snacks, 3 bars (dont 2 ouverts tard dans la nuit), 2 piscines, club pour les enfants et discothèque sur la plage.

Hotel Be Live Hamaca : *tt à l'est de calle Duarte, angle Caracol. Infos et résas :* ☎ *800-737-62747.* • *belivehotels.com* • *Compter 150-3 000 US$/pers selon confort et saison, tt inclus ; min 2 nuits. Supplément pour la vue. Réduc de 40 % par Internet si résa 2 mois à l'avance.* On loge dans des bâtiments de 2 étages avec vue sur jardin ou dans un bâtiment de 6 étages face à la mer. Plus de 600 chambres et suites tout confort, toutes avec AC, minibar (garni), téléphone, TV satellite et balcon pour certaines. Rien ne manque à cette usine de luxe : petite plage privée, 2 grandes piscines avec bassin pour enfants et jacuzzi, casino, boutiques, massages, discothèque, club pour les enfants, plusieurs restaurants (dont l'excellent *Pelicano*) et bars.

Où manger ?

Les restaurants sont regroupés dans la rue principale, calle Duarte, et débordent parfois excessivement sur la plage. Des kiosques, dans les allées qui mènent à la plage, et à l'extrémité de celle-ci, côté San Andrés, proposent de bonnes grillades de poisson pour une centaine de pesos.

Prix moyens (400-800 RD$ / env 7,50-15 €)

Pequeña Suiza : *calle Duarte, 56.* ☎ *809-523-4619. Tlj 7h-0h30.* Un endroit stratégique au cœur de l'animation, où l'on vient aussi prendre une bière en fin d'après-midi. Tenu par un Suisse, ce resto existe depuis longtemps et ne vieillit pas trop mal, une valeur sûre, donc. Salle à manger étroite, située à l'arrière, au calme, dans un cadre assez agréable. À la carte, 7 fondues différentes et généreuses : au fromage, au poisson, à la viande, savoyarde, à la chinoise... Excellent café servi au bar donnant sur la rue.

Chez Marius : *calle Duarte, 28 (au début de la rue, côté plage, à côté du club de plongée).* ☎ *809-523-6869.* Petit resto populaire, repris par un Italien où l'on sert des plats de la mer, simples et bons, comme les crevettes à *la criolla* (à la créole) ou de la langouste sortie toute fraîche du vivier. Apéro généreux et BBQ sur la plage.

Ristorante Gusto Tropical : *calle Duarte, 19.* ☎ *809-523-9381. Tlj jusqu'à 23h. Plats env 250-500 RD$.* Au cœur de l'animation. Derrière une marquise rayée de blanc et rouge, une grande salle en profondeur, ventilée et agréable, tables espacées, cuisine et plats italiens bien mijotés : *pasta,* salades, soupes, etc. Vin au verre. Et aussi des glaces et un bon expresso à l'italienne.

The Boat House : *calle Duarte, 34.* ☎ *809-523-6986. Tlj 9h30-23h30 (2h ven-sam).* Une bonne adresse sur la plage, très prisée des touristes anglophones. Plats dominicains et internationaux à prix sages. Les samedi et dimanche, on y sert de l'*American Soul Food* sur le gril de 10h à 18h.

De chic à plus chic (800-1 300 RD$ et plus / env 15-24 €)

Boca Marina : *calle Prolongación Duarte, 12 ; un peu après l'hôtel* Oasis Hamaca. ☎ *809-688-6810.* Peut-être pas le meilleur poisson de la ville, mais assurément le cadre le plus charmant et dépaysant : des pontons en bois qui avancent sur la mer et des voilages flottant au vent. Ambiance chic et maritime. Cuisine de la mer aux accents latins : soupes, salades, poissons en sauce, *a la plancha* ou vapeur, et même des paellas. Cela reste le meilleur rapport qualité-prix-charme dans cette catégorie.

À faire

Plage : bordant tout le village, donc très pratique d'accès. Bien large, elle permet de se trouver une petite place à soi. Un vrai plus pour les familles avec des enfants en bas âge : l'eau est très peu profonde (et on y a presque toujours pied), lisse comme un miroir (avec la barrière des récifs) et transparente. Mais attention aux bateaux ou autres jet-skis !

Plongée sous-marine : l'un des intérêts de Boca Chica, c'est le nombre de récifs coralliens (donc de poissons) à observer dans la baie, ne serait-ce qu'autour de l'île située face à la plage principale. N'oubliez pas d'apporter masque et tuba.

■ ***Tropical Sea Divers :*** *calle Duarte, 28, sur la plage, dans le même bâtiment que* Chez Marius *(voir « Où manger ? »).* *829-697-9522 ou 809-767-9890.* • *tropicalseadivers.com* • *Initiation 65 US$ avec l'équipement ; plongées env 32 US$, selon nombre de plongées, équipement inclus et accompagnement par un guide professionnel.* Un club tenu par Alex, un Suisse, et Jutta, une Allemande, tous deux polyglottes. Pour les débutants, plongée dans le « jardin de corail » (8-12 m). Les plus confirmés descendront à 40 m, au *nitrox garden*.

■ ***Don Juan Beach Resort :*** *voir « Où dormir ? ».* Accessible seulement par la plage si vous n'êtes pas client de l'hôtel. On peut y louer du matériel ou réserver des excursions au club de plongée.

GUAYACANES

À 17 km à l'est de Boca Chica et 3 km à peine de Juan Dolio. C'est un village côtier sans urbanisation excessive qui s'étire le long d'une petite route en bord de mer. La plage est idyllique, quand elle est bien nettoyée... On y fait un crochet, sans déplaisir, pour une courte étape ou pour le déjeuner.

➢ En voiture, quitter l'autoroute Las Americas à une quinzaine de kilomètres de Boca Chica et prendre la direction « Boulevard », puis la 1re sortie indiquant « Playa », tout simplement (ni Guayacanes ni Juan Dolio ne sont indiqués).

Où manger ? Où boire un verre ?

Playa del Pescador : *dans l'unique rue du village, côté plage.* ☎ *809-526-2613. Tlj 8h-23h. Plats env 250-400 RD$.* Il mérite un détour dès l'heure du petit déj, proposé en plusieurs formules. Sous une belle paillote, avec du mobilier en bois et en osier, prolongée par une grande terrasse donnant sur la plage. Environnement superbe, les pieds dans l'eau ! Au menu, excellente cuisine de poisson et fruits de mer, *ceviche*, langoustes sortant tout droit du vivier. La spécialité est la *picadera El Pescador*, et le plus succulent des poissons est le *chillo*. La carte est courte, mais c'est l'un des meilleurs restos du coin dans sa spécialité, dans un très joli cadre qui se transforme en bar le soir.

La Madrague : *calle Central, 51. ☎ 809-526-2124. Ouv mar-jeu 10h-18h30, ven-sam jusqu'à 22h30 et dim 9h-19h30. Plats env 300-450 RD$.* Gestion française, on s'en douterait ! Galerie de photos évoquant les belles années de Saint-Trop'. Resto les pieds dans l'eau, on passe des fauteuils plage pour un cocktail aux tables dressées en salle pour le repas. Plats goûteux et frais. Service sympathique.

Achats

Les Ateliers de Chantal : *dans l'unique rue de Guayacanes, côté est, 400 m avt le restaurant* Playa del Pescador. *☎ 809-613-1234. Tlj 9h-18h.* Dans cette boutique, vous trouverez des œuvres et objets artisanaux bien moins chers que dans les magasins pour touristes, et surtout plus authentiques. Ils sont réalisés soit par des enfants, soit par des artistes et artisans locaux qui reversent un pourcentage des ventes à l'association *Solaidom*, créée par Chantal. Cette Nantaise a ouvert 4 écoles dans le secteur. Les enfants dominicains de milieux défavorisés y apprennent leur histoire, leur langue, le français et même l'informatique... Et si cela vous dit d'y passer la nuit, le centre dispose d'une chambre d'hôtes avec petite cuisine et terrasse privative donnant sur la mer *(1 000 RD$ la nuit pour 2 pers).*

JUAN DOLIO

À environ 50 km à l'est de la capitale, Juan Dolio comprend deux parties : le village d'origine et le quartier moderne. Venant de Boca Chica, en tournant à Playa Juan Dolio (après la station *Shell*), on gagne le vieux Juan Dolio, le quartier ancien et le plus intéressant. Petite station balnéaire bien sympathique, où se déroule la vie de village entre la plage et la rue unique, calle Central. Atmosphère tranquille et nonchalante. Pour accéder à la partie moderne, Villas del Mar, il faut poursuivre sur 3 km et tourner au niveau du panneau « Hemingway ». On débouche sur un long boulevard parallèle à la plage, bordé d'immeubles modernes quelconques, certains même pas terminés, la crise financière étant passée par là. C'est dans cette partie de Juan Dolio que l'on trouve les principaux commerces, banques, etc., mais l'ensemble ne respire pas la joie de vivre.

Adresse utile

■ ***Banco Popular :*** *sur la route d'accès entre l'av. principale (le « Boulevard ») et Villas del Mar. Lun-ven 9h-16h, sam 9h-13h.* Change et distributeur.

Où dormir ?

De bon marché à prix moyens(1 000-2 500 RD$ / env 18,50-46 €)

Chez Naïto : *à une intersection centrale de la station, en face du resto* La Movida. *☎ 809-526-2026. Doubles env 1 000-1 500 RD$ avec douche (eau chaude), w-c et AC.* Naïto (tiens, un anagramme de taïno !) est une vénérable Dominicaine d'origine japonaise. Elle tient une épicerie au rez-de-chaussée d'un bâtiment attenant à cette grande maison moderne, qui abrite 14 chambres, sommaires mais propres. Pas l'adresse du siècle, évidemment, mais un compromis honnête pour les petits budgets, à deux pas de la plage.

Hotel Fior di Loto : *calle central, 517, à 100 m du grand condominium* Las Olas. *☎ 809-526-1146. • fiordilotohotels.com • 3 tarifs, 25-40 US$ selon confort ; petit déj inclus.* Non ce n'est pas vraiment un lieu baba cool mais un petit hôtel original et tout blanc dans le style New Age, mêlant l'Inde, l'Italie et la Rép' dom. La patronne, Mara, anime une fondation humanitaire en Inde, où elle vit d'ailleurs quelques mois par an. Vous imaginez les senteurs patchouli dans l'hôtel ! Bonne ambiance routarde et accueil très souriant. Cours gratuits de yoga et de psychologie intégrale. Jacuzzi, bar... on ne s'ennuie pas. Quant aux chambres colorées, il y en a de toutes les tailles (petites, grandes, 1 ou 2 lits...) et pour toutes les bourses, la moitié d'entre elles dotées d'une kitchenette (livraison de repas possible). Avec ventilo et eau chaude matin et soir.

Resort (à partir de 150 US$)

Coral Costa Caribe : *côté gauche par rapport à l'intersection, à env 1 km. ☎ 809-562-6725. • coralhotels.com • Env 150-280 US$ la nuit pour 2.* Immense *resort* de luxe aux bâtiments imposants. De grand confort, 400 chambres avec clim, TV... Outre la plage de sable fin, on dispose de 3 piscines dont une belle avec mur-fontaine, jacuzzi et spa. Plusieurs restaurants, bars, casino et discothèque. Personnel pro et clientèle en grande partie américaine. Nombreuses activités : tennis, gym, vélo, équitation, kayak, voile, water-polo, golf à proximité. Également un miniclub avec piscine pour enfants.

Où manger ?

Dans le vieux Juan Dolio

Prix moyens (400-800 RD$ / env 7,50-15 €)

Restaurant Praga (Ceska Hospoda) : *plaza Perla Mar I, local 6, calle Principal. ☎ 809-526-1848. Tlj sf 1er mar du mois 8h-23h.* Notre adresse préférée dans un décor soigné. Un jeune Tchèque, sympathique, tient ce petit resto, prolongé par une terrasse donnant sur la plage. On y sert des plats locaux et végétariens, des soupes, du poisson, mais aussi des spécialités tchèques. Petit coin salon à l'entrée.

Ristorante-Pizzeria El Sueño : *calle Principal, à 350 m de l'intersection, sur la gauche de la route en allant vers l'hôtel* Coral Costa Caribe. *☎ 809-526-3903. Tlj sf lun 12h-23h.* Enfoui sous un bouquet de gros arbres, voici un des meilleurs restos du secteur. Les présidents de la République, qui disposent d'une villégiature d'État à Juan Dolio, viennent parfois y dîner. Cuisine italienne savoureuse. Poisson bien frais et pâtes délicieuses. Également des pizzas à emporter. Belle carte de vins argentins et chiliens.

La Movida : *au début de la calle Principal (côté plage) en face du supermercado* Naïto. *☎ 809-526-1311. Tlj sf jeu 12h-23h.* Resto donnant sur la plage. Vaste terrasse couverte d'une belle paillote. Carte d'inspiration italienne : pièces de viande, plats de poisson et fruits de mer, pâtes et, bien sûr, pizzas.

À Villas del Mar

Prix moyens (400-800 RD$ / env 7,50-15 €)

La Brisa Plaza Express : *sur la route qui relie la plage et le quartier de Villas del Mar ou la route nationale (à 200 m). ☎ 809-526-1053. Lun-ven 7h-22h, sam-dim 7h-1h.* Pas si loin de la plage (500 m), à côté d'un supermarché en bord de route, sous une paillote modeste et bien tenue. Bon accueil et cuisine d'un bon rapport qualité-prix. Propose aussi le petit déj.

Giulia's Cafe : *plaza Hispaniola. ☎ 809-526-1492. Tlj sf mer 8h-17h.* Un sport-bar avec écrans TV diffusant les matchs de foot sur un coin du boulevard qui propose de plantureux petits-déj à l'anglaise avec œufs et bacon. Une aubaine !

El Mesón : *calle Boulevard (côté terre), face au grand complexe Club Hemingway. ☎ 809-526-2666. Parking devant. Tlj 11h-23h.* Bon restaurant proposant, en plus des habituels poisson et viande, une variété de spécialités ibériques : gaspacho, *cazuelada de mariscos...* Salle en terrasse, à l'arrière. Bon accueil.

El Concon : *à l'extrémité est du boulevard qui longe la mer, sur la gauche. ☎ 809-526-2652. Tlj 11h-23h.* Grand resto-pizzeria animé sous une large *palapa*. Les familles dominicaines le prennent d'assaut le week-end. Très bonne cuisine locale, poissons au four, plats dominicains, pizzas au four à bois, *calzone* et large choix de vins. Ambiance musicale le samedi soir.

DANS LES ENVIRONS DE JUAN DOLIO

Cueva de las Maravillas : *en bordure de l'autovía del Este à 16 km de San Pedro de Marcoris. ☎ 809-951-9009. Mar-dim 9h-18h (dernière entrée à 17h15). Compter 45 mn pour la visite. Entrée : 300 RD$; réduc 3-12 ans. Guides parlant le français et l'anglais, particulièrement dévoués.* Une visite à ne pas manquer. Entrée monumentale sur la gauche de la route nationale, en venant de Santo Domingo. Décor, ambiance, éclairage, tout est parfait dans cette grande et belle grotte souterraine. Certains l'ont surnommée le « Lascaux dominicain » ! On parcourt à pied 800 m sur 2 400 m au total. Une véritable plongée dans le ventre de la terre et au cœur de l'histoire taïna, ces Indiens natifs d'Hispaniola, décimés au XVIe s. Les archéologues ont retrouvé près de 500 peintures rupestres. Petite expo à l'entrée. Centre équestre sur place *(compter 400 RD$ pour une balade à cheval).*

LA ROMANA

203 000 hab.

À 130 km à l'est de Santo Domingo et 24 km de Bayahibe, La Romana est une grosse ville dominicaine authentique, animée, bourdonnante et commerçante. Patinée par le temps, décrépite dans son centre quadrillé selon l'urbanisme colonial, avec des rues qui se coupent à angle droit, elle peut être une étape pour le voyageur qui ne cherche pas forcément les plages de Bayahibe ou Boca de Yuma. Le *parque central* rend hommage aux vedettes locales de base-ball avec une série de statues de métal. La ville doit son nom à une grande balance romaine qui servait au XVIe s à peser les marchandises transitant par ce port, important à l'époque. De cette glorieuse époque, il reste une zone franche dont l'activité économique apporte un gros plus à la vie locale. Toute l'économie de la région dépend de la compagnie sucrière *Central Romana*, une fringante centenaire, qui emploie 25 000 personnes et possède

81 000 ha, ce qui en fait le plus grand employeur et le premier propriétaire privé du pays. La compagnie est active également dans les domaines du tourisme et des services et s'est diversifiée au fil des ans dans les secteurs de la fabrication de produits chimiques, l'élevage, la transformation de la viande, l'industrie de fonderie, la fabrication des matériaux de construction, le port de croisière, les zones de libre-échange, les opérations aéroportuaires et l'immobilier. Autant dire qu'à La Romana, rien ne se passe sans la *Romana* !

Adresses utiles

■ ***Banco Popular :*** *calle Santa Rosa, à 2 blocs de Padre Abreu. Lun-ven 8h-15h et sam mat.* Distributeur de billets.

@ ***Internet Café :*** *parque central, calle Eugenio Miranda (à côté de la* Panadería Trigo de Oro*). Ouv tlj.*

■ ***Consul honoraire de France :*** *☎ 809-836-3842. • consularomana@gmail.com •*

Où dormir ? Où manger ?

De bon marché à prix moyens

Hotel River View : *calle Restauración, 17. ☎ 809-556-1181. À 3 blocs du parque central, en descendant vers le fleuve. En hte saison, double 2 250 RD$ en ½ pens. Parking.* Il n'a pas vraiment de vue sur la rivière, mais celle-ci est toute proche. Une quarantaine de chambres sans grand charme, avec clim, TV, eau chaude. De tailles différentes, certaines peuvent accueillir 4 personnes. Quelques-unes ont vue sur le fleuve ; celles du rez-de-chaussée sont bien moins plaisantes. Un bon rapport qualité-prix.

|●| ***Panadería Trigo de Oro :*** *calle Eugenio Miranda, 9. ☎ 809-550-5650. À 30 m du parque central, dans la rue qui part à droite de l'église. Lun-sam 7h-22h, dim 7h-15h.* Un havre de calme et de fraîcheur. Dans une ancienne maison coloniale avec varangue, un café-resto-boulangerie tenu par deux Français. Voilà l'endroit idéal pour déguster d'appétissants sandwichs, snack et pâtisseries, et terminer par un bon expresso. Le plus étonnant, c'est la boulangerie, proposant pêle-mêle croissants, baguettes et bouteilles de vin bien français.

|●| ***Pizzeria Al Río :*** *calle Restauración, 43. ☎ 809-550-9109. Derrière la caserne des pompiers, à 3 blocs du parque central en allant vers le fleuve. Tlj sf mar 11h-15h, 18h-23h. Plats du jour 400-500 RD$.* Ça ressemble à un grand *rancho* au toit de *canas,* surplombant la rivière et la verdure. Décor agréable et aéré, avec vue sur la rivière en contrebas. Accueil jovial et, bien sûr, tout un choix de pizzas au four, de taille XXL pour les plus chères. Excellent rapport qualité-prix.

|●| ***Portofino :*** *calle Benito Monción, 11. ☎ 809-349-9856. Au-dessus de la marina. Tlj jusqu'à 23h env.* Plus facile d'accès que la *Pizzeria Al Río,* et plus charmant car la salle domine la rivière. Bonne cuisine dominicaine. Excellentes pâtes et poissons (fraîchement pêchés), comme le *chillo.* Goûter également le *ceviche de mero,* succulent.

CASA DE CAMPO – ALTOS DE CHAVÓN

L'endroit le plus étonnant du pays, pour ne pas dire le plus riche et luxueux... Un véritable ghetto pour riches ! En fait, ici, on n'est plus vraiment en

République dominicaine, mais dans une enclave en dehors des lois qui régissent habituellement le commun des mortels. Construit par un consortium de Cubains de Miami, Casa de Campo est tout simplement un territoire pour milliardaires, un rendez-vous très prisé de la jet-set, bref un morceau de jardin d'Eden, entre les Bahamas et Acapulco, Palm Beach et l'île Moustique. Les places coûtent très cher. Parmi les résidents les plus assidus, citons entre autres : Julio Iglesias, Bill Clinton, quelques têtes couronnées, des stars de cinéma, des champions sportifs... et bien d'autres people qui préfèrent garder l'anonymat.
Cette *casa de campo* (qui signifie « maison de campagne ») consiste en fait en un domaine de 7 000 ha donnant sur la mer des Caraïbes, avec ses avenues, ses étangs, ses jardins, ses forêts, sa marina, sa minuscule plage privée (Minitas), son gigantesque complexe hôtelier et sa « zone réservée » avec, cachées dans la végétation, 1 500 résidences de luxe sous haute protection (il en reste encore à vendre...).
Le domaine possède tout naturellement sa propre police, sa caserne de pompiers et, bien sûr, son aéroport international, à La Romana, desservi quotidiennement de Miami par la compagnie *American Airlines* de *Corsair* et de *XL Airlines* et de partout par des jets privés. On se déplace dans le domaine à bord de charmantes petites voitures de golf. Pour aller plus vite, un service de navettes en minibus est également mis à la disposition des clients.
Côté distraction, rien n'a été oublié pour que les résidents gardent la forme : club de tennis (18 courts), *fitness center* (gym, massage, squash, etc.), centre de tir (ball-trap, tir au pigeon, chasse simulée) et même trois terrains de golf de 18 trous, dont un réputé parmi les meilleurs du monde, *The Teeth of the Dog*, où ont lieu fréquemment des tournois internationaux. Pour les amateurs de cheval : un club équestre, un ranch, une aire de rodéo et deux terrains de polo (c'est plus chic). Sans oublier les multiples piscines, mais ça, c'est presque banal.

Infos pratiques

– L'entrée se trouve sur la route nationale (en direction d'Higüey), à 2 km de La Romana, sur la droite. Infos : ☎ 809-523-8698. • casadecampo.com.do • Tarif : 25 US$. Pièce d'identité obligatoire. Avec ce billet d'entrée, on peut visiter Casa de Campo, mais aussi Altos de Chavón et la marina.
Plusieurs ***restaurants*** sur place, un ***supermarché*** et un ***boulanger***. Si on a réservé une table dans un resto du site, on peut alors sortir du domaine après les horaires officiels.

À voir

Altos de Chavón : *accès en voiture slt. Tlj 8h30-17h. Quelques km après la Casa de Campo, on doit laisser sa voiture à l'entrée du hameau d'Altos.*
Situé sur le domaine de Casa de Campo (280 ha), cet étonnant hameau en constitue la caution culturelle. Perché sur une falaise dominant le fleuve Chavón, Altos de Chavón est en fait un village d'opérette, construit de 1976 à 1982 par le scénographe Roberto Copa pour le compte du milliardaire américain d'origine autrichienne Charles Bluhdorn (un copain d'Henri Kissinger) qui rêvait de posséder une petite ville romantique de style italien du XVIe s et de l'offrir à sa fille bien-aimée le jour de ses 18 ans ! C'est ce que l'homme fit et ce que la fille apprécia...
Il faut bien l'avouer, le résultat est franchement étonnant, l'illusion ayant été entretenue par une armée de décorateurs et d'artisans venus d'Italie. Les rues pavées, les maisons de pierre, les arcades, les toits de tuiles, les réverbères, les grilles en fer forgé, rien n'a été oublié, à l'image de cette charmante petite église sicilienne

où sont célébrés d'authentiques mariages ! Michael Jackson y a fait bénir son mariage avec Priscilla Presley. On est même allé jusqu'à reproduire à l'identique un amphithéâtre romain ! Tout cet ensemble a remarquablement bien vieilli car il est très bien entretenu.
Aujourd'hui géré par une fondation privée, Altos est devenu, outre un musée à ciel ouvert consacré aux touristes très fortunés, un village artisanal (ateliers de céramique, fabrique de meubles, boutiques, etc.), mais aussi une résidence internationale d'artistes et d'étudiants en art, et une école de design.
– ***Amphithéâtre :*** *juste après la fontaine, sur la droite en venant de l'entrée du village.* Ce vaste théâtre de plein air d'inspiration romaine peut accueillir jusqu'à 5 000 personnes. Inauguré en 1982 par Frank Sinatra, il a vu se produire depuis de nombreuses stars (Sting, Shakira, Julio Iglesias, Placido Domingo...). Si vous avez l'occasion d'y voir un concert ou un opéra lors de votre passage, ne la ratez surtout pas : cadre somptueux le soir, avec les collines et la jungle en toile de fond, la nuit tropicale enveloppant la scène...
– ***Iglesia San Estanislao :*** on peut y admirer une jolie statue en bois représentant saint Stanislas (le patron de la Pologne), sculptée à Cracovie. Touché par la présence de cette statue, Jean-Paul II a, paraît-il, offert à la paroisse une urne contenant les cendres du saint. N'hésitez pas à monter au clocher, c'est le point culminant de la région et la vue y est sublime.
– ***Río Chavón :*** on peut descendre jusqu'au fleuve, 318 marches y conduisent. Superbe panorama sur la vallée et le fleuve Chavón, en contrebas du village.
– ***Museo arqueológico :*** *GRATUIT.* Très bien conçu et didactique. Il est consacré à l'histoire de l'île depuis ses premiers peuplements jusqu'à la conquête espagnole et le génocide des Taïnos. On y voit aussi le résultat des fouilles effectuées dans la région. Quelques belles pièces de l'art et de l'artisanat des Indiens taïnos, dont ces étranges spatules (des os de lamantin) destinées à se faire vomir lorsqu'ils inhalaient des substances hallucinogènes lors des cérémonies religieuses.
– ***Galeries d'art :*** elles présentent des œuvres d'artistes dominicains contemporains. La plupart s'inspirent surtout de la peinture « naïve » haïtienne, célèbre sur les marchés américains et européens et qu'admiraient tant Breton et Malraux.

DANS LES ENVIRONS DE CASA DE CAMPO

➢ ***Excursions sur le río Chavón :*** *sur la route d'Higüey. À 5 km env de Casa de Campo, on arrive à la Boca de Chavón, vallée très encaissée, avec un pont. À droite, sur la rive, des bateaux amphibies attendent les touristes pour les promener sur la rivière. Le circuit coûte env 60 US$/pers ; à négocier.* Depuis que l'entrée à Casa de Campo est payante, c'est le seul moyen de découvrir la vallée du Chavón. Préférez les petits bateaux (10 personnes) aux gros récupérés de l'armée américaine, qui embarquent 150 personnes. Ces derniers ne sont d'ailleurs utilisés que lorsqu'un groupe a réservé. Les tours vont jusqu'à la marina. Ils permettent de voir des villages de pêcheurs et des grottes autrefois habitées par les Indiens taïnos.

BAYAHIBE

À 25 km au sud-est de La Romana, niché au fond d'une baie, Bayahibe est un petit village de pêcheurs à l'ambiance tropicale et nonchalante qui vit aujourd'hui surtout du tourisme. On y parcourt sans se presser les quelques

rues pavées et chemins de terre, bordés par des baraques en bois toutes colorées. Bayahibe présente un énorme avantage : la plage (pas bien grande), avec ses palmiers et ses cocotiers, est située dans le village même, et de nombreux bateaux de plaisance mouillent dans la baie aux eaux turquoise. Le tableau est séduisant.
Durant la journée, le hameau se remplit de touristes qui viennent, en cars, de Punta Cana ou de Dominicus (le quartier neuf des *resorts* à quelques kilomètres à l'est de la playa Bayahibe) pour les excursions en bateau pour l'île de Saona (voir ce chapitre plus loin) ou pour celle de Catalina. Mais rien n'empêche d'y séjourner quelque temps pour explorer les multiples possibilités du parc national.

Arriver – Quitter

➢ À 30 mn en voiture de ***La Romana.*** En arrivant à l'intersection, la route qui monte vers la gauche mène à **Dominicus,** station balnéaire avec ses *resorts* et ses grands hôtels. Un quartier artificiel, somme toute agréable, avec ses commerces et ses restaurants. Mais rien à voir toutefois avec le cœur du village de pêcheurs, auquel on accède en prenant sur la droite au croisement.

Arrêt des guaguas : *dans la rue Juan Brito. Compter 60 RD$ pour le trajet depuis La Romana.*

➢ **Dominicus** *(quartier des grands hôtels et* resorts *à l'est)* **:** au départ de Bayahibe, taxi ou *guagua* ttes les 20 mn. Trajet : 10 mn.

Adresses et infos utiles

■ ***Distributeurs automatiques :*** *à la* ***BanReservas*** *(plan B2,* ***2****), à côté de l'*Hotel Bayahibe. *Lun-ven 9h-12h, 13h-16h. Également un distributeur à l'entrée du* ***supermercado La Defensa*** *(plan B2,* ***3****). Sinon, distributeurs automatiques à Dominicus.*

■ ***Change*** *(plan B1,* ***4****)* **:** *dans la rue principale (calle Juan Brito).* Plusieurs bureaux de change tout proches les uns des autres, notamment à l'angle de Federico Rijo *(tlj 9h-21h).*

■ ***Pharmacie*** *(plan A-B2,* ***5****)* **:** *calle Principal, playa Bayahibe. ☎ 809-833-0453. En face du resto* Capitan Kidd. *Lun-sam 8h-21h, dim 8h-18h.* Petite, mais on y trouve l'essentiel.

■ ***Politur*** *(police touristique ; plan B1,* ***6****)* **:** *calle Principal, indiqué « Inspectoria Bayahibe ». Ouv 24h/24.* On y parle l'anglais.

Supermercado La Defensa *(plan B2,* ***3****)* **:** *rue principale, à 20 m du magasin* Scuba Fun. *Tlj 8h-21h.*

■ @ Au village même ou dans les *plazas* commerciales de Dominicus, on trouve tous les services habituels : Internet, banques, téléphone, pharmacies, boutiques, etc.

Où dormir ?

Grand choix pour se loger, entre les petits hôtels économiques et accueillants ou les appartements dans le village, et plus loin les grands hôtels-clubs *(resorts)* de Dominicus. Il y en a pour tous les budgets, et le confort est souvent au rendez-vous.

Bon marché (moins de 1 000-1 500 RD$ / env 18,50-28 €)

Cabañas Maura *(plan B2,* ***10****)* **:** *calle Federico Rijo, 62. ☎ 849-873-5645. En venant de la plage par la rue principale,*

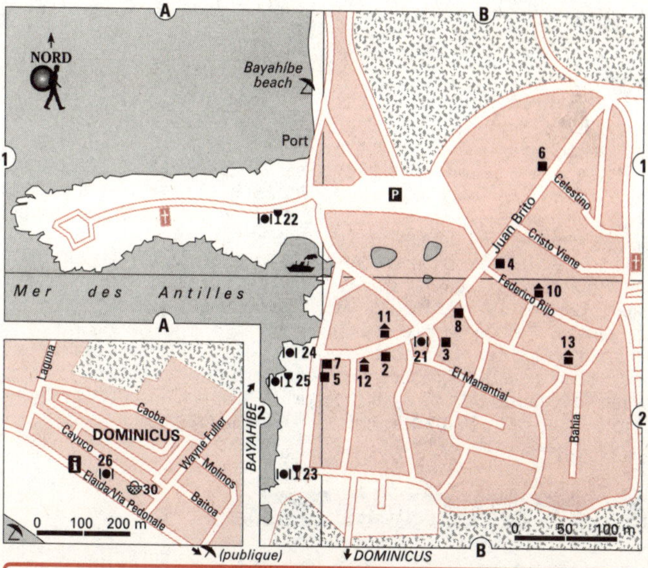

BAYAHIBE

Adresses utiles

2 BanReservas
3 Distributeur automatique et supermercado La Defensa
4 Bureau de change
5 Pharmacie
6 Politur
7 Casa Daniel
8 Scubafun

Où dormir ?

10 Cabañas Maura
11 Cabanas Turísticas Trip Town
12 Hotel Bayahibe
13 Villa Iguana

Où manger ? Où boire un verre ?

21 La Esperanza
22 Bamboo Beach
23 Barco Bar
24 Restaurant-pizzeria Capitan Kidd
25 Mare Nuestro
26 Le Vivier

Achats

30 Bayahibe Fine Cigars

tourner à droite. C'est 50 m plus loin, dans la petite rue. Env 800 RD$ en hte saison. On aime bien ces petites baraques en bois aux murs verts. Une poignée de chambres assez modestes avec ventilo et douche (froide ou tiède). Bon accueil de la patronne et ambiance familiale et pieuse.

Cabanas Turísticas Trip Town (plan B2, **11**) : *dans la rue principale, presque en face de l'Hotel Bayahibe. ☎ 809-833-0082. Cabañas env 1 000-1 200 RD$ avec douche et w-c, ventilo ou clim ; apparts env 2 000-5 000 RD$.* Autour d'une petite cour intérieure (où les voitures se garent comme dans un motel), quelques bungalows abritent des chambres confortables. La même famille dominicaine, accueillante, loue également, tout à côté, de petits appartements impeccables, spacieux, avec 1 ou 2 grandes chambres, bien équipés et avec vue sur la mer. Un rapport qualité-prix tout à fait avantageux.

De prix moyens à chic (jusqu'à 4 000 RD$ / env 74 €)

Hotel Bayahibe *(plan B2, **12**) : au bout de la rue principale, à 20 m de la mer. ☎ 809-833-0159. • hotelbayahibe.net • En hte saison, double env 43 US$, petit déj compris. (à la réception et escaliers au-dessus).* Une adresse familiale très agréable pour le prix. Une vingtaine de chambres confortables, spacieuses et claires, avec lits doubles, TV, frigo. Préférer les chambres au 3e étage car plus claires, et notamment celles, bien ventilées avec balcon, côté mer. Dispose d'un coin de plage privée. Petit déj à prendre au resto *Doña Clara* à 50 m sur le port.

Villa Iguana *(plan B2, **13**) : calle Thomas Cedenio. ☎ 829-919-2612. • villaiguana.jimdo.com • Grande bâtisse orange avec une paillote sur le toit derrière le supermarché* La Defensa. *Doubles env 45-75 US$ selon confort, petit déj compris ; penthouse env 120 US$; apparts à partir de 70 US$ pour 2.* Une maison moderne, en béton peint en rose saumon, très bien tenue par un couple d'Italiens. Une dizaine de chambres de confort différent (ventilo ou AC). Il y en a même une sur le toit, le *penthouse,* une chambre glamour avec petite piscine privée et terrasse d'où l'on a une vue magnifique sur le village. Et aussi des appartements équipés à louer. Enfin, diverses possibilités d'excursions, notamment des sorties en catamaran. Une bonne adresse.

Où manger ? Où boire un verre ?

Bon marché (moins de 400 RD$ / env 7,50 €)

La Esperanza *(plan B2, **21**) : entre* l'Hotel Bayahibe *et le* supermercado. *Plat du jour env 200 RD$.* Sorte de minuscule baraque (5 tables), modeste et discrète. Les locaux la connaissent bien. C'est leur cantine. Pas de menu. La patronne apporte le plat du jour (souvent du poulet au riz) et la sauce pimentée, en toute simplicité. Sandwichs et *empenadas,* aussi.

De prix moyens à chic (jusqu'à 1 300 RD$ / env 24 €)

Bamboo Beach *(plan A1, **22**) : au niveau du grand parking des cars, face à la mer. 829-410-1326. Tlj sf mar 11h-23h.* Grande paillote donnant sur la plage et proposant une bonne cuisine française et des crêpes... bretonnes ! Langoustes, *lambi a la plancha,* salades composées, pâtes aux langoustines et viande grillée. Accueil hyper-gentil du couple de propriétaires Bretons. En prime, le barman est un as pour préparer les cocktails tropicaux.

Barco Bar *(plan A2, **23**) : du kiosque face à la mer, prendre au bout de la rue à gauche. ☎ 849-875-5081. Tlj sf mar 8h30-0h30.* Petite terrasse agréable et aérée qui regarde la plage. On peut aussi y boire un verre. Vivier à langoustes. Bonne cuisine toscane, que l'on savoure face au coucher du soleil. Délicieuses pâtes aux fruits de mer. Loue aussi des petites vedettes à moteur (sans permis).

Restaurant-pizzeria Capitan Kidd *(plan A2, **24**) : au bord de la rue qui longe la plage. ☎ 849-350-1977. Tlj jusqu'à 22h30.* On ne peut pas le louper : son nom et son style se remarquent en bord de plage. Spécialités italiennes, avec vue sur la mer. Magnifique soleil couchant et dîner romantique lorsque les flambeaux éclairent la plage.

Plus chic (plus de 1 300 RD$ / env 24 €)

Mare Nuestro *(plan A2, **25**) : au bout de la rue principale, face à la mer et au kiosque. ☎ 809-833-0055. Tlj sf lun 11h-2h.* Un resto chic appartenant à un Italien des Pouilles, et doté d'une mezzanine en bois qui donne sur la baie. Cadre élégant et jolie déco, nappes bleu et blanc. Spécialités de produits de la mer dont les incontournables langoustes. Parfait pour un dîner de charme. Soirées musicales le jeudi dans le bar-lounge.

Le Vivier (plan Dominicus, **26**) : calle Cayuco, 7, à Dominicus. 829-787-4998. Mar-dim 11h-14h, 18h-23h. Sur résa, taxi gratuit pour les résidents des hôtels Iberostar, Catalonia, Canoa, Dreams... Au 1er étage d'une maison coiffée d'un toit de palme. Agréable terrasse couverte pour le dîner. On y sert une cuisine française aux saveurs créoles. La spécialité de la maison : la langouste fraîche. On y est reçu en français par un jovial Haïtien, par Géraldine ou par Olivier, le chef.

Achats

Bayahibe Fine Cigars (plan Dominicus, **30**) : calle Cayuco à Dominicus. ☎ 809-889-4927. • bayahibefinecigars.net • Tlj sf dim en basse saison 9h-19h. Taxi gratuit sur la base de 4 adultes. Une fabrique créée par Jean-Michel Bayonna, un Français passionné de cigares (il a créé une marque), dont la sœur Kathyna a repris le flambeau. Elle propose une visite commentée du petit atelier et de la cave à cigares. La fabrique produit encore 45 000 cigares par mois, et vous ne les trouverez qu'ici. Avec les *tabaqueros* au travail, on apprend tous les petits secrets du métier, depuis la culture du tabac jusqu'à la fabrication des cigares, leur conservation, sans oublier la mise en garde contre les contrefaçons. Belle boutique où l'on trouve, en plus des cigares dominicains et cubains (authentiques, bien sûr !), tous les accessoires du fumeur : boîtes, humidificateurs, briquets et coupe-cigares...

À faire

Plongée : quelques clubs de plongée dans le village.

■ **Casa Daniel** (plan A-B2, **7**) : la boutique se trouve dans la rue principale, en face du kiosque. ☎ 809-833-0050. • casa-daniel.com • Tlj 7h30-18h. Le club, animé par une équipe internationale polyglotte, assure des plongées et des baptêmes PADI. Propose des tours en bateau sur les îles de Catalina et de Saona, et jusqu'à Canto de la Playa, une plage restée encore relativement « confidentielle » (voir plus bas). Équipement de plongée de qualité.

■ **Scubafun** (plan B2, **8**) : calle Principal, 28. ☎ 809-833-0003. • scubafun.info • Magasin à l'entrée du village, ouv tte la journée. Départs à 9h et 13h30. On est accueilli par John Sack, un bon professionnel américain qui connaît parfaitement son sujet. Organise des excursions plongée et snorkelling avec ou sans repas à Saona, Catalina, ou simplement dans les parages. Le club propose des sorties à la carte, hors des sentiers battus, pour petits groupes de 4 à 10 personnes. Les instructeurs parlent le français et l'anglais, et possèdent tous le diplôme PADI.

➢ Possibilité aussi de louer des petites ***vedettes sans permis*** (chez *Barcotours*), de faire du ***parasailing*** (parachute ascensionnel au-dessus de la mer), de la ***pêche en mer,*** etc.

DANS LES ENVIRONS DE BAYAHIBE

Wild Ranch Conservation Center : dans le hameau de **Santa Cruz del Gato,** en pleine campagne ; à 16 km de Bayahibe. ☎ 809-330-4339. • wild-ranch-canopy.blogspot.com • De Bayahibe, route d'Higüey jusqu'au village de Benerito (ou Benedicto), à 8 km. Env 1 km après le village, prendre une piste sur la gauche (grande allée d'arbres) ; à env 5 km, prendre à gauche à l'embranchement. Ensuite, c'est toujours tt droit sur encore 2 km. Éviter le trajet après une forte pluie.

À L'EST DE SANTO DOMINGO

Transport possible depuis Bayahibe. Résa par e-mail 24h à l'avance. Rossella, une Italienne charismatique, dirige et anime ce centre éco-touristique en pleine nature. Son objectif : sauver des animaux maltraités et faire bouger les mentalités dans ce domaine. Elle a de quoi s'occuper ! Dans un site magnifique – une vallée un peu à la *Jurassic Park* où coule le Chavón –, le centre propose toutes sortes d'activités : tyrolienne, kayak, équitation, baignade dans la rivière, visite des champs de canne à sucre en buggy ou en camion bâché... Et, bien sûr, plein d'animaux à observer, en captivité (iguanes, perroquets...) ou à l'état naturel, comme l'impressionnant pygargue *(sea eagle)* ou ce colibri miniature, le plus petit oiseau du monde ! Au ranch : sangria, fruits frais et BBQ. Se munir de chaussures de marche, de vêtements légers et d'une serviette.

|●| ***Rancho Santa Cruz :*** *dans le hameau de* ***Santa Cruz del Gato.*** *☎ 809-842-5529. Pour s'y rendre, mêmes instructions que pour le* Wild Ranch. *Tlj pour le déj (le soir, slt sur résa). Repas env 800 RD$.* L'expédition jusqu'à ce village de campagne typiquement dominicain vaut vraiment la peine. D'abord pour les paysages, ensuite pour déguster la cuisine de Manuel Guerrero, plus connu sous le nom d'El Indio (l'Indien). Il vous concoctera, au feu de bois, sans eau courante ni électricité, une cuisine personnelle très originale, comme ses crevettes de rivière *(gambas),* accompagnées de petites galettes de manioc *(yucca)* à l'anis. Un vrai délice ! Sans parler du sens de l'humour d'El Indio, personnage haut en couleur, amoureux de la nature et de son village. Et, par la même occasion, pourquoi ne pas profiter des excursions du *Wild Ranch* juste à côté ?

PARQUE NACIONAL DEL ESTE ET ISLA SAONA

Situé entre Bayahibe et Boca de Yuma, le parc national de l'Est couvre un peu plus de 420 km² de la péninsule sud-est de l'île d'Hispaniola. Un tiers de sa surface englobe les eaux qui le bordent, y compris l'île de Saona, la plus grande du pays (130 km²), et également de plus petites îles, comme Catalina (au large de La Romana) et Catalinita. Le tout a été classé comme zone protégée par l'Unesco.

C'est l'une des plus riches réserves du pays, avec plus de 140 espèces d'oiseaux, dont la fameuse frégate en voie de disparition, et 11 espèces endémiques, parmi lesquelles la colombe couronnée. La majorité de la faune du parc étant côtière, on trouve aussi des dauphins et des lamantins, ces « vaches de mer » que les premiers explorateurs prirent pour des sirènes ! On peut également y voir des requins dans le secteur de l'île Catalinita (débarquement interdit). Côté flore, le parc se distingue par ses forêts de palétuviers et son épais maquis quasiment inviolé. C'est aussi le sanctuaire archéologique le plus important de la civilisation taïno.

Adresses et infos utiles

■ ***Bureau d'informations du parc :*** *dans une cabane en bordure du parking des bus. Infos sur les itinéraires de rando à faire notamment vers le village de Padre Nuestro et de sa grotte. Accès au parc payant.*

– De nombreuses excursions à la journée vers les plages de Saona sont organisées au départ de Bayahibe. Infos sur place, au grand parking, mais il est plus sage de réserver la veille. Grosse affluence, vous ne serez pas seul... La journée de visite du parc constitue souvent la seule excursion que se « payent » ceux qui séjournent dans les *all inclusive* de Punta Cana.

Un bon truc : le week-end est moins fréquenté que les jours de semaine, le samedi et le dimanche étant les jours d'arrivée et de départ des voyages à la semaine dans les grands hôtels. On a tout intérêt à comparer les prestations et les tarifs, évidemment, repas et boissons étant généralement compris. Les prix varient selon les agences et le confort des bateaux.

– Une excursion « type » quitte la playa Bayahibe vers 8h30 ou 9h et y revient vers 17h (heure de fermeture du parc). Les plus longues comptent 1h de plus au retour. C'est donc une belle journée. Bien souvent, l'aller se fait en *speed-boat* et le retour en catamaran, ou vice versa. Dans tous les cas, attention au soleil qui tape très fort, aussi bien pendant les promenades en bateau que sur l'île, où les plages sont faciles d'accès.

■ ***Casa Daniel :*** *à* ***Bayahibe.*** *☎ 809-833-0050. • casa-daniel.com • En hte saison, il est conseillé de réserver 2 ou 3 j. à l'avance. Compter 75 US$/pers pour une excursion complète d'une journée (9h-17h) avec langouste (68 US$, sans) au menu. ½ tarif enfants.* Catamarans de 40 places et guides francophones (souvent de charmants et sympathiques Haïtiens).

■ ***Proexcursions :*** *calle La Bahia, 17, à* ***Bayahibe.*** *☎ 829-659-4688. • proexcursionsbayahibe.com • Compter 65-168 US$/pers, boissons et repas inclus, selon durée de la balade et itinéraire choisi. Compter 15 US$ de plus pour le transport depuis votre hôtel (depuis Boca Chica jusqu'à Bávaro). ½ tarif enfants.* Agence sérieuse dirigée par des Canadiens francophones, qui propose des excursions quotidiennes en haute saison, sur des bateaux rapides (25 personnes) ou à bord d'un catamaran.

■ ***Ryanna Sun :*** *calle Juan Brito, à* ***Bayahibe.*** *☎ 829-655-6730. • ryannasun.com • En sem 9h-12h30 et 15h30-19h ; le w-e 9h-12h30. Compter 53-211 €/pers, repas et boissons inclus, selon le programme choisi. Réduc enfants. CB refusées. Transport assuré depuis votre hôtel.* Cette agence propose une ribambelle d'activités : d'une demi-journée à la journée entière voire prolongée dans la soirée. Les petits groupes d'excursions sont majoritairement francophones et les propositions s'efforcent, autant que possible, de sortir des sentiers battus des tours organisés à partir des grands *resorts.*

À voir. À faire

★ ***El Peñón :*** c'est la première étape dans le parque nacional del Este. Sans descendre du bateau, on peut voir l'ouverture d'une cavité rocheuse qui abrite des peintures réalisées par les Indiens taïnos (on les devine plus qu'on ne les voit). Elles dateraient de 2000 av. J.-C.

★★ ***Piscina natural :*** à 200 m du rivage apparaît une sorte de lagon bleu transparent où l'on peut plonger jusqu'à la taille, sans masque ni tuba. À certains endroits, la profondeur peut aller jusqu'à 2 m. Une étonnante colonie d'étoiles de mer géantes y a élu domicile pour des raisons de température et de clarté de l'eau. C'est aussi, il faut le dire, le site le plus fréquenté...

★ ***Los Manglares :*** c'est un beau morceau de mangrove, un impénétrable et dense fouillis végétal prenant racine dans l'eau. Les bateaux peuvent s'y abriter en cas d'ouragan (!). Avec un peu de chance, on peut observer des tortues, des mollusques et des frégates (oiseaux marins en voie de disparition).

★★ ***Isla Catalinita :*** certaines excursions y passent mais sans s'y arrêter, le gouvernement ayant interdit d'y débarquer pour préserver son intégrité écologique. À ce niveau, on notera la rencontre entre les eaux bleu foncé (bleu marine, bleu de Prusse, bleu outremer...) de l'Atlantique et les eaux bleu azur (bleu ciel) de la mer des Caraïbes.

Cayo Ratón : le site cache quelques beaux récifs coralliens parmi lesquels il n'est pas rare de croiser des raies et des requins. Certaines excursions s'y arrêtent pour laisser les passagers faire un peu de plongée avec masque et tuba.

Playa Las Palmas : c'est la plage où débarquent la majorité des bateaux. Étant donné l'affluence et le nombre de visiteurs, certaines agences préfèrent ne pas y faire étape.

Isla Saona : fierté des Dominicains, Saona est une île de rêve, bordée de cocotiers et de sable blanc, et entourée d'eaux translucides, émeraude ou turquoise selon la profondeur, qui servent aussi de refuge aux oiseaux migrateurs. Bien que protégée, elle est loin d'être déserte : on a recensé un millier d'habitants sur ce petit paradis, qui vivent exclusivement de la pêche et comptent le taux de mortalité le plus bas de la République dominicaine. On comprend pourquoi : ils n'ont vraiment pas l'air stressé ! Comme partout dans le pays, on y trouve des cafés où les jeunes se réunissent pour écouter de la musique et boire un verre. Les passagers des excursions peuvent manger sur place. Beaucoup profitent de cet arrêt pour manger, se reposer dans des transats, et se baigner dans les eaux limpides de la ***playa Bonita,*** située sur la côte ouest.

Mano Juan : *sur la côte sud de l'isla Saona, à 15 mn de bateau à l'est de la playa Bonita.* La plupart des excursions n'y vont pas, car le trajet est plus long, donc plus cher. Il faut demander cette étape avant le départ, au moment de choisir son excursion. On découvre le site à pied, en flânant, le petit village sous les cocotiers, face à la mer avec ses maisons de pêcheurs en bois, aux couleurs des Caraïbes, ses deux églises, son poste de police et sa clinique. Deux promenades à faire à partir de là : le hameau de ***Punta Gorda*** (15 km) situé après la lagune des flamants, et la grotte de ***Cotubanamà*** à 13 km, refuge du dernier cacique taïno avant la conquête complète d'Hispaniola par les conquistadores.

Canto de la Playa : *à 15-20 mn de bateau de Mano Juan.* C'est le « nec plus ultra » de l'île, la cerise sur le gâteau, le petit paradis caché ! Cette plage intacte et sauvage est un enchantement. Elle est classée comme l'une des plus belles plages des Caraïbes. Le site est aussi réputé pour sa barrière de corail. Les archéologues pensent que c'est au large de Canto de la Playa que fut engloutie la flotte de Bobadilla : le 2 juillet 1502, 29 galions espagnols chargés de trésors, dont une table en or de 1,6 t, sombrèrent au large de cette plage ! Voir aussi la rubrique « Archéologie sous-marine » dans le chapitre « Hommes, culture, environnement » en début de guide.

BOCA DE YUMA

À 42 km à l'est de Bayahibe, dans un renfoncement de la péninsule d'Altagracia. De l'embranchement sur la route d'Higüey, une bonne route traverse un paysage de vastes étendues de champs de canne à sucre jusqu'à ce village perché sur une falaise, au-dessus d'une jolie baie. C'est un autre point d'entrée du Parque nacional del Este. Situé à l'écart de la route de Punta Cana, à l'embouchure du río Yuma, le village est un cul-de-sac très peu fréquenté, dans un paysage très différent de Bayahibe.
Les maisons se parent de couleurs éclatantes, les barques tanguent dans le petit port, la vie s'écoule paisiblement au rythme du ressac. En revanche, si on y trouve bien une station-service, il n'y a pas de banque pour le change, et les possibilités d'hébergement sont plutôt limitées. Mais ceux qui cherchent la tranquillité apprécieront. Sur la corniche surplombant la mer, une demi-douzaine de gargotes proposant des poissons frais pêchés et des plats italiens ou créoles constituent une agréable étape pour le déjeuner.

Où dormir ? Où manger ?

De bon marché à prix moyens

🏠 🍽 ***El Viejo Pirata :*** *☎ 809-804-3151 ou 809-780-3236. • hotelelviejopirata@hotmail.com • Arrivé dans le village, tourner à droite, et, à env 500 m, on trouve l'hôtel, en bordure de falaise. Double env 1 400 RD$. Plats env 300-600 RD$.* Un Italien, ancien plongeur de combat, tient ce petit hôtel aux murs jaunes crénelés, avec des chambres plutôt basiques face à la terrasse, équipées de ventilo ou clim et de meubles en rotin. Petite piscine d'eau de mer, bar, et même des massages. Le resto sous la charmille est agréable. On y mange une cuisine italienne préparée par le patron (sur demande). L'ensemble a toutefois tendance à prendre un petit coup de vieux... En dépannage seulement.

🍽 ***El Arponero :*** *sur la gauche du Frente de Mar. 📱 809-977-8262. Tlj 12h-22h. Plats env 300-400 RD$.* Ce resto italien jouit d'une vue magnifique. La terrasse sous une paillote est en surplomb de la falaise. Bons plats à base de produits de la mer et croustillantes pizzas cuites au feu de bois.

À voir. À faire

Vous trouverez le charmant ***port de pêche*** sur la gauche de la rue principale, en contrebas du village.

Playita : *accès en traversant le río Yuma. Le passage en barque (yola) coûte 100 RD$ l'A/R pour 2. Ensuite, il faut marcher 200 m. Sinon yola depuis le port, qui conduit directement à la plage (A/R), mais beaucoup plus cher. Bien négocier.* À la différence de Bayahibe, pas de plage en bordure du village, puisque celui-ci est construit sur une falaise. Cela dit, la *playita* n'est pas loin, et elle est superbe. Elle se trouve de l'autre côté de l'embouchure du fleuve (vers la gauche).

DANS LES ENVIRONS DE BOCA DE YUMA

Casa de Ponce de León : *à* ***San Rafael de Yuma,*** *à 12 km de Boca de Yuma en direction d'Higüey. Accès par une piste carrossable, à gauche en venant d'Higüey, juste avt le mur du cimetière. La maison se trouve env 2 km plus loin, en pleine campagne. Visites tlj sf lun 9h-17h. Entrée : 100 RD$.*

Établie au milieu des champs, « au milieu de nulle part », cette massive demeure en pierre de taille a l'allure d'une petite forteresse. C'est le conquistador Juan Ponce de León qui l'a faite construire en 1505 pour pacifier la région (traduisez : anéantir les Indiens). La maison cubique compte seulement cinq fenêtres au total et quelques meurtrières ! Comme quoi, le sieur Ponce de León ne devait quand même pas dormir sur ses deux oreilles...

Longtemps à l'abandon, la maison a été reconstruite à l'identique et transformée

PÉCHÉ DE JEUNESSE

Après avoir conquis la ville d'Higüey, Ponce de León, assoiffé d'or et de gloire, s'embarqua au début du XVIe s pour la Floride, afin de conquérir cette fois non pas de nouvelles terres mais la jeunesse éternelle. Il recherchait la mythique « fontaine de jouvence » dont parlait une légende taïna. Il ne la trouva jamais, mais, à défaut d'immortalité, il rapporta une méchante blessure lors d'un combat contre les Amérindiens et mourut en 1521 à La Havane. Ça lui apprendra...

en musée sur deux étages, sur un site bien mis en valeur. Dans une ambiance austère, on peut voir quelques meubles d'époque, un buste de Ponce de León et quelques objets anciens. La chambre à coucher du conquistador a été reconstituée, ainsi que son bureau. Une halte pas inintéressante au bout du compte.

HIGÜEY

env 142 000 hab.

À une quarantaine de kilomètres de la zone hôtelière et balnéaire de Punta Cana et de Bávaro, dans une plaine verte et fertile (la Altagracia), Salvaleón de Higüey (c'est son nom officiel) capitale de province, est un carrefour commercial et agricole au milieu des vergers d'orangers. Elle est considérée comme la « Terre sainte d'Amérique » par les habitants de l'île. Entendez par là : le Lourdes dominicain... Circulation parfois difficile aux heures de pointe, on peut y passer beaucoup de temps. En revanche, nulle raison d'y passer la nuit...

LE LOURDES DE LA RÉPUBLIQUE DOMINICAINE

On vénère à Higüey Nuestra Señora de la Altagracia (*Altagracia* signifiant « haute grâce », c'est-à-dire la maternité du Verbe incarné : Jésus Fils de Dieu) patronne officielle de la République dominicaine. Selon la légende, elle serait apparue ici même aux soldats de Christophe Colomb lors d'une bataille contre les Indiens. En fait, on vénère surtout un tableau apporté à Higüey, d'Espagne au début du XVIe s, par des marchands de l'Estrémadure – d'où cette dévotion est originaire – et qui ont offert cette image de la Vierge à l'église de la paroisse afin qu'elle y soit vénérée. Depuis, elle a accompli tellement de miracles qu'il a été décidé de lui consacrer une imposante cathédrale, construite dans les années 1950 par des architectes français André Dunoyer de Segonzac et Pierre Dupré, inaugurée en 1971 et aussitôt promue au rang de basilique par le pape. Malgré son architecture pour le moins... moderne, la basilique est devenue le symbole de la ville et l'une des plus importantes attractions touristiques pour les Dominicains. Vous la verrez souvent sur les billets de 5 RD$ ou sous forme d'autocollant sur le pare-brise des taxis ou le pare-chocs des camions !
Chaque année, vers le ***21 janvier*** *(fête nationale),* pour honorer la Vierge de Altagracia, des dizaines de milliers de pèlerins venus de tout le pays envahissent la ville, alors interdite à la circulation. Le spectacle de la rue a quelque chose d'étonnant. L'ambiance rappelle plutôt celle d'une kermesse, avec musique à tue-tête et grand marché populaire. Les « marchands du temple » et les jeunes venus faire la fête y côtoient toute une population digne de la cour des miracles : mendiants, infirmes, femmes et enfants abandonnés, dévots fiévreux... Le plus fou, ce sont les dizaines de stands sponsorisés par des marques de bière (!).

Arriver – Quitter

Grand carrefour de l'est du pays, la ville est très bien desservie par les bus. Très nombreuses fréquences.

➢ ***Santo Domingo :*** *terminal en face de la basilique, av. Hermanos Trejos. Compagnies* ***Aptpra*** *(☎ 809-554-2574) et* ***Sichoprola*** *(☎ 809-686-0637).* Bus 5h-19h. Durée : 3h.

➢ ***Zone hôtelière – Bávaro, Cabeza de Toro, Punta Cana, aéroport de Punta Cana :*** *av. Libertad, 60, à 400 m au nord-ouest de la basilique. Compagnie* ***Sitrabapu*** *(☎ 809-554-4260).* Départ ttes les 15-20 mn, 5h-22h30.

Durée : 1h. Dernier bus à 18h pour Cabeza de Toro, à 20h pour Punta Cana. Pour l'aéroport, compter 45 mn de trajet.
➢ ***Miches, via Playa del Macao :*** *av. Libertad, à côté du précédent.* Pour Miches, départ ttes les 20-25 mn ; env 2h30 de trajet. Pour Playa del Macao, départ ttes les 15 mn ; env 50 mn.

Adresses utiles

Office de Tourisme : *plaza El Naranjo, au carrefour de l'av. Juan XXIII, en bordure de l'enceinte de la basilique. ☎ 809-554-2672.*

■ ***Argent :*** *plusieurs distributeurs au sud du terminal de bus* Aptpra, *à l'entrée de la promenade Altagracia.*

Où manger ?

De bon marché à prix moyens (moins de 800 RD$ / env 15 €)

Échoppes et buvettes de la promenade Altagracia : *depuis l'angle sud-est de l'enceinte de la basilique, jusqu'au sanctuaire San Dionisio.* Séparée par un terre-plein planté d'arbres, alignant de nombreux kiosques et des terrasses en plein air, c'est la rue la plus animée de la ville, le soir en particulier ainsi que les week-ends et jours de fête. On y boit et on y mange sur le pouce (sandwichs, *bocadillos*), en écoutant la musique qui sort de partout.

Don Silvio Grill : *calle General Santana (promenade Altagracia), angle avec calle Duarte. ☎ 809-871-4804. En venant de la basilique, 1er carrefour à droite dans la calle Altagracia. Tlj jusqu'à minuit.* Grande hutte au toit de palme et terrasse ombragée où se retrouvent les familles autour de plats locaux, copieux et à prix sages. Fruits de mer et viandes grillées.

La Delicia : *av. Libertad, 182. ☎ 809-554-9507. Près de l'évêché. Du côté nord de l'enceinte de la basilique. Tlj jusqu'à minuit.* Considéré comme l'un des meilleurs restaurants de la ville. Grande terrasse verte et ombragée. Service très professionnel. La paella et la *parillada* de fruits de mer *(mariscos)* sont la spécialité de la maison, mais on y sert aussi des pâtes et quelques pizzas.

À voir

Basilica de Nuestra Señora de la Altagracia : *entrées par les av. Arzobispo Novel (piétons) à l'est et Altagracia (parking) au sud.*
Vous ne pouvez pas la rater : son étonnante arche de béton gris s'élève à plus de 80 m de haut au cœur de la ville. Même s'il s'agit d'une vraie prouesse technique, l'esthétique générale de la cathédrale rappelle plus un bunker militaire que les splendeurs de l'Espagne baroque ! Les architectes, français, ont dessiné quelque chose d'incontestablement... original. La façade principale affiche des mosaïques orange et rouge, noyées dans l'océan de gris du reste du bâtiment. Cela dit, ils avaient une bonne excuse : il fallait construire un bâtiment capable de résister aux cyclones.
L'intérieur de la cathédrale (tenue correcte exigée), malgré les matériaux austères utilisés, ne manque pas de grandeur et est réputé pour ses vitraux modernes fabriqués à Chartres composés d'étranges taches de couleurs. Jean-Paul II lui a rendu visite en 1992.

Parque central : *au bout de la promenade Altagracia qui part de la basilique.*
On peut y admirer une petite église toute blanche du XVIe s, bien plus charmante, on s'en doute, que la basilique. C'est l'un des rares souvenirs de la vieille ville, fondée à la fin du XVe s par des conquistadors espagnols. Difficile d'imaginer aujourd'hui que ce fut l'un des premiers lieux de peuplement d'Amérique...

LA CÔTE DES COCOTIERS

Pour le plan de la côte des Cocotiers, se reporter au cahier couleur.

« Costa de Cocos »... 50 km de sable blanc sous les cocotiers. Un nom qui fait rêver les vacanciers, mais aussi les promoteurs immobiliers. Depuis l'installation d'un *Club Med* en 1980 et l'ouverture de l'aéroport de Punta Cana, des dizaines d'ensembles touristiques, des *resorts* pour la plupart très luxueux, sont sortis de terre. Et les projets continuent d'affluer, certains complètement mégalos, à tel point que l'on a l'impression, par endroits, de se retrouver au milieu d'un vaste chantier permanent. Le tout est desservi par le bien nommé « *Boulevard turístico* ». À cela s'ajoute depuis 2013 l'*autopista del Coral,* qui passe par La Romana et met à présent Punta Cana à 2h15 de la capitale. Aujourd'hui, l'aéroport privé de Punta Cana est l'aéroport le plus actif du pays, avec plus de 70 000 touristes chaque semaine en haute saison... c'est-à-dire pratiquement toute l'année ! Le voyageur est assuré d'y trouver des plages parmi les plus belles des Caraïbes, à condition d'accepter de partager l'espace avec de très nombreux semblables... Au programme : sable blanc, mer turquoise et cocotiers. Quelques très rares endroits du littoral restent épargnés par ce tourisme de masse. Les routards en quête des derniers coins d'authenticité pourront encore trouver leur bonheur bien plus au nord, notamment du côté de Miches et de Sabana de la Mar.

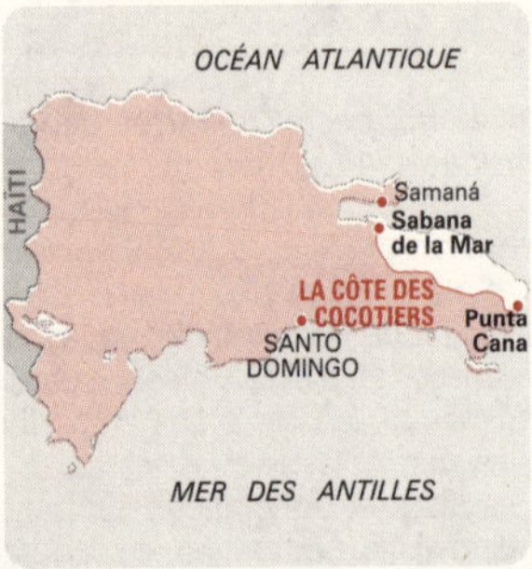

– Petite précision : on a l'habitude de donner le nom de Punta Cana à toute la côte des Cocotiers mais, pour mieux s'y retrouver, nous avons préféré classer les *resorts* par plages (Punta Cana en étant une parmi d'autres), en allant du sud au nord. On commence donc par la plage de Punta Cana, la plus huppée avec sa marina pour milliardaires, Cap Cana Marina. Puis on remonte par Cabeza de Toro, Bávaro, El Cortecito, etc.

– De nouveaux hôtels et centres commerciaux se construisent chaque année. Des routes sont ouvertes, d'autres sont littéralement interrompues par les *resorts*

UN AÉROPORT SORTI DES CHAMPS

Lors de la construction du Club Med, *l'architecte trouva plus rentable d'acheminer les matériaux dont il avait besoin par les airs plutôt que par bateau via La Romana. Il fit donc aplanir un champ à proximité pour y construire une piste d'atterrissage. L'aéroport international de Punta Cana était né !*

qui conservent jalousement leur accès privé à la plage. En conséquence, les cartographes ont du mal à s'y retrouver... et nous aussi ! Pour s'orienter, repérer les trois principaux carrefours : *cruce de Verón* (à l'entrée de la région de Punta Cana quand on arrive d'Higüey), *cruce de Cabeza de Toro* et *plaza Friusa,* à El Cortecito (stations-service aux 1er et 3e croisements).

Arriver – Quitter

Arrivée à l'aéroport

✈ **Aéroport de Punta Cana** *(plan couleur La côte des Cocotiers, B2)* **:** à une dizaine de km des plages. ☎ 809-959-2376. • punta-cana-airport.com • C'est un aéroport privé, mais il draine la majorité des arrivées de touristes dans le pays. Liaisons directes avec Paris-CDG *(Air France-KLM)* et Bruxelles *(Jetairfly).* Prévoir 10 US$ (ou 10 €) pour la « *tarjeta de turismo* », valable 30 jours.

- ***Argent* :** bureau de change à l'arrivée et distributeur de billets qui accepte les cartes *Visa* et *MasterCard* dans le hall des départs. Sinon *Banco Popular* et *Scoti Bank* à Punta Cana Village, à la sortie de l'aéroport.

■ ***Loueurs de voitures* :** dans le hall des arrivées, on trouve les principaux loueurs comme *Hertz, Avis, Europcar, Alamo, Budget,* mais leurs comptoirs sont parfois désertés lors d'arrivées tardives. Bien vous assurer à l'avance que vous aurez un interlocuteur pour vous fournir le véhicule réservé.

Rejoindre la zone hôtelière depuis l'aéroport

➢ ***En taxi* :** prix fixes (affichés sur un panneau). N° central : ☎ 809-552-06-17. Compter 40-45 US$ pour rejoindre les grands hôtels.

➢ ***En transport public* :** rejoindre à pied le rond-point en face de l'aéroport et prendre le minibus sur le bord de la route – vers la droite pour Bávaro et El Cortecito, vers la gauche pour Punta Cana. Attention, le service s'interrompt assez tôt en fin de journée.

En bus

Terminal Sitrabapu *(plan couleur La côte des cocotiers, A1)* **:** peu avt le carrefour de la plaza Friusa, à Playa Bávaro. ☎ 809-552-0771. • expresobavaro.com •

➢ ***Higüey* :** départ ttes les 15 mn, 4h-22h. Durée : 1h30.

➢ ***Santo Domingo* :** avec *Expreso Bávaro* (☎ 809-682-9670). 3 bus/j., 9h-11h. Durée : 3h. Prix : env 400 RD$.

LES *RESORTS*

La particularité des grands hôtels de la région est de pratiquer la ***formule tout inclus, all inclusive, todo incluido*** en espagnol. Lancée avec succès par le *Club Med* dans les années 1980, la formule a été reprise par tous les groupes hôteliers espagnols implantés dans l'île. C'est le roi Juan Carlos d'Espagne, voulant aider le président Balaguer à trouver de nouveaux débouchés pour l'économie dominicaine, qui a convaincu les grands groupes espagnols de tourisme qu'acheter des centaines d'hectares sur les rivages quasi déserts de ces terres de l'est, vouées à la monoculture de la canne à sucre, pouvait représenter un investissement rentable. Les Nord-Américains ont suivi et, la concurrence aidant, les prix sont devenus vraiment très alléchants, au point de faire de Saint-Domingue l'une des destinations les plus à la mode des Caraïbes, devant Cuba ! Si la clientèle ouest-européenne a tendance à diminuer, celle de l'Est (Russie surtout) et des pays émergents (Argentine, Brésil, Venezuela) augmente.

Les prix que nous indiquons sont ceux proposés sur place aux individuels. Cela dit, ce genre d'établissement n'est vraiment intéressant que si l'on achète son voyage *all inclusive* (c'est-à-dire un forfait comprenant billet d'avion, hébergement,

pension, etc.). Sachez aussi que l'on obtient d'importantes réductions en réservant directement sur Internet, en particulier pour un séjour à la dernière minute ou, à l'inverse, pour une période assez éloignée.
Bon, vous nous connaissez, au *Routard,* on préfère les petits hôtels de charme, du moins à taille humaine. Mais vu qu'il n'y en a pas beaucoup ici (et peu d'hôtels bon marché ou à prix moyens), on a essayé d'affiner au mieux la sélection...

La formule tout inclus

Le principe est simple : vous payez un forfait pour la semaine (ou plus) qui comprend les nuits d'hôtel bien sûr, mais aussi les repas à volonté et même les boissons. Cette formule est souvent choisie par les familles (pour des raisons pratiques évidentes) et les jeunes (pour des raisons budgétaires). Cela dit, on se lasse vite du peu de variété et de la qualité de la cuisine, style buffet.
D'une manière générale, la plupart des *resorts* sont conçus sur le même modèle : immenses bâtiments, plusieurs restos et bars, nombreux services (change, location de voitures, wifi gratuit à la réception, Internet à disposition, etc.), grande(s) piscine(s) avec « animation », grand jardin, plage au fond, parfois un casino, un golf ou une discothèque en plus. Les consommations alcoolisées sont payantes à partir d'un certain niveau (vins de qualité, cognac, whisky, champagne...). Payant aussi l'accès aux restaurants « plus chic » où il faut réserver. En moyenne, un *resort* compte entre 5 et 12 restaurants, et autant de bars, tous à l'intérieur d'une grande enceinte. Avec cette formule tout inclus, presque toutes les activités sportives proposées par l'hôtel sont gratuites, sauf la pêche en mer ou le catamaran... Tout dépend du prix et du standing de l'hôtel choisi.
Certains *resorts* (les plus anciens) sont vraiment des « usines à touristes », sans charme et sans originalité, d'autres (les plus récents) sont conçus selon des critères plus élevés, genre paradis tropical. Mention spéciale pour les quelques rares établissements qui font une démarche environnementale, comme le *Natura Park Beach Eco-Resort* de Cabeza de Toro.
Ainsi, d'un hôtel à l'autre, l'agencement, la déco, la diversité des restaurants, des bars et l'accueil bien sûr, font toute la différence. Renseignez-vous aussi sur la dominante linguistique du *resort.* L'animation, l'information, les excursions se faisant dans la langue en question, on peut ne pas toujours apprécier... À noter, enfin, qu'on rencontre de plus en plus d'employés francophones en provenance d'Haïti, réceptionnistes dans les hôtels, cuisiniers ou serveurs, animateurs sportifs... et ce pour accueillir la nombreuse clientèle québécoise venue au cœur de l'hiver.
Enfin, avec ce système de formule *todo incluido,* on peut passer une semaine à Punta Cana sans mettre un pied dehors et repartir chez soi en n'ayant rien vu de la République dominicaine... Une bonne alternative consiste à louer une voiture, soit pendant, soit après le séjour (en le prolongeant) pour aller découvrir le reste du pays en mode « itinérant ». On peut également le parcourir en bus locaux, pour les budgets les plus limités. Car la République dominicaine peut aussi être une destination authentique !

PLAYA PUNTA CANA

C'est la zone littorale la plus au sud de la côte des Cocotiers (avec playa Juanillo). C'est aussi la plus connue, au point d'avoir donné son nom à toute la région, y compris aux autres plages, dont Uvero Alto, située à près de 50 km de là ! Hormis une série de *resorts,* il n'y a pas de village, puisque la station a été construite de toutes pièces à partir de ces mêmes hôtels. Il faut d'ailleurs montrer patte blanche à l'entrée de cette zone pour privilégiés, très contrôlée (n'oubliez pas votre passeport, ou à défaut, une photocopie), avant de pouvoir accéder à la marina pour milliardaires, au golf très sélect, aux plages...

Où dormir ? Où manger ?

Club Med (plan couleur La côte des Cocotiers, B2, **10**) **:** *sur la plage, à 3 km de l'aéroport. ☎ 809-686-5500. • clubmed.fr • 7 nuits tt inclus (avec avion A/R au départ de Paris) : env 1 500-2 500 €/pers selon saison.* Superbement installé dans un site enchanteur dès 1981, le *Club Med* est historiquement le premier *resort* de la côte. Il abrite 553 chambres et 32 suites proches d'une plage de 800 m de long, ombragée par une belle cocoteraie. Architecture caraïbe de maisons créoles couleurs pastel réparties dans un décor de rêve. On y retrouve tous les services et la grande gamme d'activités qui ont fait le succès du *Club* : centre de planche à voile, diverses activités sportives (plongée, fitness, beach-volley, kayak, tennis, etc.), mais aussi une école de cirque, des clubs pour les enfants et les ados, de nombreuses animations, des excursions pour tous les goûts, etc. C'est la destination familiale du *Club* par excellence. Personnel serviable et souriant.

Westin Punta Cana Resort & Club (plan couleur La côte des Cocotiers, B2, **11**) **:** *à quelques km au sud du Club Med, un peu avt la marina. ☎ 809-959-2262. • westinpuntacana.com • À partir de 325 US$ la nuit en pens complète ; promos nombreuses sur le site.* Plus de 400 chambres réparties en villas et petits bâtiments dans un vaste jardin (près de 40 ha), face au spectacle du soleil levant. Chambres tout confort, avec balcon. Pas moins de 8 restaurants (dont *La Yola*, voir ci-après) et 5 bars. Activités : sports nautiques, équitation, volley, tennis, polo aquatique et surtout golf international.

La Yola (plan couleur La côte des Cocotiers, B2, **12**) **:** *situé dans le complexe du Punta Cana Hotel. ☎ 809-959-2262 (ext. 8002). Tlj 12h-15h, 19h-22h30. Résa conseillée. Poisson du jour env 30 US$ et langouste 29 US$ (hors taxes).* Magnifique resto situé au bord et au-dessus de l'eau. Cadre luxueux, au sein d'un décor dessiné et conçu par le styliste dominicain Oscar de la Renta. Planchers en teck, fauteuils douillets en rotin, lumières tamisées et service impeccable. Quelques spécialités méditerranéennes, mais surtout d'excellents plats à base de produits de la mer : *cevice, risotto,* carpaccio de thon. Vins chiliens, argentins et californiens. Une adresse élégante pour un dîner fin.

CABEZA DE TORO

Plage peu connue, située en cul-de-sac entre Punta Cana et Bávaro. Le cadre est un peu plus sauvage. On y trouve d'ailleurs un parc naturel classé, avec lagune, mangrove et cocotiers. Une station balnéaire plus petite, et plus simple à l'usage que Bávaro. Cependant, on n'y trouve guère de restaurants à recommander, hormis ceux des *resorts*.

Où dormir ? Où manger ?

Natura Park Beach EcoResort & Spa (plan couleur La côte des Cocotiers, B1, **13**) **:** *au bout de la route (cul-de-sac), proche de la lagune. ☎ 809-221-2626. • blau-hotels.com • Doubles à partir de 170 € pour 2 en hte saison.* Un bien beau *resort* « vert », dont la grande originalité est d'avoir été construit en respectant l'environnement ! Il se distingue par une élégante architecture et l'usage de matériaux locaux : beaucoup de bois, fibre de coco et roseau. Dans le vaste jardin, nombreux bassins et étangs peuplés d'ibis, de flamants roses, de tortues et de poissons. Des passerelles et des petits ponts en bois permettent de circuler dans ce labyrinthe aquatique. Le résultat est franchement réussi. Chambres agréables sur 2 ou 3 niveaux autour de petits patios avec AC, TV satellite, minibar, etc. Côté installations, notons la grande plage, le club de plongée, les courts de tennis et une piscine magnifique, avec son bar, son jacuzzi et sa petite grotte cachée derrière un rideau d'eau ! Un resto-buffet et plusieurs restaurants à la carte, 6 bars au total. Également un centre de remise en forme, une salle de lecture, nombreuses activités sportives, un club pour les enfants (2-12 ans), des vélos, etc.

Catalonia Bávaro Resort *(plan couleur La côte des Cocotiers, B2, 14)* : ☎ 809-412-0000. • cataloniacaribbean.com • Double env 250 US$ pour 2 en hte saison. L'ensemble s'étale sur un large terrain arboré, à l'écart des autres. Hall gigantesque décoré de bassins et de statues d'inspiration amérindienne (mexico-taïna). Plus de 700 chambres dans une trentaine de bâtiments sur 3 étages, disséminés dans un vaste jardin. Chambres spacieuses et bien décorées, avec clim, téléphone, TV satellite, etc. Balcon privé avec hamac (pour une nuit à la belle étoile !). Tout au fond des jardins, une immense piscine et la plage, très large à cet endroit. Plusieurs restaurants dont un *steak house*, un italien, un mexicain et un japonais, discothèque, casino, théâtre, distributeur automatique et centre commercial. Tout un éventail de sports inclus dans le prix. Miniclub avec piscine pour les enfants (4-12 ans).

PLAYA BÁVARO ET EL CORTECITO

À 20 mn de l'aéroport international de Punta Cana, la plage de Bávaro a détrôné aujourd'hui celle de Punta Cana ! Il faut dire qu'elle est vraiment idyllique avec son sable blanc et ses eaux aux teintes paradisiaques. Les promoteurs immobiliers ont aussi mis le paquet : entre 2000 et 2010, plusieurs dizaines de complexes hôteliers sont sortis de terre (ou plutôt du sable), bouleversant le paysage...
Côté plage, c'est le royaume du « tout inclus » et de la baignade-bronzette. Côté terre, c'est un dédale où il est parfois difficile de s'y retrouver. Les routes, plus ou moins bien entretenues, n'ont, la plupart du temps, pas de nom, sinon celui de l'hôtel où elles conduisent (de fait, elles ont été construites par les compagnies hôtelières !).
On pourrait bien essayer de se repérer par les *plazas* – qui ne sont pas des places mais des centres commerciaux – comme *Plaza El Dorado, Plaza Bávaro, Plaza Punta Cana.* Le problème, c'est qu'elles se ressemblent toutes et qu'elles poussent comme des champignons !
Paradoxalement, c'est à Bávaro – ou plus précisément dans le petit village d'El Cortecito (coincé entre les grands ensembles de *resorts*) – que l'on trouve les quelques adresses « routardes » de la région, entendez des hôtels sympas pas trop chers (et à taille humaine), des petits marchés artisanaux et de sympathiques restaurants de plage où s'aventurent quelques touristes échappés de leur *resort* et lassés des menus standardisés... Par ailleurs, quelques rares *B & B* commencent timidement à se créer.

– ***Bon à savoir :*** comme partout dans le pays, officiellement, le bord de mer est libre d'accès sur 80 m de large à partir de l'eau et normalement non constructible en dur. Vous avez donc le droit d'y déambuler à votre guise, mais pas d'utiliser les transats des hôtels, ni leurs bars et restaurants.
– N'essayez pas de squatter la plage et encore moins l'enceinte d'un hôtel réservée aux hôtes, les gardes de sécurité repèrent vite les intrus qui n'ont pas leur bracelet « tout inclus » de la couleur du complexe, et vous risquez de devoir payer la note ou bien de finir dans les cellules de la police touristique.

Adresses et infos utiles

– Un site en français, bien fourni, à consulter sur la région de Bávaro et Punta Cana : ● *guidepuntacana.com* ● Il publie la meilleure carte de la région, téléchargeable et régulièrement mise à jour. On la trouve aussi gratuitement dans tous les hôtels.

Argent, change

■ ***Distributeurs automatiques :*** *à l'entrée de l'hôtel* Vista Sol Resort *(zoom couleur La côte des Cocotiers, **26**), 24h/24. On en trouve plusieurs du* Banco Popular, *un peu partout : plaza Palma Real, plaza Brisas, plaza Friusa, plaza San Juan, à l'entrée de Playa Punta Cana, etc.*
■ ***Change*** *(zoom couleur La côte des Cocotiers)* **:** *au moins 2 bureaux dans la rue principale d'El Cortecito.*

Transports

Arrêt des bus *(plan couleur La côte des Cocotiers, A1)* **:** *peu avt le Cruce Friusa, à côté du bureau de Politur.* Bus réguliers pour Higüey et Santo Domingo.
Taxis : *station à la Plaza Punta Cana,* ***Cie Siutratural*** *: ☎ 809-221-2741 ;* ***Veron*** *: ☎ 809-466-1133.*
■ ***Location de voitures :*** les grands loueurs traditionnels sont présents devant les hôtels. Regardez du côté de chez *Budget (☎ 809-466-2028 ou 809-696-6401),* qui fait souvent des promos pour la journée. Sinon, *Avis (☎ 809-688-1354 ; juste après le Cruce Friusa).* Ou encore *Europcar (☎ 809-686-2861).*
■ ***Air France :*** *☎ 809-959-3002.* Liaisons directes pour Paris ou via Santo Domingo.

Urgences

■ ***Politur*** *(police touristique ; plan couleur La côte des Cocotiers, A1, **3**)* **:** *peu avt le cruce Friusa. ☎ 809-552-0848. Également entre cruce de Verón et l'aéroport (plan couleur La côte des Cocotiers, B2, **3**). ☎ 809-468-7008.*
✚ **Centro Médico Punta Cana** *(plan couleur La côte des Cocotiers, A1, **4**)* **:** *av. España, Bávaro, entre le cruce Friusa et la plaza Brisas. ☎ 809-552-1506.* ● *centromedicopuntacana.com* ● *Ne pas confondre avec le* Centro Médico Bavaró, *juste à côté. Ouv le mat sur rdv et 15h30-18h sans rdv.* Service d'urgence 24h/24 sauf pour les soins dentaires, mais ils peuvent vous orienter vers les dentistes locaux. Pharmacie sur place. On y parle le français et ils sont en contact avec les principales assurances françaises.
■ ***Dentiste :*** *en face du centre médical. ☎ 809-552-1613.*
■ **Héliport Hélidosa** *(plan couleur La côte des Cocotiers, A2, **5**)* **:** *juste avt le* Manati Park. *☎ 809-826-4100.* ● *helidosa.com* ● *Pour un tour en hélicoptère de 10 mn, compter la bagatelle de 90 US$/pers.* Assure aussi le transport médical en cas d'urgence, mais c'est très, très cher.
■ ***Consul honoraire de France :*** *n° d'urgence slt : 📱 809-865-0025.* ● *consulabavaro@gmail.com* ●

LA CÔTE DES COCOTIERS

Où dormir ?

Pas vraiment d'hébergement bon marché ici, rien d'étonnant. On a déjà eu de la chance de trouver quelques hôtels traditionnels.

De prix moyens à un peu plus chic (moins de 50-100 US$)

The MT Hotel *(plan couleur La côte des Cocotiers, A1, **20**)* **:** *plaza Brisas, sur av. España ☎ 809-552-0941.* ● *themthotel.amawebs.com* ● *Au sein de la plaza Brisas entre le bd Turistico et la plage d'El Cortecito. Doubles 40-60 US$ avec petit déj. Parking privé.* Bien sûr, on est un peu loin des plages (navettes de bus), mais à ce prix-là, la trentaine de chambres coquettes (mobilier pseudo-rustique), très propres et bien équipées constitue une vraie affaire. D'autant plus que le lieu est agréable et tranquille avec sa petite piscine surplombée d'un pont vénitien. Chambres plus récentes (et un poil plus chères) dans une nouvelle aile. Accueil familial aux petits soins.

El Cortecito Inn (zoom couleur La côte des Cocotiers, **23**) **:** *dans la rue principale (calle Pedro Mir), côté terre. ☎ 809-552-0639. Double à partir de 45 US$, petit déj-buffet compris. Pas d'all inclusive obligatoire.* Mirage ou miracle ? Un petit hôtel de style floridien, à taille humaine, rénové en 2014 et bien placé dans une zone où tous les hôtels sont grands. Les Dominicains y viennent en vacances. Avec leur petit balcon, les 75 chambres donnent sur une cour intérieure plantée de cocotiers, entourant une piscine. Chambres modestes mais colorées et très propres et au confort suffisant, avec clim et TV. Ambiance conviviale. Plage privée de l'autre côté de la rue, avec 2 restos.

Villas Princesa (zoom couleur La côte des Cocotiers, **24**) **:** *☎ 809-623-4855 ou 809-258-8582. • villasprincesa.com • Dans une rue tranquille, à l'écart de l'agitation. Résa conseillée longtemps à l'avance. Compter 55-100 US$ la nuitée, env 350-700 US$/sem, selon taille et saison.* Dans un espace sécurisé (accès digicode), une douzaine d'appartements de 1 ou 2 chambres (respectivement 50 et 120 m²), modernes et tout équipés. Cuisine, balcon, AC, TV satellite... Une excellente alternative aux *resorts*, en pleine zone hôtelière et proche des restaurants, pour des tarifs plutôt modérés. Accès à la plage au bout de la rue.

Hotel Merengue (zoom couleur La côte des Cocotiers, **21**) **:** *av. Alemania. ☎ 809-552-9992. • hotelmerenguepuntacana.com • Un peu à l'écart de la route, à 150 m de la plage. Compter 90 US$ pour 2, avec petit déj.* À proximité des commerces et des restos, un petit hôtel familial de 30 chambres, de bonne taille, très correctes, déco plaisante et avec balcon. Préférez celles qui donnent sur le jardin et la piscine à l'arrière.

Chic (plus de 100 US$)

Whala ! Bávaro (zoom couleur La côte des Cocotiers, **25**) **:** *dans une rue menant la plage. ☎ 809-688-1612. • whalabavaro.com • Doubles env 100-200 US$/j. pour 2, petit déj inclus, selon saison et confort ; possibilité de forfait tt compris. (gratuit à la réception, payant dans les chambres).* Sur une placette commune avec l'hôtel *Villa Mare*. Pour lutter contre les « monstres » d'à côté, plusieurs hôtels installés les uns à côté des autres se sont regroupés pour créer un seul complexe. Au total, 150 chambres et suites avec tout le confort (certaines avec jacuzzi), disséminées dans des petits édifices de moins de 3 étages aux toits de paille. 3 piscines et 2 bars. Pas d'accès direct à la mer, mais il suffit de marcher une cinquantaine de mètres pour se rendre à la plage privée où l'on profite d'un BBQ le soir.

Très chic : les *resorts* (jusqu'à 250 US$)

Vista Sol Resort (zoom couleur La côte des Cocotiers, **26**) **:** *dans le village. ☎ 809-221-2728. • carabelabeachresort.com • Compter 130-250 US$ pour 2.* L'hôtel n'a pas le luxe de ses voisins et n'appartient pas à une grande chaîne internationale. C'est l'un des *resorts* les moins chers de la station. Bâtiments roses de 4 étages maximum et 470 chambres et suites, certaines en duplex, dans un grand jardin fleuri, avec 3 piscines. Certaines chambres sont plus récentes, donc plus confortables. Intéressant surtout pour les amateurs de sports aquatiques : club de plongée, école de voile, kayak, pêche, planche à voile et excursions en mer. Tennis, volley et centre de bien-être. Discothèque, casino, cours de danse et miniclub. Location de voitures et distributeur automatique sur place.

Villas Bávaro Resort & Spa (plan couleur La côte des Cocotiers, B1, **15**) **:** *au fond d'une zone résidentielle chic. ☎ 888-774-0040. • villasbavaro.com • À partir de 120 US$*

pour 2, tt compris ; séjour de 3 nuits min. Propriété d'un groupe allemand, ce *resort* très bien tenu et d'un bon rapport qualité-prix ne dispose pas d'un terrain spacieux mais bien d'une étroite bande de terre perpendiculaire à la plage. Ici, on aime bien les chambres sans luxe ostentatoire, bien aménagées, et le bar sur pilotis au milieu d'une des piscines... Parmi les activités : tennis, plongée, cours de *merengue,* basket, jet-ski, windsurf. Clientèle assez jeune, en majorité allemande et française. Très animé le soir.

Barceló Dominican Beach *(zoom couleur La côte des Cocotiers,* ***27****) : av. Alemania. ☎ 809-221-0714. • barcelo.com • Double à partir de 230 US$, tt inclus.* Grandes chambres à la déco soignée et de bon confort, réparties dans des bâtiments de 3 étages. Il y a 8 bars dont un avec musique live, une discothèque, 3 piscines et plusieurs restos (cuisine mexicaine, brésilienne, espagnole, japonaise...). Club pour les enfants, casino. Magnifique plage plantée de hauts cocotiers. Nombreux sports proposés (plongée, planche à voile, catamaran...), sorties de pêche en mer (payant) et même des cours d'espagnol.

Les *resorts* ultrachic (plus de 200 US$)

Meliá Caribe Tropical *(plan couleur La côte des Cocotiers, B1,* ***16****) : au début de la plage de Cortecito, entre les hôtels* Los Corales *et* Villas Bávaro. *Appel gratuit depuis la France : ☎ 0800-1120-1140. • meliactropicalaribe.com • En hte saison, doubles à partir de 320 US$, suites jusqu'à 490 US$.* Selon les locaux travaillant dans l'hôtellerie, le *Meliá Caribe Tropical* est l'établissement de luxe le plus « social » dans le domaine de la formation de son personnel. Passé la majestueuse entrée, on découvre des bassins où s'ébattent des flamants roses. C'est énorme mais magnifiquement aménagé et très verdoyant : 1 100 chambres et près de 150 suites de luxe ! Pavillons bas noyés dans le vaste jardin. Spacieuses et très bien décorées, les chambres sont toutes avec balcon ou terrasse, salon, TV câblée, ventilo ou clim. Miniclub pour les enfants de 4 mois à 13 ans. L'ensemble offre aussi une dizaine de restaurants, 14 bars, 3 piscines, 2 spas, un golf et bien sûr, une plage somptueuse de 2 km face au récif de corail. Nombreuses activités sur place.

Grand Palladium Bávaro Resort & Spa *(plan couleur La côte des Cocotiers, A1,* ***17****) : accès par l'av. España, à 800 m du centre commercial* Plaza Punta Cana. *☎ 809-221-8149. • palladiumhotelgroup.com • Doubles à partir de 240 US$ en formule* all inclusive. Propriété d'un groupe hôtelier espagnol, du coup le terrain est vaste (32 ha, pas moins, quel prix d'or !). Accueil dans une vaste réception au toit de bois. L'ensemble s'intègre bien au paysage par une orgueilleuse architecture. C'est grand, mais pas écrasant. Il comprend plus de 640 chambres et suites réparties en 75 petits bâtiments disséminés dans de beaux jardins, 4 grandes piscines, 5 restaurants-buffets et 8 restaurants à la carte, 6 bars et une discothèque. Nombreux services (laverie, commerces...), mais aussi 2 théâtres et une salle de sport. On ne fait pas les choses à moitié !

Riu Palace Punta Cana *(plan couleur La côte des Cocotiers, A1,* ***18****) : juste après l'*Iberostar Punta Cana, *sur la plage de Punta Arena Gorda. ☎ 888-774-0040 ou 881-687-4242. • riupuntacana.com • Séjour min de 2 nuits : doubles à partir de 200 US$ en* all inclusive. Le groupe *Riu* est synonyme de grand luxe international. Cette chaîne hôtelière ne manque pas de moyens : un village entier a été reconstitué, avec une longue rue commerçante pompeusement nommée « Caribbean Street » (service médical, billard, discothèque, magasins de disques, de fringues, etc. !) menant aux 5 hôtels du complexe : *Riu Palace Punta Cana, Riu Palace Macao, Club Hotel Riu Bambu, Riu Taino* et *Riu Naiboa.* Bien sûr, les « *Palace* » sont les plus luxueux de toute la station de Bávaro, avec belles piscines gigantesques, grande plage sous les cocotiers, bâtiments classieux de style colonial et suites royalement décorées. On y pratique de nombreux sports et on y trouve un casino. Clientèle essentiellement allemande et espagnole.

Paradisus Punta Cana Resort *(plan couleur La côte des Cocotiers, A1, **19**) : au nord de la plage de Bávaro, sur la droite après le Casino Tower. ☎ 0808-234-19-53. • paradisus-puntacana.com • Sur la base de 1 sem en formule* all inclusive, *à partir de 550 US$/j. pour 2 (les prix varient chaque mois).* *Resort* de très grand luxe dans un parc tropical paradisiaque bordé de mangroves. Plus de 600 chambres réparties dans 35 bungalows de 2 étages. Formule tout compris plus intéressante que dans la plupart des *resorts* (avec le champagne !). Chambres spacieuses, sous forme de suite avec coin salon et balcon. Une petite ville tropicale en somme, qui compte 12 restaurants, 9 bars, un casino, 5 piscines dont une en forme de lagune (avec îlots), un spa, une salle de gym, un miniclub et des activités à la pelle souvent comprises dans le prix.

Où manger ?

Prix moyens (jusqu'à 800 RD$ / env 15 €)

Soles *(plan couleur La côte des Cocotiers, B1, **30**) : sur la plage publique de Los Corales. Accès à pied en 5 mn par la plage, depuis le bar-resto* Huracán. Un endroit très fréquenté par les résidents à n'importe quelle heure du jour et de la soirée, ce *Soles* rafraîchit ses clients, entre deux baignades. À la carte, des plats locaux, simples et bons, à prix doux. Techno le soir.

Bamboo Bar *(plan couleur La côte des Cocotiers, B1, **31**) : sur la plage publique, à côté du* Soles. *Tlj 8h-minuit. Plats env 300-500 RD$.* Un autre bar-resto de plage très agréable au crépuscule et en soirée, pour déguster un petit plat ou siroter un verre. Joli décor avec de gros fauteuils en osier, bonne musique *lounge*-électro. Classiques crêpes, sandwichs, plats de pâtes ou poulet.

Huracán Café & Restaurant *(zoom couleur La côte des Cocotiers, **33**) : sur la plage publique, du côté de Los Corales. ☎ 809-221-6643.* Les pieds quasiment dans le sable. Ce fut un temps le lieu le plus branché de Bávaro. Aujourd'hui, c'est plus calme et plus gourmet, car on y vient autant pour manger que pour boire un verre. Cuisine ensoleillée à tendance italienne mais sans pizza : *pasta* aux fruits de mer... La déco s'est adaptée à la tendance... Musique live le samedi.

Beach Club *(zoom couleur La côte des Cocotiers, **32**) : dans la rue principale, côté mer. ☎ 809-552-6904. Service tlj 9h-minuit. Plats 300-600 RD$.* C'est l'un des restos de plage de l'hôtel *Cortecito Inn.* Carte allant de la soupe à la langouste, en passant par les crêpes et les paellas. Si on prend le *especial del mare* avec langouste, c'est beaucoup plus cher. Agréable terrasse donnant sur la plage, moins bondée que celle du *Captain Cook.* Fait aussi bar et *beach lounge.* Large choix de bières européennes.

De chic à plus chic (800-1 300 RD$ et plus / env 15-24 €)

Jelly Fish *(plan couleur La côte des Cocotiers, B1, **15**) : sur la plage publique. ☎ 809-868-3040 ou 809-840-7684. En venant de Bávaro (nord), juste avt le* Villas Bávaro Resort & Spa, *prendre un chemin de terre sur la gauche (panneau), le resto est en bout de piste. Tlj 11h-23h30. Parking gardé.* Un endroit qu'on aime bien : bâtiment circulaire, bar-*lounge* musical, mezzanine et lits de repos sur pilotis et hamacs sous les hauts cocotiers, déco recherchée. On y sert une savoureuse cuisine à prix plutôt raisonnables. Pâtes, poissons (le *mero* et le *chillo* sont les meilleurs), mais aussi 3 sortes de crêpes.

Citrus *(zoom couleur La côte des Cocotiers, **35**) : plaza Playa Turquesa. ☎ 809-455-2026. Tlj 11h-minuit.*

Musique ts les ven soir. En bordure de la route, déco intérieure banale, terrasse couverte. Cuisine très correcte à base de poisson et viande à prix raisonnables ; sushis, pâtes et copieuses salades. Desserts assez pauvres, en revanche.

Captain Cook *(zoom couleur La côte des Cocotiers,* ***34****) : dans la rue principale, côté mer. ☎ 809-552-0645. Tlj 11h-minuit.* Au bord de la plage, une adresse déjà bien établie dans cette rue, sans prétention mais qui a gardé son rang, en conservant des prix raisonnables. À midi, des groupes viennent y déjeuner. Le soir, il n'y a pas grand monde, et c'est plus intime. Tapas pour démarrer et paella pour 2, crabes *a la plancha* ou poissons rapidement grillés devant vous.

Où boire un verre ? Où sortir ?

Mangú *(plan couleur La côte des Cocotiers, A1,* ***40****) : à l'entrée de l'hôtel Occidental Flamenco. ☎ 809-256-6868. Tlj 23h-7h. Entrée (open-bar) : 10-12 US$.* C'est LA boîte de Bávaro, voire de l'île. Possibilité de navette depuis les grands *resorts*. En tout cas, la plus fréquentée et la plus célèbre. Sur 2 étages. Musique tropicale en bas, house et techno en haut.

Pacha *(plan couleur La côte des Cocotiers, A1,* ***18****) : dans le complexe Riu Hotels & Resort. ☎ 809-221-2290. Accès possible aux non-résidents. Gratuit sf soirées thématiques.* Bâtiment d'architecture créole, où l'on paie uniquement les boissons. Un bon mélange de rythmes tropicaux (salsa, *merengue*...) et de musique pop.

Voir aussi plus haut dans la rubrique « Où manger ? » **Soles** et **Bamboo Bar** *(plan couleur La côte des Cocotiers, B1,* ***30*** *et* ***31****)*, ainsi que **Beach Club** et **Huracán Café & Restaurant** *(zoom couleur La côte des Cocotiers,* ***32*** *et* ***33****)*.

Imagine *(plan couleur La côte des Cocotiers, A2,* ***41****) : cruce carretera Coco Loco, à Friusa. Tlj sf lun à partir de 23h. • imaginepuntacana.com • Entrée 60 US$ pour 1 nuit avec transport A/R et 2 boissons.* Une immense discothèque dans une grotte divisée en plusieurs « caves ». « Universe », la plus grande, accueille les concerts et événements. Plusieurs bars. Dj's résidents et concerts fréquents.

Jewel *(plan couleur La côte des Cocotiers, B1,* ***42****) : dans le Palma Real Shopping Mall. ☎ 829-839-3371. Ouv à partir de 23h. Entrée variable.* Discothèque sur 3 niveaux avec *dance floors* balayés par les rayons laser. *Merengue, bachata*, salsa, pop-rock, *reggaeton*, hip hop et dance dans la salle principale, *tech-house, progressive house, minimal...* dans sa voisine. Sans oublier 3 jacuzzis sur la terrasse du toit, où sont organisées chaque mois des *full moon parties*.

Casino

Princess Tower Casino *(plan couleur La côte des Cocotiers, A1) : en face du Bávaro Shopping Center. ☎ 809-552-1111. • towercasinos.com •* L'un des plus « beaux » casinos de la zone. Avec roulette et black-jack, bien sûr. On peut aussi y apprendre le poker caribéen. N'oubliez pas votre pièce d'identité.

Achats

Palma Real Shopping Village, Plaza Punta Cana, Plaza Bávaro, Plaza San Juan et tous les autres : ces centres commerciaux regorgent de magasins de vêtements et souvenirs (bijoux, peintures, sculptures, cassettes, cigares, etc.). Des navettes gratuites partent des grands hôtels. En principe, il est déconseillé d'acheter des cigares proposés directement par des vendeurs ambulants sur la plage : qualité médiocre et prix gonflés.

La Perla Dominicana *(plan couleur La côte des Cocotiers, B1,* **50***) : sur la plage de Los Corales. ☎ 829-903-6705 ou 809-804-6704. • laperladominicana.net • Tlj sf dim 10h-19h.* Coincée entre les bars de la plage, une petite fabrique de cigares animée par de jeunes Français, qui proposent de vous faire découvrir l'univers fascinant de la transformation des feuilles de tabac en odorants cigares. Deux *tabajeros* expérimentés les roulent à la main sous vos yeux. Dégustation, conseils et vente de tous les accessoires pour apprécier les dérivés de l'herbe à Nicot. Également un beau choix de bijoux montés avec les pierres typiques du pays, ainsi que du rhum, des épices et du café.

Mundo Auténtico *(plan couleur La côte des Cocotiers, B2,* **51***) : av. Barceló, sur la droite de la route en venant d'El Cortecito, entre cruce de Coco Loco et cruce de Cabeza de Toro. ☎ 809-466-1212. Tlj 9h-18h30.* Dans un bâtiment rond coiffé de palmes, vente de produits de qualité : rhum, café, bijoux en ambre et larimar, objets sculptés dans des bois précieux, tableaux et surtout un large choix de cigares des fabriques adjacentes (*Don Lucas* et *Tao*), le tout, à prix fixes, mais plus élevés que dans les centres commerciaux locaux. Avantage : les vendeurs ne poussent pas à la conso !

À voir. À faire

Bien sûr, on peut se dorer à loisir sur la ***plage des hôtels.*** Mais il est bien plus difficile de trouver un coin de ***plage publique.*** Cherchez bien, il y en a quelques-unes : du sud au nord, on trouve ***Jellyfish*** et ***Bibijagua,*** de part et d'autre des Villas Bávaro ; ***Los Corales*** et ***El Cortecito*** ; ***playa Macao*** et ***Ubero Alto,*** au nord de part et d'autre de l'hôtel *Dreams Punta Cana.*
Mention spéciale pour la ***playa Macao,*** long ruban de sable blanc frangé de rouleaux déferlants, encore assez sauvage, bien que de plus en plus fréquentée le week-end. C'est aussi le point de départ pour des randos en *quad...* Tout au bout de la plage, vers le sud, quelques gargotes proposent des langoustes fraîches à griller et à accompagner d'un rosé bien frais. Prix modérés.

Bávaro Adventure Park *(plan couleur La côte des Cocotiers, B2) : entrée sur le bd Turístico, km 8,5 ; entre la station Shell et la sortie vers Cabeza de Toro. Navettes depuis les grands resorts. ☎ 809-933-3040. • bavaroadventurepark.com • Tlj 8h30-18h30. Prix selon attractions choisies : 99 US$ pour 3, 129 US$ pour 5, 169 US$ pour 6. ½ tarif enfants moins de 12 ans. Pour l'attraction Jurassic World : 59 US$ (enfants 35 US$).*
Un parc de 44 ha ponctué de petits chemins pédestres, dans une végétation abondante et au milieu d'une nuée de papillons évoluant en liberté. On peut s'y reposer dans de petits espaces aménagés et ombragés, au milieu des orchidées, des cactus et des fontaines qui glougloutent... Des répliques articulées de dinosaures surgissent au coin des chemins et leurs rugissements accompagnent la visite !
Une dizaine d'attractions proposées en fonction des centres d'intérêt et à faire selon la formule achetée au préalable. Il y en a pour tous les goûts, mais c'est parfois assez sportif ! Prévoir des chaussures de sport, des vêtements confortables, une casquette et des lunettes de soleil.
– En vrac : *Skywalker Zip Line,* une tyrolienne avec 2 lignes de 120 m, un pont suspendu et un mur d'escalade ; *Treasure of the Caribbean,* un parcours d'accrobranche ; *Crazy Jumper Bungee,* un trampoline avec harnais ; et aussi *Segway, Skydiver,* simulateur de vol où l'on est accroché à une aile, *mountain bike,* ballon captif ou *paint ball.*
– *Jurassic Adventure Dinosaur World :* musée, jeu d'excavation pour les enfants, et promenade didactique au milieu de 40 dinosaures reconstitués et articulés.
À noter un vrai souci écologique : tout provient de matériaux recyclés, des bancs de repos à la signalétique, en passant par la boutique et le restaurant.

Mundo Taïno *(plan couleur La côte des Cocotiers, B2)* : *juste à côté de la fabrique de rhum* Recetas Mi amor, *près du rond-point menant au complexe* Barceló. *Tlj 9h-18h (14h sam). GRATUIT. Visite guidée en français (guides haïtiens). Durée : env 40 mn.* C'est une vraie grotte qui fut habitée par les Indiens taïnos qui l'utilisaient comme lieu de culte et de refuge pour se cacher des Espagnols. Peu profonde, très longue, elle laisse voir les énormes racines de *jigos* qui descendent du plafond en quête d'humidité. La visite se fait à pied, avec un casque sur la tête et on découvre en chemin de belles stalactites/gmites et des pétroglyphes. Une colonie de chauve-souris garnit les plafonds. À l'entrée, panneaux en français et reconstitution expliquant la vie des Indiens : statues de divinités, reproductions d'objets usuels des Taïnos ainsi qu'un *caney* (maison) de cacique.
À la sortie, dégustation de rhum arrangé (et achat éventuel) d'une bouteille du *rhum des Pirates* de la fabrique *Mi amor*, conditionné dans des bouteilles peintes à la main par des artistes haïtiens.

Manati Park *(plan couleur La côte des Cocotiers, A1-2)* : *prendre la route qui relie les 2 grands carrefours de plaza Friusa et de cruce de Verón, c'est à peu près au milieu. ☎ 809-552-6100 ou 809-221-9444. • manatipark.com • Navette gratuite depuis votre hôtel, sinon service de taxi. Tlj 9h-18h. Entrée : 35 US$; 20 US$ moins de 12 ans.* Parc thématique où l'on déboule par bus entiers depuis les hôtels du coin. À voir si vous n'avez jamais observé de près des animaux exotiques. Sinon, passez votre chemin ! Flamants roses, iguanes, bassin avec des tortues, etc. Avec un gros supplément, on peut aussi nager avec les dauphins... Mais ça, on n'est pas prescripteur, d'autant que les bassins ne sont vraiment pas larges. Shows de dauphins, de lions de mer, de perroquets et de chevaux. Également un village taïno reconstitué, avec de faux Indiens qui tentent de reproduire les us et coutumes des premiers occupants de l'île. Bon, à vous de voir...

Marinarium *(plan couleur La côte des Cocotiers, B1)* : *à réserver auprès de votre hôtel ou en ligne, d'où partent des navettes gratuites. ☎ 809-468-3183. • marinarium.com • Tarifs : 106 US$-139 US$ selon l'activité choisie ; réduc de 50 % pour les enfants.* Une bonne manière d'apprécier les fonds marins et la faune sous-marine. Balade d'une demi-journée sur un catamaran à fond de verre. On nage dans le récif (prêt de matériel de snorkelling). Coraux, poissons multicolores, raies immenses et même des requins nourrices ! Service très pro. On n'est pas tout seul, mais en prime, une partie des bénéfices est reversée à la protection de l'environnement. Donc, pour la qualité et le dépaysement de la balade, le prix est justifié.

Dolphin Explorer *(plan couleur La côte des Cocotiers, B1-2)* : *à réserver depuis votre hôtel (navettes gratuites). ☎ 809-468-2000. • dolphinexplorer.com.do • Tarif : env 120-190 US$ pour 30 mn dans l'eau en compagnie des dauphins (et même des otaries, raies et requins).* À Cabeza de Toro, dans un parc tropical où les activités nautiques encadrées par du personnel qualifié, en compagnie des créatures marines, porte une attention particulière au bien-être et aux soins des animaux. Plusieurs programmes à tarifs variables. Casiers pour déposer ses affaires ; n'oubliez pas la crème solaire et votre maillot !

DE PLAYA BÁVARO À SABANA DE LA MAR

Après avoir écumé cette côte hyper touristique, les « routards » pourront, en allant vers l'ouest, se rendre à à Sabana de la Mar pour y faire la très belle excursion vers le parc de Los Haïtises. Là, c'est tout le contraire, encore peu d'établissements de luxe, on va vers la vraie République dominicaine.
Possibilité de rallier Sabana en empruntant la route qui longe le littoral nord (env 2h30), et passe notamment par les plages de la *Costa Esmeralda* ; ou, pour ceux

qui ont un peu de temps, en empruntant le chemin de écoliers via *El Seibo,* une ville oubliée de l'arrière-pays, avec une belle église blanche au toit de tuiles et d'éclatantes boutiques de bois peintes de toutes les couleurs. Ici le regard ne porte plus vers la mer turquoise mais vers les champs de canne à sucre et les monts verdoyants. On traverse ensuite quelques jolis villages colorés, des plantations de canne avec de belles collines en toile de fond, tapissées de bananiers et de palmiers.
Petite étape possible à *Miches,* une bourgade de pêcheurs sur la côte sud de la baie de Samaná, loin de tout. Elle voit parfois sa tranquillité perturbée par l'arrivée des bateaux de croisière pour lesquels un terminal a été aménagé, mais cela reste un port mignon, à l'embouchure d'une rivière. Pas de plage dans le village même, mais celle-ci ne se trouve qu'à quelques kilomètres à l'est (Punta del Rey).
En poursuivant la route 104 vers l'ouest, le long du littoral, on atteint Sabana de la Mar en 40 mn environ.

Où dormir ? Où manger sur la route ?

Hotel La Loma : *sur la colline (loma), à gauche en quittant Miches vers Sabana de la Mar. ☎ 809-553-5562. 809-980-7903. • jumbomiches@yahoo.de • Double env 2 300 RD$. Au resto, plats env 350-600 RD$.* On l'aperçoit du haut des montagnes lorsqu'on arrive sur Miches depuis El Seibo. Bel ensemble dirigé par un Suisse surnommé Jumbo. Vue absolument magnifique sur le village et la baie. Une dizaine de jolies chambres et suites très confortables avec clim, TV et superbe terrasse donnant sur la mer et les montagnes. Le reste de l'immeuble est composé d'appartements en location. Petite piscine en surplomb (mais parfois vide). Et un bon restaurant qui sert des sandwichs et burgers, ou des spécialités comme le curry de poisson. C'est le meilleur plan de Miches.

SABANA DE LA MAR

22 000 hab.

Au pied de la cordillère orientale et au bord de la grande baie de Samaná, Sabana est une petite ville du bout du monde dominicain. C'est l'autre porte d'entrée du passionnant parc national des Haïtises, pour ceux qui ne s'y rendent pas depuis la péninsule de Samaná. Des petits bacs qui n'acceptent que les piétons et les engins à deux roues relient Sabana de la Mar à Samaná.
Si vous y êtes le 4 juin, vous serez surpris par l'affluence au pèlerinage à la petite chapelle du centre du village, où repose la señorita Elupina Cordero. Cette jeune fille aveugle, morte le 4 juin 1939, aurait, selon la croyance populaire, accompli des miracles de son vivant et depuis sa mort...
À noter : il règne ici un microclimat. Mai est le mois le plus pluvieux, décembre le plus frais, et mars-avril les mois les plus chauds.

Arriver – Quitter

En bateau

➢ ***Samaná :*** *infos au port. Seuls les piétons embarquent, pas les voitures. Env 4 liaisons/j., départs aléatoires (le bateau part lorsqu'il est plein). La traversée dure 1h et coûte 300 RD$. Les motos (max 125 cc) paient 500 RD$, à négocier.* Le dragage du port se faisant attendre, les *lanchas* ne viennent pas jusqu'au quai ! Il faut d'abord monter dans une barque puis rejoindre le bateau (40 ou 50 places) qui fait la traversée. Par jour de houle, cela peut s'avérer un peu... sportif !

Adresses utiles

■ ***Bureau du parc des Haïtises :*** *grand bâtiment vert au coin du parque central, près du port. ☎ 809-556-7333. Lun-ven 8h-18h.* Informations sur le parc national des Haïtises, réservations pour les excursions et petite exposition sur la faune et la flore.

■ ***Sabana Tour*** *(bureau des guides locaux)* **:** *paseo Ceseo, 7. ☎ 809-868-4301.* C'est une association regroupant une douzaine de guides (plus ou moins compétents...). Certains parlent l'anglais. Ils vous proposent la balade au parc des Haïtises pour 1 900 RD$, entrée, *lancha* (bateau) et guide compris. Les prix baissent selon le nombre de personnes. Également des balades à pied sur les sentiers du *bosque húmedo* (45 US$, durée totale 4h30), l'observation des baleines (en saison), l'excursion au cayo Levantado, voire à la cascade d'El Limón.

Où dormir ? Où manger dans les environs ?

Vraiment pas grand-chose dans la ville. En fait, les meilleures adresses sont dans les environs.

De bon marché à prix moyens

🏠 🍽 ***El Tres :*** *à 3 km de Sabana, sur la route d'Hato Mayor. ☎ 809-556-7575. 📱 829-797-6260. Doubles env 1 200-1 600 RD$, petit déj inclus. Repas env 500 RD$.* Une excellente adresse tenue par José, un Madrilène, et Marta, très sympathique Dominicaine. Atmosphère de maison d'hôtes à la campagne. Une dizaine de chambres dans un grand *rancho* au toit de palme, toutes simples mais très propres, avec douche (eau froide), w-c et ventilo. Nuits très calmes. Les animaux de la ferme évoluent librement dans les prés. Table d'hôtes à la demande, savoureuse cuisine maison avec des produits frais et sains (excellent filet de bœuf au poivre). Marta organise également des excursions à cheval *(1h ; 10 US$/pers)* et des sorties au *rancho El Sumbidor*, à 17 km de là, avec randonnée dans les bois plantés d'arbres caoba (bois rare).

🏠 🍽 ***El Paraiso Caño Hondo :*** *à la sortie de Sabana de la Mar, prendre le chemin à droite, juste après le restaurant* Fon Von. *Poursuivre 10 km par une piste de terre. ☎ 809-248-5995. • paraisocanohondo.com • Doubles à partir de 55 US$/pers, avec petit déj. Plats env 200-700 RD$, sinon buffet. CB acceptées.* Là, c'est du jamais-vu. Le maître des lieux est architecte, et ça se voit ! 3 constructions à flanc de montagne, cachées dans les arbres. Une trentaine de chambres, imbriquées les unes dans les autres, de style différent. La plupart comportent une mezzanine, une petite terrasse ou un balcon. La décoration fait seulement appel au bois et à la pierre. L'eau qui descend de la montagne circule entre diverses petites piscines dans la roche. Les chambres les plus en hauteur offrent une vue merveilleuse sur les baies de Samaná et San Lorenzo (elles sont un peu plus chères). On y mange aussi très bien. Un lieu extraordinaire pour se reposer dans une nature presque vierge, et un bon point de départ pour les excursions, à pied, en bateau ou à cheval, qui vous sont proposées. Avantage : on est aux portes de l'entrée du parc national. Bref, un énorme coup de cœur !

À voir. À faire

🎯 ***Iglesia Señorita Elupina Cordero*** *(église et musée d'Elupina Cordero)* **:** *calle Elupina Cordero, angle avec 16 de Agosto. Ouv tlj. GRATUIT.* L'église moderne renferme la tombe de la señorita Elupina Cordero (1892-1939), vénérée comme la « sainte » locale. Dans la cour, à l'emplacement de sa pauvre maison (détruite), on peut voir une vitrine (petit musée) renfermant des objets (horloge, robes, vaisselle) lui ayant appartenu. Elle était aveugle et se fit remarquer par ses pouvoirs de guérisseuse. Le dictateur Trujillo la considéra tout d'abord comme une sorcière maléfique, tandis que les villageois l'adoraient comme une bienfaitrice. Chaque année, le 4 juin, une grande fête lui rend hommage.

UN PETIT MIRACLE...

Pensant tout d'abord qu'Elupina Cordero était une sorcière œuvrant pour le mal, Trujillo exigea de la rencontrer pour en avoir le cœur net. Son objectif était tout simplement de la supprimer. Mais devant cette pauvre femme aveugle, le dictateur fut comme terrassé. Admiratif et bouleversé, il s'agenouilla, changea aussitôt d'avis et affirma qu'Elupina œuvrait pour le bien de tous. Il lui accorda même une pension officielle de l'État.

➢ ***Excursions dans le parque nacional de Los Haïtises :*** *le bureau officiel du parc organise des visites sur demande ; se renseigner également auprès de* Sabana Tour *(voir « Adresses utiles »). Embarcadère pour les visites au Caño Hondo (là où se trouve l'entrée du parc, à une douzaine de km).*

L'avantage à Sabana, c'est qu'on est aux portes du parc, contrairement à Samaná, en fait... On ne paie donc pas la traversée de la baie en bateau pour gagner les grottes, et les excursions coûtent moins cher. Mais pour ceux qui se rendent ensuite à Samaná (notamment à Las Terrenas), autant savoir qu'on y trouve des agences spécialisées dont les guides (certains sont français) connaissent le parc comme leur poche.

On peut également réserver une excursion depuis certaines stations de la côte, comme Juan Dolio ou Punta Cana, mais c'est plus cher et on se retrouve avec des groupes.

– ***Visite :*** de Sabana, il y a donc 12 km de piste jusqu'à l'embarcadère de *Caño Hondo.* De là, un bateau conduit les visiteurs (1 km) à une zone de mangrove. On continue jusqu'à la *bahía de San Lorenzo,* où le littoral est hérissé de petits îlots appelés *mogotes.* Ce sont des pitons calcaires d'origine volcanique, érodés et couverts de végétation. Une escale est prévue dans la grotte dite *cueva de la Reina,* sombre et étrange caverne où l'on peut voir des figures d'animaux stylisés sur les parois rocheuses.

Les détails de l'excursion sont également donnés plus loin au chapitre « Sánchez et parque nacional de Los Haïtises ».

À L'OUEST DE SANTO DOMINGO

Très peu développée sur le plan touristique, la région qui s'étend de l'ouest de la capitale à la frontière haïtienne offre un tout autre visage de la République dominicaine, avec des paysages sauvages, parfois désertiques parfois verdoyants, un relief accidenté (de montagnes boisées descendant vers la côte), une population vivotant tant bien que mal et une atmosphère nettement plus authentique que sur la côte est. C'est la côte dominicaine pauvre mais intemporelle, avec des paysages côtiers qui ont peu changé depuis l'arrivée des Espagnols au XVIe s (hormis bien sûr quelques parties urbanisées). C'est ici que les routards curieux s'aventureront avec le désir de sortir des sentiers battus... D'autant plus qu'on trouve dans la région des plages vraiment désertes (la plus belle est celle de Las Aguilas), de beaux parcs naturels quasiment inviolés (parque Jaragua et parque del Lago Enriquillo), où crocos, flamants roses et iguanes sont chez eux. En outre, le réseau routier est de bonne qualité (bitume avec quelques nids-de-poule et des *policia acostado,* c'est-à-dire des « gendarmes couchés » ou ralentisseurs, parfois imprévus, attention).
Si vous optez pour ce voyage vers l'ouest, ne vous attendez surtout pas à y trouver des installations touristiques comme à Punta Cana ou Las Terrenas : il n'y a en majorité que des petits hôtels (à prix sages) et quelques hôtels exceptionnels en pleine forêt.
Pour l'heure, seule la région au sud de Santa Cruz de Barahona (une cinquantaine de kilomètres environ) propose des hôtels souvent en rebord des falaises (car la côte à ce niveau-là dresse des falaises abruptes de couleur ocre) dominant un océan couleur azur et très agité. Dans cette région excentrée, quelques expériences d'écotourisme ont vu le jour, comme à La Ciénaga et à Paraíso. Plus vous vous approcherez de la frontière haïtienne, plus la savane sèche envahit le paysage... et moins vous verrez de touristes ! On est déjà dans un autre pays.

SAN CRISTÓBAL

220 000 hab.

À environ 25 km de Santo Domingo. Autant le dire tout de suite, l'intérêt de cette ville bruyante et sans charme est purement historique. Fondée au XVIe s, la ville doit probablement son nom à la fortaleza San Cristóbal (forteresse) que Christophe Colomb fit construire sur les berges de la rivière Haina. Colonisée par des chercheurs d'or, San Cristóbal a vite prospéré, au point que la

première Constitution du pays fut signée ici, en 1844.
Autre particularité de la ville : c'est le lieu de naissance de Rafael Trujillo (1892-1961). Il a vu le jour dans une modeste cahute. Une fois au pouvoir, le célèbre dictateur éleva sa ville au rang de « ville d'honneur » et y fit construire deux luxueuses propriétés, une seule ne suffisant sans doute pas. Elles existent toujours, l'une (Casa de Caoba) est à l'abandon, l'autre (Castillo del Cerro) abrite une école de formation pour les cadres et les agents de l'administration pénitentiaire.

LES TROIS MORTS DU DICTATEUR

Le 18 novembre 1961, Ramfis Trujillo, un des fils du dictateur, s'enfuit vers la Guadeloupe, emportant sur son yacht la dépouille de son père, qu'il avait exhumée du cercueil de l'église de San Cristóbal. Refoulé, il rentra à Santo Domingo et parvint à s'envoler pour la France, avec à bord la dépouille, en début de décomposition... À Paris, Trujillo fut enterré au cimetière du Père-Lachaise. Son corps fut à nouveau exhumé en juin 1970, pour être enterré – une troisième fois – au cimetière du Pardo (aux environs de Madrid) avec son fils Ramfis, mort d'un accident de voiture un an auparavant.

À voir

Iglesia de San Cristóbal : sur le parc central, elle a un style un peu orientalisant. À l'intérieur, son sous-sol abrite une série de niches funéraires parmi lesquelles Trujillo fut effectivement enterré pendant une durée assez courte (de juin à novembre 1961). Dans l'église, aujourd'hui, un cercueil capitonné et vide : c'est donc celui du premier enterrement du dictateur dominicain. Trujillo avait rêvé d'une sépulture pharaonique à San Cristóbal...

Castillo del Cerro : *calle Luperon, à 1 km à l'ouest du centre-ville. Facile à trouver. Accessible par une route bitumée. Il s'agit aujourd'hui de l'*Escuela nacional penitencial *(qui forme les agents et les cadres de l'administration pénitentiaire). Tlj 9h-16h (13h le w-e). GRATUIT.*
Ce « palais » de béton fut érigé sur une colline qui domine la ville (très belle vue). Trujillo fit construire cette imposante villa dans les années 1930 mais, déçu par le résultat, il n'y résida presque pas (il préférait la Casa de Caoba). Depuis le parking, noter la silhouette et l'architecture « navale et design » du bâtiment. Les cinq étoiles sculptées sur la façade rappellent celles du dictateur...
L'intérieur se visite avec un guide en uniforme (en espagnol seulement). De nombreux meubles en acajou de la Casa de Caoba y sont exposés. Le plus frappant ne réside pas dans le mobilier mais dans les photos et documents historiques montrant les horreurs et les atrocités de la dictature de Trujillo *(museo del Sistema penitenciario dominicano)*. On y trouve même la chaise électrique utilisée par les bourreaux pour torturer les prisonniers politiques dans des geôles réputées pour leurs méfaits : « la 40 et el 19 ». Dans un des grands salons, une peinture murale de l'artiste Zanetti (1949) représente une fête villageoise. Les visages des danseurs apparaissent plus tristes que joyeux. Trujillo le remarqua et le reprocha vivement au peintre. Celui-ci fut poursuivi et poussé à l'exil, afin d'éviter les escadrons de la mort du dictateur qui voulait le liquider en raison de sa « triste fresque »... Enfin, ne pas manquer l'évocation de l'assassinat des trois sœurs Mirabal le 25 novembre 1960 par les sbires de Trujillo... Ces opposantes sont aujourd'hui considérées comme des « martyres » de la liberté.

DANS LES ENVIRONS DE SAN CRISTÓBAL

Playa Najayo : *à env 15 km de San Cristóbal.* La plage n'est certes pas spectaculaire mais tranquille, quoique très fréquentée le dimanche. On y trouve une sorte de piscine naturelle au milieu des rochers et une autre construite sous Trujillo. Paillotes et restaurants de plage pour déguster de bons produits de la mer.

Bani : *à 1h de Santo Domingo, au carrefour des routes du Centre et de l'Ouest.* La ville tient son nom d'un chef indien (cacique) qui régnait sur la terre des Caonabo. Considérée comme l'une des villes les plus propres du pays, Bani est vivante et plutôt prospère, avec un assez joli parc central et quelques vieilles maisons. Une étape possible avant de continuer vers les plages de Las Salinas (au sud-ouest) ou Barahona (à l'ouest).

LAS SALINAS

À la pointe d'une petite péninsule, à 22 km au sud-ouest de Bani, près d'une grande base navale dominicaine, le site balnéaire de Las Salinas est fréquenté chaque week-end par les familles de la capitale. La petite route bitumée qui y mène traverse les seules dunes du pays, que l'on peut sillonner à pied par un sentier écologique. La plage est minuscule, et le sable gris, mais c'est néanmoins une étape agréable. Les environs réservent quelques coins sauvages et de belles plages désertes (notamment la *playa Ocoa*) à ceux qui ont du temps... et un 4x4 ou une moto. Les marais salants sont toujours en exploitation. Ils bénéficient à la fois du vent, quasi permanent dans le secteur, et de la forte chaleur. Ce n'est pas pour rien que la baie voisine (vers le nord de Las Salinas) s'appelle *Las Calderas* (« les chaudières ») !

Où dormir ? Où manger ?

Hotel Salinas : *bâtiment ocre sur la droite de la route avt d'arriver au village. ☎ 809-866-8141. • hotel_salinas@hotmail.com • Double env 3 500 RD$; pension complète (chambre, repas + boissons nationales) 6 000 RD$/pers.* Un hôtel-restaurant surtout fréquenté par des Dominicains le week-end. Le petit bâtiment bizarrement fichu rappelle l'architecture saharienne (à cause des dunes sans doute). Chambres très confortables (douche, w-c, AC), la plupart avec vue sur la mer. Le resto de l'hôtel, décoré d'objets de brocante, sert une bonne petite cuisine locale. Plats réussis et copieux, surtout à base de poisson et de fruits de mer. Grande terrasse couverte surplombant la marina, ambiance familiale et bon enfant.

AZUA

99 500 hab.

À 50 km de Bani et 70 km de Santa Cruz de Barahona, Azua est une ville commerçante animée et bruyante, sans grand intérêt touristique. Le coin le plus charmant se trouve autour du parc central bien ombragé, dans un quartier qui compte quelques jolies maisons créoles aux couleurs éclatantes. Azua, on y passe mais on n'y reste que rarement.

UN PEU D'HISTOIRE

En juillet 1502, il n'y avait qu'une baie bien abritée des vents et des courants où Christophe Colomb, marin avisé, se réfugia avec ses bateaux tandis qu'une

terrible tempête envoya par le fond 24 vaisseaux de la flotte de Bobadilla (son ennemi juré). Deux ans après, en 1504, la ville est fondée par Diego Velásquez (1465-1524), gouverneur de la partie ouest d'Hispaniola et conquérant de Cuba. Elle s'appelle Azua de Compostela. Un autre conquistador célèbre, Hernán Cortés (1485-1547), y exerce la profession de greffier, un poste pépère qui lui donne le temps de méditer sa conquête du Mexique qu'il fit depuis Cuba (1511). Avant le Mexique, il est encore sous les ordres de Diego Velásquez.
Azua prospère grâce à son port et donne son nom à toute la province. Mais les attaques des corsaires français et un terrible tremblement de terre (en 1751) obligèrent les habitants à déménager vers l'intérieur des terres. Il ne reste plus que des ruines de cette glorieuse époque, visibles à 15 km au sud de l'actuelle ville, dans le *pueblo viejo,* mais ce n'est pas facile à trouver et d'un intérêt limité (quelques pans de murs). Comble de malheur, des incendies ravagèrent la nouvelle ville d'Azua durant les guerres d'invasion haïtiennes au cours du XIXe s.

Adresses et infos utiles

■ **Banco Popular :** *calle Duarte, à un bloc du parque central.* ☎ *809-521-3400. Lun-ven 8h-16h et sam mat.* Distributeur de billets.

Caribe Tours : *gare routière, calle Fátima, angle Emilio Prud'Homme.* ☎ *809-521-5088.*

➢ **Santo Domingo :** 8 bus/j., 7h15-18h30. Trajet : 2h.

Stations des guaguas : *sur le parque central et dans la calle Duarte.*

Où manger ?

Bon marché (moins de 400 RD$ / env 7,50 €)

Cira : *av. Francisco del Rosario Sánchez, 101.* ☎ *809-521-3740. À l'entrée de la ville en venant de Bani, sur la gauche, 150 m après la station* Texaco *(un bon repère). Tlj 8h30-22h. Plats 150-300 RD$.* Parmi les meilleures adresses de cette ville. Sorte de cantine populaire, sous un hangar bien ventilé, typique de la région ouest. Cuisine typique elle aussi : lambi, *chivo* (chèvre) et délicieuses tripes *(mondongo).* Service efficace et rapide.

Restaurante Francia : *av. Francisco del Rosario Sánchez, 104.* ☎ *809-521-2900. À l'entrée de la ville, sur la droite en venant de Bani, à 300 m env avt la station* Texaco*. Tlj 11h-23h. Plats copieux à partir de 150 RD$.* Repérable à sa boutique de produits artisanaux, une autre adresse fréquentée de la ville. Ne vous fiez pas à son nom, ce restaurant n'a rien de français ; spécialités dominicaines, en particulier de fruits de mer et de poisson. Bon accueil.

SANTA CRUZ DE BARAHONA

92 000 hab.

Capitale de la province de l'ouest qui porte son nom, Santa Cruz de Barahona est une ville de taille moyenne, située à 200 km de Santo Domingo (env 2h30). Fondée en 1802 par le général haïtien Toussaint Louverture (ancien esclave affranchi devenu allié de la France et pendant un temps gouverneur de Saint-Domingue), c'est aujourd'hui une cité caribéenne animée, bariolée, bruyante et chaleureuse. Elle est étendue au fond d'une baie mais une partie du *malecón* est occupée par une grosse usine sucrière *(Ingenio Barahona),* implantée sur la partie nord du port.
En outre, la succession de belles plages qui bordent la côte jusqu'à la frontière haïtienne est composée de galets plus que de sable fin, et celles-ci ne sont pas aussi bien entretenues que sur la côte est...

Arriver – Quitter

En bus

Caribe Tours : *calle Anacaona, 4, angle calle Jose D. Matos. ☎ 809-524-4952.*

➢ ***Santo Domingo (via Azua) :*** 4 bus/j., 6h15-17h15. Trajet : 3h.

En *guagua*

➢ ***Jimani :*** *calle María. Montez, presque à l'angle de Colón ; au mercado nuevo.* Départ ttes les 40 mn env. Durée : 2h. Si vous n'avez pas de voiture, la *guagua* peut être une solution.

➢ ***Pedernales :*** *près du marché, calle José Francisco Peña Gomez, angle calle 30 de Mayo.* En principe, départ ttes les 30 mn (en fait, on part quand c'est plein...). Durée : 2h30-3h.

➢ ***Azua, Bani et Santo Domingo :*** *des minibus partent de la plazoleta Duarte à l'entrée de la ville.*

Adresse utile

■ ***Banco Popular :*** *calle Jaime Mota, 18, angle Padre Billini, face au parque central. ☎ 809-524-2102. Lun-ven 8h-16h, sam 9h-13h.* Distributeur de billets à côté, acceptant les cartes *Visa* et *MasterCard.* Attention, le week-end, le distributeur est parfois vide. D'autres banques aux alentours du *parque central.*

Où dormir ?

Prix moyens (jusqu'à 2 500 RD$ / env 46 €)

Hotel Loro Tuerto : *calle Luis F. del Monte, 33. ☎ 809-524-6600. 809-909-2262. • lorotuerto.com • En plein centre. Double env 42 US$; petit déj en sus.* Extérieurement, c'est une traditionnelle maison en bois de style caribéen, aux murs peints en rouge cerise. L'intérieur a été restauré avec beaucoup de goût par son propriétaire italien amoureux de la ville. Tout est à sa place et à taille humaine, dans un décor de caractère joliment arrangé. Le bar, la réception et les chambres sur 2 niveaux, installées à l'arrière dans une cour tranquille. Celles-ci sont plutôt petites mais bien équipées (douche-w-c et AC), avec eau chaude. Presque un coup de cœur.

Un peu plus chic (jusqu'à 4 500 RD$ / env 83 €)

Hotel Costa Larimar : *av. Enriquillo, 6 (malecón, côté mer). ☎ 809-524-1111. • hotelcostalarimar.com • Double env 4 100 RD$, petit déj compris ; compter env 1 500 RD$ de plus par enfant. Possibilité de ½ pens ou pens complète.* Un hôtel qui hésite entre le concept traditionnel et le petit *resort* « *todo incluido* ». Les chambres sont grandes, claires et confortables, avec balcon, et vue sur la mer pour certaines. Largement ouvert sur le jardin et la grande piscine, le resto sert une cuisine moyenne. Gros avantage : l'accès direct à une jolie plage de sable privée (rare dans la région !), avec juste en face un îlot couvert de mangroves. Le rivage est très calme, parfait pour la baignade avec les enfants. Très fréquenté par les familles dominicaines le week-end.

Où manger ? Où boire un verre ?

Bon marché (moins de 400 RD$ / env 7,50 €)

La Esquina d'Fidel : *calle Nuestra Señora del Rosario, 50 ; angle Duvergé. Ouv 24h/24 !* Un troquet de quartier à la dominicaine dans une vieille maison en bois de style caribéen. Quelques tables et un comptoir tout simple, où l'on prépare de délicieux sandwichs pour trois fois rien.

Également des jus de fruits frais.

Melo's Cafe : *calle Anacaona, 12.* ☎ *809-524-5437. Lun-sam 8h-14h, plus jeu-sam 18h-21h. Fermé dim. Plats 50-120 RD$.* Attenant à l'entreprise locale de café (*Americo Melo,* la même famille), on déguste ici de bons sandwichs à prix mini, mais également des crêpes, des jus de fruits, etc. Bon expresso. Idéal pour le petit déj. Le café vient de l'entreprise mitoyenne qui conditionne du café bio pour l'exportation. Demandez à la visiter (on peut aussi acheter quelques paquets).

Prix moyens (jusqu'à 800 RD$ / env 15 €)

Brisas del Caribe : *carretera del Batey Central.* ☎ *809-524-2794. Un peu excentré, au bout du malecón, après la zone militaire. Plats à partir de 250 RD$.* L'une des meilleures tables de la ville. Une grande maison, propre et bien aérée, située sur une butte en retrait de la route (bruyante). On s'y retrouve au calme, dans un décor de bon aloi sans prétention. Accueil jovial et bon service. Bonne carte qui propose poissons, fruits de mer, plats de pâtes et viandes. La bière est servie dans des seaux réfrigérants, parfait !

Delina : *calle 30 de Mayo, à deux pas du parque central.* ☎ *809-524-3681. Tlj 7h-minuit.* Resto classique, sans caractère particulier sauf son emplacement. Grande terrasse donnant sur la rue (au fond, c'est moins bruyant), sous un flamboyant. Plats créoles, pizzas, sandwichs... Le choix est vaste et la cuisine, plutôt réussie.

Plus chic (plus de 800 RD$ / env 15 €)

Los Robles : *Nuestra Señora del Rosario, angle malecón.* Grand resto-bar de nuit tout en bois, en plein air, sous des toits de palme. Un endroit nocturne très vivant où l'on vient se restaurer et boire un verre en musique. Musique assourdissante... Pour plus d'intimité, installez-vous dans la partie arrière, un peu moins bruyante. Toujours du monde et une bonne ambiance populaire.

Quelques autres adresses animées le long du *malecón,* notamment le ***Big Tree,*** à l'extrémité sud. Bar de jour et de nuit sous un arbre immense (évidemment). Sono qui pulse en soirée, au point de ne pas s'entendre parler !

À voir

Parque central : agréable place centrale avec ses vieux arbres, son curieux kiosque et ses bancs. Prenez le temps de flâner dans les rues avoisinantes et d'admirer les cases en bois à l'architecture créole. Le marché public est à deux blocs, entre les rues J.-F. Peña Gomez et Jaime Mota.

Casa de los bomberos *(caserne des pompiers)* **:** *calle Jaime Mota, 18.* Les *bomberos,* ce sont les pompiers et, ici, leur maison vaut le coup d'œil, avec ses couleurs flamboyantes, ses camions beaux... comme des camions, et sa carte de la région peinte dans le garage. N'hésitez pas à entrer, ils sont généralement ravis de faire admirer leur lieu de travail. Demandez Myosotis, David ou Junior, membres de la brigade des 20 pompiers permanents qui s'activent dans cette petite caserne municipale. À l'intérieur, petit musée des Pompiers : photos du début du XXe s, antique pompe à eau, hache, casques rutilants et le premier extincteur du pays, datant de 1947... La région, très sèche, est sujette quotidiennement à des départs de feux. Les pompiers interviennent très souvent à Barahona ou dans la province.

La locomotora : *suivre le malecón vers l'est ; à 1 km du centre, vous verrez sur votre gauche une grosse locomotive à vapeur.* Vieille de plus d'un demi-siècle, elle marque l'entrée de l'*Ingenio Barahona* (centrale sucrière toujours en activité). Énorme avec son tender, ses quatre cheminées et son pare-buffles, elle est en assez bon état sur ses rails. Pour les connaisseurs, c'est une Baldwin fabriquée aux États-Unis, à Philadelphie. Elle était utilisée autrefois pour le transport de la canne à sucre. Elle est visitée de temps en temps par des vandales...

Museo María Montez : *calle Jaime Mota, angle avec calle Padre Bellini.* Ce grand bâtiment en fines briques et en pierres calcaires « lamellisées » abrite un tout nouveau musée consacré à María Montez.

On commence par la fin. Elle est morte en 1951 dans sa baignoire à Suresnes (Hauts-de-Seine). On l'enterra au cimetière du Montparnasse (à Paris), aux côtés de sa fille Tina Aumont. María Montez fut l'épouse de l'acteur français Jean-Pierre Aumont. Elle reste une inconnue célèbre que l'on confond souvent avec Lola Montès, une autre « *bomba latina* ».

Mais à Santa Cruz de Barahona, où elle est née en 1912 sous le nom de María Africa Garcia Vidal, c'est une vedette majeure et incontournable, la « *reina del tecnicolor* », une gloire du cinéma mondial ! Première femme dominicaine à devenir une starlette d'Hollywood dans les années 1940-1950, cette diva du septième art a notamment donné la réplique à Erich von Stroheim, dans *Portrait d'un assassin.* Certes, elle n'a pas eu le succès d'une autre splendide *latina,* Rita Hayworth, mais elle a quand même fait vibrer les foules en son temps. L'aéroport de Santa Cruz de Barahona porte déjà son nom, ainsi qu'une rue de la ville, et le musée...

LA « BOMBA LATINA »

Un musée a donc sorti de l'oubli María Montez, cette belle actrice dominicaine qui épousa Jean-Pierre Aumont. Mais cela ne suffisait pas... Il fallait aussi sortir sa dépouille du cimetière du Montparnasse ! Toute une affaire ! Le gouvernement dominicain négocia ainsi avec la France l'exhumation de l'actrice et son transfert à Santa Cruz de Barahona... Démarches laborieuses et chères, mais quand on aime, on ne compte pas !

LA RÉGION DE LAGO ENRIQUILLO

La plupart des touristes font le tour du lac Enriquillo dans la journée, au départ de Santa Cruz de Barahona. Compter grosso modo 240 km en tout. De manière générale, les routes sont de bonne qualité. Pour bien apprécier le site, il vaut mieux prévoir une nuit sur place, ou plus. Ceux qui souhaitent faire une excursion sur le lac peuvent choisir de passer la nuit à La Descubierta.

Notre itinéraire commence par le sud du lac, jusqu'au village d'Enriquillo, d'où l'on rejoint la rive nord par une route à travers les marécages jusqu'à Neiba. De là, jusqu'à La Descubierta, la route est plaisante et bordée de hauts arbres rafraîchissants sur quasiment tout le trajet. Néanmoins, de cette rive nord, on ne voit bien le lac que seulement à partir de 5 km avant La Descubierta. Possibilité de continuer par Jimani, à la frontière haïtienne, puis on boucle le circuit par la rive sud du lac Enriquillo. Ce tronçon permet d'explorer une région encore sauvage, parsemée de quelques villages perdus.

Cabral : *à 15 km à l'ouest de Santa Cruz de Barahona.* Jolie petite bourgade aux maisons multicolores typiquement caribéennes. Cabral possède deux attractions touristiques : la réserve d'oiseaux de la lagune Cabral o Rincón et l'énigmatique pôle magnétique...

– ***Polo magnetico*** *(pôle magnétique)* ***:*** *à 19 km au sud de Cabral.* Ne cherchez surtout pas à le rejoindre au départ de Paraíso sur la côte, la piste est un enfer contrairement à ce que disent certains. La route (bitumée, mais en assez mauvais état) est bien fléchée depuis Cabral, elle conduit dans la montagne jusqu'au village de Polo. Un grand panneau vous accueille au sommet d'une colline : « Bienvenue à l'énigme du pôle magnétique. » Alors on fait l'expérience, comme tout le monde : on s'arrête sur le terre-plein goudronné prévu à cet effet, on met la voiture au point mort et on attend qu'elle recule toute seule... Et ça marche ! Des aréopages de scientifiques plus ou moins farfelus se sont évidemment penchés sur le mystère des lieux. Eh bien, une boussole ne bronche pas, donc pas de magnétisme anormal. Sur un niveau de maçon posé à plat sur le sol, la bulle indique une pente contraire à ce que l'on voit. En fait, au risque de démystifier le phénomène, il s'agit simplement d'une illusion d'optique due au paysage environnant et à l'autre partie de la route. Donc, faites comme tout le monde, croyez-y... À part ça, beau panorama sur la lagune del Rincón.

– ***Laguna de Cabral o Rincón :*** *très belle réserve naturelle située à 1 km au nord de Cabral, sur la route de Peñón (tourner à droite au parc central, puis demander son chemin). Contact : Rafael Lorenzo, ☎ 809-801-9658. • lagunacabral.blogspot.fr • À l'entrée se trouve le bureau du parc, ouv tlj 8h-18h.*
Cette lagune est la plus grande réserve d'eau douce (30 km²) de la République dominicaine. Dans le petit centre d'accueil, des photos donnent un aperçu de la riche faune de cet écosystème : tortues d'eau douce, spatules, poules d'eau, flamants, hérons, plusieurs variétés de canards, oiseaux migrateurs... Des 300 espèces d'oiseaux répertoriées en République dominicaine, la *laguna* en concentre près de 112 à elle toute seule ! Chaque année, au mois de décembre, des milliers de canards venus de Floride et du nord des États-Unis séjournent dans la lagune, où ils restent jusqu'en mars. On y trouve aussi plusieurs espèces de reptiles et d'amphibies.
Derrière le bureau, un sentier mène aux postes d'observation aménagés au bord de l'eau. *Accès payant : 50 RD$. Visites guidées possibles.* Ceux qui ont du temps et qui sont passionnés d'ornithologie peuvent s'offrir une excursion en barque de 1h ou 2.

Après une trentaine de kilomètres, vous ne pourrez pas manquer l'immense ***statue d'Enriquillo,*** représentant le chef taïno armé de sa lance. Celui-ci fut le grand adversaire des Espagnols au XVIe s. Il obtint une amnistie après l'échec des conquistadors. Le lac fut ainsi nommé en hommage à ce héros national. La statue en bronze marque le croisement pour Neiba, rive nord du lac (12 km). La route traverse le lac, ou plutôt des marécages, et permet d'apercevoir quelques oiseaux amateurs d'eaux saumâtres.

Neiba : le plus gros bourg de la région, adossé sur le versant sud de la sierra de Neiba. D'atmosphère plutôt paisible, c'est la seule ville du pays, voire des Caraïbes, à produire du vin ! On raconte ici que c'est un Français qui implanta la vigne dans cette commune, sur un flanc de montagne exposé au sud. Ne pas manquer d'y goûter. Un verre ça va, mais attention si vous reprenez le volant en pleine chaleur... La vigne faisait partie des trois cultures dominantes de Neiba au XIXe s, avec le plantain et la papaye. En continuant la route vers La Descubierta, peu après le village de Villa Jaragua, on aperçoit les rives du lac Enriquillo derrière un rideau de cocotiers.

➢ ***Entre Neiba et l'axe Santa Cruz de Barahona-Santo Domingo :*** si vous revenez vers la côte, notez qu'en descendant vers Azua-Santo Domingo, on trouve une bonne route (certains secteurs ne sont cependant pas bitumés), peut-être un peu monotone. Un peu avant Galvan, au village de ***Las Marías,*** grande piscine naturelle couleur émeraude, en contrebas de la route, sur la droite. Très populaire le week-end. Puis on traverse les villages animés de ***Galvan*** et ***Tamayo,*** tandis que les palmeraies, sur fond de chaîne de montagnes (la sierra de Neiba), font place à l'immense plaine sucrière où les travailleurs vivent dans les *batey* (villages d'ouvriers agricoles de la canne à sucre).

LAGO ENRIQUILLO ET PARQUE NACIONAL ISLA CABRITOS

Bienvenue en Afrique ! L'Afrique des grands lacs, voilà à quoi pourrait ressembler le paysage de savane sèche et aride du lac Enriquillo. Long d'environ 35 km, le superbe lago Enriquillo, aux eaux couleur émeraude, est le plus grand lac salé des Caraïbes. Voici la grande curiosité naturelle de l'ouest du pays : il se situe à 30 m (ou 45 m, selon les sources) au-dessous du niveau de la mer, et sa concentration en sel y est trois fois supérieure !

Autre particularité, le niveau des eaux a tendance à monter sous l'effet des cyclones réguliers (voir encadré). De plus, le séisme meurtrier d'Haïti en janvier 2010 aurait libéré une brèche dans la faille terrestre située sous le lac, provoquant des remontées des eaux souterraines vers la surface. Conséquence, le volume des eaux s'accroît, et ce phénomène nuit aux activités des riverains. Dans la presse, on n'a de cesse de parler de *« la crecida del lago, un desastre silencioso »*. Ce qui fait du tort aux cultivateurs et aux habitants des berges fait la joie des nombreuses bestioles qui s'y reproduisent.

UN LAC EXTENSIBLE

Le passage régulier des cyclones entraîne l'extension de la surface des eaux du lac Enriquillo. Il s'agrandit chaque fois qu'une tempête tropicale s'abat sur la région. En janvier 2009, après le passage d'un violent cyclone, sa surface a augmenté de près de 2 000 ha en 1 mois ! Malgré l'évaporation intense et l'extraction de l'eau pour l'irrigation agricole (le canal Trujillo, qui porte encore le nom du dictateur), le lac Enriquillo s'étend régulièrement et couvre aujourd'hui une superficie de 37 000 ha. Pour les scientifiques, c'est un « désastre environnemental ».

L'autre originalité du lac, c'est sa faune. On y trouve des dizaines d'espèces d'oiseaux : flamants roses (de septembre à mars), hérons, aigrettes, rossignols... Le lac abrite surtout une grande réserve de crocodiles américains, les fameux *Crocodilus americanus acatus*, en voie de disparition, dont la taille peut atteindre 2 m. Les bêtes les plus étonnantes à observer ici sont cependant les iguanes et, plus particulièrement, l'iguane rhinocéros (très rare), que vous reconnaîtrez tout de suite à son front cornu.

La flore n'est pas en reste, avec une centaine d'espèces répertoriées, notamment une grande variété de cactus et d'arbustes des régions arides et désertiques (il pleut très peu ici). Une végétation et un climat tellement inhospitaliers que les Taïnos ne trouvèrent pas de meilleur refuge dans le pays pour échapper aux poursuites des conquistadors : les Espagnols comparaient l'endroit à l'enfer !

– ***Période des pluies et des cyclones :*** en mars, avril et mai, et d'août à octobre. De novembre à février, c'est la saison sèche. Quant aux cyclones, ils frappent souvent la région entre le 1er juin et le 15 novembre, et ils font de gros dégâts.

Adresses et infos utiles

– ***Centro de información :*** *à l'entrée du parc, qui se trouve à 3 km à l'est de La Descubierta (à env 30 km de Neiba), sur la gauche de la route. ☎ 809-880-0871 ou 809-816-7441.* ***Important :*** *pour aller sur l'****isla Cabritos,*** *droit d'entrée de 50 RD$/pers à payer au « bureau » du parc, qui fait aussi parfois tienda (boissons et biscuits). À noter : l'accès à l'île était temporairement* *fermé aux touristes... Se renseigner au préalable.*

➢ ***Promenades en bateau :*** *elles n'ont lieu que le matin, à partir de 8h, et durent 2h. Résa impérative, au risque de faire tte la route pour rien ! Compter 3 500 RD$ pour le guide et l'embarcation (1-10 pers). Celle-ci peut contenir jusqu'à 15 pers, d'où l'intérêt de se regrouper.* Même si les touristes de passage à La Descubierta sont plutôt rares, les points de chute ne sont pas nombreux non plus, et tout le monde se retrouve au même endroit, c'est-à-dire au centre d'information du parc (où se trouve le débarcadère). C'est bien le diable si vous ne trouvez pas 2 ou 3 personnes pour partager votre esquif. Partir tôt et prévoir chapeau, crème solaire et de l'eau, car le soleil tape dur.

– Un tuyau si vous êtes fauché ou pressé, ou s'il est trop tard : promenez-vous dans le petit parc où se trouve le débarcadère, c'est plein d'iguanes pas farouches du tout. On pourrait même y apercevoir un crocodile, paraît-il, tôt le matin.

À voir

Isla Cabritos : longue d'environ 12 km et large de 2,5 km, c'est la plus grande des trois îles du lac. Vu l'originalité de son écosystème et l'intérêt de sa faune, elle constitue un parc national à elle seule, ce qui n'est pas le cas du reste du lac. Étrange paysage dépouillé, désolé, surchauffé par le soleil : sol sablonneux, forêts de cactus géants, épineux, arbustes ratatinés... Toutes sortes d'animaux y vivent, en particulier les étonnants iguanes rhinocéros, dont les plus gros, d'environ 1 m, atteignent la cinquantaine d'années, et les iguanes ricords, qui se distinguent par leur peau dorée et leurs yeux rouges. Tous deux vivent dans des terriers et raffolent des fruits des cactus.

Las Caritas : *à quelques centaines de mètres de l'entrée du parc, en direction de Neiba. Accès libre et à pied (prudence car le sentier est bien rocailleux).* Ce site archéologique est l'un des rares témoignages de l'art taïno dans la région. On remarque une petite grotte dans la falaise qui surplombe la route. Autour, de nombreux dessins rupestres représentant des bonshommes aux traits naïfs, des têtes rigolotes et des symboles obscurs... La vue sur le lac Enriquillo justifie à elle seule l'escalade.

LA ROUTE DE SANTA CRUZ DE BARAHONA À PEDERNALES

Ceux qui aiment les routes côtières se régaleront : ce parcours offre des panoramas parmi les plus beaux de l'île. À partir de Santa Cruz, on emprunte environ 135 km de route. Celle-ci se divise en ***deux parties distinctes.***

➢ La première partie ***entre Santa Cruz de Barahona et Enriquillo*** (54 km, en passant par Bahoruco, La Ciénaga, Paraíso et Los Patos) suit le littoral en épousant les contours accentués du relief. La montagne (sierra de Barahona), altière et couverte de forêts tropicales, descend brutalement dans la mer. À de nombreux endroits, la route franchit des torrents et des rivières qui dévalent des monts pour se jeter dans l'océan agité par des vagues. Il n'y a quasiment aucune plaine, quelques terrains plats seulement autour des bourgs et des villages de pêcheurs pauvres mais encore intacts. La vie s'écoule tranquillement, au rythme des vagues et du soleil.

➢ La seconde partie ***entre Enriquillo et Pedernales*** (82 km) est radicalement différente. C'est une immense étendue monotone de savane sèche, de brousse à l'africaine, parsemée de cactus et d'arbustes avec quelques vaches qui se promènent dans un décor dépeuplé et solitaire. Avant d'arriver à la pointe de la péninsule

(Pedernales), la route (toujours bitumée mais parsemée de nids-de-poule) traverse d'est en ouest le très sauvage ***parc national Jaragua.*** Cette dernière partie du voyage est longue et fastidieuse.

Beaucoup de ***plages,*** entre Santa Cruz de Barahona et Enriquillo, et peu de monde, mais il faut préciser qu'à part la playa de las Aguilas le sable est plutôt gris quand ce ne sont pas des galets.

– ***Activités :*** surf, trekking, canyoning, randonnée à cheval, visite de mines de larimar dans la montagne ou de plantations de café peuvent être inscrits au programme. Un tourisme de qualité, à l'opposé de Punta Cana, semble se développer ici. Pas de *resort* pour le moment. Profitez-en ! Les installations touristiques sont encore rares et sommaires entre Los Patos et Pedernales, mais plus près de Santa Cruz de Barahona, on trouve quelques hôtels bien agréables à tous les prix.

Comment y circuler ?

➢ ***En voiture :*** une voiture de location est idéale pour visiter cette partie de l'île. Un 4x4 peut même s'avérer utile si vous voulez partir à l'assaut des montagnes ou de certaines plages.

– ***Important :*** les stations-service se font de plus en plus rares à mesure que l'on descend vers le sud. On en trouve à Santa Cruz, Paraíso, Enriquillo et Pedernales. Mais tous les types de carburants ne sont pas toujours disponibles.

➢ ***En guagua :*** c'est possible mais plus compliqué (certains villages côtiers ne possèdent pas d'hôtels) et seulement en journée.

BAHORUCO

À 16 km seulement au sud de Santa Cruz de Barahona. La montagne, boisée et sauvage, dégringole d'une manière abrupte dans l'océan et se termine par des falaises. La route se faufile entre mer et montagne. C'est l'un des plus gros villages de pêcheurs de la côte. Installé le long d'une immense plage, à l'embouchure d'une rivière, et disséminé dans la végétation. Un très beau site, surtout au coucher du soleil.

Où dormir ? Où manger ?

Casa Bonita Tropical Lodge : *carretera de la Costa, km 17 ; sur les hauteurs de Bahoruco.* ☎ *809-476-5059 ou 809-540-5908.* • *casabonitadr.com* • *Juste à l'entrée du village, prendre le chemin de terre sur la droite. Doubles env 250-300 US$ selon confort et saison, petit déj inclus ; encore plus cher à Noël et à Pâques. Plats 400-600 RD$.* Un très bel hôtel de charme (aux prix toutefois excessifs) installé au sommet d'une colline, avec une vue spectaculaire sur la mer et la nature environnante. Une douzaine de petits bungalows avec petite terrasse individuelle au-dessus de la végétation luxuriante. Très belle déco design et grand confort. Superbe salon à l'air libre, avec d'énormes sofas blancs. Juste en face, la piscine style *infinitum* semble plonger dans la mer à l'horizon...

Luz : *dans la rue qui longe la plage, côté mer.* ☎ *809-751-9271. Tlj 8h-23h. Résa conseillée. Poisson tt frais, pêché du matin, à partir de 200 RD$.* Au 1er étage, en terrasse, face à des palmiers et avec la mer en toile de fond. La maîtresse des lieux, la charmante et joviale Luz, s'affaire aux fourneaux. Si « Lumière » n'est pas là, allez la chercher chez elle, dans la maison d'en face. Vous y mangerez des fruits de mer, et des langoustes parmi les moins chères du pays. Ambiance on ne peut plus caribéenne et accueil d'une grande gentillesse.

Où dormir ? Où manger sur la route ?

De prix moyens à chic

Playa Azul : *km 7, carretera Barahona-Paraíso ; 5 km après Santa Cruz de Barahona, chemin sur la gauche (côté mer). ☎ 809-424-5375 ou 809-204-8010. • playazulbarahona.com • Doubles env 2 900-4 500 RD$ selon taille et confort, petit déj et taxes compris. CB refusées.* Sur une douce pente qui glisse vers le bord des falaises, un hôtel à taille humaine construit par un couple de Français, dans un site remarquable au-dessus de l'océan. Accueil attentionné. Les chambres, spacieuses et confortables, disposent de l'AC et de la TV ; certaines sont plus grandes encore. Elles donnent sur un jardin fleuri, avec piscine et un resto circulaire. Excellent petit déjeuner. Bref, une belle adresse.

Casablanca : *10 km après Santa Cruz de Barahona, au lieu-dit Campo El Suizo, Juan Esteban, prendre le petit chemin (500 m) vers la mer (c'est indiqué). ☎ 829-740-1230 ou 829-794-1230. • hotelcasablanca.com.do • Double 70 US$, petit déj compris ; 90 US$ pour 3 pers. Tables d'hôtes le soir env 600-1 000 RD$. CB refusées.* Voici, accolé à l'hôtel *El Quemaito,* un petit refuge de paix et de calme, perché sur la falaise, face à la mer (on peut accéder à une petite plage). Cette adorable maison d'hôtes est tenue par une Suissesse, Susanna. Les chambres sont arrangées avec goût et authenticité. Ni TV, ni clim, seulement des ventilos et de l'eau... tiède. Le soir, le dîner est servi autour de la grande table commune. Cuisine délicieuse et savoureuse préparée avec beaucoup de soin : poisson au coco, langouste au four, carpaccio de thon, etc. Une adresse élégante, mais sans les standards habituels de confort.

El Quemaito : *km 10, au lieu-dit Campo El Suizo, Juan Esteban ; à 10 km de Santa Cruz de Barahona, prendre le petit chemin vers la mer (le même que pour Casablanca). ☎ 809-649-7631. • hotelelquemaito.com • Double env 65 US$, petit déj compris ; tarif dégressif selon nombre de pers ; plus cher en fin d'année et à Pâques. Plats 450-600 RD$.* Hôtel récent sur un terrain entouré de murs, avec une quinzaine de chambres, 2 piscines, un sauna et une salle de sport. La plage est à 3 mn au pied de la falaise. Chambres doubles ou familiales, nettes et carrelées, avec AC et très bonne literie. Certaines avec terrasse. Restaurant semi-gastronomique ouvert aux non-résidents, servant une cuisine soignée et élaborée.

LA CIÉNAGA

Juste 2 km après Bahoruco, un petit village de pêcheurs niché à flanc de colline. Grande et belle plage de galets. L'ambassade de France en République dominicaine a lancé un projet de « micro-entreprise d'écotourisme communautaire », ***Guana Aventuras,*** **destinée à développer la région dans le domaine du tourisme vert et alternatif. Une expérience d'écotourisme originale que l'on vous invite à partager sans faute.**

Où dormir ? Où manger ? À faire

Guana Aventuras : *bureau indiqué à l'entrée du village (panneau « COODECI »), près de la mairie. ☎ 809-885-8443. 829-763-8443 ou*

829-560-3560. • guanaventuras.com • Double env 800 RD$ en chambre d'hôtes, petit déj compris. La Ciénaga concentre les problèmes de beaucoup de villages dominicains : la majorité de la population vit au-dessous du seuil de pauvreté, la production de café est délaissée, la condition des femmes est mauvaise, les jeunes sont tentés par l'exil... Face à cette situation, la communauté a créé la Coopérative pour le développement de La Ciénaga (COODECI) avec l'aide de l'ambassade de France en République dominicaine. Il a mis en place un projet de développement durable impliquant le village entier : chambres chez l'habitant (très simples), bon restaurant (à réserver à l'avance), excursions à thème dans les montagnes (sentier du café, circuits des 33 cascades...) ou en mer avec des pêcheurs, et de nombreux produits artisanaux. Les bonnes recettes du développement sont mises en œuvre pour que la communauté mette en valeur son identité.

DANS LES ENVIRONS DE LA CIÉNAGA

Playa San Rafael : *à 8 km de La Ciénaga, sur la route de Paraíso.* Un très beau site naturel bien connu des locaux, mais la mer dangereuse ne permet pas la baignade, alors il reste les rivières et ces vastes piscines naturelles aux eaux émeraude. Alimentés par des cascades dévalant la montagne, en escalier au niveau de la route ou sur la plage, ces bassins sont autant d'oasis de fraîcheur et de sécurité pour le baigneur.

PARAÍSO

À 39 km au sud de Santa Cruz de Barahona, on y arrive par cette superbe route côtière, entre mer et montagne. Grande plage de galets réputée dans la région, bordée par un village qui se donne des allures de petite ville et s'étend sur une pente qui descend vers l'océan. Atmosphère familiale et bon enfant. Paraíso n'a pas volé son nom !

Adresse utile

■ ***Eco-Tour Barahona :*** *sur le malecón, calle Enriquillo ; au 2e étage d'un immeuble bleu. ☎ 809-856-2260 ou 809-243-1190. • ecotourbarahona.com •* Une agence jeune et sérieuse. Johan et Simon, 2 Français, et leur équipe proposent des excursions à la journée ou de plusieurs jours à la découverte de cette belle région méconnue. La bahía de las Aguillas, le lago Enriquillo, la laguna Oviedo ou encore la mine de larimar de Cachote n'ont plus aucun secret pour eux. Trekking, sorties en bateau, à cheval ou en 4x4. L'excursion au village de Cachote permet aussi de rencontrer des caféiculteurs, au cœur de la forêt de nuages. En fonction de vos envies, ils seront toujours de bon conseil. Ils collaborent aussi avec le *Rancho Platon,* écolodge en pleine forêt.

Où dormir ? Où manger ?

De bon marché à prix moyens

Hotel Paraíso : *calle Gregorio Matos, angle avec calle Lupéron, sur le malecón, près de la plage (mais côté terre). ☎ 809-243-1080. Doubles env 1 000-1 200 RD$, sans le petit déj.* Chambres spacieuses, mais propreté correcte et confort passable (salle de bains, ventilo, TV, eau tiède). Piscine. Peut convenir pour une nuit, d'autant qu'il n'y a guère de choix dans les parages.

À L'OUEST DE SANTO DOMINGO

Hotel Comedor Kalibe : *calle Arzobispo Merino, 16, angle avec Prof. Miranda. ☎ 809-243-1192. Resto ts les soirs et certains midis. Double env 1 500 RD$. Plats 150-300 RD$.* Petit hôtel-resto à la façade vert et blanc, dans une rue calme du quartier de l'hôpital. Au rez-de-chaussée d'une maison particulière, abritant quelques bondieuseries, chambres sans prétention mais propres (AC, eau chaude) et tranquilles. Piscine agréable. Fait aussi resto.

Plus chic

Hotel Piratas del Caribe : *calle Arzobispo Nouel, 1. ☎ 809-243-1140 ou 829-724-6429. • hotelpiratasdelcaribe.com • Doubles 67-179 US$ selon confort et saison.* Un excellent petit hôtel tenu par un Français et sa femme d'origine mixte (espagnole et allemande). Situé sur le *malecón* de Paraíso, à 40 m de la mer, il abrite des chambres impeccables et claires, bien équipées. Il s'agit en fait de 4 suites de 50 m². Piscine dans le jardin.

Rancho Platón : *paseo de los Locutores, 12, Ensanche Piantini. ☎ 809-383-1836. 829-886-1836. • ranchoplaton.com • Accès par une piste difficile de 7 km (les voitures de tourisme ne passent pas) à travers la montagne et la jungle. Si résa, on vient vous chercher en 4x4 à Paraíso. Doubles env 95-150 US$/pers selon confort, saison et formule (petit déj, ½ pens ou pens complète).* Une superbe adresse « encore plus chic », haut perchée et loin de tout ! Voici un « paradis écologique » caché en pleine forêt. Une fois dans ce nid d'aigle, aucune envie d'en repartir. Les chambres de style ethnico-chic avec tout le confort (AC, ventilo, eau chaude...) sont des bungalows enfouis dans les arbres, les bambous et la canopée. Restaurant sur place, bien sûr. Le *Rancho* produit sa propre électricité. Un toboggan de 80 m plonge dans une piscine. Nombreuses activités : kayak de rivière, randonnée pédestre et équestre, vélo tout terrain (avec supplément).

Larimar : la pierre rare

Le site de Paraíso et les montagnes aux alentours sont réputés pour le larimar, une pierre bleue semi-précieuse unique au monde (un genre de turquoise). Les habitants continuent d'en chercher sous forme de galets sur la plage pour les revendre aux touristes ou aux bijouteries de la capitale, où ils sont très appréciés pour leur couleur turquoise. D'autres travaillent dans la mine de larimar située à 1h de route du village, en pleine montagne. Ils en extraient de gros blocs aux magnifiques dégradés de bleu et de blanc. Si vous voulez rapporter une pierre en souvenir, c'est dans la région que vous aurez les prix les plus intéressants. Les plus hardis d'entre vous peuvent essayer de se faire conduire à la mine à moto ou en 4x4 avec *Eco-Tour Barahona* (voir « Adresse utile »).

ENTRE CIEL ET MER...

Le larimar fut redécouvert en 1974. La couleur unique de cette roche d'origine volcanique évoque – dit-on – le ciel et la mer réunis, ce qui a inspiré depuis nombre d'artistes. L'homme à l'origine de cette « renaissance » eut l'idée d'accoler le nom de sa fille, Larissa, à celui de la mer (mar)*... C'est nettement plus poétique que le vrai nom scientifique de la roche : la pectolite !*

LOS PATOS

À seulement 4 km de Paraíso, sur la route d'Enriquillo. La montagne s'abaisse vers la mer, et sa silhouette imposante et verte domine le paysage.

Bordée d'une très belle piscine naturelle aux eaux translucides *(el balneario)*, voici une grande plage de galets dangereuse (grosses vagues) et pas toujours très propre, mais le site est superbe.
Au village, maisons colorées, enfants rieurs, fresques naïves sur les murs... À des années-lumière du tourisme de masse, les habitants (très pauvres) de ce *pueblo* authentique vivent encore au rythme de la pêche, des lessives, des baignades et des jeux. Bref, on vient surtout ici pour partager ces instants de vie pleins de chaleur et de simplicité. Au fait, peut-être le saviez-vous, *los patos* signifie « les canards » !

Où dormir ? Où manger ?

Hotel Vista Sur : *carretera Barahona-Enriquillo.* ☎ *809-802-7380.* • *hotelvistasur.com* • *Double à partir de 30 US$.* Maison récente habitée par une aimable famille dominicaine. L'intérieur brille de propreté. Joël Ortiz assure un accueil jovial et les chambres sont impeccables, bien équipées (douche/w-c, clim, eau chaude). En demander une à l'arrière, dont le balcon donne sur la mer. Un petit hôtel d'un excellent rapport qualité-prix-accueil.

Hotelito Oasi Italiana : *calle Hacia la Culebra, 6.* *829-926-9796.* • *lospatos.it* • *Sur les hauteurs du village. Depuis le malecón, prendre un chemin qui grimpe. C'est indiqué. Doubles env 40-70 US$ selon confort et capacité. Plats env 250-400 RD$.* Un petit hôtel avec piscine tenu par Giordano, un Italien qui y vit avec ses deux jeunes enfants. Les chambres sont correctes, mais on conseille surtout d'y dîner. Giordano mijote une excellente cuisine italienne, en particulier des pâtes aussi savoureuses qu'à Rome. Le pain fait maison est un délice.

À voir

Balneario de Los Patos : *à l'entrée du village, sur la gauche en venant de Paraíso. La route ombragée et sinueuse traverse un río tombé des collines. Après un pont, à 200 m, prendre à gauche un chemin qui conduit au balneario. Parking. GRATUIT.* Ce site est original. Dans une anfractuosité du relief de la montagne, la rivière d'eau douce a taillé sa voie dans la roche pour se jeter dans la mer, quelques centaines de mètres plus loin, après avoir créé un grand bassin naturel aux eaux transparentes et claires, et aux berges ombragées. C'est ici que les gens du pays viennent se baigner, avec leurs enfants, dans une ambiance « bon enfant » justement. Plusieurs bars-restos pas chers du tout sur les berges du bassin d'eau douce, où l'on sert des plats simples et frais.

PARQUE NACIONAL JARAGUA

Il occupe toute la partie sud de la péninsule de Barahona, englobant une partie des côtes et plusieurs îles désertes. Cette vaste réserve naturelle (1 374 km²) est réputée pour sa grande variété d'oiseaux : il paraît même que plus de la moitié des bêtes à plumes du pays vivent ici ! On y trouve également plusieurs espèces de tortues marines (de mars à novembre) et des iguanes. On y a découvert des gravures et dessins taïnos dans des cavernes. Le nom de Jaragua est d'ailleurs un hommage au grand chef indien Xaragua. Le parc dispose aussi d'une superbe plage déserte, la *playa Larga*.
Le problème (pour les visiteurs, pas pour les animaux), c'est que le parc est très difficile d'accès, sauf pour ceux qui disposent d'un 4x4. Sinon, précisons tout de même que, mis à part un petit bureau, il n'y a aucune structure d'accueil et, évidemment, ni hébergement ni restos (sauf au

cabo Rojo, terminus de la piste avant l'accès par bateau à la playa de las Aguilas). Bref, c'est encore l'aventure.
– Infos générales sur le site : • grupojaragua.org •

Où manger dans le secteur ?

Rancho Tipico : *au hameau de* ***La Cueva, Cabo Rojo,*** *terminus de la piste. ☎ 809-753-8058 ou 809-510-8880. Plats 300-500 RD$.* Un restaurant familial en bordure de mer. Excellente cuisine, fraîche et joliment présentée. La bière est servie dans des bacs à glace, comme il se doit, sous des paillotes.

LAGUNA OVIEDO

➢ 20 km après Enriquillo et 3 km avt Oviedo, chemin sur la gauche un peu après Los Cocos (indiqué). Le centre d'accueil se trouve quasiment au bord de la lagune. 829-864-9757 ou 829-566-4058. Tlj 7h-16h. Entrée du parc : 100 RD$/pers. Pour la loc de la lancha (barque à moteur), compter 3 000 RD$ avec guide inclus. On a donc intérêt à se regrouper (max 5 pers). Durée de la balade sur le lac : 2-3h. Préférez la sortie le matin (7h-10h) ou en soirée.

Très belle et vaste lagune (27 km²) de couleur verte qui fait partie du parc national Jaragua et compte 24 îles (appelées *cayos*). Le site est surtout intéressant pour sa réserve d'oiseaux migrateurs, flamants roses, spatules, frégates, ibis blancs... On dénombre pas loin de 70 espèces, tout de même. Comme au lago Enriquillo, remarquer que la salinité est trois fois supérieure à celle de la mer et que la profondeur ne dépasse pas les 9 m. Au cœur de la lagune, sur un îlot *(cayo)* se dresse un mirador ; depuis celui-ci, on peut observer la faune dans les meilleures conditions. En mars, les tortues marines commencent à nidifier ; on peut les voir entre mars et mai.

Même si vous ne faites pas la sortie en bateau, ça vaut la peine d'aller jusqu'au bord de la lagune pour admirer le paysage lacustre. Sur la gauche après le centre d'accueil et d'information, un chemin de sable longe l'eau, mais il est souvent boueux, et il faudra marcher très longtemps (enfoncé dans la boue, il paraît que c'est bon pour les pieds !) si vous voulez apercevoir quelque chose. En voiture, se faire accompagner d'un garde (en discutant le prix) pour ne pas s'enliser. Dans tous les cas, prévoir de l'eau et un chapeau, le climat est sévère !

➢ Après avoir repris la ***route vers Pedernales*** et passé Oviedo, on traverse quelques villages à l'ambiance africaine, comme ***Tres Charcos,*** avec ses porteurs de poisson, le linge qui sèche au soleil, les cases aux toits de tôle... À l'entrée, à gauche, vous trouverez un petit musée taïno présentant quelques poteries et fossiles de la région. Puis c'est le désert complet, un paysage de plus en plus aride, une vaste savane sèche piquée de buissons épineux, d'arbustes et de cactus.

La route monte le long des derniers contreforts de la sierra de Bahoruco, dans un décor de savane d'abord, puis de maquis touffu, avec parfois de très beaux points de vue sur le parc Jaragua. On aperçoit enfin la pointe rose du cabo Rojo (cap Rouge), qui se découpe au loin sur fond de mer d'un bleu intense.

CABO ROJO

Petit droit d'entrée à payer, car vous êtes dans le parc national Jaragua (env 100 RD$).

➢ Une douzaine de km avant Pedernales, sur la gauche, une route (bitumée d'abord puis une piste) mène à ce bout du monde encore inconnu des touristes. Après un petit aérodrome (il est sur la gauche), la route continue vers le sud à travers une sorte de brousse aride. Au loin, une usine de ciment (accès interdit), la seule activité industrielle du secteur. La route longe alors une mer aux eaux turquoise, bordée d'une fine bande de sable blanc ombragée par les cocotiers.

C'est le paradis des amateurs de coquillages : la mer a déposé ici des milliers de lambis, de coraux et d'étoiles de mer. On peut aussi admirer des pélicans perchés sur leurs piquets en attendant qu'un poisson daigne passer...
➢ On passe par un check-point (sécurité de la cimenterie), rien à payer. Un chemin de terre conduit à droite au quai d'embarquement du port (cargos cimentiers). Ne pas le prendre. À un moment donné, à une intersection (quatre routes en fait qui se croisent), un panneau indique Bahia de las Aguilas. Il s'agit d'un chemin carrossable (5 km) – mais caillouteux et pas évident en voiture de tourisme – qui mène à ***La Cueva.*** L'arrivée apparaît comme un mirage, une oasis de calme et de fraîcheur au bord de la mer turquoise. Ce minuscule village a la particularité d'être un ancien hameau troglodytique, blotti dans une petite crique surmontée de falaises. C'est de ce hameau que partent les bateaux pour la playa de las Aguilas. Une seule adresse pour déjeuner ou boire un verre : le *Rancho Tipico* (voir plus haut).

PLAYA DE LAS AGUILAS

➢ *Une piste conduit en 1h de marche (env) ou 30 mn en 4x4 à la plage de las Aguilas. On y accède encore plus facilement en* lancha *(barque à moteur embarquant de 1 à 5 pers) depuis Las Cuevas, pour env 2 500 RD$; durée : 15 mn ; sur place, on reste le temps que l'on désire : le pilote du bateau attend.*
Plage de rêve décrivant un long arc de cercle de sable blanc et fin... sur environ 7 km. Peu d'ombrage, aucun cocotier ni palmier, mais une sorte de savane arbustive et verte *(la mata verde)* à l'arrière de la plage, des buissons *(guayacan),* des épineux à perte de vue, et même ici et là des plants de coton *(algodon).* Aucune construction car le secteur fait partie de la zone protégée du parc Jaragua. Emportez votre parasol si vous ne voulez pas vous transformer en écrevisse ! Plein de coquillages (lambis) à ramasser, mais attention, vous ne pourrez pas les passer à la douane. Laisser les pêcheurs faire leur travail, et les plongeurs à la recherche des poulpes.

ISLA BEATA

➢ Accès en lancha. *Départ à 6h, retour à 11h, car l'après-midi, la mer peut être agitée et dangereuse. Compter 1h30 à 2h de traversée depuis Cueva del Cabo et 16 000 RD$ pour 1 à 5 pers. Se regrouper pour partager les frais. Sinon, voyez avec* Eco-Tour Barahona *(voir « Adresse utile » à Paraíso). Le* lanchero *vous attend sur l'île jusqu'au retour.*
Cette petite île de 42 km^2 a été découverte par Christophe Colomb lors de son deuxième voyage, en 1494, après sa découverte de Cuba et de la Jamaïque. C'est d'ailleurs lui qui l'a baptisée du nom de la Señora Beata. Les colons espagnols y ont introduit l'élevage. Ce qui explique qu'aujourd'hui encore des chèvres et des cochons sauvages gambadent en toute liberté. Vous verrez également des centaines d'iguanes, survivants de l'époque préhistorique. Et plein de coquillages sur la plage. Hormis une vingtaine de maisonnettes habitées par des pêcheurs, l'île est déserte. Ces hommes y séjournent 3 à 4 semaines d'affilée, comme des solitaires loin du monde. L'île abrite également une base militaire et de vieux bâtiments rappellent l'existence d'une prison politique à l'époque de Trujillo (désaffectée en 1962). Plage magnifique, bordée de cocotiers et ourlée d'eaux translucides.

PEDERNALES

13 800 hab.

Ville frontalière avec Haïti, à environ 70 km d'Oviedo et à 310 km de Santo Domingo, que l'on rejoint par une longue route en bon état (quelques

nids-de-poule et des ralentisseurs dans les villages). Cette route traverse pendant 60 km la savane sèche et monotone du parc Jaragua. Arriver ici dans ce terminus du bout du monde est un soulagement pour le voyageur, d'autant que la ville, verdoyante et bien quadrillée, possède un petit front de mer (le *malecón*), bordé par de la mangrove, et des grèves de galets. Aucune plage de sable, on dirait que la ville tourne presque le dos à l'océan. Il y a peu à y faire, sinon passer une nuit dans l'atmosphère nonchalante et provinciale de cette ville frontière. Ne pas s'attendre à une ville de contrebande et de trafic, loin de là (ou alors c'est discret), Pedernales est aussi sereine et hors du temps qu'un gros village du Cibao. Certains soirs, des vaches errent au milieu des rues bordées de maisons et de jardins luxuriants, et on se croirait un instant transporté au Sri Lanka...

Où dormir ? Où manger ?

Bon marché

Hostal Doña Chava : *calle PN Hugson, 5 (antigua calle Segunda). ☎ 809-524-0332. • donachava.com • Doubles env 1 000-1 300 RD$ avec ventilo et clim.* Petit hôtel construit en matériaux naturels et au toit de palme, un peu dans le style écolodge. On se croirait au Pérou ou en Bolivie avec ces textiles colorés qui ornent les murs et les lits. Les chambres sont rudimentaires (eau froide) mais agréables. Elles donnent sur une cour intérieure calme et verdoyante. Préférez celles à l'étage, accessibles par la galerie. Également des triples et quadruples.

Hotel El Pedernal : *à un bloc du port. ☎ 809-524-0298. Double env 1 300 RD$.* Grand bâtiment moderne, rénové, qui évoque un motel sous les tropiques ou une *resthouse* du Sri Lanka. Il est tenu par une fondation ayant des activités religieuses et sociales. Autour d'une grande cour intérieure, plus de 12 chambres spacieuses et confortables (clim). Eau tiède. Demander la nº 4 avec ses 2 fenêtres d'angle, c'est la plus agréable du lot. Fait aussi resto, mais salle tristounette, peu engageante.

King Crab Café : *calle Laura Fernandez, 2, près de l'hôtel* El Pedernal. *☎ 809-256-9607. Plat env 300 RD$.* Tout le monde connaît l'adresse. Accueil jovial et cuisine locale très fraîche. On dîne dans une cour intérieure ombragée. Fruits de mer et poisson. C'est simple, bon et copieux.

Prix moyens

Villa del Mar : *calle Cacique Enriquillo, 2. ☎ 809-524-0448. À 15 mn à pied du centre. Double env 1 700 RD$ avec 1 ou 2 lits.* Un petit hôtel assez moderne, entouré d'un jardin tranquille avec piscine (propre). C'est le point fort de cet établissement car le logement reste basique, voire sommaire. Petites chambres carrelées avec salle de bains (mais pas d'eau chaude) et le strict minimum. Elles donnent sur le jardin. Fait aussi resto avec une honnête cuisine dominicaine, servie à la carte ou sous forme de buffet. Valable surtout pour les petits déj, à prendre en terrasse à côté de la piscine.

LE CENTRE DU PAYS

À l'ouest d'une ligne Santo Domingo-Santiago jusqu'à la frontière haïtienne, s'étend la région la plus sauvage du pays, la plus verte, la plus montagneuse, mais aussi la moins touristique. C'est la *cordillera Central,* région très accidentée qui possède l'un des sommets les plus élevés des Caraïbes : le Pico Duarte (3 098 m). Adieu plages de sable blanc ourlées de cocotiers, oubliés clichés et cartes postales exotiques ! On découvre des paysages alpestres, précipices et ravins encaissés, avec une agriculture de montagne.

C'est le paradis des écotouristes *(ecoturistas)* et des sportifs. Deux parcs nationaux : le *parque nacional José del Carmen Ramírez* et celui d'*Armando Bermúdez.* De merveilleux torrents pour le rafting et le canyoning, de superbes treks et randonnées pour les amateurs de nature intacte et sauvage.

Deux villes incontournables : *Constanza,* brute de forme, voire fruste, petite ville aux aubes laiteuses, et *Jarabacoa,* station climatique préférée de la bourgeoisie dominicaine.

– ***Conseil :*** prévoir quelques vêtements chauds car à 2 000 m, le thermomètre peut descendre autour des 15 °C la journée en hiver, et la nuit, il descend encore...

Arriver – Quitter

➢ ***De Santo Domingo et du Sud-Est :*** le plus rapide est de prendre la voie express (route asphaltée en très bon état) Santo Domingo-Santiago. Pour ***Constanza,*** après Bonao, prendre la route 12 à gauche, direction El Río. Elle est bitumée et grimpe assez fortement dans la montagne dans sa première moitié. Pour ***Jarabacoa,*** le mieux est d'aller directement jusqu'à La Vega, de tourner à gauche et de suivre la route 28 (bitumée, en bon état).

➢ ***Du Sud-Ouest*** *(région de Barahona)* **:** prendre à El Cruce de Ocoa (19 km à l'ouest de Bani) la grande bifurcation pour San José. Fortement déconseillé aux véhicules non 4x4 (par temps de pluie, le 4x4 est indispensable), et en fin de journée bien sûr. Faire le plein d'essence.

SAN JOSÉ DE OCOA

39 000 hab.

Agréable petite ville en dehors des circuits traditionnels. Très propre, pimpante même, avec ses petites maisons coquettes et des habitants

accueillants. Cultures maraîchères assurant à l'évidence un certain bien-être et la prospérité de la ville. Si vous y séjournez, vous entendrez sûrement parler du père Quinn, prêtre d'origine canadienne installé à San José de Ocoa à partir de 1965. Cet homme de foi et de conviction a beaucoup fait pour le développement économique et social de la ville, avec notamment la création d'importantes infrastructures urbaines, de dizaines de cliniques et d'écoles. Son décès en octobre 2007 a fortement marqué la population de la ville et de tout le pays. Son église est située dans la rue principale.

Où dormir ? Où manger ?

Casa de huéspedes San Francisco : *Andres Pimentel, 37. ☎ 809-558-2741. Doubles avec ou sans AC env 800-1 000 RD$.* Central, dans une rue tranquille. Genre pension de famille proprette. Très bon accueil de Pascual et Martha, qui offrent le café gratis. 8 chambres avec AC, salle de bains, eau chaude. Petit restaurant sympa chez Angel Emilio, qui appartient à la même famille. Une bonne option pour se remplir l'estomac avant d'attaquer la grimpette vers Constanza.

LA ROUTE DE SAN JOSÉ DE OCOA À CONSTANZA

➢ Si vous voulez aller vers le nord, Constanza, Jarabacoa (Pico Duarte), sans passer par Santo Domingo, il est possible de prendre la ***piste*** de San José de Ocoa à Constanza. Une petite expédition fortement déconseillée aux véhicules standard ; ***un 4x4 est indispensable.*** Par ailleurs, s'il a plu les jours précédents évitez d'emprunter cet itinéraire.
Pour parcourir cette magnifique piste de 90 km, il faut partir tôt le matin avec un véhicule en bon état, une roue de secours intacte ainsi qu'un cric, un plein d'essence et une carte routière. Enfin, avant de partir, renseignez-vous auprès de plusieurs personnes, de préférence camionneurs, militaires, etc. Si tous vous disent que c'est possible, tentez le coup, mais si la moitié vous regarde comme un extraterrestre, laissez tomber et allez voir par Santo Domingo.

Attachez vos ceintures !

Peu de villages sur la route. Plutôt des hameaux de quelques maisons qui s'étirent, souvent en équilibre sur d'abruptes pentes. Chaque parcelle est cultivée en terrasses, le plus haut possible. Le plus souvent, une paire de bœufs sous le même joug gratte le sol d'une charrue primitive, comme suspendue, prête à basculer... Les Alpes dominicaines livrent alors des perspectives de grande ampleur. Puis les vallées se resserrent, plus sauvages, de moins en moins peuplées, particulièrement poignantes sous la grisaille.
Et puis tout à coup, plus de vie, plus d'habitat. On aborde un austère plateau, fauve et sombre. Alternance de toundras rousses quasi sibériennes et de forêts de conifères et de fougères, nous voici au cœur du ***parque nacional Valle Nuevo,*** une aire protégée depuis 2006. C'est un territoire encore sauvage où l'on peut observer de nombreuses espèces d'oiseaux, camper (de façon rudimentaire) ou loger à l'écolodge *Villa Pajón.* Les paysages évoquent furieusement l'Aubrac, et on guette le buron. On le trouve presque sous la forme de la *pirámide de Valle Nuevo,* une pyramide fendue en quatre parties, symbolisant le cœur géographique du pays. À plus de 2 000 m d'altitude, le pull enfilé depuis quelque temps ne suffit plus, on rêve d'une parka ! On est alors bien souvent dans les nuages, et au loin, l'*Alto Bandera,* à 2 843 m, se devine à peine. La réserve abrite près de 300 plantes différentes, une soixantaine d'espèces d'oiseaux, et des pins, sapins et cyprès qu'on ne trouve pas

ailleurs. Deux des quatre importants *ríos* du pays y ont leur source (le Nizao et le Yuma). Rouler à plat quelques kilomètres permet de souffler un peu. Mais une descente abrupte vous attend à nouveau. Le chemin est un peu meilleur (si vous avez la chance de passer peu de temps après les niveleuses qui rabotent la route), mais il faut encore franchir quelques ornières impressionnantes. Et puis, à une quinzaine de kilomètres de l'arrivée, peu après la sortie du parc naturel, voici la seule interrogation de l'itinéraire : une fourchette et pas de pancarte ! Il semble aller de soi de descendre à droite vers une vallée bien tentante. Eh bien non, il faut continuer tout droit sur un chemin qui n'inspire pas vraiment confiance. Un gros village au fond de la vallée vous rassure définitivement, mais il y a encore un gué à passer. Premières vraies cultures sur de grandes parcelles et quelques serres. Hardi, petit ! Constanza n'est guère loin...
Bref, une très belle balade qui ravira les amateurs de sensations fortes et les passionnés du tout-terrain, mais à déconseiller aux autres...

CONSTANZA

90 000 hab.

À 50 km à l'ouest de Bonao et 110 km au sud de Santiago, Constanza est une ville située à plus de 1 000 m d'altitude, étalée dans une large vallée verdoyante et fertile, entourée de montagnes. Voici le « garde-manger » du pays. Près de 90 % de la production maraîchère nationale est cultivée dans la région : choux, brocolis, oignons, ail, salades, carottes... La production fruitière bénéficie aussi de la qualité de la terre et de l'air. On y cultive des fraises (vendues au bord de la route), pommes, poires, abricots, kiwis, kakis, *melocotones*... L'activité de la majorité de la population est donc intimement liée aux travaux des champs. Une hacienda moyenne mesure 10 ha, les plus grandes font plus de 100 ha. Et s'il y a une certaine pauvreté, on est bien loin de la misère.
Pour le voyageur de passage, Constanza reste une ville-étape, isolée mais active, où il se dégage une atmosphère agréable, qui témoigne d'une certaine réalité du pays.

LES JAPONAIS DE CONSTANZA

Un quartier de la ville s'appelle Colonia Japonesa. Y vivent une vingtaine de familles japonaises, des migrants venus s'installer à Constanza du temps de la dictature. Trujillo payait tous les frais du voyage à condition que les Japonais exploitent la terre.

Arriver – Quitter

En bus

➢ ***Santo Domingo :*** liaisons régulières avec 2 compagnies. *Cie Expreso Constanza* (☎ 809-539-2134). 3 bus/j., 5h-12h. *Transporte Cobra* (☎ 809-539-2004). 2 bus/j., dernier bus à 12h. Trajet : env 3h.

➢ ***La Vega et Santiago :*** liaisons assurées par la *Cie Línea Junior* (☎ 809-539-2777). 2 bus/j., dernier départ à 12h45. Trajet : 2h30 pour Santiago. Téléphoner pour réserver. Le bus passe prendre les passagers à l'hôtel.

Adresses utiles

Oficina de turismo : *à l'entrée de la ville, sur la gauche de la route en venant de La Vega. ☎ 809-539-2122. Lun-ven 9h-13h, 14h-16h.* Plan succinct de la ville et liste des hébergements. Quelques infos sur les activités touristiques à Constanza et dans la région.

■ ***Banco Popular :*** *à l'angle de Luperón et de Gastón F. Deligne. Lun-ven 9h-17h, sam 9h-13h.* Distributeurs à l'extérieur, accessibles 24h/24. Mêmes services au ***Banco BHD*** *(à 1 cuadra de là, angle Luperón et Sánchez).*

■ @ ***Codetel/Claro – Centro de Llamadas :*** *calle Luperón. Dans la plaza Dorada, au rdc de ce petit centre commercial. Lun-sam 8h-20h.* Téléphone et Internet.

Où dormir ? Où manger ?

Hotel Mi Casa : *calle Sánchez, 2, près de l'angle avec Luperón. ☎ 809-539-2764. • ecoturismoconstanza.net • Doubles env 2 900-3 300 RD$; en pens complète. CB acceptées.* Dans une maison au calme, un hôtel-restaurant familial, bien tenu. Chambres à l'étage, réparties dans un dédale de petits couloirs, avec murs blancs et meubles de bois clair, assez dépouillées. Certaines manquent de lumière (en voir plusieurs). Côté resto, bonne cuisine locale servie dans une salle pimpante. Plat du jour très bon marché. Bien aussi pour le petit déj. Excellent accueil.

|●| ***Restaurant Aguas Blancas :*** *calle Rufino Espinosa, 54. ☎ 809-539-1561. Tlj 11h-minuit.* Façade tout en bois, originale et chaleureuse, tout comme la salle. Salle paillote sur le côté, réservée aux fumeurs. Tables bien séparées, nappes en tissu... On y sert une cuisine locale simple et bonne : *chivo picante, sancocho, mondongo* et *pollo* sous toutes ses formes.

DANS LES ENVIRONS DE CONSTANZA

Salto de Aguas Blancas : *à une vingtaine de km de la ville, au sud-est.* Pour les amateurs de jolies chutes d'eau. Situées à une altitude de 1 700 m, ce sont les plus élevées des Antilles, d'une hauteur de 83 m. Possibilité de s'y baigner mais l'eau est très fraîche...

JARABACOA

57 000 hab.

« Le lieu où l'eau afflue », telle est la signification de Jarabacoa en langue taïna. Les Indiens ne se sont pas trompés : il tombe annuellement 1,50 m de pluie ! C'est le château d'eau de la région de Santiago, la « cité de l'éternel printemps ». À 500 m d'altitude, la ville est traversée par trois rivières : le Jimenoa, le Baiguate et le Yaque del Norte, ce dernier offrant un site de rafting unique dans les Caraïbes.

Son site exceptionnel et facilement accessible par la route, son climat doux et clément ont fait de Jarabacoa le rendez-vous des randonneurs, alpinistes, cavaliers et adeptes des sports de plein air. La ville attire aussi les couples en voyage de noces, et de riches Dominicains qui y possèdent souvent une maison secondaire. La campagne aux alentours cache de jolies demeures bourgeoises : chalets montagnards ou résidences luxueuses.

Arriver – Quitter

En voiture

➢ ***De Constanza à Jarabacoa,*** route entièrement goudronnée. Elle traverse un bout de temps la grande plaine fertile de Constanza, puis grimpe à nouveau dans une sorte de Piémont très verdoyant. La vue est magnifique.

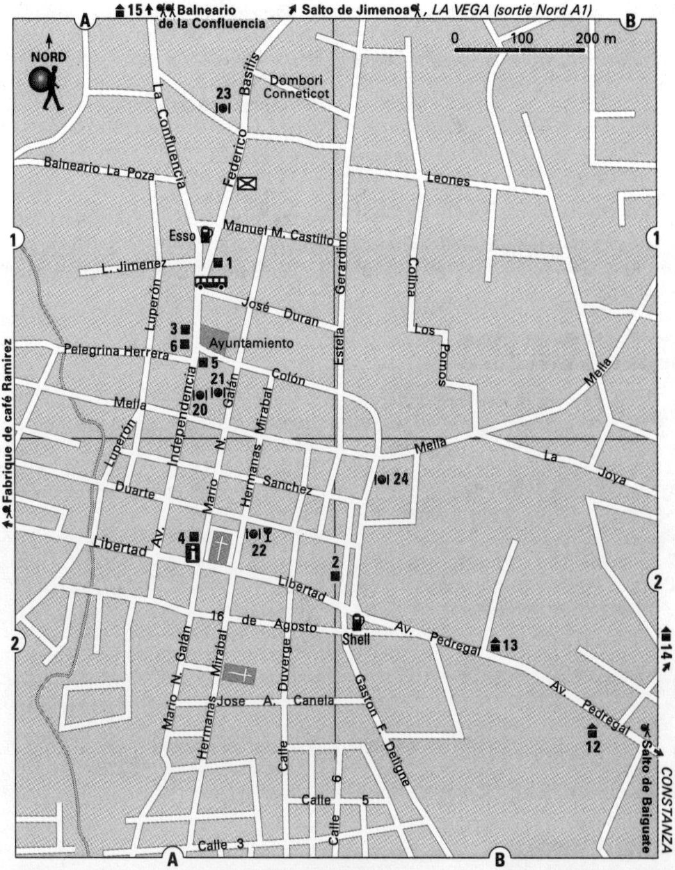

JARABACOA

Adresses utiles	13 Pinar Dorado
Oficina Información Turística	14 Rancho Baiguate
Terminal de bus Caribe Tours	15 Hotel Gran Jimenoa
1 *Guaguas* pour La Vega	
2 *Guaguas* pour Constanza	**Où manger ?**
3 Banco Popular	**Où boire un verre ?**
4 Banco BHD	20 La Tinaja
5 Codetel/Claro et Western Union	21 El Patio
6 Super Farmacia	22 Del Parque Galeria
Où dormir ?	23 De Parrillada Restaurant
12 Hotel California	24 Pizza y Pepperoni

En bus ou en *guagua*

Terminal de bus Caribe Tours *(plan A1) : calle José Duran, angle av. Independencia, la rue principale. ☎ 809-574-4796. À deux pas du Politur.*

➢ ***Santo Domingo et La Vega :*** liaisons 4 fois/j., 7h-16h30. Durée : 2h30 pour Santo Domingo.

➢ ***Santiago :*** changement de bus à La Vega, puis ttes les 30 mn de La Vega à Santiago.

➢ ***Puerto Plata, Sosua et Cabarete :*** changement de bus à La Vega, puis liaisons fréquentes pour ttes les villes de la côte nord.

■ ***Station des guaguas pour La Vega*** *(plan A1, **1**) : dans le centre, en face du cimetière.* Liaisons très fréquentes pour La Vega (env ttes les heures).

■ ***Station des guaguas pour Constanza*** *(plan A-B2, **2**) :* 4 départs réguliers dans la journée, 9h-15h30. Les *guaguas* passent par une piste parfois difficile.

Adresses utiles

Oficina Información Turística *(plan A2) : face à l'église, parque Duarte. Sur la calle Mario N. Galán, dans le petit centre commercial* Plaza Ramirez. *☎ 809-574-7287. Au 1er étage, bureau nº 209. Lun-ven 9h-12h, 14h-17h.* Peu d'infos.

■ ***Policia de Turisma*** *(Politur) : ☎ 809-574-2540. 24h/24.*

✉ ***Poste*** *(plan A1) : sur la route de La Vega, au nord du centre. Lun-ven 8h-16h et sam mat.*

■ ***Banco Popular*** *(plan A1, **3**) : av. Independencia, à côté du cimetière. Lun-ven 8h-16h, sam 8h-12h.* Change à l'intérieur. Distributeur accessible 24h/24.

■ ***Banco BHD*** *(plan A2, **4**) : calle Mario N. Galán. Lun-ven 8h-16h, sam 9h-13h.* Change à l'intérieur et distributeur accessible 24h/24 (*Visa* et *MasterCard*).

■ ***Western Union*** *(plan A1, **5**) : à l'intérieur du Codetel/Claro. Lun-ven 8h-16h, sam 8h-12h.*

■ ***Codetel/Claro*** *(plan A1, **5**) : dans le centre, av. Independencia, 1. Panneau peu visible. Tlj sf dim 8h-13h, 14h-17h30.*

@ ***Internet*** *(plan A2) : calle Mario N. Galán, au rdc du petit centre commercial Plaza Ramirez (sous le bureau du tourisme). Tlj 8h (9h dim)-23h.*

■ ***Super Farmacia*** *(plan A1, **6**) : av. Independencia, 44. ☎ 809-574-4264. Tlj 9h-21h.*

Où dormir ?

Prix moyens (1 500-2 500 RD$ / env 28-46 €)

Hotel California *(plan B2, **12**) : calle Jarabacoa-Constanza, 99 E. ☎ 809-574-6255. • hotelcalifornia jarabacoa.com • À 1 km du centre, sur la droite. Double env 1 500 RD$; triple 2 000 RD$. Parking privé.* Légèrement en retrait de la route, petit hôtel proposant une bonne vingtaine de chambres spacieuses et claires (sanitaires complets, ventilo). Elles donnent sur l'arrière, autour d'une courette à arcades, à la manière d'une modeste hacienda. Celles à l'étage, plus récentes et un peu plus confortables, sont les meilleures. Demandez la nº 25, avec vue sur la petite piscine.

Chic (2 500-4 000 RD$ / env 46-74 €)

Pinar Dorado *(plan B2, **13**) : route de Constanza. ☎ 809-574-2820. • hotelpinardorado.com • À 500 m sur la gauche en sortant de Jarabacoa, direction Constanza. Fléché. Doubles à partir de 3 100 RD$, avec petit déj ; possibilité de ½ pens.* Un bâtiment en béton et brique, fonctionnel (architecture années 1970), mais dans un environnement verdoyant. Une quarantaine de chambres très confortables (TV câblée, grands lits doubles, salle de bains, clim, téléphone). Demandez les n°s 211, 215 ou 217. Fait aussi resto. Petite piscine. Une des meilleures étapes de la région, qui propose, comme le *Rancho Baiguate* (même direction), diverses excursions.

Rancho Baiguate *(hors plan par B2,* ***14****) : route de Constanza. ☎ 809-574-6890. • ranchobaiguate.com • Sortir de Jarabacoa par la route de Constanza, puis tourner à gauche. Indication sur un mur de pierre. Faire env 1,5 km (bien indiqué). Résa conseillée. Pens complète env 2 000 RD$/pers.* Hôtel à la campagne, composé de plusieurs bungalows en bois, ouvrant sur un très beau parc bordé par le río Baiguate. Une trentaine de chambres spacieuses et propres, à la déco sobre et patinée par le temps. Bar, salle à manger avec buffet et superbe piscine de l'autre côté de la rivière. Le *Rancho* est avant tout spécialisé dans les sports de nature (voir plus loin « Dans les environs de Jarabacoa. Randonnée et activités sportives ») et développe parallèlement la culture bio et agroforestière avec les paysans du coin. Une bonne étape pour routards sportifs, car il serait dommage d'y passer seulement une nuit sans profiter des installations et sans pratiquer les activités sportives auxquelles invite la région. L'hôtel est le point de départ de descentes en raft, sorties canyoning, randos à vélo, etc. Il y a même sur place un parcours accrobranche.

Hotel Gran Jimenoa *(hors plan par A1,* ***15****) : accessible par un chemin de 2,5 km partant sur la droite lorsque l'on prend la route du Balneario de la Confluencia. ☎ 809-574-6304. • granjimenoahotel.com • Selon confort et période (début ou fin de sem), doubles env 2 300-3 000 RD$, les plus chères avec vue sur le Jimenoa ; également des suites et familiales.* Loin des *resorts* balnéaires, un hôtel de montagne dans un cadre enchanteur. 2 petits édifices, dont un en bord du río Jimenoa, avec des chambres très agréables et fort bien décorées (enfin !), jouissant d'une très belle vue sur la rivière. Une étroite passerelle traverse cette dernière et mène au bar-karaoké, équipé d'une terrasse (encore une vue superbe). Piscine, jacuzzi et sauna pour la détente (inclus dans le prix).

Où manger ? Où boire un verre ?

Bon marché (moins de 400 RD$ / env 7,50 €)

La Tinaja *(plan A1,* ***20****) : calle Independencia, 37. ☎ 809-574-2311. Tlj 8h-22h15 (23h sam-dim).* Un resto-snack qui fait aussi épicerie fine (café, rhum). Ouvert sur la rue passante, propre, agréable et économique. Hamburgers, sandwichs (au *pastrami,* au gouda, à la mozzarella...), bien confectionnés avec des pains au choix : pita, pain français...

El Patio *(plan A1,* ***21****) : Mario N. Galán, 28, entre Mella et P. Herrera. ☎ 809-574-6039. Tlj 8h-18h (15h mar). Plat du jour env 160 RD$.* L'exemple type de la *comida familiar.* Cuisine sobre et authentique, et *platos del día* écrits sur l'ardoise. On déjeune avec les employés du quartier dans la grande salle ouverte sur la rue ou dans le petit jardin.

Del Parque Galeria *(plan A2,* ***22****) : Duarte, à l'angle de Mirabal. ☎ 809-574-6749. Sur la pl. de l'église (parque Duarte). Tlj 11h (10h le w-e)-minuit.* En plein centre, resto avec grande terrasse couverte et salle en mezzanine habillée de bois. Cuisine correcte et pizzas pantagruéliques (2 tailles), à la pâte fine et croustillante. Sinon, carte traditionnelle à prix démocratiques. Service efficace. Également une petite piste de danse.

Prix moyens (jusqu'à 800 RD$ / env 15 €)

De Parrillada Restaurant *(plan A1,* ***23****) : calle Dombori Conn, 3, Barrio Cerro Alto. ☎ 809-574-7656. Prendre la route de La Vega, puis à droite vers la Confluencia. C'est à 100 m sur la* *droite. Tlj sf lun-mar 12h-23h30.* David et Jacqueline tiennent ce petit restaurant au calme, dans un coin de verdure ombragé par des arbres. Viandes de qualité, grillées pour la plupart, à tous les prix. Celles importées sont bien plus chères. Quelques plats de la mer et des pâtes complètent judicieusement la carte.

Pizza y Pepperoni *(plan B2, 24)* **:** *paseo de los Maestros. ☎ 809-574-4348. Tlj 11h-23h.* Grande salle en bois avec un petit coin pour les enfants. Large cuisine ouverte et impeccable, où l'on prépare essentiellement des pâtes et des pizzas, ces dernières proposées en 3 tailles : *pequeña, mediana* et *grande.* De quoi passer un bon moment en famille ou entre amis. Juste à côté, le snack *El Carrito de Mosche,* plus sommaire mais pratique.

À voir

Fabrique de café Ramirez (hors plan par A2) **:** *carretera Belarminio Ramirez. ☎ 809-574-2618. • ramirezcoffee.com • Accès depuis le centre par la calle Libertad, passer le pont, faire env 300 m et c'est indiqué sur la gauche (panneau « Belarminio Ramirez e Hijos »). Lun-sam 8h-12h, 14h-18h ; hors saison, horaires restreints. Entrée : 100 RD$.* Visite guidée en espagnol d'une vingtaine de minutes (un peu rapide) de cette petite fabrique de café familiale, fondée au milieu du XXe s. Description du processus de fabrication jusqu'à l'emballage (cuisson, séchage...). Jarabacoa est un lieu parfait pour la culture du café, car la ville répond idéalement à trois critères déterminants : altitude entre 700 et 1 400 m, pluviométrie entre 1 600 et 2 400 mm par an et température entre 17 et 24 °C. Le café qu'on vous sert gratuitement à la fin de la visite en atteste. Vente à la boutique, sous la marque *Monte Alto.*

DANS LES ENVIRONS DE JARABACOA

Balneario de la Confluencia (hors plan par A1) **:** *à 3 km de la ville. Pour s'y rendre du centre de Jarabacoa, prendre la rue du cimetière, puis tt droit. Bordée de superbes demeures bourgeoises et de généreuses pelouses à l'américaine, la route se termine en impasse sur un vaste parking bordant la « Confluencia ».*
En semaine, il y a très peu de monde, mais les week-ends voient affluer les Dominicains. C'est ici que le bouillonnant Yaque del Norte rencontre le tumultueux Jimenoa, et l'on assiste à un curieux mini-phénomène : l'un, d'origine caillouteuse, présente une couleur gris-vert, l'autre, plus limoneux, une teinte vaguement marron (mais parfois on ne distingue pas bien la différence).
Sur place, il y a toujours quelques chevaux à louer pour une balade en bord de rivière.
Y aller un samedi soir vous laissera des souvenirs mémorables. Rendez-vous des jeunes et étudiants de la capitale qui viennent prendre le frais, faire la fête, boire et danser. Certains plantent même la tente sous les arbres. Atmosphère bon enfant et assez *caliente.* Et ça dure jusque tard dans la nuit. Le dimanche, on vient plutôt en famille pour écouter du *merengue,* se baigner et faire un petit tour à cheval.

Salto de Baiguate (hors plan par B2) **:** *à quelques km de la ville. Depuis la station Shell (au centre du bourg), prendre la direction de Constanza et faire 1,5 km, puis tourner à droite (panneau sur le côté gauche). Faire ensuite env 1 km. Au T, prendre à gauche et parcourir encore 2 km. C'est au bout. Petit parking payant pour ceux qui sont en voiture.* Balade tranquille entre papyrus, *ciguapas* et orangers. Après la route praticable en voiture, on continue par un petit chemin cimenté menant en une dizaine de minutes à cette belle cascade. Au fond du vallon, nichée dans un cirque rocheux, cette chute (20 m de haut) constitue une oasis de fraîcheur. Certains s'y baignent. Attention, en cas de pluie, les eaux peuvent être agitées et boueuses.

Salto de Jimenoa *(hors plan par A1)* **:** *suivre la route de La Vega sur 3,5 km (depuis la station Esso). Prendre la bifurcation sur la droite au panneau « Salto de Jimenoa » (virage en épingle à cheveux) et faire 6 km. Puis c'est fléché. Accessible tlj 8h-18h. Compter 30 RD$.* À l'entrée, un petit poste militaire et, plus loin, une centrale hydroélectrique de poche. Ensuite, succession de passerelles mobiles et bringuebalantes soutenues par des poteaux de béton, avant d'arriver en moins de 10 mn à cette énorme chute d'une grande puissance, produisant un lourd nuage d'eau.

LE PICO DUARTE

C'est le point le plus élevé du pays, qui culmine à 3 098 m au cœur du parque nacional J. A. Bermúdez. Son ascension est possible, surtout en été (juin et juillet), quand la fraîcheur des montagnes se fait sentir. Les deux mois les moins favorables sont octobre et novembre, en raison des pluies abondantes.

➢ ***Ascension du Pico Duarte :*** elle exige une excellente condition physique et un équipement adéquat : duvet (possibilité de location sur place), vêtements chauds et de pluie, bonnes chaussures, provisions, petite pharmacie, etc. Guide obligatoire, comme dans tous les parcs nationaux du pays. Possibilité de louer des mules (en général, une mule pour 3 personnes) pour transporter votre tente et vos effets personnels. Mais ce n'est pas donné.
Le départ s'effectue de ***La Ciénaga,*** à une trentaine de kilomètres de Jarabacoa, où vous pourrez dormir chez l'habitant dans le village même. On y trouve des chambres correctes, à prix négociables. C'est à La Ciénaga qu'on trouve les guides officiels du parc.
- ***Organisation :*** le plus économique est d'organiser la grimpette ***par vous-même,*** mais cela s'adresse uniquement aux lecteurs sportifs habitués à ce genre d'expédition. Il faut alors vous rendre le matin à La Ciénaga et négocier sur place à l'entrée du parc national avec les guides. Attention : ne pas se fier aux faux guides qui pourront vous accoster à Jarabacoa. Leur carte de « guide officiel » est souvent bidon. Ne prendre que les guides officiels du parc, qu'on trouve seulement à La Ciénaga (ou en passant par une agence, évidemment). Avant de vous rendre à La Ciénaga, pensez aussi à prévoir le ravitaillement pour 2 jours, pour vous et votre guide : vous trouverez un grand supermarché dans la rue principale de Jarabacoa.
- Sinon, autre possibilité, plus prudente d'ailleurs, passer ***par une agence.*** Adressez-vous au *Rancho Baiguate* (voir plus haut « Où dormir ? » à Jarabacoa), c'est le grand spécialiste du secteur. Les guides de l'hôtel s'occupent de tout et la sécurité est maximale, mais c'est évidemment bien plus cher *(env 390 US$/pers sur la base de 2 pers ; tarifs dégressifs pour les groupes).* Le prix inclut une nuit à l'hôtel du *Rancho Baiguate* avant l'ascension. 2 autres formules plus ou moins longues. Matériel fourni (duvet, couverts, etc.), mules pour le transport, guide du parc, etc.
- ***Déroulement :*** *à pied ou à dos de mule, compter 2 j. et 1 nuit (46 km A/R) ; certains préfèrent prendre plus de temps (3 j. et 2 nuits). En général, le départ se fait de La Ciénaga, assez tôt le mat (vers 7h), après l'achat du permis (en théorie, 150 RD$) à l'entrée du parc. En tt, compter 7 000-10 000 RD$/pers pour une randonnée de 2 j. et 1 nuit (entrée, guide, loc de mule, refuges, nourriture et boisson).*
À pied, pour les randonneurs entraînés, ou à dos de mule, compter 9h pour la montée vers *La Compartición,* une sorte de refuge où l'on passe la nuit (certains campent dehors). Paysages superbes, changeant sans cesse au fur et à mesure de la montée. On est alors à 2 500 m d'altitude. Le lendemain matin, départ vers

4h ou 5h (ça dépend de la saison) pour ceux qui veulent voir le soleil se lever. Montée en 3h environ jusqu'au *pico.* On reste quelques instants là-haut (température entre 0 et 3 °C) puis on redescend vers *La Compartición.* On récupère ses affaires et l'on poursuit la descente vers La Ciénaga. Ceux qui font la balade en 3 jours dorment 2 nuits à La Ciénaga (une fois la veille de l'ascension finale et une nuit au retour).

➢ Le *Rancho Baiguate* organise aussi de nombreuses autres activités dans le secteur : ***rafting*** sur le Yaque del Norte, ***canyoning*** sur la rivière Baiguate, ***randonnées à cheval*** (superbes), excursions à ***VTT...*** Toutes les infos sur le site : • *ranchobaiguate.com* •

LE CIBAO

C'est la grande plaine centrale, dans l'axe Santo Domingo-Santiago. Terres d'une très grande fertilité, produisant quasiment tout le tabac du pays, le café, la canne pour fabriquer le rhum, les bananes, etc. On y trouve également d'immenses élevages de bovins et de riches productions minières... En outre, dans le Cibao, les habitants développent une identité bien différente de celle de la capitale et du reste du pays. On y parle un espagnol beaucoup plus pur, assez proche du castillan.

UN PEU D'HISTOIRE

Le Cibao fut pour Christophe Colomb le premier vrai contact avec les terres intérieures d'Hispaniola. Selon le père Bartolomé de Las Casas, considéré comme « l'apôtre des Indiens » et qui vécut à La Vega, « d'entendre Cibao réjouissait toujours le cœur de l'Amiral, car il pensait être à Cipango *[nom donné au Japon à l'époque de la Renaissance],* l'île qui était marquée sur sa carte... ». Toujours selon Las Casas, le nom *cibao* viendrait de *ciba,* un mot indien qui signifie « lieu couvert de pierres » ou « terre de pierres ». Dans *Histoire des Indes,* il décrit le Cibao comme une sorte de paradis terrestre. Dès 1493, Colomb envoya ses hommes pour explorer l'intérieur du pays afin d'y trouver de l'or. Partis de La Isabela (sur la côte nord-ouest), les Espagnols en découvrirent dans les rivières, mais beaucoup moins qu'ils n'espéraient. Cette fièvre de l'or poussa cependant les découvreurs à devenir des conquérants puis des exploiteurs...

MONSTRE À DEUX TÊTES

Les Indiens d'Hispaniola n'avaient pas de chevaux. Aussi furent-ils effrayés quand ils découvrirent les premiers conquérants espagnols montés sur leurs quadrupèdes. Ils crurent voir un seul animal, mi-cheval, mi-homme, une sorte de monstre à quatre pattes et à deux têtes.

LA VEGA

210 000 hab.

À 35 km au sud de Santiago, au cœur de la plaine fertile et très verte du Cibao, cette ville moderne et industrielle est très étendue. Rien ne vous retiendra vraiment par ici, à part le carnaval en février et les témoignages de l'histoire d'Hispaniola, notamment les ruines de la *Vega Vieja* (monastère de San

Francisco et fort de la Concepción) où Christophe Colomb avait fait construire la première forteresse et fonderie d'or des Indes occidentales (l'Amérique).

UN PEU D'HISTOIRE

La Vega est l'une des plus anciennes villes du pays, du moins ce que l'on appelle *La Vega Vieja,* la vieille ville de La Vega, située à quelques kilomètres à l'extérieur de la ville moderne d'aujourd'hui. Lors de son deuxième voyage, Christophe Colomb y fit construire un fort pour protéger les mines d'or du Cibao. Une ville s'y développa très vite, qui devint au début de la colonisation la plus importante de l'île. Son monastère franciscain y eut un locataire célèbre : le père ***Bartolomé de Las Casas.*** Auteur de la monumentale *Histoire des Indes* et défenseur ardent des Indiens, certains le considèrent comme le précurseur des Droits de l'homme.
La Vega est aussi le site de la bataille décisive, le 24 mars 1495, entre les conquistadors espagnols et les Indiens taïnos, où le cacique ***Guarionex*** fut battu. Beaucoup de « premières » pour La Vega : en 1512, siège de l'archevêché dépendant de Séville ; décret du roi d'Espagne autorisant la création d'une maison close ; première *casa de la moneda* d'Amérique ; plantation des premiers champs de canne à sucre... En 1562, la ville est détruite par un tremblement de terre. Elle est reconstruite plus au sud, sur les rives du río Camu.
Au XIXe s, sa prospérité économique se révèle telle qu'on construit, en grande partie pour le trafic de marchandises, une ligne de chemin de fer de La Vega au port de Sánchez, dans la presqu'île de Samaná.
La Vega est la ville natale de ***Juan Bosch*** (1909-2001). Poète et démocrate opposé au dictateur Trujillo, il s'exila en 1937. Revenu au pays après la mort du dictateur, il fut élu président en 1962 et resta à ce poste pendant 6 mois avant d'être renversé et de partir de nouveau en exil en 1963. Fondateur du PLD (Parti dominicain de la libération), auteur d'une trentaine de livres, Bosch est revenu au pays dans les années 1980. Il repose au cimetière de La Vega.

Où dormir ? Où manger ?

🏠 🍽 ***Hotel El Rey :*** *Don Antonio Guzman (Restauración), 3. ☎ 809-573-9797. À gauche en entrant dans la ville par la rue principale qui conduit à la cathédrale. Résa indispensable pdt le carnaval. Double env 60 US$.* 📶 C'est un des meilleurs hôtels de la ville. Petit édifice jaune et blanc. La réception se trouve à l'étage. Chambres meublées et décorées avec goût, avec AC et TV. Choisir celles donnant sur l'arrière. Le restaurant *Ararey,* au rez-de-chaussée, est simple et correct.

À voir

👍👍 ***Catedral de la Concepción :*** *dans le centre, à l'angle de la calle Don Antonio Guzman (Restauración) et de Padre Adolfo, sur le parque Duarte.* Édifiée en 1992, elle possède une architecture vraiment intéressante et curieuse. Style hybrido-romano tout en formes rondes qui surprend. Il s'agit de modules de béton posés les uns sur les autres, sortes de demi-buses, façon Lego sans couleurs (et sans saveurs). Clocher en écorché, avec escalier apparent et façade tout en rondeur, formant au sommet d'imposants créneaux semblant défendre l'édifice contre d'improbables attaques.

Fête

– ***Carnaval de La Vega :*** *chaque dim de fév (et surtout le 27 du mois, j. de la fête nationale).* C'est le plus coloré et le plus fou du pays. Festival des masques tout à la fois les plus monstrueux et les plus beaux, explosion des couleurs les plus crues, les plus expressives. Les groupes, sponsorisés par les grandes firmes dominicaines, participent à des concours de costumes, de masques et de danses. Ouïes sensibles, attention, sans doute n'aurez-vous jamais infligé autant de décibels à vos oreilles que lorsque vous parcourrez l'avenue José Horacio Rodriguez, où se déroule le défilé. Des milliers de personnes se retrouvent pour une fête extraordinaire. Le défilé commence entre 16h et 17h, et la fête endiablée se poursuit jusque fort tard dans la nuit. Pour se mettre dans l'ambiance, consulter le site : • *cosasdelcibao.net* •

DANS LES ENVIRONS DE LA VEGA

Trois petits sites à voir dans la région, tous situés sur la route de Moca. À faire seulement si vous disposez d'un véhicule.

Santo Cerro : *pour accéder à ce village, sortir de La Vega direction Santo Cerro et Moca. Juste à la sortie de La Vega, à la fourche (station-essence Isla au milieu de la fourche), prendre à droite vers Santo Cerro (petit panneau discret). Faire ensuite env 6 km, puis prendre à gauche (panneau pour Santo Cerro). Le village est 1,5 km plus haut.*
Santo Cerro est un charmant village et un des hauts lieux religieux du pays (et pas seulement parce que c'est perché sur une colline). La vue étendue sur la plaine du Cibao mérite que l'on y monte. C'est là que se déroula l'ultime bataille perdue des Taïnos, le 16 mars 1495.
- Dans la montée, on remarque déjà le caractère hyper religieux du village. Tous les 200 m se dressent des sculptures religieuses (mystères de la foi, chemin de croix...), autant de jalons plantés sur le bord de la route.
- Juste avant la place de l'église, sur la gauche, des cages à oiseaux au pied d'un arbre que les locaux nomment « ***El Arbol del Nispero*** ». Ce flamboyant est un descendant de celui du XVe s dont Christophe Colomb aurait coupé une des branches pour fabriquer une croix.
- ***L'église paroissiale :*** sur une sorte de promontoire dominant la vallée et la plaine du Cibao. De couleur blanche, elle date de 1884 et est dédiée à Nuestra Señora de las Mercedes. À l'intérieur, simple et frais, dans une chapelle à droite (quand on regarde le chœur), le sol est percé d'un trou couvert par une grille entourée de bois. C'est le « Santo Hoyo de la Cruz ». C'est là que Christophe Colomb aurait planté la fameuse croix de bois offerte par la reine Isabelle. Elle est entourée d'une légende. Au plus fort de la bataille livrée en 1495 contre les Indiens, ces derniers auraient tenté de brûler la croix. La Vierge serait alors apparue aux Espagnols, leur donnant un vigoureux coup de moral, ce qui permit d'arracher la victoire. Depuis cette date, un grand pèlerinage a lieu chaque année, au mois de mars.

Ruinas del monasterio de San Francisco : *dans le village de La Vega Vieja. En redescendant de Santo Cerro (la route d'où l'on est venu), reprendre à gauche la grande route de Moca, faire exactement 1,3 km et suivre le chemin caillouteux sur la gauche (au niveau du minimarket Rosa). Parcourir env 300 m et, après avoir traversé un bout de village, au T, prendre à gauche. Env 200 m plus loin, vous apercevrez sur la gauche les ruines du premier monastère des Amériques.*
Vous hésitez ? Si, si, c'est bien là ! Réduit quasiment aux fondations, avec quelques morceaux de murs relevés, mais on distingue encore à peu près les plans de l'église. Site peu spectaculaire, mais le coin apparaît quand même assez évocateur. Environnement paisible à souhait. Le père ***Bartolomé de Las Casas*** (1484-1566), le célèbre défenseur des Indiens et auteur de *La Très Brève Relation de la destruction des Indes*, y séjourna de 1508 à 1512. Il y célébra sa première messe chantée en 1510 et devint ainsi le « premier officiant » du Nouveau Monde. Il était à la fois clerc (prêtre) et colon, car il possédait un domaine agricole *(repartimiento)* d'Indiens dans le Cibao.

Avec un peu d'imagination, on peut encore deviner le dessin de l'église et le cloître avec son puits central, le réfectoire... Autour, le cimetière primitif. Sous des tôles, quelques restes d'Indiens (en position fœtale car ils croyaient à la réincarnation) ou de colons et de moines (enterrés pour leur part droit comme des piquets). On regrette que le site soit quasiment laissé à l'abandon, car les vestiges des sites historiques ne sont pas si nombreux dans le pays...

Fuerte de la Concepción : *en sortant du chemin du monastère de San Francisco, reprendre la route de Moca, faire env 600 m et emprunter la petite route qui part sur la gauche. Un panneau en mauvais état indique « Parque nacional histórico de la Concepción de La Vega ». C'est au bout, à 100 m. Visite du site tlj 8h-16h (ou 17h, c'est selon). Droit d'entrée : 100 RD$; en fait, on donne ce que l'on veut au guide.*

Cet endroit a tellement marqué Christophe Colomb dans sa vie de découvreur qu'il en parlait la veille de sa mort (à Valladolid le 20 mai 1506). Il demandait à son fils Diego Colón de construire une chapelle à la gloire de la Sainte Trinité : « S'il est possible de l'édifier dans l'île d'Hispaniola, que Dieu m'a donnée miraculeusement, je voudrais que ce fût au lieu où je l'ai déjà invoquée, qui est dans La Vega, qu'on appelle la Concepción. »

Aujourd'hui, on peut voir les quelques ruines significatives du premier fort construit en 1496 sur ordre du grand amiral lors de son second voyage, afin de répondre aux attaques du cacique indien Guarionex, souverain (cacique) de La Vega Real. En 1503, le fort fut reconnu par la couronne d'Espagne mais, en 1562, il fut frappé par un tremblement de terre qui marqua son déclin stratégique. Là encore, ne pas s'attendre à un site extraordinaire, mais ce qui reste des fondations est correctement entretenu.

SANTIAGO

880 000 hab.

À 155 km au nord de Santo Domingo, Santiago de los Caballeros (son vrai nom) est la deuxième ville du pays, et le cœur battant du Cibao et de la région Nord. Sa situation, son dynamisme commercial et sa zone franche très active et prospère l'ont placée au rang de capitale économique du pays. Quelques chiffres éloquents : elle concentre plus de 90 % des usines et environ 65 % du PIB de la région ! Santiago est aussi classée comme la grande ville la plus riche, la plus aérée et la plus verte de la République dominicaine, sans doute la plus propre mais certainement pas la moins bruyante !

Également capitale du cigare et du rhum, elle s'impose comme la bonne élève de l'île. Deux grosses universités lui garantissent aussi une riche vie intellectuelle et des nuits chaudes et animées.

Si les traces de son passé colonial ne sont guère nombreuses, elle possède un caractère et une personnalité qui lui sont propres. En outre, elle ne connaît que très peu de problèmes de sécurité.

UNE VILLE ACTIVE ET COMMERÇANTE

La ville vaut le détour pour la personnalité bien marquée de son vieux centre, fiévreux la journée mais désert le soir, et les sympathiques quartiers populaires qui le jouxtent. Santiago est également réputée pour son ***carnaval.*** La tradition s'est perdue, qui opposait les deux quartiers de la ville pour dérouler le défilé le plus dynamique, avec des masques de papier mâché extraordinaires. Le carnaval n'en reste pas moins un des plus populaires et colorés de l'île, chaque dimanche de février. Vous nous avez compris, ne supprimez pas cette étape (même si elle doit être courte) de votre parcours.

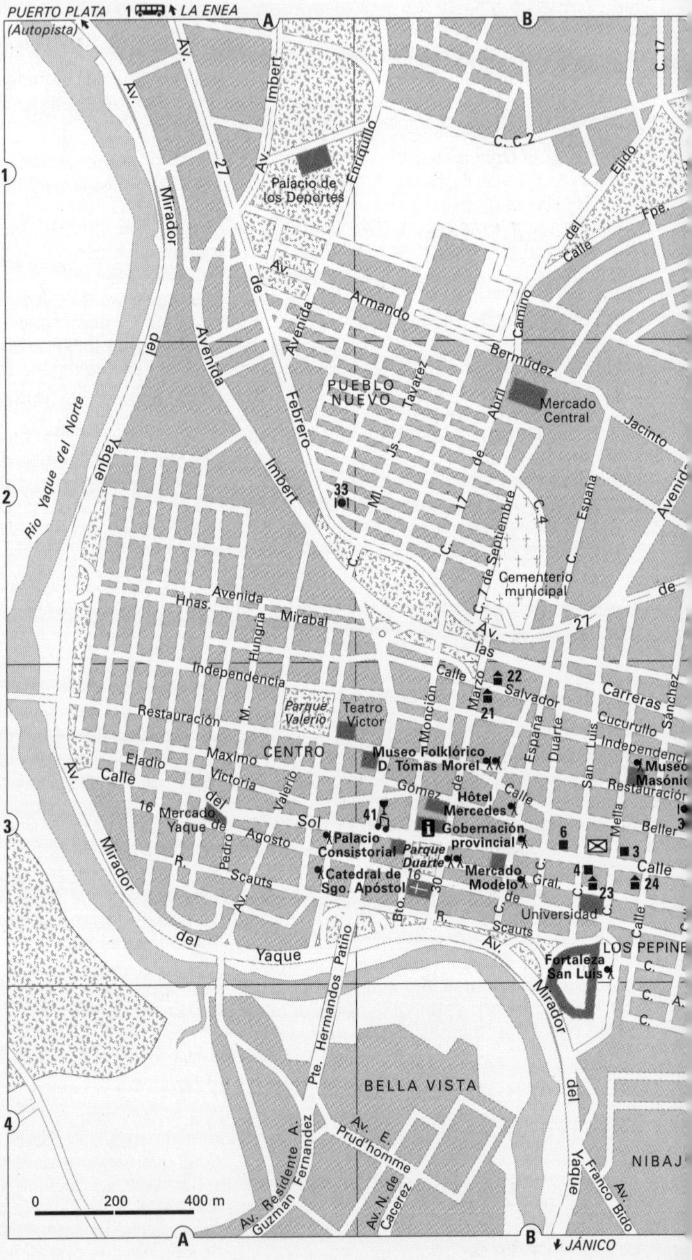

PUERTO PLATA (Autopista)
1 LA ENEA
A
B
1
2
3
4
Av. Imbert
Palacio de los Deportes
Av. Enriquillo
C. C 2
C. 17
Ejido
Calle del Fpe.
Camino
Av. Mirador del Yaque
Rio Yaque del Norte
Avenida 27 de Febrero
Avenida Imbert
Av. Armando Bermúdez
PUEBLO NUEVO
Mercado Central
Jacinto
Avenida
C. Ml. Js. Tavarez
C. 17 de Abril
C. 7 de Septiembre
C. 4
C. España
Cementerio municipal
33
Avenida Hnas. Mirabal
M. Hungria
Independencia
Restauración
Parque Valerio
Teatro Victor
CENTRO
Maximo Gomez
Eladio Victoria
Calle del Sol
Valerio
16 de Agosto
Mercado Yaque
Pedro
R. Scauts
Av.
Av. de las Carreras
Calle Salvador Cucurullo
Moncíon
30 de Marzo
22
21
Sánchez
Duarte
San Luis
Mella
Museo Folklórico D. Tómas Morel
Museo Masónico
Hôtel Mercedes
Calle Beller
41
Gobernación provincial
Palacio Consistorial
Parque Duarte
Catedral de Sgo. Apóstol
Mercado Modelo
6
3
4
23
24
Gral.
C. Universidad
Bto.
LOS PEPINES
Fortaleza San Luis
Pte. Hermandos Patiño
BELLA VISTA
Av. Residente A. Guzman Fernandez
Av. E. Prud'homme
Av. N. de Cacerez
Franco Bido
NIBAJ
0
200
400 m
JÁNICO

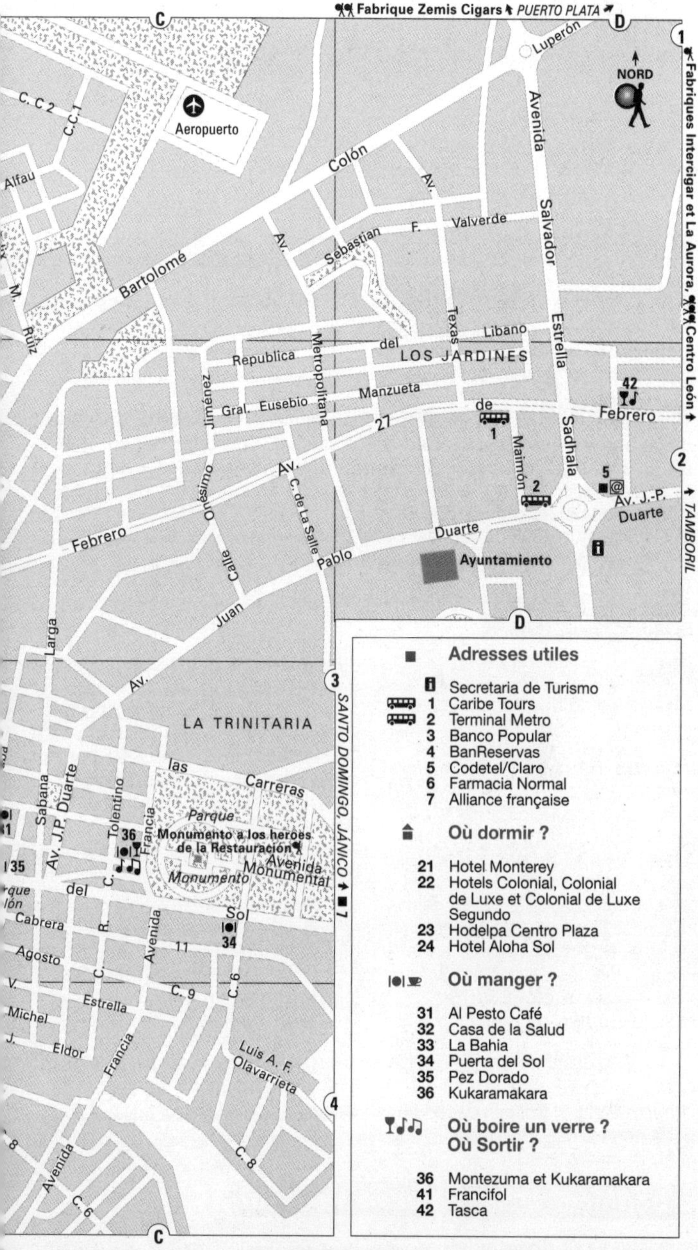

■ **Adresses utiles**

- Secretaria de Turismo
- 1 Caribe Tours
- 2 Terminal Metro
- 3 Banco Popular
- 4 BanReservas
- 5 Codetel/Claro
- 6 Farmacia Normal
- 7 Alliance française

Où dormir ?

- 21 Hotel Monterey
- 22 Hotels Colonial, Colonial de Luxe et Colonial de Luxe Segundo
- 23 Hodelpa Centro Plaza
- 24 Hotel Aloha Sol

Où manger ?

- 31 Al Pesto Café
- 32 Casa de la Salud
- 33 La Bahia
- 34 Puerta del Sol
- 35 Pez Dorado
- 36 Kukaramakara

Où boire un verre ? Où Sortir ?

- 36 Montezuma et Kukaramakara
- 41 Francifol
- 42 Tasca

SANTIAGO

UN PEU D'HISTOIRE

Le premier embryon de cité fut fondé par ***Christophe Colomb*** en 1494. Son frère, Bartolomé Colón, vint y séjourner quelques années plus tard, puis 30 *caballeros* (chevaliers) débarquèrent de La Isabela pour assurer son développement (d'où son nom complet *Santiago de los Caballeros*). La ville fut totalement détruite, comme La Vega, en 1562 par un tremblement de terre, et rebâtie quelques kilomètres plus loin sur les bords du Yaque.
Le 30 mars 1844 s'y déroula l'ultime bataille qui consacra la fin de la domination haïtienne et conduisit à l'indépendance du pays. Premier président de la République, Pedro Santana s'était bien battu pour cette indépendance. En 1861, il change de bord et trahit sa mission en annexant son pays à l'Espagne. C'est alors que la société des Trinitaires dirigée par Duarte, Mella et Sánchez entame la ***guerre de Restauration,*** lutte armée pour restaurer l'indépendance perdue. Santiago sera au cœur de tous les combats entre 1863 et 1865. En septembre 1863, les conflits font rage entre les indépendantistes et les troupes espagnoles retranchées dans la fortaleza San Luis. La ville, petite cité de quelques milliers d'habitants à l'époque, est quasiment anéantie.
En 1916, les États-Unis envahissent la République dominicaine et choisissent Santiago comme base pour leur armée (infanterie). Quand cesse l'occupation américaine en 1924, Santiago retrouve son rôle de fer de lance intellectuel et politique de la République. Elle connaît dès lors une croissance démographique et économique étonnante : de 14 700 habitants en 1916, elle est passée en presque un siècle à plus de 800 000 habitants. Hier comme aujourd'hui, elle sert de pépinière et de tremplin à une certaine réussite économique et politique.

Arriver – Quitter

En bus

2 compagnies de bus en fonction des destinations :

Caribe Tours *(plan D2 et hors plan par A1,* ***1****) : arrêt central, av. 27 de Febrero, angle de Maimón. Gare principale toujours sur l'av. 27 de Febrero, à l'angle de Las Americas (mais la 1re adresse est plus commode). ☎ 809-241-1414 ou 809-576-0790. • caribetours.com* • Gare routière privée bien organisée. Bus modernes et en très bon état. Horaires respectés. Bureau de change juste à côté *(tlj 8h-18h).*

➢ ***Santo Domingo :*** départ ttes les heures en moyenne (ttes les 30 mn tôt le mat), 5h45-20h15. Trajet : 2h30 (155 km). Billet : 280 RD$.

➢ ***Puerto Plata et Sosua :*** départ env ttes les heures, 7h-19h. Trajet : 1h30 pour Puerto Plata (69 km) et 2h pour Sosua (94 km).

➢ ***Presqu'île de Samaná :*** pas pratique, il faut d'abord aller à Santo Domingo et prendre un autre bus qui passe par l'autopista Juan Pablo II.

➢ ***Villa Vasquez, Montecristi et Dajabón :*** 6 bus/j., 8h45-18h.

➢ ***La Vega :*** bus ttes les heures, 5h15-18h20.

Terminal Metro *(plan D2,* ***2****) : calle Maimón, à l'angle de l'av. Juan Pablo Duarte. ☎ 809-582-9111. • groupmetro.com* • On y trouve un distributeur (*Visa* et *MasterCard*).

➢ ***Santo Domingo :*** départ ttes les heures, 5h30-20h. Trajet : 2h30.

➢ ***Puerto Plata :*** env 7 bus/j., 9h15-21h. Trajet : 1h30.

➢ ***Sosúa (via Puerto Plata) :*** 3 bus/j.

Se déplacer à Santiago et alentour

– ***Rappel aux automobilistes :*** le plan de circulation de Santiago est assez compliqué en raison du nombre de rues à sens unique. Rechercher une adresse dans Santiago n'est pas toujours aisé. Plusieurs rues portent le même nom, comme la Duarte et, pour simplifier le tout, on trouve dans le quartier de la cathédrale de magnifiques plaques en faïence portant l'ancien nom des rues... Le vrai nom, lui, est accroché à de fins poteaux à l'angle des rues, pour le coup difficilement lisibles. Garez bien votre voiture, payez les parcmètres, et faites le tour du centre à pied.

– La ville manque de ***taxis.*** Ils sont de couleur différentes et on ne les distingue pas bien. En outre, ils n'ont pas de compteur. Il convient donc de négocier le prix avant la course. Pour info, le tarif de base d'une course est de 120 RD$.

– Le centre de Santiago est en fait assez petit, mais la ville en elle-même est très étendue. Autour du parque Duarte et de la calle du même nom, on trouve des ***públicos*** avec une lettre peinte sur la porte avant (A, O, N...). Ce sont des sortes de taxis à routes fixes qui peuvent prendre jusqu'à 6 personnes. Ils vous laissent où vous le désirez sur la route qu'ils doivent suivre.

Adresses utiles

Infos touristiques

Secretaria de Turismo *(plan B3) : edificio de la Gobernación, calle del Sol, 1, face au parque Duarte. ☎ 809-582-5885 ou 809-226-1694. Lun-ven 8h-15h.* Au 1er étage, petit bureau pauvre et triste. Quelques brochures sur le Cibao et la côte nord, en espagnol, en anglais et en allemand.

Banques, change

■ ***Banques et change :*** *nombreuses banques dans le centre, sur la calle del Sol, près de l'angle avec la calle Mella. Elles changent ttes l'euro et sont ttes équipées de distributeurs accessibles 24h/24. Par exemple,* ***Banco Popular*** *(plan B3,* ***3****) : calle del Sol, à l'angle avec Mella. ☎ 809-734-4302. Lun-ven 8h-15h, sam 8h-12h. À côté se trouve la* ***Scotia Bank.*** *Également* ***BanReservas*** *(plan B3,* ***4****) : angle Sol et San Luis. Lun-ven 8h-17h, sam 9h-13h.*

■ ***Change :*** *quelques casas de cambio dans la calle del Sol.* Curieusement, leurs taux de change sont souvent moins bons que ceux des banques.

Poste et télécommunications

✉ ***Poste*** *(plan B3) : calle del Sol, à l'angle de San Luis. Lun-ven 8h-17h, sam 8h-12h.*

■ @ ***Codetel/Claro – Centro de Comunicaciones*** *(plan D2,* ***5****) : av. J. P. Duarte, à l'angle nord-est d'Estrella Sadhala. Tlj sf dim 8h-21h.* Le plus grand centre d'appel et d'Internet de la ville.

Divers

■ ***Farmacia Normal*** *(plan B3,* ***6****) : calle del Sol, 83, entre Duarte et San Luis. ☎ 809-625-4444. Lun-sam 8h-21h, dim 9h-18h.* Dans un joli édifice du début du XXe s à la façade bleu ciel ornée de pilastres.

■ ***Alliance française*** *(hors plan par C3,* ***7****) : av. Estrella Sadhala, 70. ☎ 809-582-4998. • afsantiago.org.do • À exactement 2 km du grand carrefour avec l'autopista Duarte, sur la droite. Un peu excentré donc, au sud de la ville.* Surtout intéressant pour ceux qui séjournent longtemps. Bibliothèque de livres en français, activités culturelles diverses, soirées ciné...

Où dormir ?

Santiago, ville commerçante et industrielle avant tout, propose des hôtels étoilés de bonne qualité, mais aussi quelques établissements à prix moyens, rénovés et tout à fait corrects. Les budgets serrés trouveront dans le centre les traditionnels petits hôtels populaires. La différence de prix avec les hôtels vraiment propres est tellement infime que nous avons choisi de ne vous indiquer que les plus « honorables ». Chanceux que vous êtes, ils sont tous dans le même secteur, à 5 mn à pied du parque Duarte.

Bon marché (moins de 1 500 RD$ / env 28 €)

Hotel Monterey *(plan B3, **21**) : Salvador Cucurullo, 92. ☎ 809-582-4558. • elhotelmonterey@hotmail.com • En face de l'Hotel* Colonial. *Compter 700-1 100 RD$ selon confort.* Façade vert pistache et immeuble tout en profondeur. Une trentaine de chambres sommaires mais propres, avec ventilo ou clim ou TV. Cafétéria sur le côté gauche de l'hôtel *(lun-sam 7h-21h).* Très comparable en terme de prestations à ses voisins mais bien tenu.

Hotel Colonial et Colonial de Luxe *(plan B3, **22**) : Salvador Cucurullo, 113 et 115. ☎ 809-247-3122. • colonialdeluxe@yahoo.com • Doubles env 750-1 400 RD$ selon confort. Parking.* Un bon hôtel composé de 2 bâtiments voisins, de confort à peu près identique. Chambres propres et bien tenues, avec ventilo (les moins chères) ou AC, et toutes avec sanitaires (eau chaude). Certaines n'ont pas de fenêtre. Bon accueil et rapport qualité-prix correct. Possibilité de manger sur place ; cuisine familiale.

Colonial de Luxe Segundo *(plan B3, **22**) : Salvador Cucurullo, 113 et 115. Juste à côté des 2 autres (même proprio). ☎ 809-247-3122. Double env 1 500 RD$. Parking privé gratuit (pratique).* On est dans la version un peu plus chic des 2 hôtels mentionnés plus haut. Toutes les chambres sont avec AC et salle de bains. Bon confort général, mais finalement on ne voit pas beaucoup de différence, si ce n'est le prix et le fait que le petit déj soit compris. Reste un bon établissement où se rendre si les 2 premiers sont complets.

Plus chic (4 000-6 000 RD$ / env 74-111 €)

Hodelpa Centro Plaza *(plan B3, **23**) : calle Mella, 54, angle calle del Sol. ☎ 809-581-7000. • hodelpa.com • Chambres env 95-120 US$ selon saison, petit déj inclus. Garage gratuit.* En plein centre, un hôtel de luxe moyen, aux chambres modernes et vraiment très confortables. Accueil professionnel. Salle panoramique pour le petit déj et pour son restaurant *Vista* au dernier étage. Grand casino au rez-de-chaussée. Spa et salle de gym. Une excellente adresse, d'un bon rapport qualité-prix.

Hotel Aloha Sol *(plan B3, **24**) : calle del Sol, 50. ☎ 809-581-9203 ou 809-583-0090. • alohasol.com • À deux pas de l'hôtel* Hodelpa Centro Plaza, *même trottoir. Chambres 95-105 US$, petit déj compris. Parking gardé.* Central, pas trop imposant, avec des chambres très confortables et bien arrangées. Attention tout de même, certaines sont sans fenêtre ! Évitez également celles donnant sur la calle del Sol, plus bruyantes, et préférez celles des étages supérieurs. Restaurant gourmet.

Où manger ?

Bon marché (moins de 400 RD$ / env 7,50 €)

Al Pesto Café *(plan C3, **31**) : calle Restauración, 56, à l'angle de Cuba. ☎ 809-724-6111. Tlj jusqu'à 21h45 (18h30 lun, 15h dim).* Central et pratique, un petit resto qui vit au rythme des employés et des gens du quartier. La salle en brique bien ventilée et la courette sont souvent pleines à midi. Cuisine dominicaine classique, fraîche, goûteuse et peu onéreuse. Plats locaux servis rapidement, salades, crêpes, sandwichs, etc. Bien aussi pour le petit déj.

Casa de la Salud *(Casita vegetariana ; plan B3, **32**) : calle Restauración, 70, à 100 m du croisement avec calle Cuba. ☎ 809-581-6777. Tlj sf sam 8h-16h.* Le 1er resto végétarien de la ville, apprécié par les employés du quartier. Salades, légumes, jus

LE CENTRE DU PAYS

de fruits. C'est sain, frais et économique. Tout est exposé derrière une grande vitrine. Petit comptoir de vente de produits bio et de médecine naturelle.

La Bahia (plan A2, **33**) : Benigno F. Rojas, 107, angle Libertad. ☎ 829-962-4420. Ouv 18h-23h (1h sam-dim). Un vrai petit resto de quartier, au cœur de ce qu'on appelle le *Pueblo Nuevo,* populaire et ouvert sur la rue. Soupe de poisson succulente (version dominicaine !), et surtout poisson entier, frais du jour et frit à la demande. On le choisit directement dans la glacière.

De prix moyens à chic (jusqu'à 1 300 RD$ / env 24 €)

Puerta del Sol (plan C3, **34**) : calle del Sol, 23, angle Espinal. ☎ 829-947-1414. Tlj 11h-1h (3h ven-dim). Dans un hangar de style design à la charpente métallique, admirablement situé au pied du monument aux héros de la Restauration. Y aller le soir pour dîner sur la grande terrasse. Cuisine savoureuse (la langouste y est découpée et servie en sauce) dans une ambiance musicale. On peut aussi y boire un verre dans le coin salon aux sofas blancs. Pour le déjeuner, carte de snacks et sandwichs à prix moyens. Si c'est plein, il y a le *Tablón* à côté, même style mais plus petit.

Pez Dorado (plan C3, **35**) : calle del Sol, 43. ☎ 809-582-4051. Tlj 12h-23h30. Resto chic et sombre, avec nappes en tissu et serveurs en tenue. Cuisine internationale, viande ou poisson, mais le patron d'origine chinoise propose aussi des plats cantonais. Carte très alléchante où l'on trouve des préparations à tous les prix, et étonnante carte des vins.

Kukaramakara (plan C3, **36**) : av. Francia, 7, presque à l'angle de Beller. ☎ 809-241-3143. Au pied du monument aux héros de la Restauration, un bar-resto de style texan, tout en bois avec des cactus en pots, des rondins, des troncs d'arbres, et des serveurs habillés en cow-boys. Rien que du déjà-vu, mais les viandes sont juteuses à souhait. On y sert aussi des pâtes, des salades et même des sushis.

Où boire un verre ? Où sortir ?

Le soir, le centre de Santiago est étrangement désert, sauf dans les rues qui bordent le monument aux héros de la Restauration (avenida Francia, calle del Sol). Les bars et discothèques sont situés aux différents coins de la ville et il faut prendre un taxi pour s'y rendre.

Montezuma (plan C3, **36**) : av. Francia, à l'angle de Beller. ☎ 809-971-7130. Tlj 10h-1h (3h ven-sam). Un des grands bars musicaux de la jeunesse pour commencer la soirée. Terrasse sous un toit en forme de pyramide aztèque. Plusieurs niveaux en mezzanine, tous ouverts sur la rue, avec des coins et des recoins, des escaliers en fer forgé, de la terre cuite, des comptoirs en bois. Groupes musicaux du jeudi au dimanche. Peu de monde en semaine, mais fait le plein en fin de semaine, assez tard.

Kukaramakara (plan C3, **36**) : av. Francia, 7, presque à l'angle de Beller. ☎ 809-241-3143. Pour faire le pendant au *Montezuma,* dont il est le voisin, ce restaurant (voir plus haut) est aussi un bar, style western.

Francifol (plan B3, **41**) : calle del Sol, entre Monción et Lopez. En face du centro cultural. Tlj 18h30-minuit (min 3h ven-sam). Un bar dansant (en fin de semaine), fréquenté par les jeunes urbains. L'endroit est connu. Il a su garder sa taille humaine, sans tomber dans la sophistication post-moderne.

Tasca (plan D2, **42**) : av. del Llano, près de l'angle avec 27 de Febrero. Derrière le supermercado Central. Tlj 17h-minuit. Un des petits bars les plus populaires du circuit étudiant, où des groupes musicaux se produisent de temps en temps. Bonne atmosphère et excellente musique rock, mâtinée de pop latino recherchée. Prix des consos tout à fait modéré.

À voir. À faire

Visite de fabriques de cigares

Pour ces visites, il peut être intéressant de lire ou de relire la rubrique « Cigares » dans le chapitre « Hommes, culture, environnement » en début d'ouvrage, afin de mieux comprendre ce que vous allez voir.

🍴🍴 ***Visite de la fabrique Zemis Cigars*** *(hors plan par D1)* **:** *hacienda Cibao Viejo, près de Villa Gonzalez, autopista Santiago-Puerto Plata. Nécessité d'être véhiculé ; compter 20 mn depuis le centre. Visite sur rdv : ☎ 829-385-3237 ou • zemiscigars@hotmail.com • Lun-ven avt 15h30. GRATUIT.* Sylvain Bischoff, âgé d'une trentaine d'années, a un parcours peu banal : docteur en philosophie, anthropologue d'une grande érudition (spécialiste des Taïnos) et passionné de cigares, qu'il a approchés par ces derniers qui, il ne faut pas l'oublier, sont en fait les « inventeurs » du tabac. Avec les explications avisées de Sylvain, en français bien sûr, on apprend tout de la culture du tabac et de la fabrication des cigares. Vous pourrez également découvrir les autres cultures de l'hacienda, plantations et jardin tropical-pépinière de reproduction de fleurs, arbres, arbres fruitiers et plantes tropicales endémiques de l'île.

🍴🍴 ***Visite de la fabrique Intercigar*** *(hors plan par D2)* **:** *Zona Franca Industrial La Palama à Tamboril. GRATUIT (en sem sur rdv au ☎ 809-570-9368). • intercigar.com •* Damien Bischoff vous ouvre les portes de cette grosse manufacture de cigares située dans la zone franche, qui emploie plus de 100 personnes. Visite (en français) des ateliers de production, de séchage, d'assemblage... et bien sûr de la boutique ! On pourra s'offrir quelques barreaux de chaise à prix très intéressant. Les cigares proposés sous la marque maison sont fort bien réalisés.

🍴 ***Visite de la fabrique de cigares La Aurora*** *(hors plan par D2)* **:** *av. 27 de Febrero, 146. ☎ 809-226-8412. À l'est du centre-ville ; 1,5 km après le croisement d'Estrella Sadhala. Fabrique et boutique ouv lun-ven 8h-17h. GRATUIT. Pas de résa nécessaire. Visite guidée dans ttes les langues (20-25 mn).*
L'ancienne fabrique La Aurora a déménagé dans la banlieue de Santiago. Le bâtiment que l'on voit ici est une réplique de l'atelier *Aurora* de 1913, et la petite salle où œuvrent les *torcedores* (rouleurs) n'est là que pour les touristes. Cela n'a rien de grave, mais autant le savoir. La Aurora fabrique des cigares sous deux marques : *La Aurora* (16 modules dont 3 en éditions limitées) et *León Jimenes* (12 modules). Les premiers sont plus forts, mais on trouve leur réputation largement surestimée. Les Jimenes ne sont pas non plus folichons, mais moins âpres (guère plus de saveurs en revanche). On peut prendre des photos et même fumer pendant la visite ! Explications intéressantes où l'on voit quelques *torcedores* opérer. De 8h à 8h30, un employé lit la presse à haute voix pour les ouvriers, une tradition qui se pratique aussi à Cuba (mais ici, c'est vraiment pour le folklore). À la boutique, certains modules sont vendus par boîtes de cinq, mais jamais à l'unité. Sachez enfin qu'ils ne sont pas moins chers qu'au supermarché (mais moins tout de même que dans les civettes du reste de l'île).
– ***Exposition sur la famille Jimenes :*** ne manquez pas, à l'étage de la fabrique, l'intéressante exposition sur la grande famille Jimenes. Elle se visite aux mêmes jours et heures que le centre culturel León (voir plus loin), c'est-à-dire même quand la fabrique Aurora est fermée. Elle est consacrée à l'histoire de la famille Jimenes, depuis les arrière-grands-parents, cultivateurs de tabac dans la plaine du Cibao et fondateurs de la dynastie, jusqu'aux actuels dirigeants de la société *Jimenes*. En quatre générations, les planteurs sont devenus les chefs d'un empire industriel et commercial qui a fait sa fortune dans le tabac en se diversifiant dans d'autres activités : brasseries (bières Presidente, Bohemia et même Heineken), commerce, banque. Rien que dans le tabac, l'entreprise emploie environ 4 000 personnes. C'est cette saga qui est reconstituée avec de nombreux documents d'époque.

Musée

Centro León *(centre culturel Eduardo-León-Jimenes ; hors plan par D2)* **:** *av. 27 de Febrero, 146. ☎ 809-582-2315. • centroleon.org.do • Tlj sf lun 10h-17h ; médiathèque mar-sam 10h-17h. Entrée : 100 RD$; possibilité de visite guidée en français (sur résa).*
Ce bâtiment d'architecture résolument moderne abrite un musée, une médiathèque, des salles d'expo et de conférence, une cafétéria et une boutique. Consacré à la culture et à l'histoire de la République dominicaine, le musée est situé dans l'enceinte même de la fabrique de cigares Jimenes, près d'un grand parking. Voilà sans aucun doute le plus beau musée privé de la République dominicaine.
– *Au rez-de-chaussée :* salles sur l'histoire et les traditions dominicaines (préhistoire, anthropologie). Muséographie remarquable présentant l'histoire de la République dominicaine des origines à nos jours. Quelques thèmes abordés : la richesse naturelle sous-marine, la vie des Indiens taïnos (reconstitution d'habitat, rites funéraires...). Belles vitrines de poteries et d'objets et pierres sculptés utilisés soit dans le quotidien, soit lors de rituels religieux (haches, récipients, figures de divinités, symboles...). Quelques objets issus des épaves de galions espagnols. Plus loin, on plonge dans l'époque récente avec un regard jeté sur l'évolution de la vie dans le pays au cours du XXe s : vitrines d'objets usuels modernes, voire très contemporains, photos du XIXe s. Intéressant aussi pour les enfants, car la scénographie est assez ludique. Dommage que les textes ne soient qu'en espagnol.
– *Salle Maria Oseneia de León :* grande salle au fond du rez-de-chaussée, qui présente d'excellentes œuvres contemporaines (peinture et sculpture), exposées par roulement.
– *Au 1er étage :* très belle exposition d'arts visuels composée des œuvres primées aux concours d'art Eduardo León Jimenes. Le concours existe depuis les années 1960 et a lieu tous les 2 ans. On a rassemblé ici tout le gotha des artistes dominicains contemporains. Quelques peintures d'artistes classiques de la fin du XIXe s, puis collection très actuelle de sculptures, installations et photographies. Vaut vraiment le détour.

Visite du centre de Santiago

Parque Duarte *(plan B3)* **:** autour du kiosque à musique, dans l'ombre fraîche de ses grands arbres, voici le cœur battant de la ville et un lieu délicieux pour se reposer. Bordé par d'intéressants édifices, notamment au long de la rue où donne l'entrée de la cathédrale. Magnifiques immeubles du XIXe s aux élégantes façades. L'une d'entre elles présente un décor mauresco-tarabiscoté et une ravissante galerie à colonnettes. Noter les deux Indiens qui soutiennent l'auvent.

Catedral de Santiago Apóstol *(plan B3)* **:** *parque Duarte.* Reconstruite en 1868, à partir des ruines de l'ancienne cathédrale (victime d'un tremblement de terre en 1842). L'architecte l'a réédifiée en style gothico-néoclassique (version pâtisserie), ce qui permet de préserver le caractère et le charme colonial du quartier. Architecture cependant assez massive, parée contre tout type de séisme ! Si elle est ouverte (rarement le cas), à l'intérieur, vous verrez un long vaisseau voûté en berceau et une série de coupoles dans les bas-côtés. Arches de la nef en brique nue.

Toujours sur la place, le ***palacio Consistorial*** *(plan B3)* de 1895, ancien hôtel de ville. Galerie à grande colonnade. Abrite un minuscule musée de la Ville (pas grand-chose à voir). Toujours au niveau du parque Duarte, côté calle del Sol, s'élève le bâtiment de la ***Gobernación provincial*** *(plan B3),* gros édifice de style mussolinien. Au milieu de tout ça, quelques vénérables maisons de bois qui subsistent par miracle.

Hotel Mercedes *(plan B3)* **:** *angle calle 30 de Marzo et Máximo Gómez, à 150 m de la Gobernación provincial.* Quelle est cette grande bâtisse abandonnée, à la façade décrépite et aux couleurs délavées ? Une splendeur déchue en attente d'un repreneur ! Dans les années 1950-1960, ce fut le plus beau et le plus cher des hôtels de Santiago. Une brillante société y avait ses habitudes, le dictateur Trujillo y logeait quand il venait à Santiago. Aujourd'hui, au 3e étage, une grande terrasse domine la rue, livrée aux souris et aux courants d'air.

Mercado Modelo *(plan B3)* **:** *calle del Sol, entre España et 30 de Marzo. Tlj 8h-18h (dim, beaucoup moins de boutiques ouv).* C'est un marché couvert où l'on trouve des vendeurs de tout et de rien (fringues, breloques, bibelots... que de l'indispensable !), mais aussi des bijoux en argent et ambre, et de l'artisanat de pacotille. Ambiance bourdonnante et populaire pour qui prend son temps. À découvrir au fil de la promenade, sans oublier les ruelles alentour bordées de maisons aux couleurs fanées.

Museo folklórico don Tómas Morel *(plan B3)* **:** *Restauración, 174. ☎ 809-847-2374. Lun-ven 9h-13h30, 15h-18h ; sam 9h-12h30. Si le musée est fermé, vous pouvez téléphoner au propriétaire, señor Ruben Jaquez, pour prendre rdv. GRATUIT (mais don bienvenu, et mérité).*
Riche petit musée ethnographique dans une vénérable demeure en bois de 1812, rafistolée de partout. À l'origine, il y a la passion et la volonté de la famille Morel (le père d'abord, puis le fils) de sauver la mémoire d'une ville et d'une région, représentées par leurs traditions populaires, les objets domestiques, l'art populaire en général.
Un remarquable travail de recherche et de collecte que personne n'avait pensé à faire jusqu'à présent. Résultat : cet adorable capharnaüm, un musée qui ne reçoit qu'une misérable subvention de la part de la municipalité. Les modestes dons des visiteurs ne peuvent, bien entendu, nullement couvrir les frais d'entretien, et le sympathique directeur en est réduit au bricolage de génie pour continuer son œuvre.
Aussi, venez nombreux admirer sa superbe collection de masques de carnaval (plus de 1 000 collectés depuis 1952, certains assez incroyables, ceux qui sont exposés ont remporté les premiers prix des carnavals de Santiago et de la région), figures monstrueuses ou diaboliques en papier mâché (composées de boutons, de cigarettes, de cure-dents...), quelques objets taïnos, reconstitution d'une petite cuisine, évocation de l'histoire du *ron* et du tabac. Bric-à-brac d'objets insolites, peintures, dessins, vases espagnols, vestiges, etc. Une plongée indispensable dans la culture populaire, si l'on veut mieux connaître l'âme du Cibao !

➢ ***Balade dans le centre ancien :*** quadrillé et régulier comme dans les villes coloniales espagnoles, mais à l'évidence tremblements de terre, incendies et guerres civiles ont laissé peu de témoignages de la première période coloniale. En revanche, le style dominant est le XIXe s, présent dans ses nombreuses variantes. Des édifices contemporains et des magasins rutilants cohabitent avec de vieilles boutiques patinées par le temps, de belles villas victoriennes ou de modestes maisons délabrées en bois. C'est un ensemble hétéroclite, vivant et bourdonnant de vie. De nombreuses familles y habitent, et la sève populaire n'a pas quitté le cœur de Santiago.
Dans les rues perpendiculaires à la calle del Sol, vous découvrirez de vieilles maisons en bois, certaines en pitoyable état, d'autres amoureusement entretenues (en particulier sur Duarte, España, San Luis...). À l'angle de calle del Sol et Pedro M. Hungria, petit marché populaire *(mercado Yaque ; plan A3).* Plus haut, grosse animation autour du *parque Valerio.* Dans un des coins, un vieux théâtre.
➢ À quelques blocs, au nord de l'avenida 27 de Febrero, la calle 7 de Septiembre *(plan B2).* À l'ouest de celle-ci s'étend le ***Pueblo Nuevo,*** quartier relativement récent mais populaire, tranquille et plein d'une vie simple et joyeuse. On sent ici toute la solidarité de voisinage. Rien de spécial à voir, juste une atmosphère à humer, et une bonne adresse pour manger (voir plus haut *La Bahia,* rubrique « Où manger ? »). On vous regarde avec curiosité, mais toujours avec bienveillance.

À l'est de la calle 7 de Septiembre, vos pas vous mèneront au *cementerio municipal (plan B2).* Au bord de l'allée centrale, vous retrouverez les traditionnels gros tombeaux ou mausolées baroques et grandiloquents de la bourgeoisie locale, vitrine et prolongement dans la mort de son haut standing de vie.

Museo masónico *(plan B3)* **:** *angle Mella et Restauración (entrée sur Mella). En principe, lun-ven 9h-13h, 15h-17h30. GRATUIT (don bienvenu).*
Dans une grande demeure aristocratique bleu ciel datant du début du XXe s. À l'extérieur, on notera l'inscription « Gethsemani n° 2 », le nom d'une loge importante dans l'histoire de la confrérie. Pour ceux et celles qui disposent d'un peu de temps et qui s'intéressent à la franc-maçonnerie (pépinière de grands hommes politiques dans les Caraïbes comme ailleurs). À considérer comme un vaste « cabinet de curiosités », pendant politique du Museo folklórico.
Une seule grande salle où s'agglutine un pêle-mêle de souvenirs : photos anciennes, portraits de dignitaires, insignes, bannières, monnaies, objets de toutes sortes...

LA TRINITARIA VAINCRA

Un des pères fondateurs de l'indépendance dominicaine, le patriote Juan Pablo Duarte, avait vécu en Angleterre et en France, d'où il rapporta ses idées libertaires. De retour en 1833 à Saint-Domingue, occupée alors par les Haïtiens, il fonda la société secrète La Trinitaria en 1838. Cette organisation politique de type maçonnique accueillit tous les patriotes désireux de se battre pour l'indépendance. Ils finirent par triompher.

Fortaleza San Luis *(plan B3-4)* **:** *calle San Luis et R. Scauts. Lun-ven 9h-18h. GRATUIT.* Comme beaucoup de forteresses militaires, celle-ci est construite sur un piton stratégique, sorte de nid d'aigle escarpé qui domine la rivière Yaque del Norte. Bâtie en 1674, elle représenta le pouvoir colonial espagnol et fut le théâtre de nombreux combats durant la période de lutte pour l'indépendance. Son aspect extérieur est plutôt de style XIXe s. Elle abrite un petit musée *(museo cultural ; tlj 9h-18h)* situé à droite dans la cour après l'entrée. Dans la cour, l'ancienne prison (1905) sert aujourd'hui d'école de peinture. On peut y voir aussi l'endroit où furent exécutés des prisonniers haïtiens (impacts des balles dans le mur).

Monumento a los heroes de la Restauración *(plan C3)* **:** *parque Monumento. En théorie, tlj sf lun 9h-17h30. Entrée 60 RD$.*
Tout en marbre blanc, haut de 67 m, terminé par une haute colonne, ce monument se dresse sur une colline au cœur de la ville, tel un emblème de son histoire et du destin de la République. Éclairé la nuit, il est beaucoup plus léger et élégant que de jour. Édifié en 1940 par Trujillo, il s'appelait au début le « monument à la Paix de Trujillo ». En réalité, il est dédié aux dirigeants de la guerre de Restauration contre le pouvoir espagnol (1860-1864), qui marqua la dernière étape de l'indépendance du pays.
Le monument comporte cinq niveaux dont trois sont consacrés à la guerre de Restauration. Au 1er niveau, vitrines et peintures murales montrant les trois « Pères de la Patrie » : Duarte (1813-1876), Rosario Sánchez (1817-1861) et Mella (1816-1864). Les restes de ces trois héros ne sont pas ici mais à Santo Domingo, dans le monument *Altar de la Patria.* Le 5e niveau consiste en une terrasse panoramique *(mirador santiaguero)*, d'où l'on a une vue splendide sur la ville et la région.

LA CÔTE NORD

De Santiago à Montecristi, on peut emprunter la route principale et effectuer rapidement les 125 km qui séparent les deux villes. On longe alors champs de maïs et de tabac, avant d'aborder au fur à mesure des paysages de plus en plus secs, plantés de cactus et d'épineux. Route peu intéressante. Si vous êtes en voiture et pas pressé, prenez donc le chemin des écoliers, en empruntant la route 18 puis la 20, légèrement plus au sud que la *carretera* Duarte. On traverse alors des villages de plaine aux maisons pimpantes, aux ruelles en terre, des petites villes agréables et de paisibles paysages. Prenez le temps de parcourir cette route tranquillement, de faire halte, et de rencontrer une population enjouée et communicative.

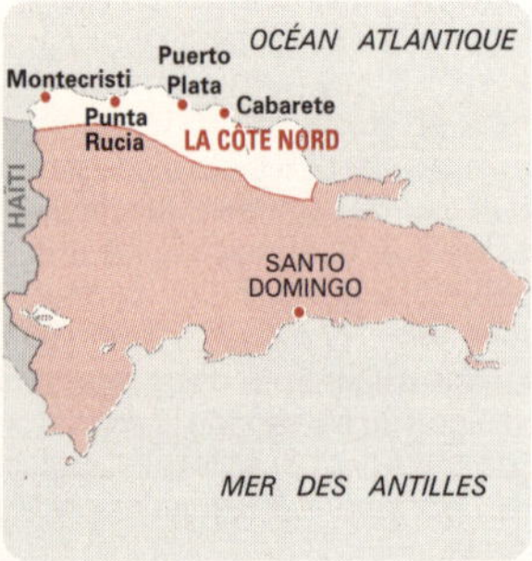

On arrive enfin à Montecristi, une bourgade tranquille et attachante. C'est de là qu'on peut organiser en une journée un petit circuit dans les environs. Puis de Montecristi à la péninsule de Samaná, sur 400 km, c'est une succession quasi ininterrompue de plages superbes, de *resorts* luxueux, saupoudrée, de-ci, de-là, de petites plongées dans l'histoire.

MONTECRISTI

26 000 hab.

Petite bourgade qui semble avoir été oubliée des circuits touristiques. Elle fut fondée en 1533, puis repeuplée vers 1750 par 60 familles qui venaient des Canaries. Ville où résida longtemps Máximo Gómez, grand combattant de l'indépendance de Cuba. José Martí y séjourna aussi pour préparer sa révolution. Port actif durant la seconde moitié du XIXe s, lorsque y transitaient bois précieux et production agricole. Aujourd'hui, la récolte du sel est la principale activité, même si elle est largement sur le déclin. Quelques marais salants sur la pointe de la baie, vers le parc d'El Morro. C'est le refuge de flamants roses où l'on peut se balader à pied, en bord de mer.
Sinon la ville, du genre plutôt horizontal et un peu tristounette, abrite encore un pittoresque quartier de pêcheurs où il fait bon flâner. C'est vrai qu'il y fait beau presque toute l'année. À noter toutefois, on est en bord de mer mais la plage n'en est pas vraiment une. Peu de langues de sable où étendre sa serviette à Montecristi. Il faut s'éloigner un peu sur le littoral voire au large pour profiter de belles plages de sable aux eaux limpides.

Sur le plan culinaire, on trouve dans la région beaucoup de *chivos* (cabris). Les terres étant assez sèches, les cabris se plaisent bien ici. De fait, la viande de cabri est réputée jusque dans la capitale pour son goût particulier, donné par l'origan qui pousse naturellement dans le secteur, et que lesdits cabris adorent.

Arriver – Quitter

En bus

🚌 ***Terminal Caribe Tours :*** *dans le centre, angle Mella et Rodriguez Camargo. ☎ 809-579-2129.*

➢ ***Santiago, La Vega et Santo Domingo :*** 6 bus/j., 6h45-15h15.

➢ ***Dajabón :*** même fréquence, 6h30-15h45.

➢ Liaisons également en *guagua* (le long de la calle Mella) ; départs env ttes les 30 mn.

Adresses utiles

■ ***BanReservas :*** *av. Duarte, 38. Lun-ven 8h-17h, sam 9h-13h.* Fait le change des dollars et euros. Distributeur à l'extérieur, accessible 24h/24. Sinon, ***bureau de change*** à côté du terminal de bus *Caribe Tours* : *lun-sam 8h-18h, dim 9h-12h.*

■ @ ***Codetel/Claro :*** *sur la terrasse du Chic Hotel, calle Benito Monción, 66.* Appels internationaux et accès Internet.

■ ***Farmacia Pueblo :*** *angle Duarte et Moncíon. ☎ 809-579-2394. Lun-sam 8h-19h, dim 8h-14h.*

Où dormir ? Où manger ?

De bon marché à prix moyens

🏠 ***Hotel Don Gaspar :*** *calle Presidente Jiménez, 21, angle Rodriguez Camargo. ☎ 809-579-2477. Chambres avec ventilo ou AC env 600-900 RD$.* Petit hôtel dans une rue calme (mais attention, comme tous les établissements du centre, très bruyant en fin de semaine). Chambres simples, propres, avec salle de bains (eau chaude). Restaurant honnête au rez-de-chaussée.

🍴 ***Coco Mar :*** *playa Juan de Bolaños. ☎ 809-579-3354. Tlj 8h-22h. Spécialités de poisson et fruits de mer env 300-500 RD$. CB acceptées.* Un resto à la déco forcément très marine, où l'on sert notamment un très bon *chofán de mariscos* ou du poisson frais, sur l'une des 2 belles terrasses en bord de mer. Plateau de fruits de mer également, ultra copieux. Très fréquenté par les familles dominicaines le week-end. En fin de journée, la petite plage dégage une atmosphère sereine fort appréciable. Tant mieux car le service est parfois longuet.

De plus chic à très chic

🏠 ***Apart-hotel Cayo Arena :*** *playa Juan de Bolaños. ☎ 809-579-3145. • cayoarena.com • À 1,5 km du centre-ville, en bord de mer. Familiale (4 pers) à partir de 82 US$ en sem, 99 US$ le w-e. Parking intérieur.* Petit immeuble résidentiel, mi-location, mi-propriété, comme ça se présente souvent. Appartements très confortables de 2 chambres avec coin cuisine, salon-salle à manger et balcon. Petite piscine. Désert pendant la semaine, mais assez animé le week-end quand les familles dominicaines débarquent.

🏠 🍴 ***El Morro Eco Adventure Hotel :*** *calle El Morro ; à la pointe de la péninsule. ☎ 849-886-1605 et 1620. • elmorro.com.do • À partir de 145 € la nuit pour 2 pers. Parking privé.* 📶 Un très joli petit complexe de luxe, idéalement situé face à la mer. Seulement 12 chambres vastes et tout confort :

écran plat, salle de bains nickel, jolis tons clairs mêlés au bois sombre. Elles sont réparties dans 6 bâtiments qui entourent le *gazebo,* vaste « hutte » où il fait bon se détendre en soirée. Petite piscine et accès privé à la plage, aire de jeux pour les enfants, spa et petite salle de gym. Également un resto de cuisine dominicaine assez raffiné *(tlj 11h-23h),* un snack avec plats du jour ou pizzas au feu de bois et un bar qui distille de savoureux cocktails. Diverses activités sur place : kayak, VTT, snorkelling, balade en bateau, etc. Bref, de quoi passer un superbe séjour.

Où boire un verre ? Où sortir ?

🍷 ♫ ***Calle 8 :*** *angle Duarte et Colón. Ouv jusqu'à minuit en sem, 2h le w-e.* Grande terrasse complètement ouverte sur la rue. Énorme sono sous grillage qui hurle une musique dominicaine. En fin de semaine, impossible de dormir à 200 m à la ronde ! Ambiance populaire vraiment sympa pour tympans pas trop sensibles.

À voir. À faire à Montecristi et dans les environs proches

En lisière du quartier des pêcheurs, le ***parque Reloj,*** à l'angle de San Fernando, bordé par sa massive église de style colonialo-gothique. Au centre de la place, une curieuse horloge à quatre faces, montée sur une structure métallique évoquant la tour Eiffel, qui fut achetée en 1895 à la ville française de Saint-Germain. À l'angle de Duarte et F. Garcia, la ***villa de Doña Emilia Jiménez,*** élégante vieille demeure.

Casa-museo de Máximo Gómez : *dans le centre ; Mella, 29, à l'angle de la calle Presidente Vasquez, parallèle à Duarte.* ☎ *809-579-2474.* ***Attention :*** *fermé pour travaux de rénovation, réouverture prévue courant 2016. En principe, ouv lun-ven 9h-12h, 14h-17h ; sam en continu et dim mat slt.* La demeure du grand libérateur a été transformée en musée. Une maison toute simple, mais qu'on sent chargée d'histoire, presque habitée encore. C'est ici que fut signé l'accord de coopération entre José Martí (le père de l'indépendance cubaine) et Máximo Gómez (le « Napoléon des guérillas », il ne perdit jamais une bataille), pour délivrer Cuba du joug espagnol. Les 27 volumes des œuvres complètes de José Martí nous permettent de mesurer qu'il fut aussi un immense écrivain. Le musée abrite notamment une petite écritoire sur laquelle fut signé l'accord, des portraits de famille, reproductions de lettres et autres documents, etc. Dans le jardin, statues des deux héros.

Parque nacional Monte Cristi : *depuis le village, se diriger vers la plage de Bolaños, puis prendre à droite le long de la mer et poursuivre sur 4 km.* On le visite pour gravir le célèbre ***El Morro,*** un gros promontoire rocheux dont on peut atteindre le sommet en longeant un escalier en ruine de 595 marches ! Tout le long, une espèce de parcours botanique (en piteux état lui aussi) a été organisée, avec les noms de quelques plantes de la région (*palo del rey, sangre de toro,* bois bandé...). Attention, le terrain est glissant, et la végétation peut gêner votre progression. Au sommet, panorama extra sur la région, l'îlot de Cabrita, les marais salants, le phare et toute la baie de Montecristi. Par temps clair, on peut voir les îlots des Siete Hermanos. Une fois redescendu (ou bien si vous ne pouvez pas escalader El Morro), vous pourrez emprunter un autre petit chemin situé à gauche de la *Casa del parque,* qui mène vers *El Morrito* (le petit Morro). Au sommet de la falaise, là aussi, très belle vue. Et puis, de retour vers la *Casa del parque,* on peut prendre l'espèce de piste qui mène en 200 m, derrière le rocher, à la jolie ***playa detras del Morro,*** parfois caillouteuse, parfois sableuse, suivant l'humeur de l'océan, assez sauvage et même agitée à certaines périodes.

Ça ressemble à Étretat (en Normandie) avec 20 °C de plus dans l'eau et dans l'air. On peut, bien sûr, s'y baigner.

➢ ***Isla Cabrita :*** *excursion avec les pêcheurs locaux sur la plage. Compter 1 500-4 000 RD$ la loc du bateau selon type d'excursion.* Possibilité de faire une agréable balade d'une journée en bateau dans la mangrove locale ou vers l'îlot situé au pied d'El Morro. Plongée sur des récifs, et pique-nique sur l'îlot de Cabrita, avec ses belles plages. Penser aussi à prendre de quoi vous protéger des moustiques...

➢ ***Cayos Siete Hermanos :*** *pour s'y rendre, demander aux pêcheurs locaux et négocier un prix. Compter 9 000 RD$ pour un bateau jusqu'à 10-12 pers, à partager avec d'autres touristes.* Ce sont sept petites îles au large de la baie. À découvrir en bateau, tôt le matin. Oiseaux, parfois tortues de mer, petites plages désertes. Possibilité de baignade et de snorkelling.

Playa Estero Balsa *(hors plan par A1)* **:** *à la sortie de Montecristi en allant vers la route Dajabón-Montecristi, accès par une route en terre. Le chemin longe une jolie mangrove sur 2 km.* Le petit port de pêche endormi abrite encore quelques barques colorées et baraques où s'offrir un poisson frais ou un plat de fruits de mer. La plage, très agréable et souvent déserte, est très belle.

PUNTA RUCIA (RUSIA)

200 hab.

Au cœur d'une végétation de garrigue sèche – il pleut très peu dans la région –, ce petit port de pêche paisible est connu surtout des Dominicains. Punta Rucia se révèle au-delà de nos attentes : baraques en bois de guingois, quelques-unes sur pilotis, s'étirant au long d'une baie magnifique sur fond de montagnes, barques colorées se balançant langoureusement sur l'eau. Un rythme de vie indolent, des habitants joyeux et aimables, qui cultivent une certaine philosophie de vie, de gentils enfants pêcheurs qui exhibent leurs prises et un sommeil juste interrompu par le chant du coq... Un petit coin de paradis, tout simplement, avec en plus un soleil garanti 330 jours sur l'année. En revanche, le dimanche, ça s'anime : les familles du coin affluent en masse. La plage devant le village est jolie, sans être la plus majestueuse du coin. On peut certainement s'y baigner, mais la vraie plage d'exception est située 2 km plus loin, vers l'est, et répond au nom de *La Ensenada.* Admirable.

Non loin de là, le *parque nacional de los Manaties,* à Estero Hondo, abrite une colonie de lamantins.

– ***Attention :*** ni banque ni distributeur au village.

➢ ***En voiture de Montecristi ou Santiago :*** prendre la route bitumée au départ de Cruce de Guayacanes sur l'autoroute 1, puis passer par Los Hidalgos et Estero Hondo. Compter 1h30 à partir de l'embranchement et env 40 km.

Où dormir ? Où manger ?

Bon marché

Casa Libre – chez Marco et Guertie : *avt l'entrée du village en venant d'Estero Hondo, prendre le chemin qui grimpe sur la droite (fléché).* ☎ *809-834-5992.* *809-693-5010. Compter 1 300 RD$ le bungalow pour 2, petit déj sur la terrasse inclus.* Au sommet d'une colline, dans un jardin tropical escarpé avec accès direct à la mer. Marco et Guertie, un couple franco-allemand néo-baba, vivent ici comme Robinson depuis plus de

20 ans. Pour partager leur petit coin de paradis, ils ont aménagé 3 bungalows colorés en bois et toit de palme (pour 2 personnes), en pleine nature et à flanc de falaise. Rustiques mais confortables et nickel, avec une vue fantastique depuis la terrasse ! Un autre bungalow sert de sanitaires avec eau tiède (le soir, quand elle a été chauffée par le soleil). Pour compléter le tableau, leur table d'hôtes est aussi fameuse. Et diverses activités sont proposées pour découvrir les sites des environs. Une adresse très routarde, mais au charme indéniable.

🍴 Les ***gargotes du village*** proposent toutes sortes de poissons et, bien sûr, de la langouste. Autre solution pour le midi, aller manger du poisson grillé ou une salade de crevettes, poulpe ou lambi sur la jolie ***playa La Ensenada.*** Choisir parmi les dizaines de gargotes alignées le long de la plage où les femmes des pêcheurs vous grillent la pêche du matin.

Prix moyens

🏠 🍴 ***Villa Rosa :*** *au cœur du village, face à la plage. ☎ 849-623-5700. • lavilla-rosa.com • Double env 1 800 RD$; petit déj copieux en sus. Table d'hôtes sur résa à partir de 450 RD$ (900 RD$ avec langouste).* 💻 📶 Une excellente adresse que cette *guesthouse* tenue par Valéry et Arnaud (un Béarnais, ancien rugbyman), un charmant couple de Français tombés amoureux du village, et installés ici avec leurs 3 enfants. Ils ont arrangé l'endroit avec amour et beaucoup de goût et fait construire à l'arrière un large bungalow dans le jardin luxuriant, avec 3 chambres plaisantes et ventilées, avec meubles en bambou, pouvant accueillir de 2 à 4 personnes. Prévoir toutefois un bon répulsif anti-moustiques. Micro-piscine et BBQ. En plus, une maison individuelle avec vue sur mer, sur les hauteurs pour 2-3 personnes. Terrasse face à la mer propice à la détente et aux dîners concoctés par Arnaud, mêlant les produits locaux à la cuisine du Sud-Ouest (ah ! le filet mignon fumé dans son fumoir) et dont il commercialise dans la région quelques produits maison : pâtés, saucisses, fromage de tête, rhum arrangé et même du reblochon ! En prime, nombreuses possibilités d'excursions et activités proposées, notamment des sorties en catamaran, du canoë, du *paddle-up,* du snorkelling au cayo Arena et une visite du parc des lamantins. Possibilité de prise en charge dès l'aéroport de Puerto Plata. Bref, un vrai coup de cœur !

🍴 ***Resto Damaris :*** *guinguette située dans le village à gauche en venant d'Estero Hondo. ☎ 829-280-8697. Plat env 400 RD$.* Une valeur sûre pour le déjeuner. Sous une entrée aux piliers verts, décoré d'objets marins comme cette énorme corde d'amarrage, on se régale de délicieux *pargos* (sorte de daurade).

Très chic

🏠 🍴 ***Punta Rucia Lodge :*** *au bout de la partie est du village. ☎ 849-858-8400. • puntarucialodge.com • Tarifs variables en fonction de la saison et du taux d'occupation ; en moyenne compter 250-350 US$/j. pour 2 en ½ pens.* 📶 Derrière un grand mur... un petit coin du paradis terrestre. Jean-François, un Lyonnais, a réalisé son rêve en faisant construire ce lodge idyllique en face de la baie aux splendides couchers de soleil. L'hébergement se fait dans une petite quinzaine de luxueux farés à la polynésienne (capacité 2 à 6 personnes), parfaitement intégrés dans la végétation tropicale et quasiment insoupçonnables depuis la mer. De capacité et de prix différents selon leur proximité avec le rivage, ils sont tous décorés avec un goût exquis dans des coloris aux nuances marines. Équipement ultra-complet sous la paille des toits, lits *king size,* petite terrasse individuelle et respect des normes écologiques. Restaurant à la cuisine raffinée d'inspiration française le soir, salades et tapas à midi au bord de la piscine à débordement face à la mer où un ponton terminé par un petit abri s'avance vers le large. Massages et salle de muscu.

DANS LES ENVIRONS DE PUNTA RUCIA

Playa La Ensenada : *à env 2 km du village.* Vraiment la plus belle plage du coin. Jolie baie au sable fin et aux eaux turquoise, bordée surtout d'*uvas de playa* (ombre garantie). Curieusement, très peu de cocotiers. Quelques barques et puis c'est tout. En semaine, peu de monde. En revanche, le week-end (surtout le dimanche), on afflue en famille. Chaque voiture distille son *merengue* en ne lésinant pas sur les décibels. Atmosphère assurée. Possibilité de grignoter poisson, langouste et poulpe grillés, dans les sympathiques petits *comedores* au bord de la plage.

➢ **Cayo Arena :** *sur place, à partir de 35 US$ pour 2-4 pers, à env 30 mn en lancha rapide. Par agence, env 130-155 US$/j. (!) incluant un lunch avec langouste, boissons, matériel de snorkelling, animation, etc.* On peut rester quelques heures sur ce *cayo,* un banc de sable perdu au milieu des eaux cristallines, où quelques petites cabanes permettent de s'abriter du soleil. Les eaux sont propices à la plongée avec masque et tuba en longeant la barrière de corail, riche de milliers de poissons tropicaux, avec pour finir balade et bain dans la mangrove qui borde la côte. L'idéal, c'est d'y aller le plus tôt possible dans la matinée avant l'arrivée des groupes venus des *resorts* de Puerto Plata. Les agences proposent cette excursion sous le nom d'*Isla Paraiso Tours,* ayant rebaptisé le *cayo* « Paradise Island ». Pourtant quand il y a foule, le cayo Arena ne ressemble plus du tout au paradis...

➢ **Balade dans le parque nacional de los Manaties :** *à 6 km du village, sur la route d'Estero Hondo (2 km après La Ensenada, prendre le chemin à gauche au panneau vert « Refugios de manaties » et continuer la piste sur 2 km).* Vaste parc protégé où vivent une quarantaine de *manaties,* à savoir des... lamantins ! On peut se balader sur des petits sentiers en bordure de canaux à la recherche du très discret animal. Vous aurez peut-être la chance de voir passer une ombre furtive, mais n'espérez pas plus (ils ne sautent pas hors de l'eau !). Sur réservation, les gardes du parc pourront vous faire faire un ***tour en barque*** *(compter 25 US$/pers).* Sinon, s'adresser à Arnaud et Valéry, de la *Villa Rosa* (voir plus haut « Où dormir ? Où manger ? »), qui peuvent vous organiser une visite guidée.

LE CHANT DES SIRÈNES

Les lamantins sont liés aux légendes des sirènes pour leur morphologie (la queue et les membres antérieurs) et leur chant évoquant une sorte de lamentation... d'où le nom de l'animal. De plus, lorsque la femelle lamantin allaite, ses glandes mammaires s'hypertrophient, ce qui a pu faire fantasmer les marins sur la poitrine des sirènes légendaires. À moins que ce ne soit l'abus de rhum !

RUINAS DE LA ISABELA

Ruinas de La Isabela, appelé aussi *El Castillo,* est aussi un parc national en bord de mer. À ne pas confondre avec le village de Villa Isabela, qui, lui, est situé un peu à l'intérieur des terres. Ce fut la première ville des Amériques et c'est aujourd'hui un petit village tranquille. Lors du 2e voyage de Colomb en 1493, quelque 17 bateaux débarquèrent 1 500 hommes, dont les fameux 30 chevaliers à l'origine de la fondation de Santiago. Baptisée La Isabela en l'honneur de la reine Isabelle la Catholique, ce fut, le 24 avril 1494, la première cité du Nouveau Monde bâtie par les Européens. On y trouvait des fortifications militaires, des bâtiments civils abritant les premières administrations

coloniales et des habitations. De ces dernières, construites en général en bois, il ne reste rien. Décimés par la fièvre et les difficultés d'approvisionnement, les survivants des 1 500 colons arrivés avec Colomb abandonnèrent le coin et se replièrent, cinq ans plus tard, vers un site plus hospitalier : La Nueva Isabela, qui allait devenir Santo Domingo. Seuls quelques vestiges des édifices construits en dur subsistent.
Oublié des circuits touristiques, le parc d'El Castillo constitue une halte agréable pour profiter des plages désertes aux eaux limpides, de son rythme de vie nonchalant et d'un site mythique oublié. La quiétude de ce lieu est cependant menacée par le projet de *Puerto Colón,* avec sa marina, son golf et son immense *resort* de bungalows luxueux... À suivre.

Comment y aller ?

➢ ***De Punta Rucia :*** le plus simple est de prendre la route de Puerto Plata en passant successivement par Estero Hondo, Los Hidalgos et Imbert, puis revenir vers la côte par Luperón. La route est longue ! Compter env 60 km jusqu'à Imbert, puis encore 50 km jusqu'à Ruinas de La Isabela, soit un trajet de 2h30. Il existe une piste qui relie directement Punta Rucia à Ruinas de La Isabela, mais nous la déconseillons fortement car elle passe par deux gués difficilement franchissables, même en 4x4 (et totalement impraticables pendant les périodes de crues).

Où dormir ? Où manger ?

Hostería Rancho del Sol : *au début du chemin en cul-de-sac menant aux ruines du parc archéologique. ☎ 849-250-6430. Double env 1 700 RD$; copieux petit déj en sus (200 RD$).* En bord de mer, au cœur d'un agréable jardin luxuriant avec une belle piscine, cette jolie bâtisse coloniale recèle 8 chambres simples et spacieuses, avec douche et w-c séparés. Difficile de ne pas tomber sous le charme de ce lieu et de sa petite gloriette surplombant la plage où Christophe Colomb posa un jour le pied ! En prime, piscine, petit bar sympathique, belle salle de petit déj à l'étage jouissant d'une vue magnifique, et accueil délicieux de Rosa.

Chez Doña Marlyn : *prendre le chemin à droite de l'hôtel* Rancho del Sol, *puis à gauche et continuer jusqu'à la plage. Ouv midi et soir. Plats env 500 RD$.* Charmant *comedor* en bordure d'une superbe plage. On se régale de poissons, *mariscos* et petites langoustes pêchés du jour par le mari de la douce Marlyn. On choisit en cuisine en bavardant avec les propriétaires, avant de s'installer à la grande table ombragée. Délicieux produits de la mer accompagnés de plats de légumes.

À voir

Templo de Las Americas : *sur une petite colline dominant le site, prendre le chemin à gauche juste avt celui menant aux ruines du parc archéologique. Tlj 6h-18h.* Cette église fut construite en 1991 pour célébrer le 500e anniversaire de la fondation de La Isabela. Grimper dans le clocher pour un ample panorama sur la baie. Sinon, elle présente peu d'intérêt en soi, à part, peut-être, la façade d'inspiration baroque moderne et dépouillée à la fois. À l'intérieur, les vitraux et le chemin de Croix, de facture assez originale, sont dus au peintre Rincón Mora de Cotui. Curieusement, les tableaux sont mélangés et ne suivent pas le cours habituel des stations de la Passion.

Parque nacional histórico La Isabela : *☎ 829-452-6983. Tlj 8h-17h. Entrée : 100 RD$; réduc 5-15 ans.*

LA CÔTE NORD

On visite d'abord le musée, puis les ruines, ce qu'il reste des murs des édifices construits en dur par les premiers colons. Dans le musée, histoire de La Isabela et souvenirs de la colonisation, maquette de la première maison de Christophe Colomb, jarres, mortiers en bois, pièces de monnaie, instruments nautiques, etc. Présentation de la vie des Indiens taïnos lors de l'arrivée des colons (habitat, vêtements, croyances, cultures du tabac, manioc, maïs...).
Dans le parc, en bord de mer, les vestiges de la première ville du Nouveau Monde, réduits aux fondations ou à des alignements de pierres. Après Santo Domingo et La Vega, La Isabela collectionne quelques titres : première église catholique des Amériques dont on peut voir le tracé (le père Boil y dit la première messe, le 6 janvier 1494), premier cimetière chrétien et, avec l'*alhóndiga* (halle aux grains), le premier bâtiment en dur. En revanche, les archéologues sont divisés sur ce qu'ils pensent être la maison de Colomb. En fait, à la vue de ces maigres vestiges, soit vous pourrez vous dire : « Ah, c'est juste ça ! », soit le site vous parlera, car chargé d'histoire et possédant encore un pouvoir d'évocation !

LES BLEUS D'ISABELA

C'est au dictateur Trujillo que l'on doit le début des fouilles archéologiques à La Isabela... En 1952, il ordonna de « nettoyer le site ». Ses instructions furent prises à la lettre et c'est au bulldozer que les vestiges furent balancés à la mer ! Résultat : seules quelques fondations sont restées apparentes.

PUERTO PLATA

165 000 hab.

À 69 km au nord de Santiago et à 215 km de Santo Domingo. « Capitale » de la côte nord (la côte d'Ambre), Puerto Plata, surnommée « la Fiancée de l'Atlantique », est l'un des plus importants ports de commerce du pays. On y embarque une grande partie de la production agricole du Cibao (canne à sucre, rhum, café, cacao, maïs, etc.). Point de départ vers l'est de la grande zone hôtelière où se concentrent les hôtels et *resorts.* Dans les années 1990-2000, Puerto Plata était évité par les touristes : saleté de la ville, prostitution à tous les étages, abandon de la plage aux détritus... Aujourd'hui, d'importants fonds ont été affectés pour redorer le blason du « Port de l'Argent » : *malecón* nettoyé, maisons de bois restaurées et enduites de couleurs pimpantes, un *parque central* qui a retrouvé son animation de village... Bref, on arpente à nouveau avec plaisir le cœur de ville à la recherche des vénérables demeures victoriennes datant d'un XIXe s prospère, et l'on pousse la balade jusqu'au vieux fort qui fait office de figure de proue.
Et puis, comme rien n'est parfait, on découvre aussi quelques incohérences, comme cette hideuse et bruyante centrale électrique, à l'ouest du port. En fait, à Puerto Plata, il y a la ville, dominicaine en diable, au charme certain, et de part et d'autre du rivage, les deux zones hôtelières, *Playa Dorada* et *Costa Dorada,* contiguës à quelques kilomètres à l'est de la ville. Les clients des *resorts* ne s'aventurent que très rarement hors de leurs hôtels, car avec la formule tout inclus, nul besoin de sortir.

UN PEU D'HISTOIRE

Christophe Colomb débarqua sur cette côte le 11 janvier 1493. Les reflets argentés de ses collines lui inspirèrent, dit-on, le nom de *Puerto Plata* (le « Port de

l'Argent »). Concernant la fondation de la ville, certains l'attribuent à Bartolomé (frère de Christophe) en 1496, d'autres à Nicolás de Ovando en 1502. Le père ***Bartolomé de Las Casas*** y fonda un monastère en 1526. Attaque de pirates en 1555. Est-ce cela qui donna l'idée aux habitants qu'il valait mieux coopérer avec eux plutôt que de se faire piller sans cesse ? Est-ce à la suite de la première récession économique qu'ils subissaient (pour cause de désinvestissement de la mère patrie, plus intéressée par l'or mexicain et péruvien) ? Toujours est-il que Puerto Plata s'adonna joyeusement à la contrebande et aux trafics de toutes sortes avec pirates, corsaires et autres flibustiers, et que cela ne plut pas au roi d'Espagne. Il ordonna donc la destruction de la ville en 1606.
Puerto Plata ressuscita cependant de ses cendres en 1746, grâce à des familles en provenance des Canaries. Le port recouvrit progressivement de son importance. En 1870, la ville fut même, dans les périodes politiques troubles de l'époque, capitale du pays pendant quelques mois. En 1916 y débarquèrent les premières troupes d'intervention américaines, et dans les années 1980, les premiers touristes québécois fuyant cette maudite « sloche » et les rigueurs du « barbier » !
Enfants célèbres du pays : trois présidents de la République, *Gregorio Luperón, Ulysse Heureaux* et *Carlos F. Morales Languasco.* Citons encore *Emilio Prud'homme,* poète, auteur des paroles de l'hymne national.

Arriver – Quitter

En bus ou en *guagua*

Terminal Caribe Tours *(plan A2,* ***1****)* ***:*** *sur Camino Real, angle Eugenio Kunhardt.* ☎ *809-586-4544.* Agence de change à l'intérieur du terminal.
➢ ***Santiago et Santo Domingo :*** ttes les heures, 6h-19h. Durée : 1h pour Santiago, 3h pour Santo Domingo.

Terminal Metro *(plan C2,* ***2****)* ***:*** *calle Beller, 128 ; entrée sur 16 de Agosto.* ☎ *809-586-6063.*
➢ ***Santiago et Santo Domingo :*** au total, 7 bus/j., 6h-18h30. Mêmes durées qu'avec la compagnie *Caribe Tours.*

Jabilla Tours pour La Isabella et Montecristi *(plan A2,* ***3****)* ***:*** *angle av. Colón et Circunvalación Sur.* ☎ *809-261-3340.* Une *guagua* part ttes les 15 mn, 5h30-20h, pour *Imbert, Navarrete* et jusqu'à *Santiago.* Pour *Ruinas de La Isabela,* prendre une autre *guagua* à *Imbert* (pas de liaison directe) ; pour *Montecristi,* changer à *Navarrete.* Juste en face, des ***públicos*** *(plan A2,* ***3****)* pour la destination de votre choix.

Guaguas pour Sánchez, Nagua, Samaná et Las Terrenas : *devant l'hôpital Ricardo Limardo.* 1 départ/j. (vers 13h).

En avion

✈ ***Aéroport international G. Luperón*** *(hors plan par D3)* ***:*** *à 17 km à l'est de Puerto Plata.* ☎ *809-586-0188, ext 1.* Essentiellement des vols charters arrivant du Canada, et quelques-uns de France (avec *Air France/KLM,* 1 vol/sem, le dim). Compter 30 US$ pour le taxi (hors de prix !). Loueurs de véhicules sur place *(Budget, Avis, Europcar...).*

Adresses utiles

Infos touristiques

Office de tourisme – Ministerio de Turismo *(zoom)* ***:*** *calle José del Carmen Ariza, 45.* ☎ *809-586-3676. À côté de la cathédrale. Lun-ven 9h-17h.* Très bon accueil, doc abondante. Panneau d'information assez complet dans le couloir à l'entrée (horaires des bus, prix des taxis, fiches concernant les musées et activités des environs...). Met également à disposition un classeur plein d'infos utiles.

Petit ***kiosque d'info municipal*** *(zoom) : ouv en sem slt.*

Banques, change

■ ***Banco Popular*** *(zoom, **5**) : calle J. del Carmen Ariza, angle Duarte. Lun-ven 8h-15h, sam 9h-13h.* Fait le change. Distributeur 24h/24.
■ ***Banco BHD*** *(zoom, **6**) : sur Separación, au niveau du parque Independencia. Lun-ven 9h-17h, sam 9h-13h.* Fait le change. Distributeur 24h/24.

Poste et télécommunications

✉ ***Poste*** *(zoom) : angle 12 de Julio et Separación. Lun-ven 8h-17h, sam 8h-12h.*
@ ***Internet :*** de nombreux bars et restaurants mettent gratuitement leurs ordinateurs à la disposition de leurs clients. Connexions wifi également.
■ @ ***M Compudatos*** *(zoom) : angle Separación et Margarita Mears. Lun-sam 9h-22h.* Téléphone et Internet.

Santé, urgences

■ ***Politur*** *(police touristique ; plan C2, **4**) : sur le malecón, à l'angle d'une petite rue. ☎ 809-320-0365. Ouv 24h/24.*
■ ***Farmacia Pelegrin*** *(zoom, **8**) : calle J. del Carmen Ariza, 28. ☎ 809-586-3313. Lun-sam 8h-21h, dim 8h-12h.*
✚ ***Centro Médico Bournigal*** *(plan B2, **9**) : calle Antera Mota, 32. ☎ 809-586-2342.*

Location de voitures

■ ***National-Alamo*** *(hors plan par D3, **10**) : au Playa Dorada Complex. ☎ 809-586-1366. Lun-ven 8h-17h, sam 8h-12h. Également un bureau à l'aéroport, ouv tlj 9h-18h.*
■ ***Budget*** *(hors plan par D3, **10**) : au Playa Dorada Complex. ☎ 809-320-4888. Tlj 8h-17h.*

Où dormir ?

Bon marché (moins de 1 500 RD$ / env 28 €)

Guest House Atlántic *(zoom, **20**) : calle 12 de Julio, 24. ☎ 809-586-6108. Double env 600 RD$.* Dans une vieille maison victorienne modeste, en bois et peinte couleur tabac. La propriétaire est adorable et réserve un petit salon à ses hôtes. Les 7 chambres sont dans une étroite courette tout en longueur, toute rose. Certaines peuvent accueillir un couple avec 2 enfants. L'ensemble est sommaire, et le confort minimum, mais d'une grande propreté, avec AC, eau chaude (pas toujours) et frigo dans certaines. Le café est offert.
Hotel Victoriano *(zoom, **21**) : San Felipe, angle Restauración. ☎ 809-586-9752. Doubles env 600-800 RD$ avec ou sans AC, mais pas d'eau chaude ; 900-1 200 RD$, avec eau chaude, frigo et TV.* Petit hôtel dans un bâtiment jaune citron en béton, central et bien tenu, offrant un parking autos (pas évident dans le quartier). Au rez-de-chaussée, les chambres avec AC et frigo (plus grandes). À l'étage, longue galerie rafraîchie par des ventilos. Un peu bruyant en fin de semaine. Accueil gentil et attentionné.

Les *resorts* (très chic)

En direction de Playa Costambar
(hors plan par A2)

Voici deux « *todo incluido* » appartenant à différents groupes, de qualité comparable (seuls des détails changent). Les prix de référence étant en dollars (voire en euros), c'est dans cette devise que nous les donnons.

Hotels Riu Merengue et Riu Bachata : *bahía de Maimón. ☎ 809-731-6823. Depuis la France : ☎ 0811-65-52-73. • riu.com • À 9 km de Puerto Plata. Compter selon l'hôtel env 115-130 € tt compris, selon confort sur la base de 2 pers en hte saison (le tarif* all inclusive *comprend ts les repas, boissons, animations, divers*

■ **Adresses utiles**

- Office de tourisme – Ministerio de Turismo *(zoom)*
- @ M Compudatos *(zoom)*
- 1 Terminal Caribe Tours
- 2 Terminal Metro
- 3 Jabilla Tours et *públicos*
- 4 Politur
- 5 Banco Popular *(zoom)*
- 6 Banco BHD *(zoom)*
- 8 Farmacia Pelegrin *(zoom)*
- 9 Centro Médico Bournigal
- 10 National-Alamo et Budget

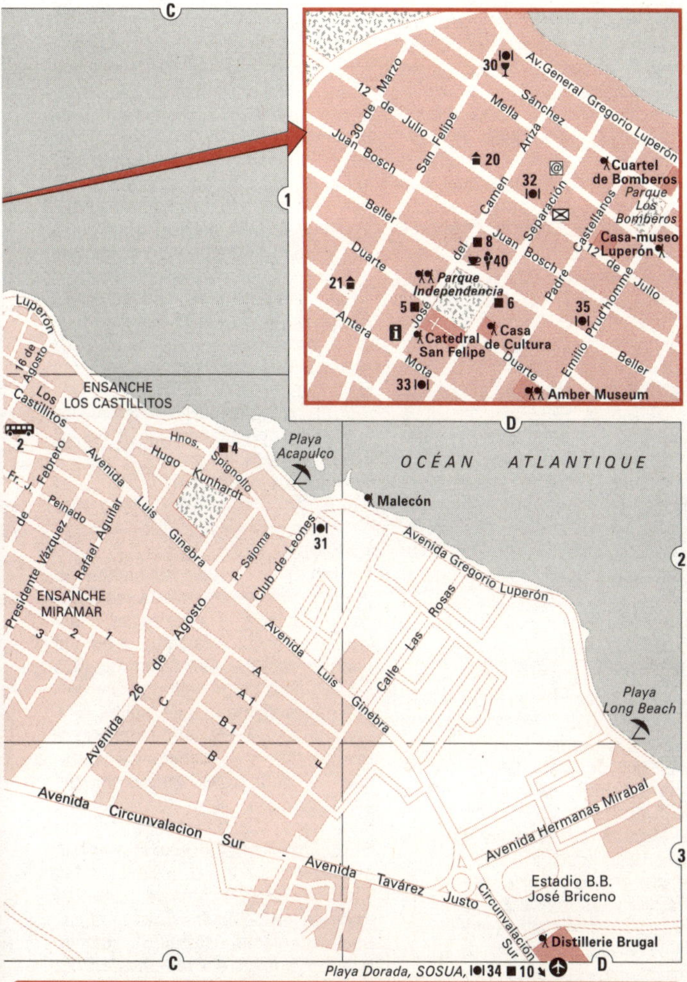

PUERTO PLATA

Où dormir ?

20 Guest House Atlántic *(zoom)*
21 Hotel Victoriano *(zoom)*

Où manger ? Où boire un verre ?

30 Aguaceros *(zoom)*
31 Terraza Las Almendras
32 Skina Bar & Restaurant *(zoom)*
33 Armando *(zoom)*
34 Le Petit François
35 Restaurant Polanco *(zoom)*

Où faire une pause sucrée ?

40 Helados Mariposa *(zoom)*

sports et activités). 3 nuits min. Dans une superbe baie, l'un des fleurons de la chaîne *Riu*. Immense complexe de 2 *resorts* de près de 500 chambres chacun, construit avec goût dans le style traditionnel. D'un luxe moyen ou extrême, la décoration est particulièrement recherchée, utilisant des matériaux nobles (marbre, bois tropical...). Petites unités toutes blanches sur 1 ou 2 étages, chambres spacieuses et confortables (minibar gratuit, TV satellite, coffre, etc.). Le *Riu Merengue* est d'un bon rapport qualité-prix, mais le *Riu Bachata* (situé sur une pointe rocheuse) est vraiment plus luxueux et plus classe. Excellente cuisine (5 restos), riches buffets à toute heure. Plusieurs belles piscines avec un coin pour les enfants, service de baby-sitting gratuit de 19h à minuit... Espace bien-être avec spa et massages. Les sports, ah oui, les sports ! Planche à voile, canoë, voile, tennis, gym, gratuits, ça va de soi. Possibilité de jouer au golf et de monter à cheval dans les environs. Shows, dancing, et on en oublie.

***À Playa Dorada** (hors plan par D3)*

À 4 km à l'est de Puerto Plata, Playa Dorada est un vaste espace clos avec 2 entrées principales. Cette gigantesque zone de loisirs balnéaires ne compte pas moins d'une demi-douzaine de *resorts,* totalisant 5 000 chambres, répartis autour d'un golf de 18 trous. Une large artère commune mène aux hôtels-*resorts.* Dès votre arrivée, on vous met le bracelet ! Ils sont tous *all inclusive* et possèdent plusieurs piscines et des courts de tennis (à l'exception de quelques hôtels).

Tous les établissements donnent sur la plage, qui est longue, large, agréable, sans être pour autant exceptionnelle. Au cœur de ce gigantesque espace, on trouve un vaste centre commercial, regroupant sur 2 niveaux des bars, restaurants, discothèques, agences de voyages, *gift shops,* centres téléphoniques, cybercafés, banques, distributeurs, loueurs de voitures, casino... Tout ce qu'il faut pour vous alléger de vos dollars.

🏠 |●| ***Blue Bay Hotel** (Villas Doradas)* **:** *Playa Dorada. ☎ 809-320-3000. • bluebayresorts.com • Doubles env 105-170 US$ selon confort et saison. Particularité : pour adultes slt.* Par rapport aux énormes structures voisines, ce bel ensemble de 250 chambres est presque à taille humaine. Son architecture parvient à donner un sentiment d'intimité. De petits ensembles sur 2 niveaux, bien agencés et séparés par de beaux espaces verts. Tout est impeccable, moderne et de style, à l'image du hall d'entrée où flottent de grands voilages et de belles suspensions marocaines. Service excellent, plusieurs restos et un buffet proposent une cuisine correcte. 3 piscines et accès à la plage par un petit pont enjambant un bout de mangrove... Un *todo incluido* pas tout à fait comme les autres, idéal pour un voyage de noces, avant d'agrandir la famille...

🏠 |●| ***Barceló Puerto Plata :*** *sur la plage. ☎ 0805-37-40-16 (n° gratuit depuis la France). • barcelo.com • Tarifs variables selon saison (promos sur Internet).* On voit les choses en grand : près de 600 chambres standard, une soixantaine de suites, 8 restaurants (service à la carte), 4 bars et une discothèque. C'est l'un des plus grands, mais ça ne veut pas dire qu'il soit moins intime que les autres. Son caractère vient de son architecture pastichant le style hispano-méditerranéen qui nous transporterait presque en Andalousie. Tout ça dans une réjouissante abondance végétale, avec des cascatelles. Chambres tout confort et plaisantes. Une des piscines fait 1 000 m². Sinon, on y trouve quasiment tout : centre commercial, aire de jeux pour les enfants, équipes d'animation sportive, shows, discothèque, etc. Et pour les plus riches de nos lecteurs, le *Barceló Premium Club,* luxueuses suites avec entrée privée, concierge, jacuzzi, service de secrétariat... Restaurants pour tous les goûts : formule buffet au *Giralda, Fontana* (pizzeria), *Via Mare Nostrum* (poissons), *Dolce Vita* (italien), *Mexico Lindo* (mexicain), *Rodizio* (brésilien), *El Lago* (snack), *Kyoto* (japonais), etc.

🏠 |●| ***Gran Ventana Beach Resort :*** *proche de la plage. ☎ 809-320-2111. • vhhr.com • Compter 270-330 US$ pour 2 selon saison (promos sur*

Internet). Ce complexe touristique aligne plus de 500 chambres joliment décorées, dans de petits (ou grands) immeubles aux couleurs chaudes. Le tout encerclant une vaste piscine (et une petite pour les enfants, à côté). *Las Almejas Cafetaria* propose un large buffet du petit déj au dîner. 4 restaurants spécialisés en cuisine caribéenne, italienne, viandes et fruits de mer. 7 bars. Clubs d'enfants et de plage, gymnase, sauna et tout le toutim pour les sports. Pour des vacances de star, il y a aussi le *Boutique Hotel Casa Colonial Beach & Spa,* très luxueux, et encore plus cher.

Où dormir dans les environs ?

Tubagua Eco Lodge : *à Tubagua. ☎ 809-696-6932. • tubagua.com • À 16 km au sud de Puerto Plata, sur la route de Santiago. Passer le village de Camu, sur la Carretera panoramica, au km 19, en montant, sur la droite, à la hauteur d'une cabane de boucher un petit chemin mène 200 m plus loin à cet écolodge perché sur une haute colline. Résa par tél ou Internet obligatoire. Nuitée env 40-50 US$/pers selon confort, petit déj inclus. Dîner 15 US$.* On est accueilli par l'excellent Tim Hall, un Canadien sorte d'Anthony Quinn blond installé ici depuis longtemps et promoteur du tourisme rural et membre de *Slow Food.* Plusieurs cabanes et bungalows en bois, couverts de feuilles de palme, bien agencés et nickel. Confort modeste certes, mais suffisant (moustiquaire, douche et w-c) et lits confortables. Également un cottage privatif avec terrasse, idéal pour les amoureux. L'accueil et la superbe vue panoramique sur la plaine et la mer au loin sont certainement les plus beaux atouts de ce lieu. Table d'hôtes le soir à la demande (repas souvent végétarien).

Où manger ? Où boire un verre ?

De bon marché à prix moyens (moins de 800 RD$ / env 15 €)

Aguaceros (zoom, **30**) : *sur le malecón, 32, à gauche de la loge maçonnique en regardant l'océan. ☎ 809-586-2796. Tlj jusqu'à minuit.* Sous une fausse paillote, on vous sert une honnête cuisine mexicaine *(fajitas, tacos, nachos...).* Également des pâtes et des *mariscos.* Prix et qualité honnêtes. Comptoir ouvert sur la rue et terrasse pour contempler l'animation sur le *malecón.* On y vient aussi pour prendre un verre à l'heure de l'apéro ou en soirée (grand choix de cocktails), sur fond de bonne musique latino.

Terraza Las Almendras (plan C2, **31**) : *sur le malecón. 829-937-1030. Tlj 8h-minuit (ven-sam 1h).* Terrasse arborée ouverte sur le *malecón,* avec vue sur la mer. Cadre sympathique pour déguster de bons *chuletas frescas, pincho de camarones, pescado al ajillo,* et aussi pâtes, pizzas, etc. Des plats simples et nourrissants, comme le poisson entier grillé ou les *ribs* au BBQ.

Skina Bar & Restaurant (zoom, **32**) : *calle Separación, angle 12 de Julio. ☎ 809-979-1950. Tlj 12h-16h, 18h-0h30.* On dirait qu'il se cache sous les arbres et, si on ne fait pas attention, on passe devant sans le voir, si ce n'est quelques tonneaux qui servent de tables sous le couvert. Le resto propose une cuisine familiale, traditionnelle et fraîche, réalisée par un aimable couple : *sancocho, chivo mondango, chuleta...* L'accueil est agréable, et le service attentionné. Également un coin bar où l'on écoute le soir du jazz latino et du be-bop. Ça change un peu du *merengue* et de la *bachata.*

Armando (zoom, **33**) : *angle Separación et Antera Mota. ☎ 809-261-3509. Tlj jusqu'à minuit. Tacos, burritos et fajitas autour de 300 RD$; pizzas maison également.* Agréable resto très central proposant des plats dominicains et mexicains à prix sages. On mange sur la terrasse dominant la rue (très passante) ou au calme, dans la salle agrémentée de plantes vertes. Le vendredi et le dimanche, le restaurant est animé par une soirée karaoké.

🍷 Pour prendre un verre en soirée, quelques bars populaires bien animés le soir autour de la ***calle 16 de Agosto*** et de la ***calle Sánchez.*** Des *colmados* de poche où se retrouvent les gens du quartier pour une bonne bière avec la sono à fond, comme il se doit. Par ailleurs, à l'est du *malecón* (avenida Circunvalación Norte), quelques kiosques de bois, de style caribéen, ouverts sur la plage.

De chic à plus chic (800-1 300 RD$ et plus / env 15-24 €)

I●I ***Le Petit François*** *(hors plan par D3, **34**) : sur la plage, à Playa Dorada. ☎ 809-320-9612. 📱 829-492-2910. Fermé lun-mar. Résa conseillée. Compter 35 US$ pour une langouste.* Resto tenu par un Québécois très accueillant, réputé pour ses belles langoustes fraîches et ses plats de poisson en sauce. De fait, la cuisine est fameuse et joliment présentée. Quelques tables sur la plage pour dîner aux chandelles sous la voûte étoilée. En revanche, la déco moderne de la salle à l'intérieur est plutôt banale. Vins californiens au verre.

I●I ***Restaurant Polanco*** *(zoom, **35**) : calle Beller, 60, angle E. Prud'homme. ☎ 809-586-9174. Tlj sf dim 8h-23h.* 📶 Dans une belle maison victorienne bien restaurée, salle coquette et de caractère, aux murs rouges. Galerie d'expo avec photos anciennes. Propose une carte variée de cuisine dominicaine à base de poissons et crustacés, et italienne. Langouste directement du vivier. Également des soupes, salades, sandwichs et grillades. Accueil chaleureux du patron. En revanche, le service est parfois un peu longuet.

Où faire une pause sucrée ?

☕ 🍦 ***Helados Mariposa*** *(zoom, **40**) : Beller, 38, sur le Parque Independencia. ☎ 809-970-1785. Lun-ven 8h-22h (23h sam).* Le mariage heureux du savoir-faire autrichien pour les pains, viennoiseries et pâtisseries crémeuses, avec l'inventivité italienne en matière de glaces et *batidas,* le tout dans un décor délicieusement rétro.

Achats

🧺 Autour du ***parque Independencia*** *(zoom),* notamment dans la calle J. Ariza et les rues adjacentes, nombreuses boutiques et petites galeries d'art qui vendent des toiles naïves, d'influence haïtienne, très colorées, ainsi que des petits souvenirs de qualité discutable.

🧺 ***Mercado Nuevo*** *(plan B2) : tlj 8h30-14h.* Un marché qui n'a de nouveau que le nom. Divisé en deux parties, l'une réservée aux boutiques d'artisanat et de souvenirs, l'autre à l'alimentation. On vous recommande particulièrement la seconde, avec ses tonnes de régimes de bananes et ses photogéniques marchands de légumes.

À voir. À faire

Puerto Plata possède un vieux ***centre historique,*** avec un plan de rues quadrillé comme dans toutes les vieilles villes coloniales espagnoles. Nombre d'élégantes demeures, mais aussi des maisons plus modestes, ont été restaurées avec bonheur. Il ne présente pas de vraie homogénéité architecturale, mais la juxtaposition un peu anarchique des styles du XIXe s qui façonnèrent la ville se révèle intéressante. Le genre victorien est dominant. On vous mentionne ici les principaux sites et demeures à admirer au gré d'une balade à pied.

➢ On peut commencer par le ***parque Independencia*** *(angle de Beller et de Separación ; zoom),* vraiment bien réhabilité. Romantique kiosque à musique au centre. La statue de Luperón, figure tutélaire du patriote dominicain, se dresse sur la place.

En lisière du *parque,* la ***catedral San Felipe*** *(zoom),* récente et d'une certaine allure, et la ***Casa de Cultura*** *(zoom),* à côté de la mairie, dans une bâtisse coloniale, où l'on pourra découvrir des expos temporaires d'art moderne. De là on peut explorer des rues adjacentes. Maisons en bois aux couleurs tranchées, avec longues vérandas ou à encorbellement, demeures bourgeoises à colonnades.

Calle Beller : elle abrite de belles maisons anciennes de caractère. À 50 m du parque Independencia, au nº 28, un mur en trompe l'œil évoque l'*ancien hôtel Europa* fondé par des émigrés corses (Doña Blanca) et qui fut l'hôtel le plus célèbre de la ville jusqu'en 1946. La petite venelle *callejón de Doña Blanca* évoque ce passé révolu. Au nº 32 de la calle Beller, la *casa familia Dubus Arzeno* (de 1865), avec ses couleurs pastel et sa grande véranda. À côté, le *palacio de Fede Lithgow,* un des édifices élégants de la ville, abrite aujourd'hui l'église évangélique. À l'angle de Beller et de Villanueva, la *casa Olivares* se distingue par son toit vert, ses colonnes blanches et sa grande véranda d'angle. Plus loin, au nº 124, la *casa Jean Dumezil,* de style Empire français (1909).

– D'autres belles demeures à admirer au gré d'une balade, notamment ***calle Ariza,*** au nº 41, la *casa familia Despradel,* l'un des meilleurs exemples du style « gingerbread » (1905). En fait, ce sont deux maisons contiguës du même style, couleur crème.

Amber Museum *(musée de l'Ambre ; zoom)* **:** *calle Duarte, 61, à l'angle d'Emilio Prud'homme. ☎ 829-914-6993. • ambermuseum.com • Tlj sf dim 9h-18h. Entrée : 50 RD$. Visite guidée possible. Quelques panneaux en espagnol et en anglais.*
D'origine allemande, la famille Bentz a fait fortune dans le sucre au début du siècle. Sa maison *(villa Bentz),* magnifique demeure néoclassique de 1918, abrite désormais ce musée de l'ambre. On découvre ici toute l'histoire de cette résine de conifères qui s'est fossilisée par la pression et les variations de températures, datant de près de 50 millions d'années pour le gisement le plus ancien. Elle provient de l'*Hymenaca protera,* arbre qui n'existe plus en République dominicaine. Comme pour l'ambre des Pays baltes, l'ambre dominicain renferme quantité d'insectes, larves, végétaux, une vraie bénédiction pour les chercheurs. Au long d'un parcours soigné et éducatif dans un décor de grotte, on survole tout le processus, de sa formation à ses applications.
Au rez-de-chaussée, boutique où acheter de superbes pièces et de nombreux bijoux.

Casa-museo Luperón *(zoom)* **:** *calle 12 de Julio ; presque à l'angle avec calle Padre Castellanos, face à la librairie* Ripoll. *Tlj 9h-12h.* Une belle demeure de style « West Indies » (1875), transformée aujourd'hui en musée. La vie et l'œuvre de Luperón, héros national de la guerre de Restauration (Indépendance), y sont retracées à travers des objets, des documents et des souvenirs.

Fortaleza San Felipe *(plan B1)* **:** *tt au bout du malecón. ☎ 809-261-60-43. Tlj sf sam 10h-17h. Entrée : 100 RD$, audioguide en français inclus (commentaires très succincts) ; réduc enfants.* Ce fort est une construction relativement modeste, de taille réduite, mais il occupe un site stratégique à l'entrée du port. Témoin des premiers temps de la colonisation, il fut construit en 1541 sur ordre de l'empereur Charles Quint (à l'époque de la plus grande expansion de l'Espagne). Les travaux se terminèrent en 1585. Objectif : résister aux attaques des pirates. Il servit également de prison, pour les Indiens d'abord, puis pour les hommes politiques et les militaires haïtiens. Le patriote Pablo Juan Duarte, un des trois « pères fondateurs » de la République dominicaine, y fut emprisonné en 1844. Depuis les bastions supérieurs, belle vue sur le port. Aujourd'hui, il abrite un petit *musée militaire,* dans trois petites salles : armes rouillées, munitions, boulets, fermoirs de portes, étriers et outils agricoles du XIXᵉ s.

Malecón : *il s'étend du fort San Felipe à l'av. Hermanas Mirabal.*
Entièrement réaménagé et devenu plus agréable (avec une piste cyclable), avec de-ci de-là des petits kiosques de bois, ouverts aux quatre vents, parfaits pour prendre un verre face à la mer. Ce qui frappe ici, c'est l'espace, et la circulation réduite (beaucoup moins de trafic qu'à Santo Domingo). Il s'anime assez peu le soir, au niveau de la vieille ville seulement (mais la mer n'est pas accessible – pas de plage).
Quelques édifices intéressants : à l'angle de Prud'homme, le ***Cuartel de bomberos*** *(caserne des pompiers ; zoom)* dans un style colonial (surtout sa façade côté mer avec ses deux tours encadrant une coupole qui fait penser à une église orthodoxe). À l'angle de Separación, l'architecture éclectique et colorée d'une ***loge maçonnique.***

Loma Isabel de Torres y Teleférico (hors plan par A2) **:** *on peut s'y rendre par le téléphérique ; station de départ située à l'ouest de la ville, prendre un taxi. Fonctionne tlj 8h30-17h. Tarifs : 350 RD$; réduc. Compter 8 mn pour la montée à 800 m de hauteur. En voiture : depuis le centre, prendre la Circunvalación Sur vers l'ouest, puis calle San Marco sur 1 km (fléché sur la gauche). Il faut encore parcourir près de 10 km pour atteindre le sommet (!). On peut également y grimper à pied (compter 2h30). Infos : ☎ 809-970-0438.*
Au sommet de la montagne, vue superbe sur la mer, la ville et la cordillère. On trouve un vilain fort en forme de coupole, construit en 1942 par Trujillo (lorsqu'il déclara la guerre à... Hitler !). Sur celui-ci, on a planté un grand *Cristo Redentor,* façon Corcovado à Rio de Janeiro. Autour, des magasins de souvenirs et un sentier qui traverse un jardin botanique. Les visiteurs y restent le temps qu'ils veulent. Le dimanche, beaucoup de Dominicains viennent y pique-niquer. Possibilité de petites balades à pied, notamment jusqu'à la *cueva de los Indios.*

Distillerie de rhum Brugal (plan D3) **:** *à l'entrée de la ville (en venant de Sosua). ☎ 809-261-1888. Lun-ven 8h-17h (dernière visite à 16h30). GRATUIT, mais n'oubliez pas le guide.* En fait, on ne visite pas vraiment la distillerie, qui est située à San Pedro de Marcoris, mais bien une usine d'embouteillage. Après le visionnage d'un film de 5 mn retraçant les principales étapes de la fabrication, on surplombe un bout de la chaîne de mise en bouteilles et de conditionnement du rhum. Une visite expédiée en 15 mn, dégustation gratuite incluse !
Sur place, boutique où l'on peut s'acheter son *Siglo de Oro* 9 ans d'âge... au même prix qu'au minimarket.

DANS LES ENVIRONS DE PUERTO PLATA

Playa Costambar (hors plan par A2) **:** *à quelques km à l'ouest de Puerto Plata, sur la route de Santiago.* Beaucoup de villas cossues et de résidences secondaires. Belle plage, la favorite des gens aisés de Santiago et de Puerto Plata.

Ocean World (hors plan par A2) **:** *calle Principal, 3. ☎ 809-291-1000. • oceanworld.net • En sortant de Puerto Plata en direction de Santiago, après le téléphérique du mont Isabel de Torres, sur la droite. Très bien indiqué. Tlj 9h-18h. Entrée : 79 US$; réduc. Prévoir une serviette de bain.* Il s'agit d'un grand barnum aquatique avec des activités de toutes sortes, dans l'esprit des parcs d'attractions à l'américaine. Soyons clairs, c'est très, très cher pour ce que c'est, même si l'entrée comprend le show des otaries et celui des dauphins. Possibilité également de nager parmi les poissons exotiques. Pour compléter le parcours, une grande volière (avec ses escadrilles de perruches, aras, cacatoès, toucans), le bain dans la grotte des tigres (deux belles bêtes dont on est séparé par une solide vitre), la piscine, la plage artificielle (c'est bien la peine de faire 10 000 km !)... Toutes les autres activités (nage avec les dauphins, requins, etc.) sont en supplément et hors de prix.

➢ ***Los 27 Charcos*** *(Saltos de Damajagua)* ***:*** *à* ***Imbert,*** *à env 20 km de Puerto Plata. Infos : ☎ 809-250-4200. • 27charcos.com • Sur la route de Santiago, passer la ville d'Imbert et prendre le chemin à gauche après le 2e pont. Tlj 8h-15h. Compter 290-500 RD$ selon circuit choisi. À partir de 10 ans. Se munir de maillots de bain, de chaussures fermées (loc possible) qui peuvent aller à l'eau avec semelle bien adhérente, et d'une protection étanche pour votre appareil photo.* Nichées dans la végétation luxuriante des hautes collines, ces 27 chutes d'eau suivent une faille géologique et forment un canyon où se succèdent tunnels, grottes et piscines naturelles (la plus profonde fait 7 m). Trois circuits de descente en glissade sont proposés. Compter 2h30 pour 7 cascades. La descente est guidée et comprend le matériel (gilet et casque de protection). Resto sur place.
– On recommande notamment l'agence ***Iguana Mama,*** spécialisée dans ce type d'excursions. *☎ 809-571-0908 ou 809-654-2335. • iguanamama.com • Tarif : env 90 US$/pers.*

SOSUA

45 000 hab.

À environ 25 km à l'est de Puerto Plata, cette flamboyante station balnéaire fut le premier site du tourisme de masse en République dominicaine, avant d'être détrôné par Punta Cana dans les années 1990-2000.
Sosua se divise en deux parties : à l'est de la plage, *El Batey,* le quartier touristique (hôtels, boîtes un peu glauques et restaurants), où l'on n'est absolument pas en contact avec la population locale ; à l'ouest, *Los Charamicos,* le quartier dominicain, joyeux et animé, comme de coutume, mais où les touristes ne s'aventurent quasiment pas. Entre les deux : la plage. Elle se révèle d'ailleurs très jolie et fort agréable, car la chute du tourisme a rééquilibré le rapport numérique entre les locaux et les touristes.
Peu de sollicitations (la police veille !), plutôt tranquille, elle est bordée par une promenade piétonne ombragée, sans présence automobile. En fin de semaine, il y a presque autant de familles du village que de touristes étrangers. Et l'atmosphère est plutôt bon enfant. En septembre-octobre s'y déroule un festival de jazz de qualité, qui attire quelques formations de très bon niveau.

Arriver – Quitter

🚌 ***Bus Caribe Tours*** *(plan A2,* ***1****)* ***:*** *à l'entrée ouest de la ville (Los Charamicos). ☎ 809-571-1389. • caribetours.com.do •*
➢ ***Puerto Plata, Santiago, La Vega et Santo Domingo :*** le bus s'arrête dans ttes ces villes. Trajet pour Santo Domingo : 4h30. Dans le sens Sosua-Santo Domingo, départs ttes les heures, env 5h20-18h20. Compter env 320 RD$/pers.

🚌 ***Bus Metro*** *(plan C2,* ***2****)* ***:*** *carretera Puerto Plata, près de la station* Texaco. *☎ 809-571-1324.*
➢ ***Santo Domingo via Santiago :*** 3 bus/j., 8h20-17h50.

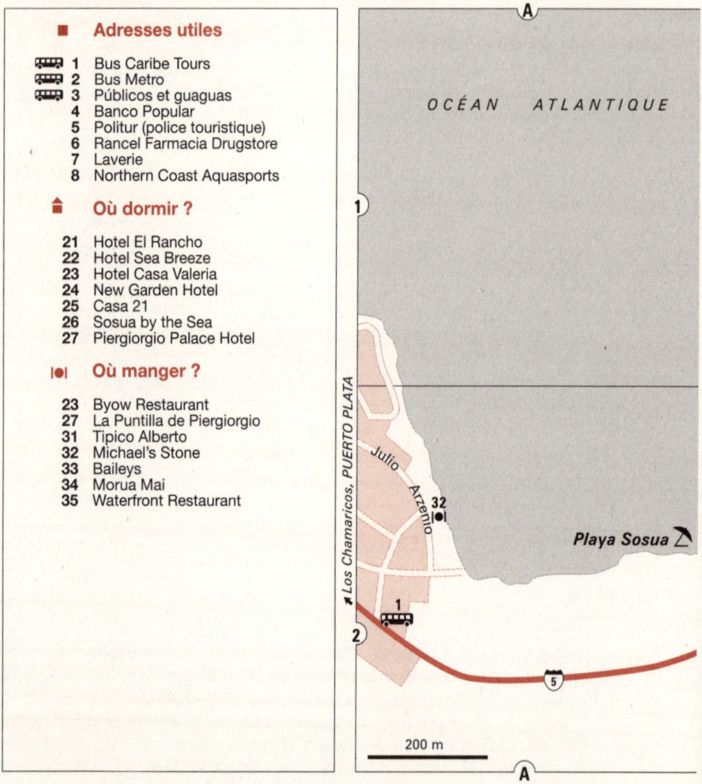

Públicos et guaguas *(plan C2,* ***3****)* **:** *en face de la station Texaco, dans le quartier d'El Batey.* Les véhicules s'arrêtent à la station *Texaco* quand ils viennent de Cabarete, et en face quand ils viennent de Puerto Plata.

➢ ***Cabarete, Río San Juan et Puerto Plata :*** les véhicules partent quand ils sont pleins. Sinon, on peut les héler au passage.

Adresses utiles

■ ***Change et distributeurs de billets :*** ***Banco Popular*** *(plan B1,* ***4****), Dr Alejo Martinez. Lun-ven 9h-16h, sam 9h-13h.* Distributeur 24h/24.

■ ***Politur*** *(police touristique ; plan B2,* ***5****)* **:** *calle Luperón, sur la route principale Puerto Plata-Cabarete.* ☎ *809-571-2800. À 100 m de la station Texaco. Ouv 24h/24.*

■ ***Rancel Farmacia Drugstore*** *(plan C1,* ***6****)* **:** *calle Dr Rosen, 14. Tlj 8h-23h.*

■ ***Laverie*** *(plan C1,* ***7****)* **:** *calle Dr Rosen, à 30 m du carrefour avec la calle Martinez.* ☎ *829-808-7009. Lun-sam 8h-18h.*

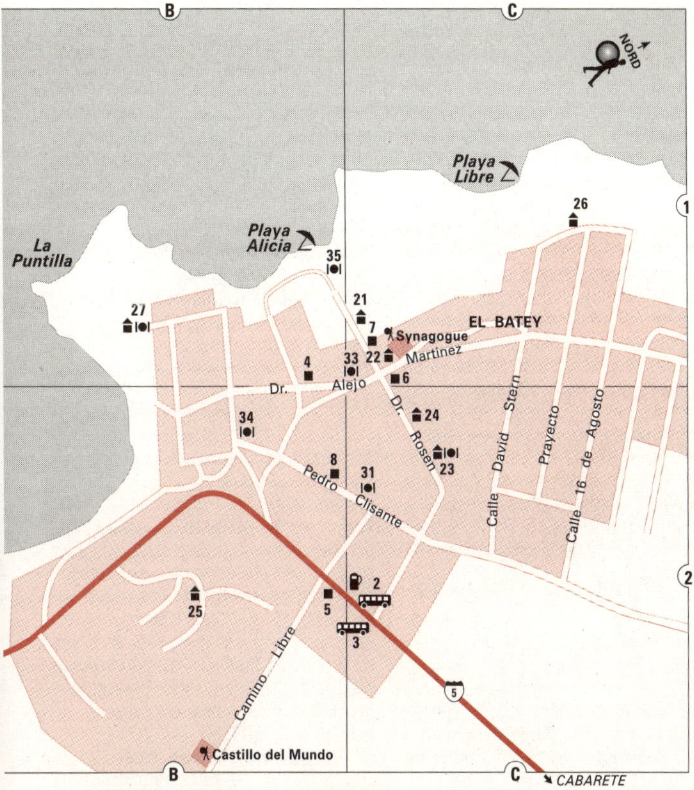

SOSUA

Où dormir ?

Bon à savoir : sur cette côte, il ne fait jamais trop chaud la nuit, car il y a toujours de l'air et du vent. Inutile donc de prendre des chambres avec clim. Enfin, tous les hôtels mentionnés sont situés à l'est de la ville (El Batey).

De prix moyens à chic (moins de 2 500-4 000 RD$ / env 46-74 €)

🏠 ***Hotel El Rancho*** *(plan C1,* ***21****) : calle Dr Rosen, 36.* ☎ *809-571-4070.* ● *hotelelranchososua.com* ● *Doubles 45-70 US$.* Wifi. Murs en adobe, toit de feuilles de palme. Hôtel central organisé autour d'une petite piscine intérieure. Chambres coquettes et confortables (ventilo ou AC, douche et w-c, certaines avec kitchenette). Celles du 1er étage sont plus grandes, avec des murs blancs et un balcon donnant sur la cour intérieure. Notre préférée est la n° 17 (pour sa vue). Fait aussi resto. Gestion allemande.

🏠 ***Hotel Sea Breeze*** *(plan C1,* ***22****) : calle Dr Alejo Martinez, 10.* ☎ *809-571-4712.* ● *hotelseabreeze sosua.net* ● *Double 60 US$, mais sans* *petit déj.* Hôtel classique récemment rénové sur 2 étages avec des chambres propres et bien tenues (AC), la plupart avec balcon. En demander une donnant sur la cour intérieure, très verte et calme. Petite piscine à l'arrière du bâtiment.

Hotel Casa Valeria *(plan C2,* ***23****) : calle Dr Rosen, 28. ☎ 809-571-3565. • hotelcasavaleria.net • Doubles env 65-80 US$ selon confort, avec petit déj américain.* Une adresse tenue par des Néerlandais. Cet hôtel est agencé comme une minuscule hacienda, de couleur ocre, avec beaucoup de plantes vertes, piscine sur la terrasse. Chambres coquettes et de caractère, encadrant la petite piscine, le tout absolument impeccable. Chacune est dotée d'une agréable terrasse et dispose d'AC, TV câblée, frigo, coffre... Les plus chères sont équipées d'une kitchenette et d'un coin salle à manger. Fait aussi resto, on y sert une savoureuse cuisine à prix sages (voir « Où manger ? »).

New Garden Hotel *(plan C2,* ***24****) : calle Dr Rosen, 32. ☎ 809-571-1557. • hotelnewgarden.com • Double à partir de 75 US$; env 95-120 US$ pour les catégories supérieures.* Hôtel de taille moyenne (environ 40 chambres), offrant le calme et une certaine intimité. Chambres spacieuses, très propres et bien arrangées. Elles donnent sur un patio verdoyant (quelques-unes avec coin cuisine) et sur une petite piscine agréable. D'autres à l'arrière ont vue sur un grand terrain de baseball. Bar et salle de restaurant.

Très chic (plus de 6 000 RD$ / env 111 €)

Casa 21 *(plan B2,* ***25****) : calle Piano, 1, Reparto Tavares, au-dessus de playa Sosua. ☎ 809-341-8551. • casaveintiuno.com • Doubles 130-160 € avec petit déj copieux inclus (mais pas obligatoire).* *B & B* de 3 chambres (une avec jacuzzi) dans une maison blanche immaculée tenue par deux Belges. Déco sobre, raffinée et lumineuse, harmonie de coloris, linge soigné, écran plat. Une impression de zénitude. Piscine avec chaises longues et jacuzzi dans un jardin tropical, billard américain et salle de gym. Tranquillité assurée. En plus, resto de petite capacité *(mer-dim)* ouvert à tous (pour le dîner seulement), avec le propriétaire aux fourneaux qui ne cuisine que des produits frais, mêlant avec un savoir-faire certain les recettes de sa terre natale et les saveurs dominicaines. Petite carte des vins.

Sosua by the Sea *(plan C1,* ***26****) : calle Bruno Philips, 1. ☎ 809-571-3222. • sosuabythesea.com • Doubles 120-180 US$ selon saison, petit déj-buffet compris ; également des apparts pour 2-4 pers 160-210 US$ sur la base de 2 pers. Possibilité de ½ pens et pens complète. Ajouter 26 % de taxes.* Ce charmant hôtel familial, à la clientèle européenne et canadienne, est doté d'une piscine et profite d'une petite plage située juste sur la gauche du resto. La plupart des 90 chambres distribuées autour d'un patio verdoyant donnent sur la mer. Éviter celles proches de la réception et sans véritable vue. Grand confort (avec AC) et déco soignée dans les tons noirs et blancs. Piscine entourée de hauts cocotiers. Deux bars et restaurant en terrasse au-dessus de la mer.

Piergiorgio Palace Hotel *(plan B1,* ***27****) : La Puntilla. ☎ 809-571-2626. • piergiorgiopalace.com • Doubles 95-125 US$ selon confort et saison ; suites 210-270 US$; bon petit déj-buffet inclus.* Au bout d'une rue tranquille, sur une falaise dominant la mer, un hôtel à la magnifique architecture victorienne, d'une blancheur immaculée, avec d'élégantes vérandas côté extérieur. Superbes jardins pour les couchers de soleil depuis les balcons et la gloriette. C'est un endroit apprécié par les jeunes mariés... Petite piscine au centre. Chambres fraîches et bien décorées : lits romantiques, tissus à fleurs, mobilier en rotin peint, coffre, TV câblée, etc., petit balcon tourné vers le large pour certaines d'entre elles. Les autres chambres, à l'arrière, jouissent de la *vista tropicale,* c'est-à-dire la rue ! Remarquable restaurant (voir ci-après « Où manger ? »).

Où manger ?

Tous les restaurants mentionnés sont situés à El Batey, sauf le *Michael's Stone.*

Bon marché (moins de 400 RD$ / env 7,50 €)

|●| ***Tipico Alberto*** *(plan C2, **31**) : calle Pedro Clisante, 12. ☎ 809-571-4975. Tlj 8h-1h.* La plus discrète des adresses de restos dans cette rue fiévreuse, surtout le soir, s'est agrandie à présent d'un joli bar. Quelques tables en salle et d'autres dans la courette. On y sert toujours des plats locaux, surtout des poissons préparés avec soin.

|●| ***Michael's Stone*** *(plan A2, **32**) : calle Julio Arzenio, 3, dans le quartier de Los Charamicos. ☎ 809-571-3410. Tlj sf mar jusqu'à 22h. Plats env 200-400 RD$.* On aime bien ce modeste resto de quartier dont la terrasse (8 tables seulement) offre une vue superbe sur la plage de Sosua à travers les palmiers. Côté cuisine, du classique à prix doux : des sandwichs, et aussi *pasta, pollo, chuleta a mostaza* (moutarde), mais aussi un bon *congrejo a la criolla* et *pulpo a la crema.*

Prix moyens (400-800 RD$ / env 7,50-15 €)

|●| ***Baileys*** *(plan B-C1-2, **33**) : calle Dr Alejo Martinez. ☎ 809-571-3085. Tlj jusqu'à 23h.* *Baileys* comme la marque d'apéritif ! Sorte de grande hutte à la déco soignée ouverte sur la rue. Les locaux l'aiment autant que les touristes. On y sert une cuisine dominicaine et internationale très variée, des plats italiens (pizzas, pâtes...), mais aussi des plats asiatiques *(chop suey).* On mange soit au resto (à la carte), soit au *Baileys Garden* (*salad bar* sous forme de buffet varié et copieux). Le tiramisu est réputé. Excellente adresse également pour prendre le petit déj ou juste boire un verre et grignoter un sandwich.

|●| ***Morua Mai*** *(plan B2, **34**) : calle Pedro Clisante, 5. ☎ 809-571-3682. Tlj 8h-23h.* Resto central avec une grande salle agréable et bien ventilée sous un haut toit conique. Une bonne table pour le midi. Spécialités : pizzas, *pasta* et plusieurs *pescado a la plancha,* crevettes et même de la paella. Sandwichs pas chers. Musique d'ambiance agréable.

|●| ***Byow Restaurant*** *(plan C2, **23**) : calle Dr Rosen, 28. ☎ 809-571-3565. C'est le resto de l'hôtel* Casa Valeria *; voir « Où dormir ? ».* On y viendra plutôt le soir pour y dîner dans une salle à l'atmosphère assez intimiste. Quelques plats mexicains, *pasta,* mais aussi des burgers et du bœuf Strogonoff.

Chic (jusqu'à 1 300 RD$ / env 24 €)

|●| ***La Puntilla de Piergiorgio*** *(plan B1, **27**) : La Puntilla. ☎ 809-571-2626. Voir plus haut « Où dormir ? ». Tlj 12h-23h. Résa conseillée.* À la « pointe », surplombant superbement la falaise, un resto pour nos lecteurs romantiques. La grande véranda à colonnettes blanches rappelle le style du Deep South, mais on est bien aux Caraïbes : c'est lumineux, spacieux, fleuri et verdoyant. Des petits bassins, des fontaines glougloutantes, une salle aux éclairages. On y sert une délicieuse cuisine italienne : pâtes, spaghettis aux clams, *fettuccini* aux langoustines. Succulents raviolis de ricotta aux épinards.

|●| ***Waterfront Restaurant*** *(plan B1, **35**) : calle Dr Rosen, 1. ☎ 809-571-3024. Tlj midi-minuit.* Tout au bout de la rue sur la droite de l'entrée de la playa Alicia. Le lieu idéal pour dîner (cuisine de très bonne facture) face à l'océan ou prendre un cocktail en se délectant du spectacle quotidien de la chute de l'astre solaire. Ça tombe bien, on peut profiter des *happy hours* de 17h à 19h. Belle carte des vins.

Où boire un verre ? Où sortir ?

Pléthore de bars, cafés, boîtes dans les ***calle Alejo Martinez et Pedro Clisante,*** quartier touristique d'El Batey. Enseignes, menus, marques de bière en allemand témoignent de la provenance majoritaire de la faune touristique à Sosua. Ambiance survoltée en soirée dans ces bars-restos, mais ambiance glauque omniprésente dans les lieux dansants (atmosphère triste et malsaine de tourisme sexuel de bas étage). À l'inverse, changement d'ambiance dans le quartier de Los Charamicos, où règnent la bonne humeur et une certaine bonhomie dominicaine.

À voir. À faire

La sinagoga *(plan C1)* **:** *calle Dr Alejo Martinez, juste avt d'arriver au Casa Marina Reef Beach Resort. Rarement ouv.* À la fin des années 1930, violemment déconsidéré par les massacres d'Haïtiens de 1934, Trujillo songea à redorer son blason au niveau international. Avant de déclarer la guerre à Hitler en 1942, il se proposa, en 1938, d'accueillir en République dominicaine les juifs fuyant les persécutions nazies et leur proposa la région de Sosua, à l'époque très peu développée. Environ 600 juifs vinrent s'y installer. Ils se lancèrent avec succès dans l'élevage, le commerce de la viande et des produits laitiers, et furent à l'origine d'El Batey (aujourd'hui, la ville touristique). Beaucoup repartirent après guerre, à l'exception des familles et de leurs descendants qui avaient particulièrement réussi leur implantation. Témoignage de cette insertion, la marque *Sosua* (l'une des plus importantes entreprises alimentaires du pays) et cette synagogue (presque toujours fermée) ; un édifice en bois au toit bleu, style années 1940, avec véranda sur jardin.

Castillo del Mundo *(plan B2)* **:** *calle Libre, une rue perpendiculaire à la route principale. • castillodelmundo.webs.com • Entrée payante : env 300 RD$; visite parfois guidée.* Dès l'approche, on se rend compte qu'on entre dans un univers spécial, passablement étrange, celui de Rolf Schultz, un artiste allemand qui a englouti une fortune pour bâtir ce château baroque flanqué de tourelles et de gargouilles, entre délire SF et mysticisme. Sculptures en bois qui rappellent l'Afrique, peintures murales avec cathédrales et démons, dinosaures copulant, retables à la gloire de Socrate et Giordano Bruno. « Chapelle » à l'étage, crypte au sous-sol autant de lieux où les fantasmes de l'artiste s'expriment sans retenue. Décoiffant !

Playa Sosua *(plan A-B2)* **:** *accès par le quartier de Los Charamicos. Parking payant. Chaises longues et parasol : 100 RD$.* Bien, vous êtes venu un peu pour cela, non ? Très belle plage, lorsqu'elle est nettoyée, qui s'étire sur 1 km environ, bordée d'une épaisse végétation et à l'écart de tout trafic automobile. Sous les arbres, plusieurs petits kiosques avec bars de plage, échoppes d'artisanat, restos de plage. Atmosphère agréable depuis que les touristes ne sont plus autant harcelés de toute part. En général, on trouve toujours de la place car c'est plutôt un rendez-vous familial où les locaux cohabitent sur le sable avec les quelques touristes.

Possibilité de varier les plaisirs à la ***playa Libre*** *(plan C1).* Accessible à pied du centre d'El Batey. Moins de monde, mais mer assez agitée et parfois dangereuse.

Plongée : on dénombre une vingtaine de sites différents dans la baie de Sosua et à proximité. La grande majorité se trouve à 5 mn de bateau seulement au départ de la plage. Parmi ceux-ci : Paradise, Chiquita Reef, Pyramids et Zingara, où l'on peut découvrir l'épave d'un bateau coulé par 40 m de profondeur (pour plongeurs expérimentés). Pour les accros de plongée seulement, car les sites ne sont pas exceptionnels.

Quelques clubs sérieux proposent plongées d'exploration et formations sur plusieurs jours, notamment :

■ ***Northern Coast Aquasports*** *(plan B2,* ***8****)* : *calle Pedro Clisante, 8. ☎ 809-571-1028. • northerncoastdiving.com • 4 plongées/j. à 9h, 11h, 13h et 14h30. Compter 60 US$ pour une plongée avec équipement fourni.* Centre PADI très sérieux tenu par Michael, un Irlandais francophone jovial et sa sœur qui connaissent les sites sous-marins sur le bout des palmes. Ils proposent toutes sortes de plongée *(diving)* et de snorkelling, selon votre niveau et le temps dont vous disposez. Instructeurs parlant l'espagnol, l'anglais et parfois le français.

CABARETE

À une quinzaine de kilomètres à l'est de Sosua, avec près de 4 km de plage frangée de cocotiers, voici la petite capitale de la planche à voile et du kitesurf, considérée comme l'un des meilleurs sites du monde. Petit village dominicain un peu en retrait dans les terres, l'endroit est devenu, avec les années, une station balnéaire étirée en longueur sur le littoral. L'étroitesse de la zone entre la mer et la route, l'importante urbanisation sur 2 km (hôtels, restaurants, discothèques, boutiques serrées les unes contre les autres), conjuguées au ballet automobile, accentuent l'effet de concentration humaine et touristique.
En fait, si la route bitumée constitue l'axe du « centre-ville », la vraie voie de transport de Cabarete, c'est la plage et la mer. Il est bien plus intéressant de découvrir la ville en marchant sur le sable qu'en flânant sur l'asphalte. Une vie sociale tranquille s'y développe au fil de la journée en fonction de l'heure. Sur la plage, une ribambelle de terrasses de cafés et de restos, aux tables et aux fauteuils confortables sous les cocotiers, avec des transats et des terrains de volley-ball.

WINDSURF ET KITESURF

La planche à voile ou windsurf, tout le monde connaît, mais le kitesurf ? Également appelé *kiteboard,* ou *flysurf* selon le pays, le kite se compose de deux éléments. Un flotteur de planche à voile et une aile de parapente – enfin... du même genre. Les pieds calés dans les *foot straps,* le surfeur surfe (normal !), tracté par l'aile gonflée de vent, 30 m plus haut et reliée par des fils à une barre tenue fermement par notre kitesurfeur, exactement comme un cerf-volant (*kite* signifie d'ailleurs « cerf-volant »). Les pratiquants, en prenant appui sur la vague, portés par l'aile, se soulèvent dans les airs de manière impressionnante, font des figures, du pur fun...
Pour la petite histoire, le principe de ce sport trottait déjà dans la tête de plusieurs inventeurs dans les années 1960. Mais ce n'est qu'en 1984 qu'il est devenu réalité, quand deux Bretons passionnés de sports nautiques, ***Dominique*** et ***Bruno Legaignoux,*** ont déposé le brevet de l'aile courbe à structure gonflable, qui permet de s'envoler dans les airs sans qu'elle ne se déforme. Ils ont résolu du même coup le problème de la retombée de l'aile dans l'eau.
La plage de Cabarete est tout simplement superbe, baignable et surtout très exposée au vent. Pour un débutant en kitesurf, le danger est autant de se faire emporter au large que de se faire ramener violemment vers la terre alors qu'on est en train de s'envoler dans les airs. Avec un vent de travers, le problème n'existe pas.
De même que les chiens et les chats ne font pas forcément bon ménage, les espaces où véliplanchistes et kitesurfeurs opèrent ne sont pas les mêmes.

Les kiteurs se réunissent sur la ***playa Goleta,*** à l'ouest de la ville, tandis que les autres se donnent rendez-vous dans la ***baie de Cabarete,*** devant le centre de la bourgade. Mais tant qu'il y aura du vent, on trouvera toujours par ici des kitesurfeurs, des windsurfers et des surfers tout court, épris de sensations fortes !
Deux sites internet à consulter : • *cabaretekiteboarding.com* • pour les amateurs de kitesurf et • *cabaretewindsurfing.com* • pour les véliplanchistes.

LE VENT DU SUCCÈS !

Pourquoi Cabarete est-il devenu l'un des meilleurs sites au monde de kitesurf, mais aussi de planche à voile ? Ici, le vent souffle parallèlement à la plage, ce qui fait qu'il y a moins de danger. Les surfeurs sont rarement emportés vers le large. En outre, le vent monte graduellement en force dans la journée et garde un souffle régulier.

Arriver – Quitter

En avion

✈ ***Aéroport international Gregorio Luperón :*** *à 21 km de Cabarete, à 17 km à l'est de Puerto Plata et à 6 km de Sosua. ☎ 809-291-0000. • aerodom.com • De l'aéroport, compter 25 US$ pour rejoindre Cabarete en taxi.* Sur place, divers services plusieurs loueurs de voitures.

En bus et taxi

➢ ***Santo Domingo-Sosua :*** *Caribe Tours* et *Metro* assurent des liaisons régulières et quotidiennes entre la capitale et Sosua. 14 bus/j., 5h20-18h20. Les bus s'arrêtent à Sosua mais ne continuent pas jusqu'à Cabarete. Billet de bus : Santo Domingo-Sosua avec arrêt à Santiago : 320 RD$. Durée : 4h30-5h.

➢ De Sosua, il faut donc prendre un ***taxi*** (aller 15 US$) pour gagner Cabarete par la route. On peut aussi prendre une ***guagua*** de 12 places ou une ***moto-concho*** (taxi-moto) pour 20 RD$, le double après le coucher du soleil.
Pour contacter les compagnies de bus et connaître les horaires, se reporter au chapitre « Sosua ».

Adresses et infos utiles

Dans la rue principale, on trouve de nombreuses ***banques*** avec ***distributeurs,*** des ***centres Internet,*** plusieurs ***farmacias,*** des points de départ des ***motos-conchos*** (on les trouve partout). Et puis un ***supermercado Rosa*** à l'entrée du village, sur la droite (quand on vient de Sosua).
– Deux sites Internet à consulter pour obtenir plein d'infos touristiques : • *untrips-dr.com* • et • *activecabarete.com* • en anglais.

■ ***Banco Popular*** *(plan A2,* ***1*** *) : à côté du café-resto Albatros. Lun-ven 9h-17h, sam 9h-13h.* Distributeurs extérieurs.

■ ***Banco BHD*** *(plan A1,* ***2*** *) : calle Principal, en face des restos Chino et Sandros. Lun-ven 8h-17h, sam 9h-13h.* Distributeurs.

■ ***Politur*** *(police touristique) : ☎ 809-571-0810.*

✚ ***Médecins/Servi-Med*** (plan A-B1-2, ***3***) *: sur la route principale. ☎ 809-571-0851. Ouv 24h/24.* Petite clinique où travaillent plusieurs médecins. Le meilleur lieu pour se faire soigner dans le secteur. Également le ***Centro Medico Cabarete*** : *sur la route Cabarete-Sosua, à env 1 km du centre. ☎ 809-571-4696.*

■ ***Lavanderia Sergio*** *(plan A1-2,* ***4*** *) : calle Principal, à gauche du Palm Beach Condos et de la banque BHD. Au 1er étage d'un petit immeuble en béton jaune.*

■ ***Supermercado Janet's*** (plan B1, ***5***) *: lun-sam 8h-20h, dim 8h30-13h.*

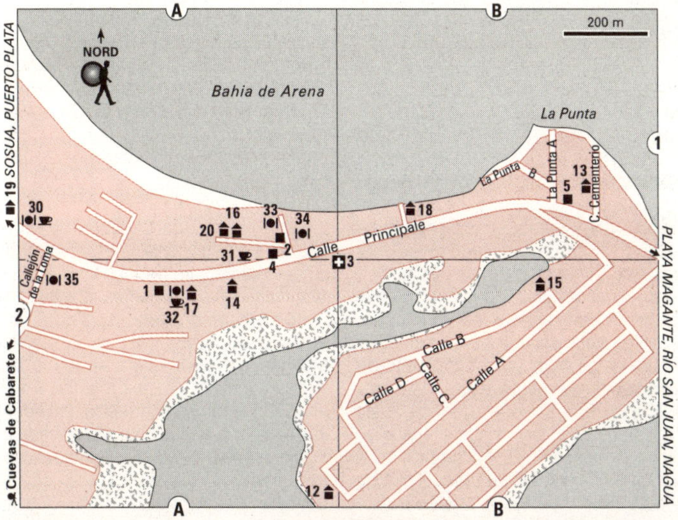

CABARETE

Adresses utiles	17 Albatros Condo-Hotel
1 Banco Popular	18 Sans Souci Beach Apartments
2 Banco BHD	19 Kite Beach Hotel
3 Médecins/Servi-Med	20 Villa Taïna
4 Lavanderia Sergio	**Où manger ? Où prendre un petit déj ?**
5 Supermercado Janet's	30 Cabarete Company
Où dormir ?	31 Panaderia Dick
12 Laguna Park Hostel	32 Belgium Bakery
13 Casa Blanca Hotel	33 Pomodoro
14 Hotel Kaoba	34 La Casita de Papi
15 Ali's Surf Camp	35 Restaurant Bliss
16 Le Reef Beach Condos (Club Nathalie Simon)	

Où dormir ?

Tous les hôtels sont situés le long de la route principale, qui constitue de fait l'unique rue de Cabarete, soit côté plage (les plus chers), soit côté route.

– ***Avis aux kiteurs :*** ceux qui souhaitent séjourner à Cabarete durant une assez longue période prendront un hôtel pour une nuit et, le lendemain, chercheront une maison à partager en négociant avec les habitants ou les autres adeptes de kite dans les bars. Le partage de maison est un mode de logement très habituel dans le coin et on en trouve assez facilement. Inutile de préciser que ça coûte beaucoup moins cher.

De bon marché à prix moyens (moins de 1 000-2 500 RD$ / env 17,50-46 €)

Laguna Park Hostel *(plan A2,* ***12****)* **:** *calle Castillo, ProCab.*

☎ *829-804-6640.* • *hostellagunapark.com* • *En venant du centre par la route principale vers Río San Juan, au niveau de* Janet's Supermercado, *tourner à droite. Suivre le chemin de terre sur env 1 km (jusqu'au bout). Nuitée en dortoir (6-8 lits) env 12-15 US$; double privative 39 US$.* Une auberge de jeunesse exceptionnelle ! Un peu isolé dans la nature, ce petit *castillo* en brique rouge semble ancien, en fait il est tout neuf, à la déco moderne et très colorée. Dortoirs impeccables et soignés, avec ventilo, casiers et douche. Chambres privatives avec lit king size. On y trouve aussi une belle piscine, un resto, un potager bio et une salle de gym sportive. Ambiance jeune et dynamique au bar. L'*hostel* possède aussi un centre de kitesurf sur la plage et propose des sorties à prix sages.

Casa Blanca Hotel *(plan B1,* ***13****)* **:** *à la sortie est de Cabarete, en direction de Río San Juan, juste à droite du* supermercado Janet, *côté plage (mais proche du bord de route).* ☎ *809-571-0934.* *809-935-0809.* • *casablancacabarete.com* • *Doubles env 33-50 US$ selon confort et saison ; apparts (avec cuisine) 45-70 US$/j. Petit déj en sus 6-7 US$.* Tenue par un couple de Canadiens anglophones, cette bonne grosse maison blanche de 15 chambres, de style hispanique, abrite des chambres sans prétention propres et bien aménagées, et d'un bon rapport qualité-prix. Certaines sont simples, parfois même un rien vieillottes, alors que d'autres s'avèrent presque pimpantes (et avec AC). En tout cas, éviter celles dont les fenêtres sont proches de la route, et préférer celles avec petite terrasse sur la piscine. ***Café Claro*** en annexe pour un petit déj, de 8h à 14h.

Hotel Kaoba *(plan A2,* ***14****)* **:** *calle Principal.* ☎ *809-571-0300.* • *kaoba.com* • *En plein Cabarete, dans la rue principale, côté opposé à la plage. Doubles env 34-56 US$ selon confort et saison ; grands studios à partir de 45 US$ et petits apparts 70 US$, sans petit déj ; plus cher pdt les vac scol.* Constitué d'une trentaine de bungalows proches les uns des autres, sous les bananiers et les palmiers d'un vaste jardin tropical. Avec ses tarifs modérés, cet hôtel présente un intéressant rapport qualité-prix. Les chambres sont toutes bien équipées (ventilo ou AC), la plus petite mesure 23 m², la plus grande (studio) 45 m².

Ali's Surf Camp *(plan B2,* ***15****)* **:** *calle B,* ☎ *829-548-6655.* • *alissurfcamp.com* • *Prix variables selon confort et saison, compter en moyenne 25 US$/pers et par j. en ½ pens. Loc longue durée.* Une trentaine de bungalows jusqu'à 5 personnes (et apparts 3-8 personnes) un peu à l'écart et disséminés dans une nature luxuriante. Tous sont bien agencés, colorés et équipés de moustiquaires. Terrasse, chaises en rotin. Clientèle jeune de surfeurs. Resto-terrasse rustique (midi et soir) avec cuisine ouverte sous une large palapa. Spécialité de grillades. Super accueil, le tout dans une chaude ambiance. Organisation de cours de surf.

De prix moyens à chic (jusqu'à 4 000 RD$ / env 74 €)

Le Reef Beach Condos *(Club Nathalie Simon ; plan A1,* ***16****)* **:** *front de mer, au niveau de l'hôtel* Villa Taïna. ☎ *809-571-0848.* • *le-reef.com* • *cns-cabarete.com* • *Appart env 25-65 US$/pers et par nuit, selon confort et saison, avec petit déj ; loc pour 4 pers et min 4 j. de préférence.* Cette adresse regroupe un hôtel-appartement *(Le Reef's Condos)* spécialement conçu pour les kitesurfeurs, un café *(The Loop)* et un club francophone multisport (planche à voile, kitesurf, surf, *stand-up paddle,* équitation, kayak). La déco est soignée, fonctionnelle et design à la fois (petite terrasse donnant sur la plage). Demandez la très sympathique Caroline Ponti, une Suisse francophone grande amatrice de sports nautiques. Les moniteurs sont tous agréés et d'un très bon niveau.

Albatros Condo-Hotel *(plan A2,* ***17****)* **:** *calle Principal, côté rue.* ☎ *809-571-0841.* • *hotel-cabarete.com* • *À l'entrée en venant de Sosua, sur la droite, donc côté route, entre le* Banco Popular *et l'*Hotel

LA CÔTE NORD

Kaoba. *Doubles env 50-60 US$ selon confort et saison ; apparts 2-6 pers 110-175 US$/j. ; pas de petit déj, mais croissanteries à proximité.* Autour d'une belle piscine, il abrite des chambres, des studios, des appartements (3-6 personnes) avec cuisine, et des *penthouses* mieux décorés encore et donc plus chers (au 2e étage). Cadre verdoyant, bon accueil, confort et bons équipements.

De plus chic à très chic (4 000-6 000 RD$ et plus / env 74-111 €)

Sans Souci Beach Apartments *(plan B1, **18**) : juste vers la sortie est de Cabarete, à 500 m du centre, côté plage.* ☎ *809-571-0613.* • *sanssoucicabarete.com* • *Penser à réserver 2 mois à l'avance ! Doubles 62-154 US$/j. et par pers selon confort.* Grand panneau « Plaza Sans Souci ». Il s'agit, d'un ensemble de 5 petits édifices (*Casa, Surf, Villa, Park* et *Playa*) situés à l'est du centre-ville, les uns à côté des autres, au bout d'une petite impasse. *Park* et *Surf* sont les moins chers, un peu sur l'arrière de la plage. *Casa Sans Souci* est le mieux situé et le plus confortable, face à la plage. Toutes les chambres sont dotées de salle de bains, TV câblée, frigo, la plupart avec balcon ou terrasse sur la mer. Les appartements ont également une vraie cuisine. Peut être une solution intéressante pour les routards au petit budget voyageant à plusieurs. *Sans Souci* possède d'autres hébergements répartis tout au long de la rue principale de Cabarete, mais on ne les conseille pas, car certains sont situés trop près de la route.

Kite Beach Hotel *(hors plan par A1, **19**) : carretera Sosua, à l'entrée ouest de Cabarete, env 1,5 km avt le centre-ville, directement sur la plage, sur la gauche.* ☎ *809-571-0878.* • *kitebeachhotel.com* • *Doubles 49-105 US$ selon confort et saison ; studios et apparts pour 2 pers env 95-145 US$; également des apparts et* penthouses *luxueux avec jacuzzi privé ; ces tarifs incluent un copieux petit déj-buffet. CB acceptées mais taxées.* Un hôtel de *riders* chic, c'est-à-dire vraiment dédié aux kitesurfeurs. Bâtiments modernes, avec balcon, voire terrasse pour certains. Chambres impeccables, lumineuses et très bien équipées, avec AC (sauf les *budget rooms*, moins chères), TV câblée, etc. Œuvres modernes et mobilier ad hoc. Petite piscine agréable. Snack-bar-terrasse dominant la plage, idéal pour voir évoluer les kitesurfeurs.

Villa Taïna *(plan A1, **20**) : sur la route principale, dans le centre, côté plage.* ☎ *809-571-0722 ; nº gratuit (sur place) : 877-584-5053.* • *villataina.com* • *Côté piscine, doubles 133-148 US$; avec vue sur l'arrière, 97-128 US$, petit déj-buffet compris. (à la réception).* Un hôtel à taille humaine (une soixantaine de chambres), très bien situé et donnant sur la plage. Un vrai effort de déco, tant dans le *lobby* (évocation de la civilisation taïno) que dans les chambres, spacieuses, soignées et confortables (AC, TV câblée, coffre, minibar...). Piscine pas bien grande mais accès direct à la plage, où l'on trouve le resto. Une très bonne adresse.

Où manger ? Où prendre un petit déj ?

De bon marché à prix moyens (moins de 400-800 RD$ / env 7,50-15 €)

Quelques gargotes bon marché dans le petit quartier authentiquement dominicain appelé *Callejón* et situé à l'ouest du village, à l'entrée de celui-ci.

Cabarete Company *(The Mariposa Foundation, A1, **30**) : sur la route nº 5, en sortant de la ville vers Sosua.* ☎ *809-571-0919.* • *cabaretecoffee company.com* • *Tlj 7h-15h.* Patricia Thorndike Sariel vit depuis 1992 à

Cabarete. Elle a pris fait et cause pour sa ville d'adoption en se lançant dans l'action sociale et l'écotourisme. Objectif : promouvoir le tourisme responsable, lutter contre la pauvreté extrême et l'exclusion, favoriser l'éducation des filles. Si vous voulez soutenir cette action, rendez-vous à la boutique-snack-cafétéria de Patricia, produits locaux et petite restauration. Organise aussi des *fishing tours* en famille.

Panaderia Dick *(plan A1-2,* ***31****) : calle Principal, face à la plaza El Patio. ☎ 809-571-0612. Tlj sf mer 7h-17h.* La route est bruyante, mais une fois dans la salle, on oublie ce vacarme pour apprécier les croissants, les petits pains sortis du four, et le café expresso. Ces bonnes viennoiseries sont fabriquées sur place par le patron. Bref, un excellent endroit pour le petit déj. Et l'accueil est remarquable de dynamisme et de gentillesse.

Belgium Bakery *(plan A2,* ***32****) : plaza Popular, près du* Banco Popular. *829-571-8198. Tlj 6h30-19h. Grand parking.* Un peu à l'écart, mais c'est un lieu agréable et spacieux pour prendre le petit déj, manger un sandwich ou un plat à midi. On y sert aussi des pâtisseries et un excellent expresso. Terrasse extérieure.

Pomodoro *(plan A1,* ***33****) : au niveau du* Banco BHD, *prendre un étroit chemin piéton, marcher 50 m vers la plage. ☎ 809-571-0085. Tlj à partir de 11h en hte saison, slt le soir le reste de l'année.* Comme ses voisins, il donne directement sur la plage, où des tables sont installées sous les cocotiers. Très bon accueil. Voici un authentique resto italien avec une cuisine ouverte et des plats savoureux : bonnes pizzas à la pâte goûteuse, pâtes fraîches. Le jeudi, musique jazz *en vivo* (par un vrai groupe local).

Plus chic (plus de 1 300 RD$ / env 22 €)

La Casita de Papi *(plan A1,* ***34****) : dans le centre, directement sur la plage. ☎ 809-986-3750. Tlj sf mar, jusqu'à 23h.* Salle très séduisante, bien décorée et ouverte sur la plage, avec des tables à l'intérieur ou sur le sable. À choisir ! Accueil jovial, et cuisine goûteuse et bien mijotée. On y sert en priorité des produits provenant de la mer. Spécialité : les *camarones* à la crème et au pastis *(a la Papi)*, certainement un grand souvenir gastronomique de vos vacances.

Restaurant Bliss *(plan A2,* ***35****) : callejón de la Loma. ☎ 809-571-9721. En sortant de la station vers Sosua, au niveau de l'*Ocean Dream Resort *(à droite), prendre une route à gauche, le resto se trouve 50 m plus loin, sur la gauche. Tlj sf mer, le soir slt, 18h-23h.* L'adresse chic de Cabarete, un resto doublé d'un *lounge bar.* Au cœur du village dominicain, un charmant restaurant de caractère où les convives dînent dans un patio intérieur, auprès d'une jolie piscine éclairée le soir. Le chef propose une cuisine italienne délicate et savoureuse avec des plats bien étudiés : gaspacho de crevettes et avocat, risotto de la mer, *churrasco* au poivre vert. Excellents desserts. Essayez le Picasso, une sélection de desserts pour 2. Dans l'esprit de la cuisine fusion, on y sert aussi des plats internationaux. Belle carte des vins italiens.

Où boire un verre ? Où sortir ?

Tout se passe sur la plage même. Cabarete, c'est le rendez-vous des adeptes des sports de glisse... jeunes en général ! Ici donc, on vogue la journée au gré des flots et on sort le soir. Les bars-restaurants-boîtes dansantes sont concentrés dans le centre, le long de la plage. Les lieux animés et enfiévrés ne manquent pas, surtout les soirs de week-end, et ils ferment tous entre 2h et 3h du matin. Allez, en tout, une bonne quinzaine d'endroits où passer un bon moment.

On peut citer le ***Voyvoy,*** puis vers l'ouest l'***Onno's Bar,*** à la jolie ambiance éclairée à la bougie, qui reste un des lieux de rendez-vous nocturne de la ville. Ensuite le ***Miró,*** plus prétentieux, le ***LAX,*** assez branché et réputé notamment pour ses mojitos, à siroter sur la belle terrasse ; le ***Jose O'Shay's,*** un vrai pub irlandais avec pas mal de bières au choix, et bien d'autres... Allez, en tout, une bonne quinzaine d'endroits où passer un moment.

Dans le village dominicain, dans le ***callejón de la Loma*** *(plan A1-2),* quelques adresses improbables autant que populaires, bouts de pistes de béton coiffées de tôles ondulées. Certains soirs, la sono joue à fond et on y danse le *merengue* et la *bachata.* Amusant et typique.

À voir. À faire

Cuevas de Cabarete *(hors plan par A2)* **:** *à l'entrée ouest de Cabarete.* ☎ *809-984-9823. Tlj 9h-17h. Entrée : 20 US$. Le tarif inclut la visite guidée via un petit sentier botanique menant aux grottes : sympa si le guide est compétent, mais bon, un peu cher payé tt de même !* Le véritable intérêt de la visite, c'est qu'il est possible de se baigner dans l'eau d'une des deux grottes. Vous pouvez aussi vous contenter de la balade par les chemins de colline, à un prix modique. Mais il vous faudra tout de même prendre un guide.

Multisports

Si vous préférez le surf au kitesurf, rendez-vous à ***playa Encuentro,*** à 6 km de Cabarete. Vous pouvez vous y rendre en taxi ou moto-*concho* jusqu'à l'hôtel du même nom, puis marcher ensuite une quinzaine de minutes. Sur le spot, il y a différents loueurs de matériel et l'ambiance est très décontractée. Beaucoup d'adeptes en toute saison.

■ ***Club Nathalie Simon*** *(Le Reef Beach Condos)* **:** *sur le front de mer, au niveau de l'hôtel* Villa Taïna. ☎ *809-571-0848.* • *cns-cabarete.com* • Demandez la sympathique Caroline Ponti, une Suisse francophone. Club francophone proposant plusieurs activités sportives : planche à voile, surf, kitesurf, catamaran, kayak de rivière, plongée *(diving)* avec masque et tuba, équitation, canyoning... Pour le kitesurf, package de 3 jours *(6h d'instruction ; compter 315 US$/pers, tt inclus).* Les instructeurs sont tous agréés et de très bon niveau.

■ ***Iguana Mama*** **:** *sur la route principale, un peu à l'est du centre.* ☎ *809-571-0908 ou 809-571-0734.* • *iguanamama.com* • Canyoning, rafting, circuit à VTT. Agence très sérieuse et fiable qui propose toutes sortes d'activités sportives en général à la demi-journée, avec transfert et retour à Cabarete. Pratique notamment pour ceux qui veulent faire du raft à partir de Jarabacoa mais ne possèdent pas de véhicule pour s'y rendre. Pour le canyoning, le site se situe à environ 30 mn de Cabarete. Belle rando à VTT également. Prix très variables selon les activités.

Kitesurf *(kiteboard)* et windsurf

– ***Kitesurf*** **:** c'est donc l'enfant naturel d'une planche à voile et d'un parachute en forme de croissant. Si vous êtes sportif, essayez ; sinon admirez, c'est spectaculaire ! À 1 km de Cabarete en allant vers Sosua, il y a plusieurs centres de kitesurf.

■ ***Kite Club Cabarete*** **:** *à 100 m du* Kite Beach Hotel. ☎ *809-571-9748.* École de kite juste devant la partie de la plage dédiée à ce sport. En général, toujours un instructeur francophone.

■ ***Cabarete Windsports Club*** **:** *sur la plage, juste devant l'hôtel* Villa Taïna. ☎ *809-571-0784.* • *cabaretewindsportsclub.com* • Franz est un Allemand présent à Cabarete depuis bien longtemps. Toujours un instructeur parlant le français.

– ***Windsurf (planche à voile) :*** si Cabarete est La Mecque du kitesurf, on y pratique également la planche à voile, sur la partie de la plage située un peu à l'est du cœur de la ville.

■ ***Vela Windsurf :*** *dans le centre, sur la plage. ☎ 809-571-0805. • vela cabarete.com • Cours privé de 3h env 165 US$ et 125 US$ en groupe, matériel inclus.* Le sérieux d'un club tenu par des Anglo-Saxons. Ils proposent une collection de près de 125 planches ! Cours sous forme de forfaits et location de matériel. Inclut une boutique et un bar.

■ ***Cabarete Windsports Club :*** *sur la plage, juste devant l'hôtel* Villa Taïna. *☎ 809-571-0784. • cabaretewind sportsclub.com •* Voir également plus haut les cours de kitesurf. Franz donne des cours de planche à voile et loue du matériel de bonne qualité.

Plongée sous-marine

■ ***Dive Cabarete :*** *calle Principal. ☎ 809-915-9135. • divecabarete. com • Tlj sf dim 10h-18h. Plongée avec masque et tuba (snorkelling) à partir de 35 US$/pers ;* Scuba diving *(plongée profonde avec bouteille) à partir de 85 US$/pers.* Une très bonne agence de plongée sous-marine à Cabarete. Moniteurs agréés ayant tous le niveau PADI.

PLAYA MAGANTE

Loin des circuits touristiques classiques, à environ 38 km de Cabarete sur la route de Río San Juan. Après la playa Rogelio, une route part sur la gauche et mène à la playa Magante qui se situe 1,5 km plus loin. L'embranchement est bien signalé par de grands panneaux publicitaires indiquant les restaurants *Los Gringos* et *Bahia Esmeralda.* Bordée de cocotiers et d'une belle mangrove, voici une longue plage sauvage et encore vierge, avec quelques belles adresses pour y séjourner.

Où dormir ? Où manger ?

De prix moyens à plus chic

Les 2 adresses de la playa Magante se situent l'une à côté de l'autre, assez espacées, le long de la plage, au cœur d'une belle bananeraie.

Los Gringos : *809-841-5606 ou 809-757-9963. • losgringosdr. com • Juste 3 bungalows, 2 apparts et une villa de 4 chambres ; 80 US$ pour 2, petit déj compris ; tarif dégressif à partir de 3 nuits. Plats env 450-750 RD$.* Adresse idéale pour ceux qui cherchent le calme. Spacieux, charmants, tout en bois et feuilles de palme, les bungalows sont bien aérés, et disposent d'une grande baie vitrée face à la mer et d'une terrasse avec hamacs. Resto de poisson sous de petites paillotes. Le chef belge, Patrick, concocte de savoureux petits plats (calamars *a la romana,* filet de mérou et paella...). Pêche, plongée et balades à cheval au coucher de soleil.

Restaurant La Taverna Bavaria : *☎ 809-223-4251. Ouv tlj mais fermé le soir si pas de résa à 17h. Plats env 300-400 RD$.* Bávaroise et retraitée, la joviale Gisela vit ici, seule avec son chien. Sa passion, c'est la cuisine. Elle tient ce petit resto, planté sous les cocotiers, au bord de la plage, où elle sert des plats de la mer mijotés à sa façon. Et aussi des spaghettis et des spécialités allemandes.

RÍO SAN JUAN

15 000 hab.

À une cinquantaine de kilomètres à l'est de Cabarete, cette grosse bourgade de pêcheurs est située à l'écart des zones hôtelières et du tourisme de masse. Maisons modestes et colorées, voire pauvres, quelques commerces (dont des poissonneries), des troquets de marins d'où sort la musique dès 9h... L'ambiance est paisible et nonchalante, loin de l'agitation des grandes villes. Une petite communauté d'origine française et québécoise y vit depuis quelques années.

Où dormir ? Où manger ?

De bon marché à prix moyens

Hotel Bahia Blanca : *calle Gaston F. Deligne. ☎ 809-589-2563 ou 2562. • bahia.blanca.dr@claro.net.do • Double env 1 400 RD$; petit déj en sus.* Sur une avancée rocheuse dominant la mer, voici un hôtel tout blanc d'une vingtaine de chambres, tenu par une Québécoise volubile, installée ici depuis longtemps. Les chambres auraient besoin d'une rénovation, mais elles peuvent convenir si l'on n'est pas trop exigeant. Ventilo, douche et w-c (eau chaude), et belle vue pour la plupart. Situation privilégiée en bordure d'une jolie plage. Extension annoncée d'une dizaine de chambres dans un jardin agréable avec piscine. Peut organiser des sorties de pêche au gros.

La Table de Marianne : *calle Duarte, 15, à droite presque en arrivant sur la lagune. ☎ 829-494-4445. Tlj sf jeu 8h-17h.* Un petit local sans prétention qui propose de bonnes viennoiseries maison, sandwichs (avec baguette), pain frais, etc. Savoureux jus de fruits, smoothies, crème glacée et crêpes pour une pause sucrée. Sur place ou à emporter.

Restaurant Estrella : *calle Duarte, 7-9, à droite presque en arrivant sur la lagune. ☎ 809-589-2303. Tlj 6h-23h. Cuisine dominicaine avec plato del día autour de 180 RD$; carte 350-600 RD$.* La meilleure adresse de la ville. Une maison en bois colorée, attenante à une grande et jolie paillote ouverte et aérée. Bon accueil jovial. On y vend des croissants et du pain le matin. C'est surtout une bonne table franco-dominicaine. Le propriétaire est un expatrié français qui soigne la qualité. Il choisit ses produits selon le marché. La carte varie au fil des saisons. Savoureuse cuisine à prix sages.

À voir. À faire

Les plages : la **playa Caletón,** à 1,5 km de Río San Juan vers l'est, est vraiment superbe. *Pour y aller, attention, le panneau « Brugal playa Caletón » est sur la droite (mais il faut tourner à gauche) et peu visible. Un chemin y mène en 400 m.* Petite plage vraiment charmante, en arc de cercle, fermée par des rochers rongés par l'eau, bien ombragée et qui descend en pente douce. Sur l'arrière, petit *comedor* et buvette sympa.

Plus loin, la **playa Grande,** à environ 8 km de Río San Juan, est notre plage préférée. *Petit panneau « Playa Grande » sur la droite (mais, là aussi, tourner à gauche). Faire env 300 m et la plage est là, sur la gauche, en bord de route.* Bordée de cocotiers et d'*uvas de playa.* Plus aussi sauvage et isolée qu'auparavant, des constructions nouvelles l'ont grignotée à l'ouest. Une bonne dizaine de *comedores,* sur la gauche (boissons, poisson grillé...).

Laguna Gri-Gri : *dans le centre de Río San Juan, embarquement au bout de la calle Duarte. Infos : ☎ 809-589-2277. Tlj 8h-18h. Compter 1 500 RD$ pour le bateau (3-6 pers) ; pour 2 pers, env 1 200 RD$.* Une des excursions les plus intéressantes de la région (1h15-1h30 environ). On peut faire cette balade à n'importe quel moment de la journée (jusqu'à 17h), mais c'est plus conseillé dans la matinée. Les bateaux à moteur vont jusqu'à l'océan en traversant une belle forêt de palétuviers. On peut admirer aussi la *piscina natural* (eau bleue transparente et sable blanc) et observer des oiseaux, notamment des sortes de vautour. Incursion dans une petite grotte, puis arrêt baignade dans une jolie crique *(playa Calejón).*

DE RÍO SAN JUAN À NAGUA

Route de 58 km (environ 1h) en excellent état, qui longe un littoral découpé ayant jusqu'à présent échappé à l'urbanisation. En cours d'itinéraire, des secteurs bordés de falaises, un gentil petit parc, *Cabo Frances Viejo,* et *Cabrera,* un autre village de pêcheurs moins intéressant que Río San Juan. Plusieurs plages pour se baigner : *La Preciosa, El Bretón, playa Diamante* (très mignonne, qui descend en pente très douce et fermée par une barrière de corail), *playa Entrada, playa Bonita, playa Boca.* Vers Nagua, on traverse de jolies palmeraies ourlant des plages désertes. Attention, elles sont parfois dangereuses (courants violents). Quant à Nagua, située une cinquantaine de kilomètres à l'ouest de la péninsule de Samaná, c'est une importante ville-carrefour qui constitue le point de jonction pour la péninsule et San Francisco de Macoris. Cependant, vous n'y traînerez guère : rien à faire, rien à voir.

Arriver – Quitter

Bus depuis/vers Nagua

Terminal Caribe Tours : *calle 27 de Febreto et Mercedes Bello. ☎ 809-584-4505. Tlj 6h45-19h30.*

➢ ***Santo Domingo :*** une dizaine de liaisons/j., 7h-17h. Trajet : 2h30 par la nouvelle autoroute Juan Pablo II.

➢ ***Sánchez et Samaná :*** env 3 départs /j. Durée : 30 mn pour Sánchez, 1h pour Samaná.

➢ ***Río San Juan :*** 6 départs/j., 9h-18h. Durée : 1h.

Où dormir ? Où manger chic sur la route ?

Hotel La Catalina : *à env 20 km de Río San Juan vers l'est (panneau sur la route). ☎ 809-589-7700. • lacatalina.com • Double env 110 US$ (taxes incluses), petit déj en sus. Resto sur place.* Une excellente adresse, assez chic, très accueillante et d'un bon rapport qualité-prix. Sur une colline verdoyante dominant l'horizon, des pavillons disséminés dans un grand jardin luxuriant. Appartements ou chambres (avec AC), tous sont très confortables, soigneusement aménagés, avec balcon et une vue imprenable sur la mer. 2 piscines et tennis. Salle à manger à niveaux particulièrement plaisante et terrasse de rêve pour les douces soirées. Au restaurant assez haut de gamme, le menu change chaque jour. Le chef (formé par un Français) propose une bonne cuisine internationale. Bibliothèque, billard, yoga, gym et navette pour la plage 2 fois par jour (payant).

LA PÉNINSULE DE SAMANÁ

Longue d'une soixantaine de kilomètres et large de vingt, la péninsule de Samaná concentre toutes les beautés et tous les contrastes de l'île. Sur une superficie somme toute réduite, on y trouve à la fois la montagne, la forêt tropicale exubérante, de merveilleuses baies et plages sauvages, et quelques villages quasi intacts, cohabitant de façon équilibrée, harmonieuse... Le tout séparé au milieu par une cordillère d'une moyenne de 400 m d'altitude (point culminant, le *monte La Meseta* à 605 m).

Le climat y est fortement tempéré par les alizés et il y pleut un peu plus que dans le reste du pays, d'où cette riche végétation. Étant donné l'étroitesse de la péninsule, cela donne parfois des côtes à grimper assez proches des cols du Galibier ou du Tourmalet. Venir en République dominicaine sans passer quelques jours dans la péninsule constituerait, à notre humble avis, une vraie faute de goût !

Au chapitre des merveilles naturelles de la péninsule, citons l'émouvante observation des baleines (entre mi-janvier et mars), la balade à la cascade d'El Limón, la plage Cosón à Las Terrenas, sans oublier le parque nacional de Los Haïtises, au sud de la baie. Et puis bien d'autres sites à découvrir avec du sable entre les doigts de pied.

UN PEU D'HISTOIRE

Le 12 janvier 1493, Christophe Colomb (encore lui !) découvrit la baie de Samaná. Dans son journal de bord, il est écrit : « Parvenu à la hauteur du cap de l'Amoureux, il vit que s'ouvrait entre les deux promontoires une immense baie de trois lieues de large, au milieu de laquelle était un îlot minuscule. » Là, l'accueil des Indiens ciguayos fut nettement moins chaleureux que celui des Taïnos. Première bataille du Nouveau Monde : sept Espagnols contre une bande d'Indiens. Les conquérants furent reçus par une nuée de flèches. Hernando Colón, fils de Christophe Colomb, a raconté la scène dans ses mémoires : « En souvenir de la lutte qui avait eu lieu en cet endroit et des armes dont se servaient les Indiens, l'Amiral changea le nom du golfe de Samaná, que lui donnaient les indigènes, en celui de golfe des Flèches. »

Bien plus tard, au début du XIXe s, quand le traité de Bâle attribua la partie hispanique de l'île à la France, l'administration napoléonienne songea un temps à transférer la capitale dans la péninsule et projeta de rebaptiser Santa Bárbara

de Samaná en *Port Napoléon.* Le musée de las Casas Reales (à Santo Domingo) conserve un plan dessiné de cette nouvelle ville quadrillée qui ne vit jamais le jour. Peu après, en 1809, l'éviction rapide de la France de la région annula ce projet.
Au cours du XIXe s, des esclaves noirs américains, en fuite ou libérés, échouèrent sur les côtes de la péninsule de Samaná et s'y fixèrent. On retrouve d'ailleurs la trace de ces origines américaines, tant dans les patronymes des habitants, à consonance anglaise, que dans les nombreux lieux de culte biblique.

LE DESTIN D'UNE PÉNINSULE

Longtemps isolée par l'absence d'infrastructures routières, cette presqu'île resta à l'écart du modernisme et, de fait, du tourisme intensif. Au début des années 1980, quelques Français aventureux, en rupture d'Antilles trop civilisées, découvrirent le site et s'y installèrent. D'autres vinrent s'établir là pour se refaire une nouvelle vie ou tout simplement pour soigner le stress urbain. Et aussi quelques poètes, artistes et artisans y puisant dans la nature une nouvelle inspiration... Ajoutons à cette petite « colonie » française pas mal d'Italiens, venus dans le sillon des *Frenchies,* et enfin des cousins québécois tombés en amour pour ces plages paradisiaques, ces quelques arpents de fougères arborescentes et d'*uvas de playa* nourries d'eaux cristallines !
Aujourd'hui, la péninsule est devenue le port d'ancrage d'environ 3 000 Français, en grande majorité regroupés à Las Terrenas et de plus en plus à Las Galeras, la plupart intégrés dans la vie dominicaine qui se colore d'habitudes hexagonales. La majorité travaille dans le tourisme, la restauration, l'hôtellerie, le commerce et l'immobilier, contribuant à dynamiser fortement l'économie locale... et à faire flamber les prix. Ceux qui ont fait leur trou ici savent pourtant que rien n'est simple, même et peut-être surtout sous le soleil.
Du strict point de vue socio-ethnologique, cette forte émigration française (tout est relatif) est un phénomène finalement assez rare dans le monde pour être regardé avec intérêt. Et si certains disent de Las Terrenas : « Trop de Français ! », certes, mais on peut aussi répondre que d'autres sites dans la péninsule sont encore très tranquilles et peu fréquentés, comme à Las Galeras et sur les plages alentour.
Cependant, on peut dire aujourd'hui qu'une page de l'histoire de la péninsule, et particulièrement de Las Terrenas, a été tournée avec l'ouverture de l'autoroute reliant la presqu'île à la capitale en 2008, et surtout son prolongement en 2011 par le « boulevard de l'Atlantique », sur la côte. Le tourisme s'est accru ces dernières années, attirant notamment une nouvelle clientèle de riches Dominicains venus de la capitale. Ce coin de terre et de mer qu'on pensait gentiment voué à l'oubli semble être bousculé par l'essor du tourisme. Mais malgré son développement, la péninsule conserve une certaine nonchalance et un art de vivre tout en décontraction, dont chacun peut profiter avec plaisir.

Arriver – Quitter la péninsule

En voiture

➢ ***De Santo Domingo à l'entrée de la péninsule :*** compter 1h30 de route en empruntant l'***autoroute*** *(autopista).* Elle se prend sur la route de l'aéroport Las Americas et se termine à celle de l'aéroport d'El Catey, avant Sánchez. Qu'on arrive du centre de Santo Domingo ou de l'aéroport, on doit emprunter une sorte de rampe qui descend et qui est indiquée au dernier moment (et pas de demi-tour possible pendant 20 km !). Ensuite c'est fléché. Puis environ 100 km de route fraîchement asphaltée, avec 3 péages (au total, env 430 RD$). On trouve des stations-service aux 2 entrées de l'*autopista,* et une au niveau de l'embranchement pour Monte Plata.
– ***Important :*** ce n'est pas une autoroute comme on l'entend

LA PÉNINSULE DE SAMANÁ

communément. Il s'agit d'une route asphaltée à 2 voies (parfois une seule), dont la vitesse est strictement limitée à 80 km/h, et jusqu'à 50 km/h lorsque l'on traverse le parc national des Haïtises. La police utilise des radars manuels, et les contrôles sont fréquents, en particulier le samedi, pendant les périodes de vacances ou les week-ends fériés. Vous êtes prévenu !

➢ ***Pour Las Terrenas :*** depuis la sortie de l'*autopista,* on peut emprunter le récent boulevard de l'Atlantique – un « billard » de 23 km qui longe en partie le littoral et vous coûtera env 510 RD$ supplémentaires (!). On peut aussi prendre la route via Sánchez, peut-être un peu moins rapide, mais tout aussi pittoresque et beaucoup plus économique (elle est gratuite !). Pour rejoindre le sud de la péninsule, poursuivre la route 5 (asphaltée) en passant par Sánchez jusqu'à Santa Bárbara de Samaná et Las Galeras.

➢ ***Alternative, depuis Santo Domingo :*** pour ceux qui souhaitent emprunter le chemin des écoliers, emprunter la route passant ***par San Francisco de Macoris.*** Dans ce cas, prendre l'autopista Duarte en direction de Santiago. Environ 13 km avant d'arriver à La Vega, emprunter la route de San Francisco de Macoris, puis continuer par la route 132 en direction de Nagua, en passant par Pimentel. La route est bitumée, avec quelques nids-de-poule, mais sans danger. Elle est assez longue : plus de 100 km entre l'autoroute et Nagua (côte nord). Donc prendre son temps. Les paysages sont particulièrement beaux et fertiles : tout d'abord de grandes et vertes rizières dans la plaine du Cibao puis, après San Francisco de Macoris, une sorte de petite « Normandie dominicaine » avec des haciendas, des champs où paissent des troupeaux de vaches, des publicités pour le lait et le fromage !

➢ ***De Puerto Plata :*** compter au moins 3h de route.

En bus ou *guagua*

➢ ***Depuis Santo Domingo :*** la compagnie *Caribe Tours* dessert ***Sánchez*** et ***Samaná*** 8 fois/j., 7h-16h30, dans les 2 sens. Bus modernes et confortables avec w-c, TV, AC. Compter 350 RD$ et env 2h pour Sánchez, 2h30 pour Samaná.

➢ ***Pour Las Terrenas :*** pas de bus direct depuis la capitale avec *Caribe Tours*. Il faut d'abord se rendre à ***Sánchez*** puis prendre la *guagua* de 20 places qui relie les 2 villes en 40 mn environ (60 RD$/pers). Liaisons 7h30-18h. Pour ***Samaná, guagua*** tte la journée, ttes les 30 mn env. Route en très bon état. Pour Samaná, parfois changement de *guagua* à El Limón.

➢ ***Bus directs Santo Domingo-Las Terrenas :*** 3 liaisons/j. dans les 2 sens.
- De Santo Domingo, départ de la calle Barahona, 129, d'un lieu connu sous le nom de *Parada de Samaná* (y aller en taxi). *Infos : ☎ 809-687-1470 (à Santo Domingo).* Départ à 9h, 11h et 13h40. Durée env 2h30. Bus spacieux avec AC, passant par l'autoroute ; compter 350 RD$. Achat des billets directement dans le bus.
- Depuis Las Terrenas, 3 départs/j. (5h, 6h40 et 14h, à confirmer). *Infos : ☎ 809-240-5302 (à Las Terrenas).* Départs du centre du village, à côté du cimetière. Bon à savoir : les bus marquent un arrêt à la fin de l'autoroute, à la jonction de la route côtière sud (route Boca Chica-aéroport-Santo Domingo). Des taxis sont toujours présents sur place. Pratique si vous devez vous rendre directement à l'aéroport (env 700-800 RD$, à négocier).

➢ ***En guagua depuis Santo Domingo :*** 3 *guaguas* font aussi le même trajet et partent du même endroit à Santo Domingo. Compter 300 RD$. Un poil moins cher certes, mais moins confortable et bien plus long (nombreux arrêts sur la route).

➢ ***Sánchez et Samaná :*** départs ***depuis Las Terrenas*** aux deux extrémités du village, en face du *Paseo de la Costanera* (côté rue principale ; *zoom*) et au croisement de la rue principale et du boulevard de l'Atlantique *(plan B-C3)*, à proximité de la station-service.

➢ ***Nagua :*** la compagnie *Caribe Tours* propose 4 bus/j. (2 le mat et 2 l'ap-m) au départ de ***Sánchez,*** 3 bus/j. (1 le mat, 2 l'ap-m) au départ de ***Samaná*** ; compter 70 et 100 RD$.

➢ ***Puerto Plata, Sosua et Cabarete :*** un petit bus privé (20 places) part tous les mat à 6h ***depuis Las Terrenas.*** Dessert les 3 villes à la suite. Durée : 3 à 4h.

➢ ***Santiago :*** 3 départs/j. à 6h, 8h et 12h30. Durée : env 3h30.

En avion

✈ ***Aéroport international El Catey*** *(hors plan Las Terrenas par D1)* **:** *à 13 km de Sánchez et 26 km de Nagua.* Depuis l'ouverture de l'autoroute reliant la péninsule à la capitale, il n'existe plus de liaison directe avec la France. Seules les compagnies américaines, canadiennes et les charters d'Europe assurent la liaison avec cet aéroport.

En bateau

➢ ***Liaison Sabana de la Mar*** *(côte des Cocotiers)****-Samaná :*** 2 bateaux traversent la baie de Samaná 4 fois/j. en saison, 7h-15h. Durée : 1h (voir plus loin à Samaná). Env 200 RD$. Quand c'est la saison et avec un peu de chance, on peut même voir les baleines.

LAS TERRENAS

30 000 hab.

Sur la route depuis Sánchez vers Las Terrenas, l'arrivée au sommet de la Loma offre à vos yeux un panorama à couper le souffle : du cabo Cabrón au cabo Francés, une immense baie aux eaux d'un bleu-vert profond, bordée de plages plantées de cocotiers... N'hésitez pas à faire une petite halte. Vous comprendrez alors pourquoi les Indiens taïnos avaient choisi de s'établir dans la région et pourquoi, quelques siècles plus tard, des Français, pour la plupart montagnards d'origine, fatigués des neiges éternelles, posèrent leur sac dans ce petit paradis terrestre. Ils ne tardèrent pas à faire des émules

et, peu à peu, surgirent de terre des petits hôtels, des restaurants, des bars, quelques modestes boutiques. Aujourd'hui, il est bien révolu le temps du petit village de pêcheurs, souvent coupé du monde, quand la piste le reliant à Sánchez (goudronnée seulement depuis 1989) se révélait impraticable. Désormais reliée à la capitale par une « autoroute » *(autopista 7),* autrement nommée « boulevard de l'Atlantique », Las Terrenas est une petite station balnéaire en plein essor. La clientèle huppée de Santo Domingo déboule maintenant en 4x4 pour le week-end, des ensembles locatifs de plusieurs étages sortent de terre, et des petits centres commerciaux sont ouverts.
Malgré tout, Las Terrenas a trouvé un équilibre assez exemplaire entre l'ouverture touristique et le maintien d'un mode de vie villageois. À côté des hôtels de charme et autres résidences ou *resorts* luxueux, une partie du village a conservé son caractère populaire. Le contraste est même assez saisissant entre la première partie du village, typiquement dominicaine avec ses *comedors,* ses petites échoppes d'où pulsent les décibels et une ambiance toute caribéenne, et la seconde partie du village, proche des plages et autour de la calle Duarte, où se rassemblent les restos, commerces et autres agences tenus par les expats francophones, italiens, canadiens...
Pourtant, outre le front de mer et les encombrements du cœur du village, les rues de Las Terrenas sont étonnamment tranquilles. Il suffit de remonter la calle Duarte au-delà de la calle Mella, et là, soudainement, vous retrouvez la tranquillité. D'ailleurs, certaines voies annexes sont restées en terre, se transformant en fondrières en cas de fortes pluies. Comme quoi certains coins ont conservé un caractère rural !
Sachez enfin qu'aux alentours de Las Terrenas, à l'est et à l'ouest, on trouve un chapelet de superbes plages encore largement sauvages, parmi les plus séduisantes du pays. Il y a aussi d'excellents hébergements, juste devant la plage. Bon, encore faut-il être véhiculé...

Adresses utiles

Infos touristiques

i ***Pas d'office de tourisme.*** Se procurer le guide ***Info*** (disponible en français), distribué dans les hôtels et agences de la ville. Il recense chaque année toutes les infos touristiques sur Las Terrenas, mais aussi sur Samaná, Las Galeras, etc.
– Et plein d'infos pratiques et d'actualités sur la péninsule en consultant les ***sites internet*** : • *2vouzamoi.com* • *fr.las-terrenas-live.com* •

Banques, change

■ ***Distributeurs de billets et change :*** *accessibles 24h/24 dans le paseo de la Costanera et à l'extérieur des banques de la calle Duarte. Le* **Banco Popular** *(zoom,* **1***) dispose d'un parking. Change lun-ven 9h-16h, sam 9h-13h. Même chose pour la* **BanReservas** *(zoom,* **2** *; lun-ven 8h-17h, sam 9h-13h), juste en face.* **Banco Santa Cruz** *(zoom,* **3***), toujours dans la calle Duarte. Change lun-ven 8h-18h, sam 9h-13h. Distributeur.*
■ ***Coffre :*** **Fort Knox** *(zoom,* **4***) ; dans le* Paseo de la Costanera. ☎ *809-854-9155. Tlj sf dim 8h30-13h, 16h-20h.* Coffres à louer pour laisser ses objets de valeur en sécurité.
■ ***Western Union*** *(plan C2,* **5***) : calle Duarte, 194.* ☎ *809-240-6551. Lun-ven 8h30-17h, sam 9h-16h.*

Poste et télécommunications

✉ ***Poste*** *(plan C3) : calle Carmen, 36. En théorie, lun-ven 8h-16h.* Excentrée et parfois en manque de timbres. En outre, TOUS les Français du coin affirment que la poste ne fonctionne pas (mais pas du tout) à Las Terrenas... Vous voilà prévenu !
■ @ ***Internet et appels internationaux*** *(zoom,* **6***) : à deux pas des*

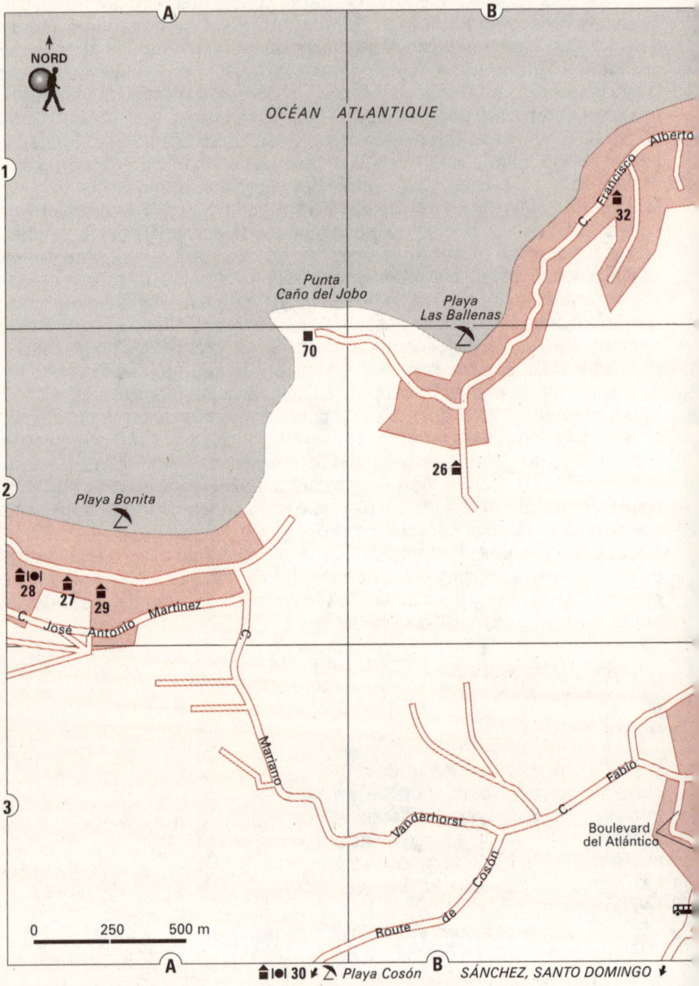

Adresses utiles

- Bus et guaguas *(zoom)*
- 1 Banco Popular *(zoom)*
- 2 BanReservas *(zoom)*
- 3 Banco Santa Cruz *(zoom)*
- 4 Fort Knox, Internet Center, Farmacia, Association humanitaire dominico-europea, Colonial Tours and Travel, AIC Dominicana, Turtle Dive Center *(zoom)*
- 5 Western Union
- @ 6 Internet et appels internationaux, Lavanderia *(zoom)*
- 7 Clinica Especializada Internacional Las Terrenas
- 8 Clinique du Docteur Polanco
- 9 Poste de police *(zoom)*
- 10 Supermarché Lindo
- 11 Supermarché Super Pola
- 12 Casa de Las Terrenas et Flora Tours *(zoom)*
- 13 Arena Tours *(zoom)*
- 14 ADA (location de voitures ; *zoom*)

Où dormir ?

- 20 El Rincón de Abi
- 21 Casas del Mar Neptunia
- 22 Casa Robinson
- 23 Residencia San Ferreol
- 24 Hotel Casa Nina
- 25 Hotel La Tortuga
- 26 Eva Luna
- 27 Casa Grande
- 28 Hotel Atlantis
- 29 Hotel Costa Las Ballenas
- 30 Casa Cosón
- 31 La Residencia del Paseo *(zoom)*
- 32 Playa Hotel Colibri

Où manger ?

- 25 Restaurant de l'Hotel La Tortuga

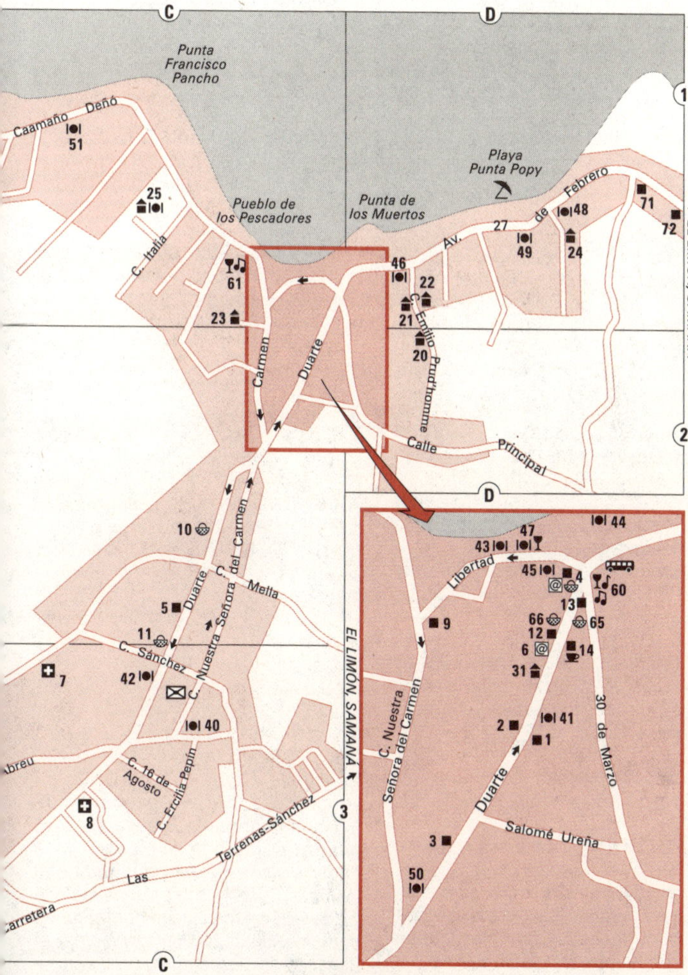

LAS TERRENAS

28 Restaurant Atlantis
40 Los Chichas
41 La Cocinita Dominicana *(zoom)*
42 El Varón
43 Casa Azul *(zoom)*
44 Paco-mer *(zoom)*
45 Barrio Latino *(zoom)*
46 El Lugar
47 Paco Cabana *(zoom)*
48 Restaurante Le Tre Caravelle
49 Chez Sandro
50 Comedor El Zapote *(zoom)*
51 Café-resto La Ola *(zoom)*

Où prendre un petit déj ?

14 La Boulangerie Française *(zoom)*

Où boire un verre ? Où sortir ?

47 Paco Cabana, Bar XO *(zoom)*
60 La Bodega *(zoom)*
61 Gaïa

Achats

4 Paseo de la Costanera *(zoom)*
65 Haitian Caraibes Art Gallery *(zoom)*
66 Mundo Puro *(zoom)*

À faire

4 Turtle Dive Center *(zoom)*
70 Las Terrenas Sailing Club
71 Las Terrenas Kitesurf Club
72 Kite World

agences de tourisme, dans la calle Duarte. Lun-sam 8h30-20h, dim 8h30-14h. Le plus central, sympa et à prix doux.

■ @ ***Internet Center*** *(zoom,* ***4****) : paseo de la Costanera (lun-ven 8h30-20h, sam 12h30).* Internet et appels internationaux.

Santé, urgences

En cas de gros pépin de santé, le mieux est d'aller à la ***Clinique Abreu*** à Santo Domingo ou à la clinique privée de Nagua, ***Policlínico Unión*** *(calle Conde ; ☎ 809-584-2097),* à une quarantaine de kilomètres, soit 1h de route. Sinon, voici quelques adresses utiles.

✚ ***Clinica Especializada Internacional Las Terrenas*** *(plan C3,* ***7****) : calle Fabio Abreu ; un peu à l'extérieur du centre. ☎ 809-240-6701.* Urgences 24h/24. Une clinique de qualité. Possibilité de faire des examens.

✚ ***Clinique du Docteur Polanco*** *(plan C3,* ***8****) : à l'entrée du village. ☎ 809-240-6028. Consultations lun-ven 9h-12h, 14h-18h et sam mat.* Certainement l'un des meilleurs du coin. C'est le médecin de la communauté française. Parle aussi l'anglais.

■ ***Farmacia*** *(zoom,* ***4****) : ☎ 809-240-6497. Lun-sam 9h-19h, dim 9h-13h.* On y parle le français.

■ ***Poste de police*** *(zoom,* ***9****) : ☎ 809-240-6022. Ouv 24h/24.*

■ ***Police touristique :*** *☎ 809-754-3042.*

■ ***Consul honoraire de France :*** c'est Gérard Prystasz, de l'*Hotel Atlantis,* qui occupe cette fonction depuis bien longtemps (voir « Où dormir ? »). 📱 *809-855-9820.* Ne le contacter qu'en cas de gros pépins.

Divers

■ ***Lavanderia*** *(zoom,* ***6****) : calle Duarte. Lun-ven 8h-12h, 14h-19h ; sam 8h-16h ; dim 8h-12h.*

🧺 ***Supermarché Lindo*** *(plan C2,* ***10****) : vers le milieu de la rue principale, plaza Rosada. Lun-sam 9h30-20h, sam 9h-13h.* Le supermarché le mieux approvisionné du village. Distributeur à la banque *Scotiabank,* dans la cour.

🧺 ***Supermarché Super Pola*** *(plan C2-3,* ***11****) : calle Duarte. Lun-sam 8h-22h, dim 9h-20h.*

Agence de voyages

■ ***Colonial Tours and Travel*** *(zoom,* ***4****) : au bout de la calle Duarte, à l'entrée du paseo de la Costanera. ☎ 809-240-6822. • colonialtours.com.do • Lun-ven 9h-13h, 15h-19h ; sam 9h-12h30.* Vente de billets d'avion toutes destinations (Europe, Floride, Cuba...). Promos intéressantes très régulièrement. Propose également des excursions.

Excursions

■ ***Casa de Las Terrenas*** *(zoom,* ***12****) : calle Duarte, 280. ☎ 809-240-6251. 📱 809-666-0306. • lasterrenas-excursions.com • Lun-sam 8h30-12h30, 15h30-18h30 ; et dim mat en saison. ½ tarif enfants (moins de 12 ans), gratuit pour les petits. Los Haïtises : 65 US$, déj compris ; Haïtises et ríos tropicales : 80 US$, déj compris ; sortie baleines : 70 US$ (+ 5 US$ avec halte à cayo Leventado), playa Rincón : 70 US$. Réduc de 10 % sur les tarifs adultes pour l'excursion à Los Haïtises, la sortie baleines et les sorties en mer sur présentation de ce guide.* Une agence tenue par une charmante Française, Stéphanie, guide officielle spécialisée dans la visite du parc national des Haïtises (2 sorties au choix, qu'elle guide elle-même : visite complète ou combiné Haïtises-*ríos tropicales*) et dans les sorties en mer pour observer les baleines (en saison). Il y a même un hydrophone à bord. Également des excursions vers tous les spots du coin : sorties en catamaran avec snorkelling, balades nature, sorties à la playa Rincón... Ne pas hésiter à lui demander conseil.

■ ***Flora Tours*** *(zoom,* ***12****) : calle Duarte, 278, en face de la plaza Taïna. ☎ 809-240-5482. 📱 809-360-2793 ou 829-923-2792. • flora-tours.net •* Agence tenue par Nicolas et qui propose les excursions classiques dont la *route du café* avec baignade en rivière. Également observation des baleines *(en saison, compter 70 US$, sans repas),* la visite guidée du parc national des Haïtises *(70 US$, déj compris)* et une sortie vers la plage Rincón.

■ ***Arena Tours*** *(zoom,* ***13****) : plaza Linda, au bout de la calle Duarte. ☎ 809-968-5474. • arenatours-lasterrenas.com • Lun-ven 9h-19h, sam 9h30-13h.* Une agence tenue par Patricia, qui propose les mêmes excursions que ses voisins (baleines, playa Rincón, route du café, etc.). Pour Los Haïtises *(compter 75 US$),* après la visite des grottes, le repas est pris dans un resto écolodge, avec piscines naturelles aménagées autour.

Aide humanitaire

■ ***Association humanitaire dominico-europea*** *(zoom,* ***4****) : dans le paseo de la Costanera, au 1*er *étage. ☎ 809-240-5073. • humani-repdom.com • Bureau et bibliothèque à l'étage, ouv lun-sam 10h-13h.* Cette association humanitaire organise régulièrement des *operativos,* consultations gratuites avec l'aide de médecins dans des hameaux isolés et pauvres. Dispose d'une bibliothèque où l'on peut acheter des bouquins, en emprunter ou en donner. Tous les revenus sont destinés à aider les populations défavorisées. Si vous voulez aider cette association, allez les voir sur place. Et si vous avez des médicaments en trop à la fin de votre voyage, vous pouvez les y déposer.

Comment circuler dans et autour de Las Terrenas ?

Las Terrenas est en fait un village assez étendu qui s'articule autour de 3 axes principaux : le chemin le long de la plage et 2 artères en sens unique, perpendiculaires à la plage mais qui se croisent à un moment (la *calle Duarte,* ou *calle Principal,* dans le sens nord-sud et la *calle Nuestra Señora del Carmen* dans le sens inverse). On peut arpenter les rues et ruelles à pied, mais quand on commence à fatiguer, le plus simple est d'emprunter une *moto-concho,* mode de locomotion pas cher (à condition de négocier à chaque fois). Il y en a partout. Sinon, l'idéal pour explorer les alentours, si vous êtes motard, est de louer une moto (type Yamaha 200) et de partir un ou plusieurs jours à l'aventure. Si vous êtes 3 ou 4, prenez une petite jeep pour les excursions plus éloignées.

■ ***ADA*** *(location de voitures ; zoom,* ***14****) : plaza Taïna, 7, dans la rue principale. ☎ 809-704-3232 ou 809-240-6686. • ada-santodomingo.com • Lun-sam 9h-13h, 14h-18h ; dim sur rdv. À partir de 55 US$/j. pour un véhicule léger (hte saison). Pour un Duster, compter 75-85 US$ selon saison. Réduc de 10 % sur présentation de ce guide.* Tenu par Jeff depuis plus de 10 ans. Sérieux, bons véhicules et bonnes assurances.

– Diverses adresses de loueurs dans le centre du village, tout le long de la calle Duarte, notamment de ***scooters, quads*** et ***motos,*** mais les gestions changent fréquemment. Bien vérifier le véhicule/engin qu'on vous propose et bien se faire préciser les termes du contrat.

– À savoir : il n'y a jamais d'assurance pour les problèmes mécaniques. Pour le reste, c'est votre assurance personnelle qui joue (à condition d'en avoir une).

Où dormir ?

La plupart des logements se situent au village ou face à la plage, c'est là qu'on trouvera le plus de restos et d'animation. D'autres, généralement plus chers, sont établis au bord de la playa Bonita ou de la playa Cosón, respectivement à 5 et 7 km à l'ouest. Pas de commerce ni d'animation, mais de belles plages souvent désertes, propices à la détente. Enfin, quelques résidences et *resorts* se sont établis aux abords de Las Terrenas, face à la plage en direction d'El Limón – en particulier les *Balcones del Atlantico* (● *balconesdelatlantico.com.do* ●), récent complexe luxueux (on ne peut pas dire qu'il corresponde au style et au mode de vie locaux... en revanche, on y trouve tous les services sur place). Faire son choix en fonction de ses aspirations.

– La haute saison correspond à la période de mi-décembre à avril et à juillet-août.

Location d'appartements

■ ***AIC Dominicana*** *(zoom,* ***4****)* **:** *paseo de la Costanera, à l'étage, sur la gauche. ☎ 809-240-6588. ● aicdominicana.com ● Lun-ven 9h-13h, 15h30-18h30 (et sam mat). À partir de 70 US$ pour 2 pers/nuit en hte saison.* Gère plus de 100 hébergements, en résidences hôtelières ou en maisons privées. Locations d'appartements, bungalows ou grandes villas équipées. De 2 à 20 personnes, à Las Terrenas et dans les environs.

HÔTELS, RÉSIDENCES HÔTELIÈRES

Au village

De bon marché à prix moyens (1 500-2 500 RD$ / env 28-46 €)

Les propriétaires et gérants de tous les hôtels qui suivent sont étrangers, français pour la plupart... Par ailleurs, nous exprimons les prix comme les hôteliers les présentent : souvent en dollars, parfois en euros, pour certains encore en pesos !

El Rincón de Abi *(plan D2,* ***20****)* **:** *calle Emilio Prud'homme, 5, sur la route d'El Portillo. ☎ 809-240-6639. ● el-rincon-de-abi.com ● Doubles env 2 000-2 500 RD$ selon saison et confort (ventilo ou AC), petit déj-buffet compris ; chambres pour 3 pers à partir de 2 500 RD$ en hte saison (ventilo) ; également une jolie suite à partir de 3 000 RD$ et 1 appart pour 5 pers à 5 000 RD$.* Réparties dans 2 bungalows et un petit bâtiment, les chambres sont fraîches, confortables et joliment décorées, absolument impeccables. Toutes avec douche et w-c, ventilo ou AC et vue sur le jardin. Certaines ont une déco années 1970 colorée et bien sentie. Celles à l'arrière bordent une jolie petite piscine. Les hôtes ont aussi accès à la cuisine sous une paillote (eau potable filtrée), au frigo et au barbecue (le midi). Jacuzzi (en supplément). Bonne atmosphère simple et détendue. On est accueilli chaleureusement par Arnaud et Catherine, un couple de Français aimables et attentifs.

Casas del Mar Neptunia *(plan D1,* ***21****)* **:** *calle Emilio Prud'homme, 1, sur la route d'El Portillo. ☎ 809-240-6884. 809-360-2748. ● casasdelmarneptunia.com ● Double env 2 200 RD$ en saison, petit déj inclus. Pour 4, compter 2 800 RD$.* Adresse tenue par une sympathique Canadienne anglophone. Quelques bungalows de style créole hyper soignés, abritant une dizaine de chambres au cœur d'un jardin tropical, avec *rancho* central sous paillote. Tous offrent un bon confort (frigo, ventilo ou clim, coffre-fort, w-c séparés...) et une déco personnalisée, soignée dans le moindre détail. On a craqué pour la *cabañita* au fond du jardin, une cabane de pêcheur reconstituée mêlant avec originalité le rustique et le contemporain. L'ensemble dégage une atmosphère très agréable.

Casa Robinson *(plan D1,* ***22****)* **:** *calle Emilio Prud'homme, 2, sur la route d'El Portillo. ☎ 809-240-6496. ● casarobinson.it ● Dans une ruelle tranquille. Compter 1 400-1 800 RD$ selon saison et confort (avec ou sans cuisine). À partir de 2 500 RD$ pour 4 pers.* Dans un jardin fleuri, quelques maisons colorées sur 2 niveaux, simples et agréables, sans charme particulier mais très au calme. Chambres ou appartements soignés avec balcon ou petite terrasse, ventilo et eau chaude, mais de tailles différentes. En visiter plusieurs. Au fond du jardin, appartement familial avec cuisine ; également un studio avec kitchenette. Une adresse intéressante pour ses tarifs attractifs et sa situation, au calme et à deux pas de la plage. Confort très correct.

Residencia San Ferreol (plan C1-2, **23**) : *au bout d'une ruelle calme partant de calle Carmen. ☎ 809-240-6263. 📱 809-884-9916. • san-ferreol.com • Double env 28 € ; compter 40 € pour 3-4 pers.* Ensemble composé d'une poignée de bungalows avec petit jardin privatif. À deux pas du village et des plages. Des plus simples, avec toit de palme, aux plus vastes, avec chambre en mezzanine pouvant recevoir une grande famille, tous offrent un bon équipement (moustiquaire, ventilo, cuisine extérieure équipée...). Pas le luxe mais un ensemble bien tenu, familial et sans chichis. Accueil chaleureux et dévoué des proprios, Clotilde et Yves.

Hotel Casa Nina (plan D1, **24**) : *sur la route d'El Portillo. ☎ 809-240-5490. 📱 829-754-8684. • hotel-casanina.com • Bungalows pour 2-4 pers 66-90 US$ (un peu plus cher avec AC).* Juste derrière le resto *Le Tre Caravelle,* un ensemble de bungalows qui entoure une petite piscine. Chambres propres, fonctionnelles, sobres et tranquilles. La plage n'est pas loin. Bon rapport qualité-prix, notamment pour 4.

De chic à plus chic (2 500-6 000 RD$ / env 46-111 €)

Hotel La Tortuga (plan C1, **25**) : *à 200 m en retrait du village des Pêcheurs. Arrivé en bord de mer, faire env 300 m, puis à gauche face au dernier resto. Encore 200 m et à droite ; c'est au bout. ☎ 809-240-6566. • hotel-la-tortuga.com • Compter 75-90 US$ pour 2 selon saison, petit déj inclus ; 20 US$/pers supplémentaire.* Ensemble d'une dizaine de bungalows aux couleurs chaleureuses, répartis autour d'une belle piscine et au cœur d'un jardin tropical qui diffuse une jolie lumière. Tous avec mezzanine, donc idéal pour les familles ou groupes d'amis (jusqu'à 4-5 personnes). Bien bonne adresse au calme, chambres joliment décorées et bien tenues (bois flotté, béton teinté...). Des fauteuils ne seraient pas de trop sur les petites terrasses privées. Bar-restaurant sur place. Bon accueil de Maurizio, suisso-italien, et d'Isabelle, française. À noter, la qualité de la cuisine au resto, ouvert à tous (lire plus loin « Où manger ? »).

La Residencia del Paseo (zoom, **31**) : *presque au bout de la calle Duarte, bien indiqué sur la gauche. ☎ 809-240-6778. • residenciadel paseo.com • Compter 75-90 US$ pour 2-4 pers selon saison. Tarifs dégressifs à la sem.* Parmi les nombreuses résidences hôtelières que compte désormais Las Terrenas, celle-ci constitue un bon rapport qualité-prix. Au cœur du village, organisé sur 2 étages et disposé en arc de cercle autour d'une agréable piscine, elle-même cernée par une pelouse, la résidence dispose d'une soixantaine d'appartements pour 2 ou 4 personnes. Ces derniers avec mezzanine et tous avec balcon, AC, ventilo et cuisine (sommaire). Prestations générales correctes.

Plus chic (plus de 100 €)

Eva Luna (plan B2, **26**) : *à 300 m de la plage Las Ballenas, dans un chemin. Bien fléché. ☎ 809-978-5611. • villa-evaluna.com • Compter 120-130 US$ pour 2 selon saison, petit déj inclus ; env 220-250 US$ pour 4 pers. Tarifs dégressifs à la sem.* Une belle adresse intimiste, cachée derrière un grand mur couleur lie de vin, à l'écart de l'animation et totalement au calme. Cette maison d'hôtes de charme tenue par Aude comporte 3 villas et 2 bungalows pour 2 ou 4 personnes. Grand confort : cuisine équipée et terrasse privée où sont servis les petits déj, s'ouvrant sur une pelouse. Piscine élégante et jardin tropical. Ensemble zen. Service soigné et attentif.

Entre le village des pêcheurs et la playa Bonita

Playa Hotel Colibri (plan B1, **32**) : *à 10 mn à pied du village, devant la plage. ☎ 809-240-6434. • hotelplaya colibri.com • Chambres doubles (avec cuisine) à partir de 150 US$ selon saison et vue, petit déj inclus. Également* *pour 4 pers. Promos Internet intéressantes.* Grand hôtel-résidence bien situé, au calme et à l'architecture créolisante, doté d'un superbe jardin soigné, percé d'une généreuse piscine. On traverse la petite route (peu fréquentée) et la plage est là. Sur 3 niveaux, des appartements bien équipés et confortables, globalement coquet. AC et ventilo. On prend le petit déj devant la mer.

À la playa Bonita

Les hôtels de la playa Bonita sont établis le long de la plage, juste séparés par un chemin piéton. On y accède par une petite route parallèle, située à l'arrière des établissements. La *playa Bonita,* autrefois très large, a subi la montée des eaux de plein fouet. En hiver, à marée haute, il ne reste quasiment plus de plage. Le reste du temps, heureusement, on peut encore profiter du sable blond. Un vrai bémol : leur gestion change très régulièrement, et le service ou la tenue générale des établissements peut s'en ressentir... Nous avons retenu les adresses stables, des valeurs sûres en somme !

De chic à plus chic (2 500-6 000 RD$ / env 46-111 €)

Casa Grande *(plan A2,* ***27****) : au milieu de la playa Bonita. ☎ 809-240-6349. • casagrandebeachhotel.com • Doubles env 75-95 US$ selon saison et vue, petit déj inclus ; pour 4 pers, compter 110-125 US$.* Une agréable adresse d'une dizaine de chambres seulement, s'ordonnant autour d'une généreuse pelouse plantée de cocotiers, avec transats confortables et accès direct à la plage. Les chambres sont situées dans un édifice carré sans grand charme quant à lui, au fond du jardin. Elles sont sobrement décorées, spacieuses et possèdent tout le confort. Elles donnent soit sur le devant (avec terrasse ou balcon), soit un peu sur l'arrière. Dommage en revanche que les terrasses ne soient pas aménagées. Devant le resto, petit coin salon bien agréable pour prendre l'apéro.

Très chic (plus de 6 000 RD$ / env 111 €)

Hotel Atlantis *(plan A2,* ***28****) : au bout de la plage. ☎ 809-240-6111. 809-802-4643. • hotel-atlantis-lasterrenas.com • Compter 120-170 US$ pour 2 selon saison, confort et vue ; env 170-190 US$ pour 4 pers ; petit déj continental et taxes inclus ; gratuit moins de 5 ans. AC en plus. Possibilité de ½ pens.* Une belle structure familiale et de conception originale (moins de 20 chambres), quasiment sur la plage. Les maisonnettes, comme imbriquées les unes dans les autres, font penser à un minivillage, tout peint en blanc. Le lieu dégage un charme indéniable. L'adresse idéale pour amoureux de longues balades matinales sur les plages désertes. On a vraiment un petit faible pour l'*Atlantis.* Des chambres agréables et fort joliment décorées, toutes de style et de taille différents. Pas de piscine, pas de TV, pas de téléphone dans les chambres. Tant mieux ! De l'autre côté du petit chemin, une pelouse soignée avec transats et cocotiers, en léger surplomb de la plage. Qu'est-ce qu'on est bien ! L'autre vrai plus de l'*Atlantis,* c'est sa cuisine assez haut de gamme, que l'on déguste sur l'adorable terrasse ou dans la salle près du bar, mais on vous en parle plus longuement dans la rubrique « Où manger ? ».

Hotel Costa Las Ballenas *(plan A2,* ***29****) : ☎ 829-267-9494. • costa-lasballenas.com • Doubles 100-150 US$ selon saison et vue (sur jardin, piscine ou mer), taxes et petit déj inclus.* Bel ensemble de 8 grandes maisons-bungalows répartis dans un immense jardin tropical et qui accueille chacune 4 chambres. Grande piscine entourée de palmiers impériaux. Une trentaine de chambres en tout, vraiment très spacieuses, au plafond de palme tressée, avec terrasse en bois, meublées selon des styles évoquant les pays chauds (Mexique, Maroc, etc.). Jolies salles de bains à ciel ouvert, un peu comme à Bali. Toutes avec AC, coffre, moustiquaires au lit et terrasse. Dommage qu'elles soient reliées à d'autres bungalows (bonjour l'intimité...). L'ensemble a beaucoup de charme, mais il manque quelques détails dans les chambres (notamment un éclairage plus soigné) pour que l'ensemble soit qualifié de « nid d'amour ». Les chambres dites « sur jardin » sont moins chères et plus éloignées de la mer. Celles « sur piscine » offrent le meilleur rapport qualité-prix. Restaurant et bar sur place, un cadre idéal pour un dîner romantique. En revanche, le petit déjeuner n'est pas à la hauteur du standing.

À la playa Cosón

Casa Cosón *(hors plan par A3, **30**)* **:** *sur la plage, à env 7 km à l'ouest de Las Terrenas, donc assez isolée. ☎ 809-853-8470. • casacoson.com • Véhicule indispensable. Suivre la direction de la playa Cosón, puis une piste de terre sur env 1 km. Double 160 US$; suite pour 3 pers 180 US$;* Casita mexicana *pour 2 pers 200 US$;* Casita blanca *pour 4 pers 290 US$ et* Casa bali *pour 5-6 pers à partir de 400 US$. Petit déj continental et taxes inclus ; tarif dégressif à la sem. Repas 45 US$/pers (+ 10 % de taxes).* Sophie et Jérôme vous accueillent dans ce petit hôtel de charme sur la plage Cosón, totalement isolé, dans un jardin fleuri avec sa grande pelouse planté de cocotiers, piscine et la mer à perte de vue... 4 chambres d'hôtes colorées, spacieuses, confortables, avec balcon sur la mer, et 1 suite côté jardin. Au fond, on trouve la *Casita blanca,* petite maison coloniale toute ronde, avec 2 chambres (salle de bains commune), petit salon et cuisine équipée. La *Casita mexicana* (sans doute notre préférée) et la très luxueuse *Casa bali* ont retenu notre attention par leur originalité. Enfin la suite *del Sueño,* parfaite pour une lune de miel, avec son immense chambre donnant sur une vaste terrasse à l'étage. Déco soignée dans le moindre détail. Côté cuisine, plats bien ficelés, préparés avec soin. Atmosphère chaleureuse. On est toutefois loin de tout, donc ce petit havre de paix s'adresse surtout aux amoureux en lune de miel ou aux amateurs de tranquillité totale.

Où manger ?

Les fauchés pourront s'offrir un *pollo al carbón* (poulet grillé) ou un *pica pollo* dans les 2 rues principales de Las Terrenas, la Duarte et la Carmen. Il y a plusieurs vendeurs.

Très bon marché (moins de 200 RD$ / env 3,70 €)

El Varón *(plan C3, **42**)* **:** *calle Duarte. Tlj 11h-6h du mat. Plats max 150 RD$.* Un bon vieux *comedor* des familles, ouvert sur la rue. On choisit son plat en vitrine (poulet, porc ou bœuf en sauce), avec riz blanc, riz aux haricots rouge et *tostones.* Pas cher, simple et propre.

Bon marché (moins de 400 RD$ / env 7,50 €)

Comedor El Zapote *(zoom, **50**)* **:** *calle Duarte, 234. ☎ 809-240-50-32. Tlj, tte la journée. Plat du jour 200 RD$. Plats 300-400 RD$.* La coquette petite terrasse de ce minuscule *comedor* est surtout fréquentée par des Dominicains. Cuisine maison servie généreusement. Plats classiques, simples et goûteux. Lambi, crevettes, poulpe, le tout sauce créole. Sinon, l'éternel poulet grillé ou porc en sauce.

Los Chichas *(plan C3, **40**)* **:** *calle Carmen. ☎ 829-885-7108. Tlj midi et soir, sf dim soir.* L'un des derniers *comedors* 100 % dominicains de Las Terrenas ; ressemble quand même à un vrai petit resto et tient la route sur le plan de l'hygiène. Rien de bien nouveau sous le soleil des casseroles, mais c'est très correct et copieux, même si les prix ont tendance à s'européaniser.

La Cocinita Dominicana *(zoom, **41**)* **:** *calle Duarte, à côté du Banco Popular. 829-552-8645. Tlj en continu jusqu'à 23h. Plats env 250-400 RD$.* Vaste paillote ouverte, en contrebas de la rue principale. Cuisine familiale dominicaine à base de produits frais.

Plat du jour d'un honnête rapport qualité-prix, poissons, quelques *mariscos* et brochettes servis à toute heure, avec le sourire. Bon, c'est un peu cher payé pour ce que c'est, mais l'adresse reste agréable, et la cuisine sans mauvaise surprise. Quelques plats de pâtes également, copieux et réussis.

Barrio Latino *(zoom, **45**) : calle Libertad, à l'angle des 2 rues principales. 809-240-6367. Ouv du petit déj à assez tard. Plats env 250-450 RD$.* Brasserie en terrasse tenue par un Français, qui offre un large choix de sandwichs, salades, pizzas et plat du jour. Simple et sans chichis.

Prix moyens (400-800 RD$ / env 7,50-15 €)

Casa Azul *(zoom, **43**) : calle Libertad, côté plage, en face du poste de police. 829-707-0404. Tlj en continu (fermé le mar hors saison). Pizzas 250-450 RD$.* Super pizzeria directement sur la plage et au cœur de l'animation. Une petite cabane bleue sans prétention, avec des tables sur le sable. Savoureuses pizzas à la pâte fine, façonnées par un vrai pizzaiolo et cuites au four à bois. À déguster sans façon en regardant la mer. Les quelques desserts maison sont aussi excellents, tout comme les cocktails. On passe un agréable moment, avec les vagues en bruit de fond...

Paco-mer *(zoom, **44**) : sur la plage, bien caché derrière le cimetière. 849-882-4619. Ouv ts les midis, plus le soir en saison. Plats 350-600 RD$.* Un vrai coup de cœur pour cette cabane bleue en tôle tenue par l'accueillant Paco, à l'accent méditerranéen ! Quelques tables parmi les barques des pêcheurs qui déchargent poissons, crevettes, crabes et langoustes encore frétillants. Une petite ardoise permet de choisir les plaisirs du jour. Un régal et une ambiance sans pareille. Une adresse que l'on se glisse au creux de l'oreille pour qu'elle reste telle quelle.

El Lugar *(plan D1, **46**) : en bord de route, en direction d'El Limón. ☎ 809-330-5836. Tlj, le soir slt. Plats 350-900 RD$.* Un petit resto ouvert sur la rue, tenu par un jeune Bruxellois, Bruno, qui concocte une excellente cuisine, particulièrement raffinée. Spécialités de viandes grillées (black Angus) au feu de bois et autres produits frais cuisinés sous vos yeux. Une atmosphère conviviale qui se prête bien aux soirées entre amis. Cuisine généreuse et inventive, *ceviche de dorado con aguacate, cazuela de la mar,* salade de bœuf thaï... Le tartare est superbe. Et gardez une place pour LA mousse au chocolat belge... Un régal ! Service impeccable.

Paco Cabana *(zoom, **47**) : calle Libertad, côté plage. ☎ 809-240-5301. Mar-ven midi et soir, sam-dim en continu.* Restaurant où l'on mange au bord de la plage, autour de tables élégamment dressées. Plutôt un resto pour le soir, pour profiter de l'ambiance cosy. À la carte, des spécialités de poisson essentiellement, accompagnées de jolies sauces. Petite sélection de vins au verre. Des préparations de qualité, aux saveurs étudiées, aux portions très honorables. Également un joli bar à cocktails décoré de bois flottés et coquillages.

Café-resto La Ola *(plan C1, **51**) : le long de la plage, env 1 km après le village des pêcheurs. 829-662-40-28. Tlj le midi (jusqu'à 16h), sf mer. Le soir slt ven-sam. Plats 300-450 RD$.* Le sourire de Christine est à l'image de ses petits plats : généreux. La blanquette de la mer associe habilement la cuisine hexagonale aux produits locaux. Le boudin noir-purée rappelle le pays, tandis que la *pasta congrejo* internationalise la carte. Bref, c'est bon et on est face à la mer.

Restaurant de l'Hotel La Tortuga *(plan C1, **25**) : à 200 m en retrait du village des Pêcheurs. Voir plus haut « Où dormir ? ». ☎ 809-240-6566. Ouv le soir slt, tlj sf lun. Plats 250-600 RD$.* Cet hôtel abrite sous une paillote et au bord de la piscine une excellente table, aux plats maritimo-hexagonaux-dominicains. Ça se traduit pas des assiettes copieuses, des saveurs exotiques et un vrai savoir-faire. Viandes savoureuses. L'accueillante et pétulante Isabelle saura vous conseiller.

De chic à plus chic (plus de 800-1 300 RD$ / env 15-24 €)

Restaurante Le Tre Caravelle *(plan D1,* ***48****) : av. 27 de Febrero. 829-244-44500. Tlj en continu. Résa conseillée le soir. Plats 450-800 RD$.* À notre avis, l'un des meilleurs restos de Las Terrenas ! Déjà, l'endroit est charmant, sous une grande pergola ou dans la petite salle toute blanche, avec ses quelques tables nappées et joliment dressées. Le patron, d'origine italienne, veille au grain ; l'accueil est attentif, et le service très agréable. On y déguste une cuisine fine qui mêle les produits dominicains aux recettes transalpines, tels ces raviolis farcis au crabe ou ces spaghettis aux fruits de mer. Salades fraîches et goûteuses, plats de viande en sauce (champignons, gorgonzola, etc.), tout aussi fameux et servis copieusement. Superbe *risotto a la Tre Caravelle.* Et même un clin d'œil à l'orient avec quelques sushis. Bref, si l'on ne vient pas ici pour s'offrir un repas 100 % italien, on y accourt pour déguster l'une des meilleures cuisines « métisses » de la péninsule, pas moins.

Chez Sandro *(plan D1,* ***49****) : av. 27 de Febrero, des 2 côtés de la route. ☎ 809-240-5606. Tlj midi et soir. Plats env 500-900 RD$.* Une bonne adresse tenue par un couple de Français. Sous un vaste *rancho* (le soir) ou sur la plage (plutôt le midi), un restaurant axé sur la viande (importées d'Argentine), avec de belles grillades que l'on peut déguster les pieds dans le sable. Également un bon carpaccio de poisson, un filet de daurade à la créole et d'excellentes salades de *mariscos.* Toujours des solutions simples et légères pour le midi.

Restaurant Atlantis *(plan A2,* ***28****) : playa Bonita. ☎ 809-240-6111. À 5 km de Las Terrenas. Tlj 12h-15h, 19h30-22h. Plats env 500-750 RD$; repas complet autour de 1 500 RD$ (sans le vin).* Évidemment, il faut faire l'effort d'y aller. Mais on ne le regrette pas. D'abord, le cadre est agréable, en salle comme en terrasse. On imagine sans peine, à travers palmiers et cocotiers, les kilomètres de plages de sable. Le soir, atmosphère intime et délicate, l'adresse idéale pour dîner en amoureux. Gérard, le chef, est passé par les cuisines du président Mitterrand. Au menu, de subtiles alliances de produits locaux. Goûts et parfums se télescopent en bouche, les produits de la mer exhalent toute leur fraîcheur. On est resté baba devant ce tartare de marlin (ou de thon) juste poêlé aux épices ou ces gambas au miel de goyave. Et que dire de la soupe de poissons ! Quelques plats de pâtes aussi, à prix plus doux. Très belle carte des vins.

Où prendre un petit déj ?

La Boulangerie Française *(zoom,* ***14****) : à l'entrée de la plaza Taïna, dans la rue principale, face au Paseo de la Costanera. ☎ 809-240-6751. Tlj 7h-19h30 (19h dim).* La meilleure boulangerie française du secteur ! Pains aux céréales, croissants, pains au chocolat, tartes à la noix de coco, au citron... Café expresso et jus de fruits frais. Belles quiches, tartes salées et bons sandwichs. Les tables en terrasse sont assaillies dès le matin, car c'est là où se retrouvent de nombreux expatriés pour le petit déj ou grignoter un morceau le midi.

Où boire un verre ? Où sortir ?

Soirées sympathiques à Las Terrenas. On commence au *Paco Cabana,* au *XO,* puis on passe au *One Love,* l'une des terrasses du *Pueblo de los pescadores,* une rangée de maisonnelles colorées, appelée un peu abusivement *village des Pêcheurs.* Plus tard, on atterrit à *La Bodega,* pour finir au *Gaïa.* De temps en temps, soirées à thème dans certains établissements, hôtels, bars, restaurants. Elles sont annoncées sur les affiches placardées un peu partout.

🍷 ***Bar XO*** *(zoom, **47**)* **:** *dans le centre, en bord de mer, à côté du* Paco Cabana. ☎ *809-240-9571. Tlj jusqu'à 1h env.* Le bar à la mode, parfait pour les débuts de soirée. À la carte, quelques vins d'Amérique du Sud, servis au verre et à prix raisonnables. Bonne atmosphère dans la grande salle toute blanche, largement ouverte sur la mer. Tables hautes (où l'on peut également dîner) ou canapés bas, c'est selon l'humeur. On y croise aussi bien la bourgeoisie locale que les Français installés ici depuis des lustres. Accueil souriant de Guylaine.

🍷 Parmi les classiques du circuit à l'heure de l'apéro, on trouve le ***Paco Cabana*** *(zoom, **47**),* décrit plus haut dans « Où manger ? ». Cadre idéal à l'heure du coucher du soleil ou pour un verre en soirée, parfait pour connaître les derniers potins du village, avec le bruit des vagues en fond sonore.

🍷 ***Bars du village des pêcheurs*** *(plan C1)* **:** la série de maisons colorées façon Disneyland, reconstruite en « faux-vrai » suite à un incendie, accueille quelques restos et bars qui ont l'avantage de donner directement sur la mer. C'est là qu'autrefois on trouvait les dernières vraies maisons de pêcheurs. Aujourd'hui l'atmosphère est un rien surfaite et les terrasses sont un peu les unes les autres, mais on pourra faire halte pour un verre au ***One Love,*** tenu par de sympathiques Québécois.

🍷 ♩ ♫ ***La Bodega*** *(zoom, **60**)* **:** *au rdc de la* Plaza Casa Linda, *face au cimetière. Tlj 20h-1h.* Sous une grande case dominicaine pouvant abriter 300 à 400 personnes, un lieu unique à Las Terrenas, où se mélangent Dominicains et touristes au rythme de la *bachata* et du *merengue.* Les écoles de danse de la région viennent parfois y faire des représentations. Groupe live, en général le samedi. Ambiance chaude en fin de semaine, un peu morne les autres jours.

🍷 ♫ ***Gaïa*** *(plan C1, **61**)* **:** *village des Pêcheurs.* ☎ *809-240-5133.* La Pasarela *est ouv tlj, les 2 autres sont fermés lun-mar.* Le lieu le plus mode des nuits « terrenassiennes ». Boîte hyper *hype* répartie sur 3 niveaux, où se retrouve la bourgeoisie dominicaine et nord-américaine. Chaque étage propose une ambiance différente : endiablée au rez-de-chaussée (tendance techno), plus tropicale au 1er étage. Le *Penthouse,* au-dessus, est une terrasse ouverte et couverte, sorte de *lounge* où l'on s'entend causer, en dégustant des sushis à toute heure.

Achats

🧺 ***Haitian Caraibes Art Gallery*** *(zoom, **65**)* **:** *calle Principal, 159, en face du* Paseo de la Costanera. ☎ *809-240-6250. Tlj sf dim 9h-13h, 16h-19h45.* Une vraie galerie d'art, ne vous y trompez pas, car si l'entrée fait plus boutique que galerie, levez le nez et vous pourrez voir les ateliers des peintres haïtiens. Dans la salle du fond, des grands noms : Prefete Duffaut, Calix Henry, Alphonso ; et de nouveaux talents déjà reconnus : Dabady, Espiegle, Denis Rousseau. Tenu par Claude Lachamp (pas toujours présent), journaliste et ancien correspondant TV en Haïti, un vrai amateur d'art et collectionneur. Cave à cigares également.

🧺 ***Mundo Puro*** *(zoom, **66**)* **:** *en face de la plaza Taïna.* 📱 *829-886-7353. Tlj sf dim ap-m, 9h-20h env.* Cave à cigares avec des marques de qualité, dominicaines ou cubaines. Les cigares proposés par Marco sous la marque maison *Mundo Puro* sont fort bien réalisés et vraiment pas chers. Il est de bon conseil. Propose aussi des cigares avec une bague personnalisée à votre nom ! Vente d'artisanat d'inspiration taïna et petite galerie d'art.

🧺 ***Paseo de la Costanera*** *(zoom, **4**)* **:** *en face du cimetière. Fermé dim.* Petit centre commercial qui rassemble quelques boutiques de vêtements et d'artisanat, distributeur, pharmacie, Internet...

À faire

Les plages

À explorer à pied ou en *concho.* Choix cornélien pour se fixer définitivement sur une plage. Le mieux, c'est de les faire toutes ! À noter que ces dernières années, certaines plages de la côte ont été en partie grignotées par la montée des eaux. L'hiver, dans certains coins il ne reste parfois que quelques arpents de sable pour étaler sa serviette.

La plus proche est celle qui commence à droite du cimetière (son mur est décoré de fresques naïves). Elle s'étend jusqu'à El Portillo et même au-delà. Ce n'est pas la plus belle mais elle reste agréable. De nombreux expatriés français y jouent à la pétanque, sous l'objectif des touristes dominicains qui les trouvent « typiques » ! Au bout de la plage, bon spot de kitesurf.

Ensuite ***Las Ballenas,*** à gauche après le village des Pêcheurs. Arrivé au bout, cul-de-sac sur un petit *río.* Terminus des voitures et des *conchos.* Très joli coin avec, en fond, les trois îlots des Baleines. Plage peu fréquentée et *beach-bar.*

Plus à l'ouest, la ***playa Bonita*** *(plan A2),* la bien nommée, à 5 km. Inaccessible en véhicule par le bord de mer. La carte postale type que tout le monde a en tête ! Plage déserte de sable blanc bordée de cocotiers et eau cristalline en été, mais l'hiver, à marée haute, il n'en reste pas grand-chose. C'est aussi un bon spot de surf de novembre à avril, les jours de forts courants, mais sans vague en été.

Super balade à la ***playa Cosón*** *(hors plan par A3).* À l'ouest de la playa Bonita. Prendre un *concho* pour effectuer les 7 km de route (puis 1 km de piste). On arrive à une cocoteraie *(finca de Chavan)* et à l'embouchure du río Cosón. Traverser la cocoteraie. Autre image mythique du cocotier penché sur l'une des plages les plus sauvages de la péninsule. Bonne idée de jogging matinal ou de balade à pied : revenir vers la playa Bonita par le front de mer (compter tout de même environ 1h30).

Resto Luis *(hors plan par A3) : sur la plage Cosón, non loin de la Casa Cosón. 829-601-8772. Plats env 300-500 RD$.* Luis déplace sa cahute au fil des années et en fonction des expulsions. On le trouvera donc... quelque part en bord de plage, sous les cocotiers. Oh ! on ne fait pas la route exprès pour venir chez lui, mais si vous êtes sur la plage et qu'une petite faim vous tenaille, vous pourrez vous installer à l'une des quelques tables de plastique pour déguster un poisson sur le gril, du lambi sauce créole, quelques crevettes ou une petite langouste. Pas particulièrement bon marché mais goûteux... Après, on pourra profiter des transats que Luis met à la disposition de ses clients.

Plongée

■ ***Turtle Dive Center*** *(zoom,* ***4****) : dans le Paseo de la Costanera, à l'entrée. ☎ 829-903-0659. • turtledivecenter.com • Bureau ouv tlj sf dim 10h-12h30, 16h-19h. Compter 60 US$ la plongée (100 US$ les 2 plongées), équipement et assurance compris.* Club de plongée sérieux tenu par Philippe, instructeur SSI, et sa femme Corinne. Pour tous niveaux, du baptême à la formation pro. 12 sites de plongées, à faire en petit groupe de 4 personnes, toujours encadré. Également des sorties snorkelling au cayo Jackson et en grottes *(cenotes)* à la journée, ainsi que des plongées de nuit.

Canyon *(env 12 m max) :* mise à l'eau à proximité des cayos Las Ballenas et passage sous une porte sous-marine. Petits mérous de roche et anémones, puis *reef* où cohabitent maintes variétés de poissons multicolores, papillons, mérous, gros-yeux, cardinaux, quelques bonites. Dans une fosse, coraux, éponges, oursins... En fin de plongée, un bout de tunnel (4 m de long)... mais gardons un peu de mystère.

Lac DuDù : deux tunnels de plus de 100 m conduisent à la grotte du lac DuDù, dans un cadre magnifique et sauvage où sont suspendues quelques centaines de stalactites, dont une estimée à plus de 2 000 ans.

Plaza Ramón : l'occasion d'approcher un champ de corail, à une profondeur maximale de 11 m.

Voile, kitesurf et surf

■ ***Las Terrenas Sailing Club*** *(plan A2,* ***70****)* **:** *au bout de la plage, env 2 km après le village des Pêcheurs. ☎ 809-240-6536. 📱 809-869-8031. • ltsailingclub@gmail.com • lasterrenassailing.com • Tlj sf lun 11h-17h. Loc de kayaks, planches à vile, catamarans, etc.* Sympathique club de voile tenu par Yan, un Suédois. Bon matériel à louer, pour confirmés ou débutants (moniteur diplômé). Buvette et resto sur place.

■ ***Las Terrenas Kitesurf Club*** *(LKT, plan D1,* ***71****)* **:** *calle 27 de Febrero, Punta Popy. ☎ 809-801-5671. • lasterrenas-kitesurf.com • Session de 2h : 110 US$ (matériel inclus). Carte 6h : 300 US$. Loc de matériel : 70 US$/j. (tarifs dégressifs).* Cours donnés par des moniteurs certifiés IKO également (3 personnes maximum par séance). Possibilité de surf pendant la saison des vagues (de septembre à novembre).

■ ***Kite World*** *(plan D1,* ***72****)* **:** *punta Popy, juste à côté de l'hôtel* Palapa. *☎ 829-876-8218. • kiteworldlasterrenas.com • Session de 2h : 120 US$ (matériel inclus).* Cours et location de kite, planche, *paddle* et *long board.*

DANS LES ENVIRONS DE LAS TERRENAS

➢ ***Balade à cheval ou à pied à la cascade d'El Limón*** *(hors plan par D1)* **:** *pour y aller avec votre propre véhicule, prenez la route vers Samaná (par El Portillo). El Limón se trouve à 14 km de Las Terrenas. Sinon, liaisons en guagua depuis Las Terrenas vers El Limón ; départs très réguliers le mat, devant le centre commercial Casa Linda ; compter 60 RD$. Le chauffeur vous laissera au carrefour de la route avec Samaná ou sur la route même, juste devant le prestataire que vous aurez choisi (bien le préciser au chauffeur).*
Une des excursions classiques des environs de Las Terrenas. La balade à la cascade est superbe. Durée : env 2h30-3h aller-retour (env 45 mn aller, 1h-1h30 sur place et 45 mn retour). Essayez d'éviter le dimanche, vous risquez de rencontrer davantage de monde. Le mieux est d'y aller le matin. D'ailleurs, si vous désirez être seul (ou pratiquement) à la cascade, être entre 8h et 8h30 chez votre prestataire. Après 9h, les groupes arrivent.
On emprunte des sentiers étroits, on passe par des bouts de forêt tropicale, on traverse une rivière à gué. Après la montée, on découvre un panorama sensationnel sur la vallée, qui permet l'observation d'oiseaux, et parfois de faucons chasseurs. À l'arrivée, ravissante cascade de 10 m, dans un écrin de verdure, puis, à deux pas, une autre chute, de près de 50 m celle-là. C'est dans celle-ci, majestueuse, que l'on pique une tête dans une eau délicieuse. Possibilité pour les plus courageux de passer derrière le rideau d'eau.
Infos et conseils pratiques : pour réaliser la balade, il existe deux solutions :
– ***S'en remettre à une agence*** de Las Terrenas (voir plus haut « Adresses utiles »). Pas vraiment utile dans la mesure où on se contente de vous mettre dans une *guagua* (pas d'accompagnement) en vous donnant un *voucher* pour votre prestataire, qui fera la même chose que si vous étiez venu seul ;
– ***Faire l'excursion de manière indépendante,*** ce qui ne pose aucun problème et revient moins cher, évidemment. Cela demande juste un peu d'organisation. Une fois à El Limón, vous pouvez aller voir plusieurs prestataires pour comparer

les prix. Sinon, le mieux est de les appeler la veille pour vous informer. Ils appartiennent tous à l'*Asociación Comunitaria Salto Limón* (ACESAL) et ils utilisent tous les chevaux de l'association. Les *paradas* qui vous proposent la balade se situent toutes sur la route principale de Samaná, mais assez distantes les unes des autres.
Si vous y allez seul, en arrivant à El Limón, vous serez suivi par des jeunes en mob qui veulent vous amener... là où ils veulent. Ignorez-les gentiment.
– ***À cheval,*** la balade se fait tranquillement, sur des bêtes vraiment pépères, et reste parfaitement accessible à tous ceux qui ne sont jamais montés. Demander une bombe (tous les prestataires n'en proposent pas). Obligation d'être accompagné par un guide (les gens du village) et d'avoir de bonnes chaussures. Évitez simplement les jours de grosse pluie (et même les lendemains), car le terrain est alors glissant. En fonction de la *parada* choisie pour faire l'excursion, les sentiers empruntés sont différents. Selon les cas on chevauche entre 30 et 45 mn aller, pareil au retour.
– Cette balade peut aussi ***se faire à pied et sans guide,*** vous ne mettrez pas plus de temps qu'à cheval car les animaux vont au pas. Dans ce cas, se rendre chez l'un des prestataires et demander le chemin. Il existe plusieurs sentiers pour arriver à la cascade, notamment au départ des villages de *La Manzana* ou de *Rancho Español,* à environ 5-7 km après El Limón sur la route de Samaná. Se renseigner sur place. Vous n'aurez à acquitter que le droit d'entrée au parc naturel : 50 RD$.
– ***Tarifs :*** *les prix indiqués incluent la balade à cheval et le repas. Compter env 700-800 RD$/pers (env 400-450 RD$ sans le repas). À cela il faut ajouter l'entrée du parc, 50 RD$/pers, ainsi qu'un « pourboire » pour le guide (en fait c'est son salaire). Celui-ci attend entre 200 et 300 RD$/pers guidée.*
Souvent on vous indique que le prix du guide est inclus, mais on vous précise aussi assez clairement qu'il faut lui donner quelque chose. En vérité, ils ne gagnent souvent que leur pourboire et ne reçoivent rien (ou presque) de la part des prestataires.
Généralement, les touristes prennent le repas. Il se compose de poulet, riz, haricots rouges, un fruit, une boisson et un café. Chez certains, il s'agit d'un buffet, parfois un peu élaboré. Mais c'est rarement un miracle culinaire.
On vous indique 4 *paradas,* dans l'ordre d'arrivée à partir de l'embranchement de la route de Samaná, mais il y en a une quinzaine en tout, qui s'étirent sur plusieurs km le long de la route. Elles sont toutes situées à gauche de la chaussée. Pour la première, on chevauche quelques instants sur la route avant de prendre le sentier. Les 3 autres empruntent directement un sentier au niveau de leur *parada.*

■ ***Santi Rancho :*** *c'est le 1er à gauche à El Limón, sur la route de Samaná, à 1 km du chemin de la cascade.* 📱 *829-342-9976.* • *cascadalimonsamana.com* • Santi est un sympathique Espagnol installé ici depuis de longues années et qui parle un délicieux français. Tarifs plus élevés que ses concurrents, mais c'est le seul à payer les guides directement. On n'a donc rien à donner à ce titre. Petit bémol : on fait 10-15 mn de cheval sur la route (pas très agréable), avant d'emprunter le sentier dans la nature.

■ ***Ramona y Basilio :*** *à 1 km du village d'El Limón, à proximité du chemin, toujours sur la même route.* 📱 *809-956-5526.* • *ramonybasilio@hotmail.com* • Tenu par un couple sympathique. Le sentier est juste là. Au retour, repas sous une mignonne paillote rose au toit de tôle.

■ ***María y Miguel :*** *env 200 m après Ramona y Basilio, du même côté de la route. Là encore, pas de bitume à faire à cheval puisqu'il y a un sentier juste derrière chez eux.* 📱 *809-956-4085 ou 829-926-3551.* Atmosphère familiale, mais l'emplacement des tablées pour le repas est en contrebas de la route, pas super agréable et un brin bruyant.

■ ***Antonia et Martin – Parada La Manzana :*** *env 2 km plus loin, du même côté de la route.* ☎ *829-931-6964.* 📱 *809-916-0892.* • *alcalanuez@gmail.com* • Si vous êtes véhiculé et que vous ne disposez que de peu de temps, il peut être intéressant de partir de ce chemin, le plus proche de la cascade. Compter 30 mn de cheval pour y aller. Sachez que l'on arrive par le haut de la cascade et qu'on ne la découvre pas de face. En revanche, au retour, la paillote pour le repas est l'une des plus sympas, et le repas parmi les plus soignés (grand buffet très complet).

➢ Et puis dans la péninsule, il y a le ***parque nacional de Los Haïtises*** et l'***excursion aux baleines*** (en saison), deux excursions à ne rater sous aucun prétexte.

SÁNCHEZ ET PARQUE NACIONAL DE LOS HAÏTISES

26 500 hab.

Ville carrefour pour Las Terrenas et Samaná, Sánchez fut longtemps un port très important. Terminus de la plus grande ligne de chemin de fer du pays. Depuis La Vega et sa région, celle-ci servait à transporter la canne à sucre et autres produits agricoles du Cibao jusqu'au port de Sánchez, d'où ils étaient chargés sur les cargos. L'envasement de la baie et la taille des bateaux empêchèrent finalement ces derniers d'atteindre Sánchez. La ligne fut abandonnée, l'activité commerciale périclita. La ville sombra alors dans une sorte de léthargie et n'évolua guère durant des dizaines d'années. Sur le plan touristique, la ville revêt donc un intérêt extrêmement limité. Dans la rue principale, quelques détails insolites de-ci de-là, comme ces deux anciens hôtels de style victorien, qui durent connaître des heures plus glorieuses. Aujourd'hui, ce sont des logements populaires. Devant, deux boggies de train, vestiges de l'ancienne ligne. En redescendant vers le port, à droite, grand bâtiment de bois déglingué, ancien siège social du *ferrocarril Sánchez-La Vega* (enseigne qui s'estompe). Voir aussi, dans le centre, calle Libertad, la pimpante église *Nuestra Dama de Lourdes.* En face, vieille villa de bois à colonnades avec large véranda, qui tombe doucement dans l'oubli, rongée par les herbes folles.

Aujourd'hui, Sánchez ne vit quasiment que de la pêche à la crevette et un peu du tourisme car, avec Arroyo Barril, c'est l'un des deux principaux ports d'embarquement pour le parc national des Haïtises (« pays de montagnes » en langue taïna), l'un des musts du pays.

Arriver – Quitter

Caribe Tours : *sur la route principale qui va de Nagua à Samaná ; facile à trouver.* ☎ *809-552-7434.* • *caribetours.com/do* • *Tlj 7h-18h.* Achat des billets sur place slt, pour le jour du départ.

➢ ***Santo Domingo :*** env 8 liaisons/j., 7h30-16h30, dont 4 bus qui empruntent l'autoroute. Durée : 2h. Les autres bus passent par Nagua, Castillo et San Francisco de Macoris. Durée : env 4h.

➢ ***Puerto Plata :*** 2 bus direct avec *Caribe Tours,* le terminus est à Cabarete. Passe par Nagua, Cabrera, Rio San Juan, Sosua et Puerto Plata.

➢ ***Las Terrenas :*** *guaguas* au carrefour de la route Las Terrenas-Sánchez. Départ des *guaguas* ttes les 20 mn, 6h-18h30, compter env 45 mn de route et 80 RD$/pers.

➢ ***Samaná :*** 8 bus/j. dans les 2 sens, 10h-19h30, avec *Caribe Tours.* Env 30 mn et 70 RD$/pers. Sinon, *guaguas* ttes les heures. Compter 90 RD$ et 30 mn de trajet. À Sánchez, départs dans le centre, calle Duarte, à proximité de la *Farmacia Duarte.*

Comment faire l'excursion au Parque ?

Plusieurs solutions, mais quelle que soit la formule choisie, l'excursion comprend la traversée en bateau rapide de Sánchez au parc, les boissons à bord et un bon repas qui vous attend au retour. Gratuit pour les enfants de moins de 4 ans, presque moitié prix pour les enfants jusqu'à 12 ans.

– ***Par soi-même :*** on se débrouille pour aller par ses propres moyens à Sánchez (voir « Arriver – Quitter »), au point de départ des bateaux de la compagnie ***Amilka Tours.*** Difficile d'y aller sans avoir son propre véhicule, car l'embarcadère est à 7 km de Sánchez, sur la route de Samaná (panneau sur la droite en bord de route, puis env 500 m jusqu'à la mer). *809-392-2461 et 809-258-3003. Être sur place vers 9h (appeler la veille pour vérifier s'il y a bien un départ). On embarque vers 9h30. Compter 2 500 RD$/pers, incluant le bateau, l'entrée du parc et le repas, servi au retour dans une sorte de resto en retrait de la mer. Pas de guide, vous partirez avec celui d'un groupe d'une agence les jours d'excursion. S'il y a un guide français à bord, on profite des infos.*

– ***Par agence, avec un guide français :*** il peut être intéressant de passer par une agence afin de profiter des explications d'un guide français. Cela permet d'avoir une bonne approche de la culture des Taïnos et de comprendre le site en le remettant dans un contexte historique. S'adresser aux 3 agences mentionnées dans la rubrique « Adresses utiles – Excursions » à Las Terrenas, qui proposent toutes l'accompagnement avec guide diplômé francophone. *Compter env 65-70 $/pers, selon les agences, incluant le transfert depuis Las Terrenas, le bateau, l'entrée du parc, le guide et le repas.*

À voir. À faire

Au cours de la traversée de la baie, ouvrez l'œil, il n'est pas rare d'apercevoir des dauphins. Une fois sur place, vous évoluerez parmi des îlots rappelant (en plus petit) les fameux *mogotes* de la baie d'Along (au Vietnam) ou de la vallée de Viñales (à Cuba). Balade dans les mangroves aussi, au milieu des palétuviers, ces « arbres-racines », pittoresques forêts d'entrelacs qui, selon les Indiens d'autrefois, les protégeaient des ouragans. Enfin, on met pied à terre de temps à autre pour visiter des grottes ornées de pétroglyphes (gravures dans la pierre). Au passage, on tourne autour de l'île aux Oiseaux. Les guides s'arrangent pour que les groupes ne se retrouvent pas ensemble au même endroit. On a parfois l'agréable impression d'être les seuls sur le site. À la fin, baignade dans une eau douce bien fraîche. Repas compris au retour. L'excursion dure environ 5-6h en tout, déjeuner inclus. On part de Sánchez vers 9h30, on est de retour aux alentours de 16h (juste pour les cars de Santo Domingo). À noter, au retour, la mer est parfois bien formée. Gare aux embruns. Prévoir une serviette de bain, voire un vêtement de rechange.

Le parc : grand de 1 600 km², il héberge une faune propre aux marécages des côtes caraïbes (frégates magnifiques, pélicans, vautours, colibris et rongeurs). Hélas, les perroquets et tortues ont disparu, victimes du trafic intensif d'animaux sauvages. Également une flore intéressante à observer (forêts de palétuviers, orchidées, acajou, calebassiers, tunnels de verdure, mangrove rouge et plantes médicinales) et de très belles falaises en roche corallienne qui émergent au milieu de la baie. C'est dans cette zone inviolée où peu de personnes ont pénétré que les derniers Indiens taïnos sont morts au début du XVIe s.

L'une des attractions du parc, ce sont les ***grottes,*** habitées il y a environ 500 ans par les Amérindiens, qui y ont laissé des dessins rupestres (pictographes) et de très belles gravures (pétroglyphes). On passe d'abord par le ***cayo de los Pajaros***

(île aux Oiseaux), un régal pour les photographes qui pourront saisir l'étonnante parade des centaines de frégates. Plus de 100 espèces différentes d'oiseaux vivent dans le parc. Halte ensuite à la ***cueva San Gabriel,*** lieu de culte taïno (nombreux pétroglyphes). On traverse une belle mangrove de palétuviers.
Plus loin (il faut reprendre le bateau), perdue dans la forêt, la vaste ***cueva de la Linea,*** célèbre pour ses centaines de dessins représentant des hérons, baleines, chauves-souris, enfants... Pour peindre, les Indiens utilisaient un mélange de carbone, de jus de fruits et de graisse de lamantin, ce qui explique l'excellent état de conservation de ces dessins. Dans cette même caverne, des panneaux (uniquement en espagnol) donnent des explications sur la vie des Indiens. L'un d'eux raconte la légende de la princesse indienne Onaney, favorite du grand chef Caonabo, qui se cacha dans la grotte pour échapper aux conquistadors (les suicides en groupe étaient alors courants). Votre guide vous racontera peut-être aussi la frissonnante histoire des enfants indiens qui furent kidnappés par une tribu cannibale rivale, puis gavés avant d'être dévorés !
La troisième grotte visitée est la ***cueva Arena,*** l'une des plus connues. On y accède par une petite plage. De là, un petit chemin de sable mène à la grotte. À l'entrée, d'étonnantes têtes sculptées, dont une en très bon état. À l'intérieur, trois petites salles habitées par des chauves-souris. Quelques pétroglyphes représentant des animaux.

SANTA BÁRBARA DE SAMANÁ

53 000 hab.

Plus communément appelée *Samaná,* Santa Bárbara de Samaná est la « capitale » régionale. Petite ville moderne sans charme, elle fut totalement reconstruite après un violent incendie qui la détruisit dans les années 1950. Elle vit globalement de son administration, de la pêche, de la production de noix de coco et du tourisme (observation des baleines et visite du parc national des Haïtises, mais pas de plages dans ce secteur). Une marina a été construite et la baie reçoit désormais d'énormes yachts. Pour attirer les croisiéristes – et brasser quelques devises –, on a édifié un petit centre commercial façon Disneyland (maisons colorées et préfabriquées) sur une partie du *malecón,* assez ridicule et parfaitement en décalage avec le reste de la ville...

DEUX OU TROIS CHOSES SUR LES BALEINES À BOSSE

La baie de Samaná est l'une des plus importantes concentrations de *baleines jubartes* (dites « à bosse ») au monde. Environ un millier d'entre elles viennent batifoler dans les eaux chaudes et tranquilles de la baie pour se reproduire ou mettre bas (avec un pic d'au moins 250 individus mi-février). On pourra donc dire que les baleines à bosse sont dominicaines ! ***Attention :*** la loi ne permet leur observation en bateaux aménagés pour les touristes qu'à partir du 15 janvier et jusqu'à la fin mars.
Caractéristiques : si elles ne sont pas les plus grosses, elles appartiennent au groupe des « grandes ». De 12 à 15 m de long et de 40 à 60 t en moyenne. En tout cas, ce sont les plus joueuses de toutes les espèces (surtout les mâles).
Quelques traits physiques : corps noir ou gris foncé avec des taches blanches sur les nageoires. Sur le museau et le menton, des *nodules,* sortes de protubérances de la taille d'une orange. Pas de dents, bien sûr, mais des centaines de lames élastiques en corne qui retiennent la nourriture et qu'on appelait autrefois des « baleines ». Jadis, elles étaient utilisées dans la fabrication des parapluies et des corsets.

Pour séduire, ces baleines sont capables d'effectuer des sauts époustouflants et de chanter de façon très mélodieuse. On a vu jusqu'à 25 mâles autour d'une femelle ! Dans *Moby Dick,* Herman Melville s'extasie sur leur tempérament joueur. Une des figures les plus populaires : le saut (ou la parade). Le mâle sort comme une fusée, le corps souvent entièrement hors de l'eau et les nageoires tendues comme un avion (beau splash au retour). Record porté au *Guinness Book,* un jeune a effectué 135 sauts en 1h15 (!). Une autre figure que cette baleine adore : le *flippering,* rotation du corps à l'horizontale, en faisant claquer une ou deux nageoires. Et bien d'autres, comme le *spyhop,* qui consiste à émerger doucement à la verticale comme un périscope et à redescendre de la même manière.

La baleine à bosse : une grande chanteuse...

Le commandant Cousteau l'appelait le « Caruso des profondeurs ». Seul le mâle pousse la chansonnette (la femelle n'émet que des sons de basse fréquence pour communiquer). La chanson peut être captée par une autre baleine jusqu'à une distance de plus de 20 km. Elle se compose de « phrases » et de « thèmes » ; c'est la plus complète du monde animal, dit-on ! Un thème se compose de plusieurs phrases, les mêmes pour les baleines d'une même région et toujours chantées dans le même ordre. Ce qui fait donc la différence entre baleines, c'est la capacité de certaines de chanter plus longtemps dans l'eau, si elles n'ont pas à remonter aussi souvent que les autres.
Autre truc curieux : les mâles démarrent toujours une saison de reproduction avec la chanson de l'année précédente. Puis les « paroles » changent progressivement, adoptées au fur et à mesure par tous les mâles ! Les chercheurs n'ont pas encore trouvé qui commence le premier à changer la chanson, ni comment elle se communique aux autres. Ce qui est sûr, c'est qu'on ne l'entend qu'au moment de la reproduction. C'est probablement pour les mâles le moyen de commencer leur jeu de séduction auprès des belles, et de marquer leur territoire vis-à-vis de leurs rivaux. Ce qui n'empêchera pas les acrobaties amoureuses, ni les durs « coups de boule » avec un dangereux rival.

... et une sacrée routarde !

Les baleines à bosse sont de grandes voyageuses. Lors de leur migration, pour passer l'hiver dans les eaux chaudes, elles sont capables d'effectuer plus de 2 000 km depuis les côtes de Nouvelle-Angleterre, plus de 3 000 km depuis le Labrador et 5 000 km depuis le Groenland ou l'Islande. L'utilisation des filets dérivants de la grande pêche industrielle est d'ailleurs une véritable calamité pour le bon déroulement de ces migrations. Car non seulement ces filets tuent les dauphins, mais aussi les jeunes baleineaux, obligés de nager plus souvent près de la surface, du fait de leurs faibles capacités à remplir leurs poumons et à plonger profondément.
Le bébé baleine pèse 1 t et mesure déjà 3 à 4 m. Il prend à sa maman plus de... 180 l de lait par jour (contenant 50 % de graisse) et grossit de... 45 kg quotidiennement (près de 2 kg à l'heure !). Quant à la mère, qui met bas tous les 2 ans, elle ingurgite près d'une tonne de petits poissons et krill (crevettes) par jour. Pas dans la baie de Samaná, heureusement pour les pêcheurs de Sánchez, mais dans le Grand Nord, en été, là où les baleines vont reconstituer leur réserve de graisse. Autre méfait de l'homme qui menace à moyen terme la survie des baleines : le réchauffement climatique, qui diminue de façon conséquente la quantité de krill et oblige les baleines à voyager de plus en plus loin pour se sustenter, entraînant leur mort par épuisement. Un chiffre incroyable : entre les deux migrations (descente vers le sud, séjour en baie de Samaná, remontée vers le nord), une baleine de 40 t peut en perdre au moins 8 !
Voilà, bonne observation après ça, et un grand merci à Ken de Pree et Kim Beddall pour ces riches informations.

Arriver – Quitter

En bus ou en *guagua*

Caribe Tours : *plaza Pueblo Principe, av. Francisco Rosario Sanchez, juste avt d'arriver sur le* malecón, *dans une maisonnette jaune à côté de la banque* BHD. ☎ *809-538-2229.*

➢ ***Santo Domingo :*** en moyenne, 8 liaisons/j. avec *Caribe Tours,* 8h-16h, dont 3 par l'autoroute (2h30 de trajet). Tarif : 310 RD$.

➢ ***Nagua et Río San Juan :*** 4 bus/j. avec *Caribe Tours,* 7h-15h. Durée : 1h. Prix : 100 RD$. Pour Río San Juan, prendre un autre bus à Nagua.

➢ ***Sosua, Cabarete et Puerto Plata :*** slt en *guaguas.* 2-3 liaisons/j. Depuis Samaná, départs devant le *malecón,* juste devant le *Banco Popular.*

➢ ***Las Galeras et Las Terrenas :*** slt en *guagua,* qu'on peut prendre près du marché, sur la grande artère qui mène au *malecón* ou au port. Compter respectivement 40 mn et 1h de trajet.

En bateau

➢ ***Sabana de la Mar, par le bac :*** si l'on doit rejoindre l'est de l'île, la liaison maritime Santa Barbara de Samaná-Sabana de la Mar permet d'éviter de retourner à Santo Dominguo. Les bateaux partent du quai en face du *Banco Popular* et assurent la navette 4 fois/j. dans chaque sens. Départs en principe 7h-15h de chaque port. Trajet : 1h. Prix du billet aller : 200 RD$. Les billets s'achètent à bord. Attention : ces bateaux n'acceptent pas les voitures, seulement les piétons. Si on a de la chance, on peut même voir des baleines.

Adresse utile

■ **Banco Popular :** *Malecón, 4 (route bordant la mer).* ☎ *809-538-3666. Lun-ven 8h-16h, sam 9h-13h.* Change l'euro et le dollar américain. Distributeur à l'extérieur.

Où dormir ? Où manger ? Où boire un verre ?

Prix moyens

Les quelques hôtels de la ville sont situés quasiment les uns à côté des autres, juste derrière le *malecón,* dans une petite rue passante. Ils sont tous sur le même modèle et à des prix voisins. Cependant, aucun intérêt de passer la nuit à Samaná, surtout que la péninsule regorge de belles adresses. Le soir en fin de semaine, la jeunesse et les familles se baladent sur le *malecón* en mangeant une glace. Souvent des sonos improvisées.

Hotel Samana Spring : *calle Cristóbal Colón, 12, dans une petite rue derrière le* malecón, *accès par la calle María Trinidad Sánchez.* ☎ *809-538-2946.* • samanaspring@hotmail.com • *Double env 32 US$.* Certainement l'un des meilleurs rapports qualité-prix de la ville. Un petit hôtel moderne et fonctionnel, avec une quinzaine de chambres simples et propres (AC, ventilo et salle de bains), au calme.

La Mata Rosada : *Malecón, 5.* ☎ *809-538-2388. Tlj sf mer, midi et soir. Plats env 400-650 RD$.* Une belle terrasse couverte et ventilée, bien verdoyante, et un bar convivial, c'est l'établissement où l'on aime se retrouver entre anciens, nouveaux et touristes de passage. Une excellente table où la qualité des mets et l'accueil vous feront passer un agréable moment. Cadre chic, tout blanc, tables avec nappes et vaisselle soignées. Carte ciblée produits de la mer, beaucoup de poissons. Bons plats de viande en sauce. La valeur sûre de Samaná.

Le Café de Paris : *Malecón, 6.* ☎ *829-284-2167. Tlj 8h-minuit.* Petit café tenu par de jeunes Français. Bien pour un petit déj avec une crêpe ou un verre à toute heure.

À voir. À faire

Visite de Samaná : on peut apprécier le ***marché*** typique à l'entrée de la ville (à droite, venant de Sánchez), surtout le samedi quand tous les paysans y descendent pour vendre leurs produits. Une curiosité : les ***ponts de la baie,*** lubie stupide et mégalo du dictateur Trujillo. Ils coûtèrent des millions de dollars et ne servent strictement à rien puisqu'ils mènent à des îlots... inhabités ! Aujourd'hui reconvertis en passerelles piétonnes, ils sont uniquement accessibles aux pensionnaires du *resort Bahia Las Ballenas.* Au passage, voir la ***chapelle*** importée d'Angleterre en 1823 et lieu de culte aujourd'hui de l'Église anglicane *(calle Teodoro Chacerreaux, angle avec Duarte).*

Observation des baleines : *se déroule du 15 janv (date fixée par la loi) à fin mars env.* C'est, vous vous en doutez, une expérience inoubliable.
– ***Conseils :*** chapeau et crème solaire indispensables, téléobjectif entre 80 et 200 mm pour les photographes et jumelles pour ceux qui en ont. S'armer aussi d'une certaine dose de patience. Les baleines n'étant pas encore salariées par les agences, elles remontent quand elles veulent et exécutent les figures qui leur semblent le mieux correspondre à leurs intérêts immédiats (ne pas oublier qu'elles peuvent rester jusqu'à 40 mn sous l'eau).
Il existe plusieurs agences qui vendent l'excursion auprès d'une dizaine de compagnies de bateaux agréées, la plupart situées le long du *malecón.* Voir notamment les agences que nous citons plus haut à Las Terrenas (rubrique « Adresses utiles »), qui utilisent les services de prestataires de qualité. Compter env 70 US$ pour le transport aller-retour, le bateau, l'entrée du sanctuaire et le guide (repas non inclus). Mais la plus ancienne agence est tenue par Kim Beddall, une Canadienne anglophone qui a largement participé à la protection des mammifères marins.

■ ***Whale Samaná Victoria Marine :*** *sur le malecón, presque face au ponton principal. ☎ 809-538-2494. • whalesamana.com • En principe, 2 excursions/j. à 9h et 13h30 début fév-début mars ; 1 excursion/j. à 10h de mi-janv à début fév et début mars-fin mars (dépendant aussi du nombre de passagers). Résa obligatoire quelques j. à l'avance.* À bord, toujours un *marine mammal specialist,* un(e) spécialiste de la chose baleinière pour donner les explications. Pour faire l'excursion, plusieurs solutions : la facilité consiste à passer par une agence (soit depuis Las Terrenas, soit depuis Samaná) qui vend un tout compris (transport aller-retour depuis votre hôtel, bateau, boissons à bord et déjeuner au cayo Levantado au retour). Certaines agences vendent l'excursion seule, sans l'arrêt au cayo Levantado ni le déjeuner. C'est cette formule que l'on conseille. Se renseigner sur les tarifs auprès d'elles à Las Terrenas (voir plus haut « Adresses utiles »). Il est également possible de réserver directement par téléphone auprès de Kim et d'aller par ses propres moyens à Samaná. *L'excursion simple vous coûtera alors 60 US$, plus 3 US$ d'entrée pour le sanctuaire des baleines. Compter 5 US$ de plus avec un arrêt au cayo Levantado (sans repas). Enfants de moins de 10 ans : 30 US$. Durée de l'excursion : 3-4h.* Kim Beddall consacre sa vie à la défense des baleines à bosse. Depuis une vingtaine d'années, elle se bat avec passion pour les protéger et éviter une exploitation trop touristique de leur présence. Elle a fait notamment adopter, avec d'autres organismes comme le CEBSE, un code de conduite très strict vis-à-vis des baleines (concentration de bateaux interdite, distance de 50 m pour voir une baleine seule, 80 m quand elle est avec le petit, vitesse très réduite pour se rendre sur le spot, puis moteur arrêté, etc.). Son bateau, le *Victoria II,* a été modifié pour l'observation des baleines. Il faut absolument éviter de partir avec de trop petits bateaux peu expérimentés ou peu soucieux des règles, les conditions de transport, de sécurité et d'approche étant alors loin d'être réunies.

Cayo Levantado : ce superbe îlot tropical en face de Samaná, la carte postale type des Caraïbes, est devenu une véritable caricature... Tout y est : luxuriante végétation, petits chemins bucoliques, eau azur limpide, cocotiers, sable doré, etc. Mais l'îlot est minuscule et il est devenu la vitrine touristique de l'île. Tout a été conçu ici pour plaire à la clientèle des bateaux de croisière qui y envoient leurs clients pour le déjeuner. Absolument tout y est commercial : accueil artificiel en musique, centaines de transats payants pour les touristes, lion de mer trimbalé en laisse avec lequel on peut se faire photographier, idem avec un iguane ou un perroquet ara, buffet sans intérêt, etc. En saison, ajoutez aux agences proposant le déjeuner sur le *cayo* après l'observation des baleines, les croisiéristes qui squattent le site 2 à 3 fois par semaine en saison, à l'heure du déjeuner, et ce sont plusieurs milliers de touristes qui débarquent alors de leur paquebot sur l'étroite plage. Résultat : atmosphère type « La croisière s'amuse », mais en pas drôle du tout. Si vous décidez d'y faire un tour, arrangez-vous que ce ne soit pas un jour où il y a un bateau de croisière (les agences sont informées). Une partie de l'île est par ailleurs occupée par un hôtel de luxe, le *Bahía Principe Cayo Levantado,* ce qui limite l'espace à partager. Franchement, on trouve des coins superbes ailleurs, à la beauté moins trafiquée, ce serait dommage de passer à côté.

Playa El Valle : *prendre la route vers Las Galeras. Tourner à droite à l'embranchement, puis à gauche 200 m après, c'est indiqué. Route bitumée sur env 3 km, puis piste défoncée ! De là, seuls les 4x4 passent. En cours de route, un pont à franchir au-dessus du río San Juan. Renoncer à la balade en cas de pluie, il peut se transformer en torrent. Arrivé tt au bout, vous trouvez une des plages les plus sauvages du pays.* Sur la gauche de la plage, embouchure de la rivière et petite piscine d'eau douce naturelle, derrière de beaux rochers. Petit restaurant où, en fonction de la pêche, vous dégusterez langouste ou poisson, sinon poulet. Un conseil, ne pas attendre la nuit pour revenir (de jour, c'est difficile, alors dans le noir !). Côté baignade, les eaux sont dangereuses, car les courants sont puissants. Restez là où vous avez pied. Au retour, arrêt conseillé à la cascade *Lulu* (quand on quitte la plage, aller tout droit jusqu'au bout du village et se garer ; promenade d'une dizaine de minutes à pied pour arriver à la cascade).

LA ROUTE VERS LAS GALERAS

➢ Route goudronnée de 28 km. Quelques arrêts intéressants en chemin comme la ***playa Las Flechas,*** bien indiquée. Eh oui, c'est là que Christophe Colomb crut que la nuit était tombée brutalement, alors que ce n'était qu'un nuage de flèches expédiées par des Indiens ciguayos, furieux qu'on ne les ait pas prévenus de la visite.

➢ À 13 km de Samaná, on s'accordera une pause à l'***Observatorio de ballenas,*** à ***Punta Balandra,*** accessible librement par un sentier aménagé de 300 m. Le départ est repérable par un panneau en bord de route. Le problème est qu'il n'y a aucun parking pour garer sa voiture, et en bord de route c'est un peu dangereux. À moto en revanche, pas de problème.
C'est une tour en bois au sommet d'un promontoire rocheux, aménagée pour observer les baleines. Bon, on reconnaît que de loin et sans jumelles, on ne voit pas grand-chose (au mieux un petit point entouré de bateaux) ! Vaut surtout pour le superbe panorama sur cette baie sauvage couverte de cocotiers.

Playa Rincón : de la route principale, indication sur la gauche. Une dizaine de km par une bonne route, puis env 2,5 km par une piste très correcte. On peut également y aller en excursion depuis Las Terrenas (voir plus haut « Adresses utiles. Agences, excursions ») ou en *taxi boat* depuis Las Galeras. Mais cette balade se fait très bien seul si l'on a un véhicule. C'est une magnifique plage quasi déserte, sauvage, large et très ouverte, ourlée par une forêt de cocotiers sur l'arrière. Sur la gauche de la plage, presqu'au niveau d'un petit *río,* quelques *comedores* bricolés et à touche-touche, avec de longues tables communes en bois. Allez jetez un œil aux cuisines à l'arrière, où poissons et langoustes grillent sur des foyers traditionnels. Le week-end, bonne ambiance populaire. Après la baignade en mer, on peut se rincer dans le *río* aux eaux tranquilles et cerné de mangrove. Un super moment.

Iguanario Los Tocones : *sur la route de la plage El Rincón, après avoir tourné à droite au village* ***Los Tocones.*** *À exactement 6,5 km de la route principale. Tlj (en théorie), tte la journée. Entrée : 50 RD$ (en fait, une donation).* À l'initiative de la *Sociedad ecológica Los Laicos,* une dizaine d'iguanes « rhinocéros » (espèce endémique de la République dominicaine, en voie d'extinction) se prélassent au soleil dans un petit enclos. On espère qu'ils vont s'y plaire et se reproduire. Bon, c'est pas terrible-terrible, mais ça part d'un bon sentiment.

LAS GALERAS

Le bout du bout de la péninsule. Certainement le dernier village de bord de mer de la péninsule à avoir encore su préserver sa nonchalance, sa tranquillité. Las Galeras est un minuscule village de pêcheurs au fond d'une vaste baie, qui semble presque avoir été oublié des programmes immobiliers. Pas mal de Français et des Italiens s'y réfugièrent en des temps plus rustiques et sereins. Aujourd'hui, il y a même quelques Espagnols, des Allemands, des Suisses, des Néerlandais… On assiste à la coexistence d'un mode de vie empreint de sérénité et d'une atmosphère toujours authentique, avec une infrastructure hôtelière moderne et confortable, mais sans excès numérique par rapport à ce que peut tolérer le village. Il se compose d'ailleurs d'une simple route principale qui aboutit à la belle plage, et d'une petite perpendiculaire. Et puis c'est tout ! La plupart des services, des hôtels et des restos s'organisent autour du croisement de ces deux rues. Tant qu'il en est encore temps, Las Galeras est chaudement recommandé aux amoureux d'un certain art de vivre. Si tel est le cas, prévoir d'y passer une ou deux nuits.

Arriver – Quitter

➢ ***Santo Domingo :*** 4 liaisons/j. en général, 5h30-15h30. Compter 4h env. Pour ceux qui prennent l'avion dans la foulée, sachez que les bus s'arrêtent à la fin de l'autoroute, à l'embranchement de la route pour l'aéroport et Boca Chica (vers l'est), et pour Santo Domingo (vers l'ouest). De là, on trouve des taxis pour l'aéroport (pratique car ça évite de repasser par la capitale).

➢ ***Samaná :*** *guagua* env ttes les 20-30 mn. Compter 100 RD$. Départ au bout de la rue principale, au niveau de la plage. En taxi, compter 1 000-1 200 RD$.

➢ ***Las Terrenas :*** *guagua* pour Samaná, puis changement de guagua. Départ au bout de la rue principale, au niveau de la plage.

– *Petit conseil avisé :* en saison, ceux qui sont motorisés peuvent parfaitement aller voir les baleines le matin à Samaná et poursuivre tranquillement leur route dans l'après-midi vers Las Galeras, en faisant quelques haltes sur les plages en chemin et passer la nuit à Las Galeras, qui le mérite bien.

Adresses et info utiles

Las Galeras se résume à une rue principale d'où partent quelques perpendiculaires, et à une sorte de carrefour – intersection des 2 plus grandes rues. Toutes nos adresses font référence à ce carrefour.

End of the Road : *au petit carrefour des 2 rues, sur la gauche. 829-906-9618.* Un point info et petit café Internet. On peut y glaner quelques infos sur le village, activités, hébergements, horaires de bus, etc. Vente de snacks et boissons.
– Quelques infos aussi sur le site : • *infolasgaleras.com* •

BanReservas : *dans la rue principale à l'entrée du village, sur la droite. Lun-ven 9h-17h, sam 9h-13h.* Distributeur à l'extérieur. Change à l'intérieur.

Farmacia Las Galeras : *dans la rue principale, juste avt le croisement. Tlj sf dim, 9h-20h.*

Art Tribal : *en face du resto* L'Aventure, *sur la gauche en arrivant avt le carrefour, à 300 m de la plage. Tlj sf dim 9h30-12h30, 17h-19h.* Une jolie boutique pleine de peintures et d'artisanat dominicains et haïtiens. Accueil chaleureux de Fany.

Où dormir dans le village et les environs proches ?

Prix moyens (moins de 3 000 RD$ / env 55 €)

El Cabito : *à env 3 km à l'est du village. ☎ 829-697-9506. • elcabito.net • Au petit carrefour, prendre à droite et passer devant le* Grand Paradise Samaná. *Poursuivre la route jusqu'au T, puis prendre à gauche. Suivre la piste qui longe la mer (on laisse l'eau sur la gauche), puis la piste reprend sur la droite. Encore quelques centaines de mètres et c'est indiqué sur la gauche. Selon le type d'hébergements, compter 30-50 US$ pour 2, avec ou sans sanitaires, petit déj en plus (150-250 RD$ selon formule choisie). Au resto, plats 700-850 RD$.* On aime bien l'atmosphère de cette adresse routarde, sans doute la moins chère de Las Galeras, tenue par Tomeu, un Mallorcain. Plusieurs options : 2 *cabañas* moitié en dur moitié en bois, avec terrasse commune, petit salon au rez-de-chaussée et sanitaires. Chambre dans la partie haute en bois, toit de palme, lit au sol avec moustiquaire et vue extra. Également 2 autres petites cabanes tout en bois, en hauteur (on y accède par une modeste échelle), dont l'une prend appui sur un arbre. Matelas au sol et vue directe sur la nature. Sanitaires extérieurs communs, très corrects. *Roots,* mais confort suffisant et un indéniable charme. Le tout s'étage dans un petit jardin escarpé surplombant la mer, rafraîchi par la brise. Mention spéciale pour la terrasse où est servi le petit déj, qui surplombe littéralement une petite falaise de 15 m, offrant un panorama grandiose sur la mer. Fait aussi bar-resto ouvert à tous. Idéal pour un verre au coucher du soleil, et pour un dîner dans la foulée. Repas de langouste (sur résa), de poisson grillé ou de fruits de mer. À déguster dans une atmosphère détendue et hors du temps. Deux petits bémols : service assez long et prix assez élevés tout de même.

La Loma Cita : *à 3 km du village. 829-905-3272. • lalomacita-lodge.com • Au carrefour, prendre à droite puis tt droit sur env 1,5 km (on passe devant le* Grand Paradise Samaná *et la route devient piste). Poursuivre jusqu'au T. Prendre à droite sur env 1 km la piste qui grimpe puis c'est fléché. 2 doubles à 55 €, petit déj compris (49 € à partir de 2 nuits). Également 3 maisonnettes pour 2 pers, 65 € la nuit, sans petit déj. Dîner possible : 18 €. Loc de vélos.* Perché sur une colline, voici une bien jolie maison. Tranquillité, charme et intimité. Armelle et Christian vous accueillent avec gentillesse sur leur vaste terrasse ouverte sur la forêt, avec la mer en toile de fond. En contrebas de la maison, 2 charmantes petites chambres avec salle de bains, décorées avec beaucoup de soin (bois flotté, objets artisanaux...). Moustiquaires aux fenêtres. Jardin, quelques transats et un tout petit bassin pour se rafraîchir. Excellent petit déj maison : confitures, petits pains, les yaourts... Sur un autre terrain, à deux pas, 3 maisonnettes adorables, au milieu d'une grande pelouse, parfaite pour les couples (éventuellement avec un enfant). Elles offrent une large terrasse, une cuisine équipée et un calme total. Propose aussi des excursions : *playa Frontón* (aller à pied, retour en bateau) ou *playa El Valle.*

Solazul : *prendre à droite au petit carrefour. C'est à 100 m sur la droite. ☎ 809-538-0001. 829-882-8790. • elsolazul.com • Double 50 €, petit déj compris.* Superbe adresse au centre d'un généreux jardin composé d'une impeccable pelouse, plantée de quelques beaux arbres et percée d'une jolie piscine. Au fond du jardin, une belle maison à l'architecture particulièrement réussie : toit de feuilles de palme et murs couverts d'une sorte de torchis à l'africaine. L'ensemble rappelle la forme d'une croix suisse, ce qui n'est pas étonnant puisque Esther et Pierre le sont. À chaque branche de la croix, une chambre soignée et pleine de charme, avec quelques objets de fabrication maison. Grand lit, moustiquaire, terrasse, belle salle de bains... 2 lits de repos-balançoire complètent le tableau. Une adresse remarquable, la plus charmante du village en fait.

Villa La Plantación : *au petit carrefour, prendre à droite. C'est à 100 m sur la gauche. ☎ 809-538-0079. 829-916-9055. • villalaplantacion.com • Doubles 35-60 € selon saison (AC en plus, 10 €/j.) ; petit déj 3 €. Menus le soir env 10-20 €.* Intéressante maison composée de 2 constructions imposantes, avec demi-rotonde en avancée, petite terrasse et grande pelouse devant. Une douzaine de chambres impeccables, avec douche et w-c, toutes dotées d'une petite terrasse. Au milieu du jardin très soigné, une jolie piscine accueillante, avec jacuzzi en surplomb, ainsi qu'un « *pool-bar* ». Transats en dur autour de la piscine (pas faciles à déplacer !). Rémi, le jovial propriétaire, propose également une table d'hôtes certains soirs, avec menu à thème suivant son humeur. Petit terrain de pétanque pour des soirées conviviales. Il organise aussi des sorties de pêche au gros.

Hotel Playita : *à l'entrée du village ; accès par une petite piste en face de la banque* BanReservas, *sur la gauche. ☎ 809-538-0085. • playitahotel.com • Compter 2 500 RD$ pour 2 selon confort.* Petite structure d'une douzaine de chambres et apparts (avec kitchenette), de plain-pied face au jardin ou avec balcon à l'étage. Chambres fonctionnelles, sans grand charme. Mais c'est propre et assez confortables (eau chaude, TV, ventilo). Bon petit déj à base de fruits frais, pain, croissant, etc. Petite piscine. Ensemble correctement tenu, quoique sans véritable charme.

Juan y Lolo : *calle Principal, 313. ☎ 809-538-0208. 809-875-1423. • juanylolo.com • Prendre le minuscule passage piéton sur 100 m à partir de la rue principale, juste avt le resto* Chez Denise. *À partir de 50 US$/j. pour 2-4 pers, jusqu'à 300 US$ selon taille du bungalow ou de la villa (jusqu'à 8 pers) ; tarifs dégressifs à la sem ou au mois.* Jean-Marie et Laurence gèrent la location d'une vingtaine de structures, studios, appartements ou grandes villas. Tout équipés, de style bungalow polynésien pour certains, avec terrasse, jardin et la plage à deux pas. Un choix intéressant, que ce soit en couple ou en bande de potes.

De chic à plus chic (3 000-5 000 RD$ / env 46-93 €)

La Isleta Appartements : *la dernière petite ruelle sur la gauche juste avt d'arriver à la plage. Faire env 100 m, c'est sur la gauche. ☎ 809-538-0116. 829-887-5058. • laisletasamana.com • Env 55-80 € pour 2 selon saison.* Une adresse sympathique tenue par Dominique, à deux pas de la plage. 7 bungalows alignés, sans charme véritable mais bien pratiques et très au calme, pouvant accueillir jusqu'à 4 personnes (2 adultes et 2 petits enfants). Un grand lit en bambou en mezzanine et 2 petits canapés (étroits) dans le coin salon au rez-de-chaussée. Cuisine très bien équipée et salle de bains (eau chaude). Chacun avec une petite terrasse privée. Jardin luxuriant avec jacuzzi. Coin barbecue à disposition des hôtes.

Très chic (plus de 5 000 RD$ / env 83 €)

Todo Blanco : *au petit carrefour, prendre à droite, faire env 200 m puis piste sur la gauche (fléché).* ☎ *809-538-0201.* *809-729-2333 (Maurizio).* • *hoteltodoblanco.com* • *Double 90 US$, 20 US$/pers sup ; petit déj 9 US$.* Une grande maison coloniale, toute blanche, dans un superbe jardin tropical, avec généreuse pelouse, cocotiers et la mer au bout. Seulement 8 chambres, vraiment spacieuses, lumineuses, avec salle de bains, AC et balcon donnant sur la mer... Voici le seul hôtel du village avec accès direct à la plage. Comme son nom l'indique, tout est blanc et épuré, ce qui donne au lieu une atmosphère très apaisante. Quelques transats dispersés sur la pelouse. Une vraie adresse de charme, vraiment tranquille. Fait aussi resto.

Villa Serena : *prendre à gauche au niveau du petit carrefour et poursuivre jusqu'au bout.* ☎ *809-538-0000.* • *villaserenahotel.com* • *Doubles 140-150 US$ (ventilo ou AC), avec petit déj mais 18 % de taxes en plus.* Magnifique villa de style caraïbe surplombant le large, au milieu d'un jardin de rêve. En harmonie totale avec la nature environnante. Une vingtaine de chambres personnalisées, certaines avec lit à baldaquin. Décoration intérieure raffinée, ameublement à tendance coloniale, lits en osier tressé. Terrasse spacieuse avec vue extra pour chaque chambre. Calme total. Piscine frangée de cocotiers, à l'abri des vents dominants. Un petit éden pour amoureux, même s'il se dégage de l'ensemble quelque chose d'un peu froid. Évidemment, c'est vraiment très cher et il faudra essayer de profiter d'une promo sur Internet. Diverses activités (kayak, matériel de snorkelling et vélo) sont incluses. Restaurant, mais carte un peu limitée.

Où manger ? Où boire un verre dans le village et les environs proches ?

Bon marché (moins de 400 RD$ / env 7,50 €)

Chez Denise : *juste avt le petit carrefour, sur la gauche.* ☎ *809-906-5140. Tlj sf dim, en continu jusqu'à 23h. Plats env 350-600 RD$.* Dans son *comedor* amélioré et ouvert sur la rue, la chaleureuse Denise mijote de bons petits plats depuis de nombreuses années, notamment un poulet au curry et un poisson au coco goûteux. Des plats simples et sans chichis. Également quelques salades fraîches, crêpes et plats de pâtes. Une valeur sûre pour le déjeuner.

Prix moyens (400-800 RD$ / env 7,50-15 €)

L'Aventura de John : *sur la gauche en arrivant, avt le carrefour, à 300 m de la plage.* ☎ *829-846-6290. Tlj sf lun à partir de 16h.* Un resto proposant une large palette de plats (*pescado a la plancha, mariscos,* carpaccio, pâtes, pizzas au feu de bois...). Quelques spécialités à l'ardoise. On dîne dans une vaste salle aérée et soignée.

Roma : *à l'angle du carrefour, sur la droite.* ☎ *829-792-8292. Tlj, tte la journée. Plats env 300-400 RD$.* Cadre très agréable, sur une terrasse en bois surélevée et entourée de plantes, avec banquettes couvertes de coussins et meubles en rotins. Un cadre parfait pour apprécier la cuisine aux parfums italiens. Bons plats de pâtes fraîches (lasagnes, *linguini* aux fruits de mer, etc.) et des pizzas à la pâte fine et croustillante. Portions copieuses, produits frais et savoureux, prix doux. Carte de cocktails bien fournie et ambiance chaleureuse.

El Monte Azul : *à env 7 km du village.* ☎ *849-249-3640. Du centre de Las Galeras, prendre la route de Samaná sur env 4,5 km. Env 300 m* *après le cimetière (repérable par son long mur bleu), prendre à gauche en direction de La Guazuma (panneau). Suivre la route sur env 2 km, puis c'est fléché sur la droite (piste). À la fourche, ça grimpe sec ! Ouv tlj (sf mar hors saison), tte la journée (le soir, résa conseillée). Plats 400-600 RD$.* Venir à Las Galeras sans passer un moment ici constituerait une faute de goût ! Y déguster un verre au coucher du soleil, c'est bien, y prendre un repas, c'est beaucoup mieux. Et vous verrez, vous n'aurez pas fait le déplacement pour rien. Vue extraordinaire depuis le sommet de cette *loma,* embrassant 2 baies d'un seul coup d'œil. En saison, on peut même voir passer les baleines. Côté assiette, Pierre et Vanina cuisinent avec doigté les produits locaux, notamment les poissons, accompagnés de sauces délicates. Des plats aux influences thaïes, mêlée d'une touche hexagonale. Une combinaison parfaite pour accommoder marlin, espadon, daurade ou autre. C'est goûteux, fin et généreux. Le meilleur rapport qualité-prix-romantisme du secteur. Accueil adorable. Et cette vue, cette vue !

Voir aussi ***El Cabito,*** décrit plus haut dans « Où dormir ? ».

À faire

Plage : *au bout de la route.* Agréable et jamais trop fréquentée. Elle s'étire loin sur la droite. S'éloigner du parking où sévissent les rabatteurs du « collectif » de cuisine locale et des *taxi boats.* Chouette balade jusqu'à l'hôtel *Grand Paradise Samaná.*

Playita : *à l'entrée du village, prendre la route à gauche, face au* BanReservas, *et continuer sur 1 km. À pied, compter env 15 mn depuis l'embranchement.* Superbe plage dans une baie calme. Cocotiers penchés, eaux cristallines, douces vaguelettes qui viennent lécher la plage de sable fin, et même un bon resto dominicain sous paillote... Tout y est !

La Playita Restaurant : *en arrivant sur la plage, à gauche. Plats 400-600 RD$.* Tenu par un Dominicain et une Italienne, ce grand resto de plage offre les classiques *camarones, pescado,* lambi, *pulpo* et langouste.

Playas Madama et Frontón : ces deux plages paradisiaques, situées dans les environs de Las Galeras, véritables perles de la péninsule, sont difficilement accessibles par la route. *En taxi boat, départ de la plage principale de Las Galeras où l'on trouve les bateaux qui attendent les touristes. Pour* playa Madama, *compter 700 RD$/pers sur la base de 5-6 pers ; 800 RD$ pour* playa Frontón *et env 1 000 RD$ pour les 2. Marchander sec et se joindre à d'autres touristes pour constituer un groupe. Départ le mat vers 10h et retour en fin d'ap-m.*

➢ ***Balade à cheval :*** *avec* ***Rudy's Rancho*** *; au carrefour, prendre à droite et faire env 2 km. Le ranch est sur la droite (panneau). ☎ 829-305-3368. • rudysrancho.com •* Le sympathique Rudy propose des balades à cheval sur la plage ou dans la *loma,* au choix : 1h (env 20 US$), 2h ou à la demi-journée (env 45 US$), c'est comme on veut.

➢ ***Promenade aquatique dans l'Acuario natural :*** *accès par la plage principale. Au bout de la route, prendre à droite et suivre la piste en bord de mer. On s'arrête au niveau de l'hôtel* Grand Paradise Samaná. *Petit kiosque sur la plage. 809-883-8836. Sorties tlj à 11h, 14h30 et 15h30. Balade (1h) env 15 US$/pers.* Kaio Morita, un biologiste marin japonais, a recréé une sorte de jardin aquatique en aménageant un ensemble de roches sur lesquelles se sont développés de multiples coraux. Ce qui a évidemment attiré près de 20 000 poissons en tout, soit plus d'une centaine de variétés. Depuis la plage, on vous emmène en bateau à 200 m de là, pour nager durant 1h dans cet espace aquatique ouvert et protégé à la fois (prêt de masque, chaussons et tuba). On observe une petite faune qu'on a rarement l'habitude de voir en République dominicaine. Bon, ce n'est pas Tahiti ni l'île Maurice, mais rappelons que le pays est globalement assez pauvre en faune sous-marine, et c'est sympa de voir enfin une concentration de poissons (notamment le poisson-lune et la murène). Kaio, en nourrissant régulièrement ses poissons, a créé un vrai petit village sous-marin. Une excellente initiative.

– **Plongée :** les environs de Las Galeras proposent une quinzaine de sites de plongée, parmi les meilleurs du pays. Pas de rivière se jetant dans la mer pour troubler les fonds. Eaux claires, quelques massifs et récifs coralliens bien préservés, dont le fameux site du *cabo Cabrón* avec sa tour de corail de 55 m. Quelques épaves et grottes dignes d'intérêt également.

■ ***TDA – The Dive Academy :*** *calle Principal, proche du petit carrefour. 📱 829-577-5548 ou 829-537-0134. • diveacademy.co • Baptême de plongée 50 US$; plongée (équipement fourni) 45 US$ (80 US$ la double) ; package possible.* Bonne adresse pour s'initier ou pratiquer la plongée dans ce coin de la péninsule. Tenu par Paul, un Anglais, qui assure un encadrement pro. Propose aussi des excursions variées pour plongeurs expérimentés, à la journée (ou plus).

■ ***Las Galeras Divers :*** *presque à l'angle du carrefour, sur la droite. ☎ 809-538-0220. 📱 829-858-4404 ou 809-715-4111. • las-galeras-divers.com • Bureau ouv tlj sf dim 8h30-19h. Baptême 75 US$; plongée 45 US$, équipement en plus (10 US$) ; tarifs dégressifs à partir de 3 plongées.* École et club de plongée sérieux, affilié PADI, tenu par une équipe de Suisses francophones, Serge et Christine, très compétents. Pour tous niveaux, avec des baptêmes comprenant instruction théorique, initiation en piscine et plongée en mer de 45 mn (ce qui explique le prix). Également des formations PADI pour tous niveaux (débutant à spécialisé).

les ROUTARDS sur la FRANCE 2016-2017

(dates de parution sur • ***routard.com*** •)

Découpage de la FRANCE par le ROUTARD

Autres guides nationaux

- La Loire à Vélo
- La Vélodyssée (Roscoff-Hendaye ; avril 2016)
- Les grands chefs du Routard
- Nos meilleurs campings en France
- Nos meilleures chambres d'hôtes en France
- Nos meilleurs hôtels et restos en France
- Nos meilleurs sites pour observer les oiseaux en France
- Tourisme responsable

Autres guides sur Paris

- Paris
- Paris à vélo
- Paris balades
- Restos et bistrots de Paris
- Le Routard des amoureux à Paris
- Week-ends autour de Paris

les ROUTARDS sur l'ÉTRANGER 2016-2017

(dates de parution sur • *routard.com* •)

Découpage de l'ESPAGNE par le ROUTARD

Découpage de l'ITALIE par le ROUTARD

Autres pays européens

- Allemagne
- Angleterre, Pays de Galles
- Autriche
- Belgique
- Budapest, Hongrie
- Crète
- Croatie
- Danemark, Suède
- Écosse
- Finlande
- Grèce continentale
- Îles grecques et Athènes
- Irlande
- Islande
- Madère
- Malte
- Norvège
- Pologne
- Portugal
- République tchèque, Slovaquie
- Roumanie, Bulgarie
- Suisse

Villes européennes

- Amsterdam et ses environs
- Berlin
- Bruxelles
- Copenhague
- Dublin
- Lisbonne
- Londres
- Moscou
- Prague
- Saint-Pétersbourg
- Stockholm
- Vienne

les ROUTARDS sur l'ÉTRANGER 2016-2017

(dates de parution sur • *routard.com* •)

Découpage des ÉTATS-UNIS par le ROUTARD

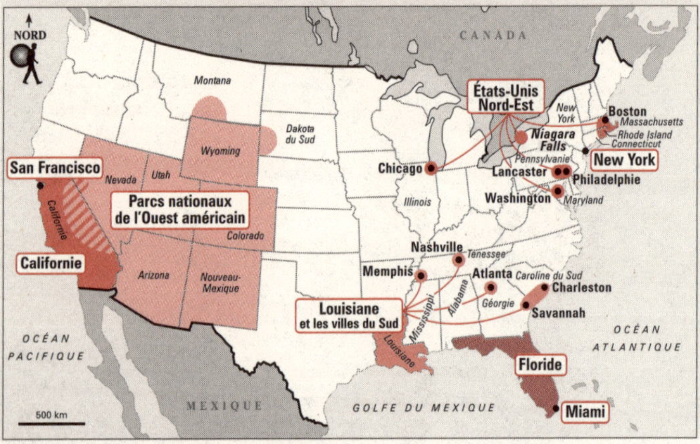

Autres pays d'Amérique

- Argentine
- Brésil
- Canada Ouest
- Chili et île de Pâques
- Équateur et les îles Galápagos
- Guatemala, Yucatán et Chiapas
- Mexique
- Montréal
- Pérou, Bolivie
- Québec, Ontario et Provinces maritimes

Asie et Océanie

- Australie Côte est + Ayers Rock (mai 2016)
- Bali, Lombok
- Bangkok
- Birmanie (Myanmar)
- Cambodge, Laos
- Chine
- Hong-Kong, Macao, Canton
- Inde du Nord
- Inde du Sud
- Israël et Palestine
- Istanbul
- Jordanie
- Malaisie, Singapour
- Népal
- Shanghai
- Sri Lanka (Ceylan)
- Thaïlande
- Tokyo, Kyoto et environs
- Turquie
- Vietnam

Afrique

- Afrique de l'Ouest
- Afrique du Sud
- Égypte
- Kenya, Tanzanie et Zanzibar
- Maroc
- Marrakech
- Sénégal
- Tunisie

Îles Caraïbes et océan Indien

- Cuba
- Guadeloupe, Saint-Martin, Saint-Barth
- Île Maurice, Rodrigues
- Madagascar
- Martinique
- République dominicaine (Saint-Domingue)
- Réunion

Guides de conversation

- Allemand
- Anglais
- Arabe du Maghreb
- Arabe du Proche-Orient
- Chinois
- Croate
- Espagnol
- Grec
- Italien
- Japonais
- Portugais
- Russe
- G'palémo (conversation par l'image)

Les Routards Express

Amsterdam, Barcelone, Berlin, Bruxelles, Budapest (septembre 2015), Dublin (septembre 2015), Florence, Istanbul, Lisbonne, Londres, Madrid, Marrakech, New York, Prague, Rome, Venise.

Nos coups de cœur

- Nos 52 week-ends dans les plus belles villes d'Europe (octobre 2015)
- France
- Monde

Espace offert par l'annonceur – Avec le soutien de l'agence EURO RSCG C&O
RÉPARER LES VIES
HANDICAP INTERNATIONAL

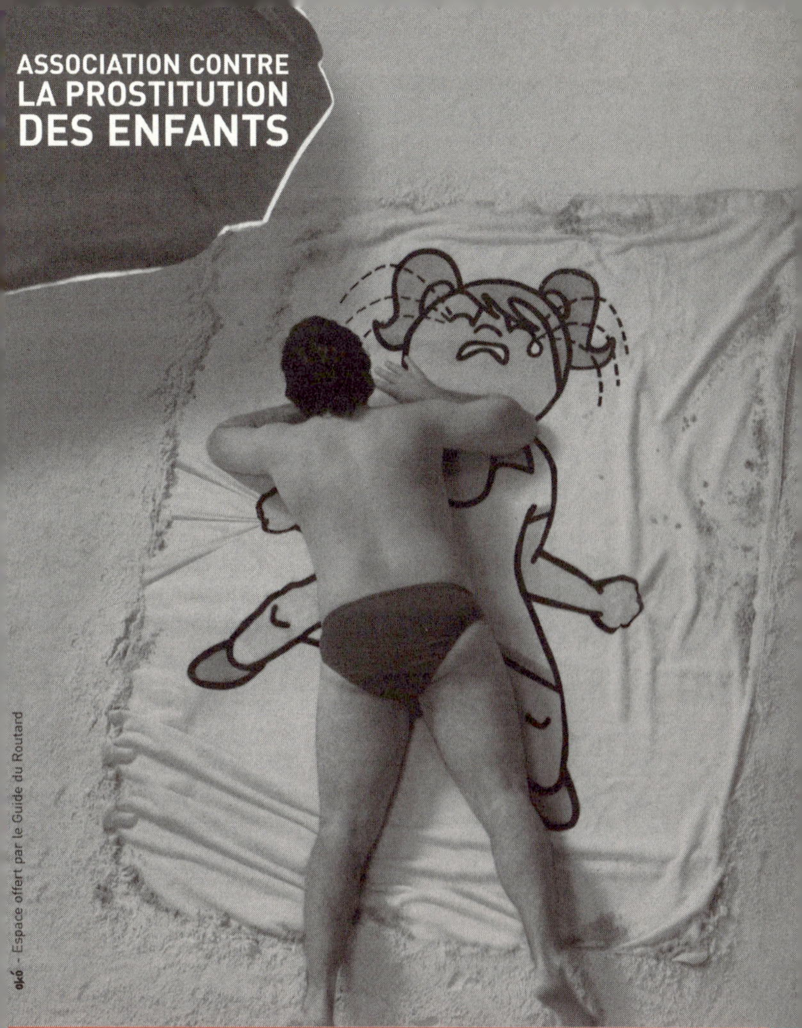
ASSOCIATION CONTRE
LA PROSTITUTION
DES ENFANTS
OKÓ - Espace offert par le Guide du Routard

Adresses utiles

1 Office [redacted]
2 [redacted]

Où dormir ?

11 Pension [redacted]
12 [redacted]
23 [redacted]
24 [redacted]
25 [redacted]

Où manger ?

30 Restaurante [redacted]
31 [redacted]
32 [redacted]
33 [redacted]
34 [redacted]
35 [redacted]
37 [redacted]
38 [redacted]
39 [redacted]
40 [redacted]
41 [redacted]
42 [redacted]

44 [redacted]
45 [redacted]
46 [redacted]
47 [redacted]
48 [redacted]
49 [redacted]
50 [redacted]
51 [redacted]
52 [redacted]
53 [redacted]
54 [redacted]
55 [redacted]
56 [redacted]
57 [redacted]

Où boire un verre ?

61 [redacted] Bar
62 Bar [redacted]
63 [redacted]
64 [redacted]
65 [redacted]
66 [redacted]
67 [redacted]
68 [redacted]
69 [redacted]
70 [redacted]
71 [redacted]
72 [redacted]
73 [redacted]
74 [redacted]
75 [redacted]
76 [redacted]

Où sortir?

83 [redacted]
84 [redacted]
85 [redacted]
86 [redacted]
87 [redacted]
88 [redacted]

À voir

90 Palacio do Monte
91 [redacted]
92 [redacted]
93 [redacted]
94 [redacted]

INDEX GÉNÉRAL

A-B

C-D

E

F-G

H-I-J

L-M

N-O

P-R

S

T-U-V-W

OÙ TROUVER LES CARTES ET LES PLANS ?

Les **Routards** *parlent aux* **Routards**

Faites-nous part de vos expériences, de vos découvertes, de vos tuyaux. Indiquez-nous les renseignements périmés. Aidez-nous à remettre l'ouvrage à jour. Faites profiter les autres de vos adresses nouvelles, combines géniales... On adresse un exemplaire gratuit de la prochaine édition à ceux qui nous envoient les lettres les meilleures, pour la qualité et la pertinence des informations. Quelques conseils cependant :

– Envoyez-nous votre courrier le plus tôt possible afin que l'on puisse insérer vos tuyaux sur la prochaine édition.
– N'oubliez pas de préciser l'ouvrage que vous désirez recevoir.
– Vérifiez que vos remarques concernent l'édition en cours et notez les pages du guide concernées par vos observations.
– Quand vous indiquez des hôtels ou des restaurants, pensez à signaler leur adresse précise et, pour les grandes villes, les moyens de transport pour y aller. Si vous le pouvez, joignez la carte de visite de l'hôtel ou du resto décrit.
– N'écrivez si possible que d'un côté de la lettre (et non recto verso).
– Bien sûr, on s'arrache moins les yeux sur les lettres dactylographiées ou correctement écrites !

En tout état de cause, merci pour vos nombreuses lettres.

Les Routards parlent aux Routards :
122, rue du Moulin-des-Prés, 75013 Paris

e-mail : • *guide@routard.com* •
Internet : • *routard.com* •

Routard Assurance *2016*

Née du partenariat entre *AVI International* et le *Routard, Routard Assurance* est une assurance voyage complète qui offre toutes les prestations d'assistance indispensables à l'étranger : dépenses médicales, pharmacie, frais d'hôpital, rapatriement médical, caution et défense pénale, responsabilité civile vie privée et bagages. Présent dans le monde entier, le plateau d'assistance d'*AVI International* donne accès à un vaste réseau de médecins et d'hôpitaux. Pas besoin d'avancer les frais d'hospitalisation ou de rapatriement. Numéro d'appel gratuit, disponible 24h/24. *AVI International* dispose par ailleurs d'une filiale aux États-Unis qui permet d'intervenir plus rapidement auprès des hôpitaux locaux. À noter, *Routard Assurance Famille* couvre jusqu'à 7 personnes, et *Routard Assurance Longue Durée Marco Polo* couvre les voyages de plus de 2 mois dans le monde entier. *AVI International* est une équipe d'experts qui répondra à toutes vos questions par téléphone : ☎ 01-44-63-51-00 ou par mail • *routard@avi-international.com* • Conditions et souscription sur • *avi-international.com* •

Édité par Hachette Livre (58, rue Jean-Bleuzen, CS 70007 92178 Vanves Cedex, France)
Photocomposé par Jouve (45770 Saran, France)
Imprimé par Jouve 2 (Quai n° 2, 733, rue Saint-Léonard, BP3, 53101 Mayenne Cedex, France
Achevé d'imprimer le 3 août 2015
Collection n° 13 - Édition n° 01
45/7790/9
I.S.B.N. 978-2-01-396041-0
Dépôt légal : août 2015